Reprint Publishing

FÜR MENSCHEN, DIE AUF ORIGINALE STEHEN.

www.reprintpublishing.com

Ausgrabungen bei Jerusalem

im Auftrage des

Deutschen Vereins zur Erforschung Palästinas

ausgeführt und beschrieben

von

Lic. Hermann Guthe,

Privatdocent in Leipzig.

Mit elf Tafeln.

(Separatabdruck a. d. Zeitschr. des Deutschen Palästina-Vereins Bd. V.)

Leipzig 1883

Karl Baedeker.

London, Dulau & Cie, 37, Soho Square.

Inhalt.

A. Bericht.

B. Ergebnisse.

Verzeichniss der Tafeln.

A. Bericht.

Vorbemerkung.

Ursprünglich war es meine Absicht, durch regelmässige Correspondenzen über die Erfolge meiner Ausgrabungen bei Jerusalem Bericht zu erstatten. Indessen erwies sich dieses Vorhaben als unausführbar. Wenige Wochen nur hatte ich mich in Jerusalem aufgehalten, als so zahlreiche und verschiedenartige Ansprüche an meine Zeit sich geltend machten, dass ich entweder diese zurückweisen oder meinen brieflichen Verkehr mit der Heimath auf das Nothwendigste beschränken musste. Ich entschied mich für das Letztere, um meine volle Kraft dem eigentlichen Zwecke der Reise widmen und die zugemessene Zeit nach Wunsch und Gelegenheit für denselben ausnutzen zu können.

Daher kommt es, dass mein Bericht in der vorliegenden Form erscheint, wie ich hoffe, nicht zum Nachtheil der Sache. In Briefen hätte ich nur über den jeweiligen Fortschritt der Ausgrabungen berichten können, während ich mich jetzt in der Lage sehe, den gesammten Umfang der Arbeiten in einzelne Gruppen zerlegen und das räumlich Zusammengehörende auch in der Darstellung vereinigen zu können. Ich vervollständige dieselbe auch insofern, als ich kurz die Aufträge, welche mir der Vorstand des deutschen Vereins zur Erforschung Palästina's mit auf den Weg gab, darlege und zugleich aus meinen in ZDPV. IV, p. 150 ff., p. 250 ff. veröffentlichten Briefen hie und da einiges wiederhole. Die Ergebnisse meiner Arbeiten werde ich, in einem besonderen Abschnitte zusammengefasst, dem eigentlichen Berichte folgen lassen.

I. Aufgaben und Aussichten.

Jerusalem sollte die Stätte der ersten Untersuchungen des deutschen Palästina-Vereins im heiligen Lande sein. Insbesondere war der südliche Theil des östlichen Hügels, der ausserhalb der jetzigen Stadtmauern liegt, als Arbeitsfeld in Aussicht genommen. Dort sollte die Mauer der alten Stadt, welche vom Tempel südwärts am Ostrande dieses Hügels verlief und in der Nähe des Siloahteiches das Tyropöonthal durchschnitt, aufgefunden werden. Namentlich war in dem Vorschlage des geschäftsführenden Ausschusses an das weitere Comité des Vereins angerathen worden, von dem heute sogenannten oberen zu dem unteren Siloahteich, der *birket il-ḥamra* der Araber, einen oder mehrere Gräben zu ziehen; dann müsse man an irgend einem Punkte auf die Mauer stossen, welche laut der ältesten Pilgerschriften aus dem vierten bis sechsten Jahrhundert zwischen beiden Teichen das Tyropöonthal absperrte. Auch der Gedanke daran, dass nach Nehemia 3, 16 die Gräber Davids und seiner königlichen Nachkommen auf der Südspitze dieses Hügels sich befunden haben müssen, verlieh der Untersuchung seines Bodens einen besonderen Reiz.

Zu dieser Aufgabe hatte sich unerwartet eine andere gesellt. Wie bekannt, waren im Juni 1880 an der Felswand des Siloahkanales zufällig die Züge einer Inschrift entdeckt worden, welche sehr bald das grösste Interesse auf sich zog, da ihre Buchstaben schon nach der ersten von Baurath SCHICK angefertigten Kopie als althebräische bestimmt werden konnten. Aber die Schwierigkeiten, welche ihrer sicheren Gewinnung entgegenstanden, stellten sich als beträchtliche heraus, und selbst nachdem SCHICK von December 1880 bis Februar 1881 im Auftrage des Palästina-Vereins mehrere Arbeiten, über welche jetzt sein eigener Bericht vorliegt[1]), hatte ausführen lassen, um das die Inschrift überfluthende Wasser abzuleiten, gestatteten die zahlreichen Abklatsche, welche derselbe eingesandt hatte, noch immer nicht eine zusammenhängende Entzifferung. Dieses alte Denkmal der Wissenschaft zugänglich zu machen, war die allernothwendigste

---

1) S. ZDPV. (d. i. Zeitschrift des Deutschen Palästina-Vereins) V, p. 1 ff.

Arbeit, welche meiner in Jerusalem wartete, und die Erfolge, welche ich in dieser Beziehung gehabt habe, sind bereits in dem vierten Bande der ZDPV. veröffentlicht und verwerthet worden. Indess führten meine Bemühungen, den Wasserspiegel des Kanals tiefer zu legen, zu mehreren neuen Entdeckungen an dieser für das alte Jerusalem so wichtigen Stelle, und diese zu beschreiben, fällt ebenfalls in den Rahmen des vorliegenden Berichtes.

Als ich mich am Abend des 23. März der heiligen Stadt näherte, traf ich auf der letzten Höhe vor Jerusalem den Konsul unseres deutschen Reiches, Herrn Freiherrn von MÜNCHHAUSEN, welcher mit einem Kawassen ausgeritten war, um mich vor den Mauern der Stadt zu begrüssen. So sehr mich dieses ehrenvolle deutsche Willkommen im fremden Lande erfreute, so wenig tröstlich war mir die Antwort auf eine meiner nächsten Fragen, nämlich ob ein Ferman für mich aus Konstantinopel auf dem Konsulat eingetroffen sei. Herr von MÜNCHHAUSEN hatte weder einen solchen empfangen, noch hatte er etwas von einschlagenden Verhandlungen der kaiserlich deutschen Botschaft in Konstantinopel erfahren. Also das neben meiner eigenen Anwesenheit wichtigste Erforderniss für den Beginn meiner Arbeiten war nicht vorhanden, ein Umstand, der meine gute Hoffnung nicht wenig herabstimmte. Freilich liess sich noch annehmen, dass die nächste Post aus Konstantinopel, wenn nicht den Ferman selbst, so doch Nachrichten über den Stand der Angelegenheit mir bringen würde. Am 1. März hatte ich nämlich von Tübingen aus eine Eingabe an das Auswärtige Amt in Berlin gerichtet, dasselbe von meiner Abreise nach dem Orient in Kenntniss gesetzt und gebeten, bei der deutschen Botschaft in Konstantinopel die Sendung des Fermans direkt nach Jerusalem geneigtest veranlassen zu wollen. Doch begnügte ich mich nicht mit dem einfachen Abwarten, sondern bat Frhrn. von MÜNCHHAUSEN, in meinem Interesse telegraphisch bei der deutschen Botschaft über den Stand der Verhandlungen* anzufragen. Der Konsul entsprach meiner Bitte sofort, und auf das am 24. März abgegangene Telegramm traf am 28. März die Antwort des deutschen Botschafters, Grafen HATZFELDT, ein, dass mit nächster Post ein Schreiben des Unterrichtsministers, die Ausgrabungen betreffend, an den Gouverneur (muteṣarrif) von Jerusalem abgehen würde.

Am Morgen desselben Tages hatte ich jedoch meine Ar-

beiten schon begonnen. Einerseits wollte ich die Zeit nicht un-
genützt verstreichen lassen, andererseits brannte ich vor Begierde,
mein Glück in »Entdeckungen« zu versuchen. Und insofern ich
mit meinen Ausgrabungen genau da einsetzte, wo Baurath Schick
im Februar 1881 aufgehört hatte, konnte ich zur Noth, falls die
Behörde mich über mein eigenmächtiges Beginnen zur Rede
stellen würde, antworten, dass ich nur jene Arbeiten Schick's
fortsetze, zu welchen Se. Excellenz Re'ûf Pascha, Gouverneur
von Jerusalem, in sehr freundlicher Weise vor einem Viertel-
jahre seine Erlaubniss gegeben hatte. Um mein Vorhaben weniger auffällig erscheinen zu lassen, stellte mich Baurath Schick
den Fellachen von Silwän, welchen das Terrain in der Umgebung
der Siloahquelle gehört, als seinen Freund vor, der sich ebenfalls
für den beschriebenen Stein in dem Kanal interessire und nun
seinerseits versuchen wolle, wie man demselben am besten beikommen könne. Die braunen Männer betrachteten den Fremd-
ling eine Zeitlang mit neugierigen Blicken, erhoben aber keine
Einwände gegen meine Absicht. Bot ich ihnen doch Gelegenheit, Geld zu verdienen! Und gewiss malte ihre lebhafte Phantasie ihnen schon die blanken Silber- und Goldstücke vor die
Augen, welche sie aus meiner Hand als Arbeitslohn und —
inschalläh, »so Gott will« — auch als Bachschîch empfangen
würden! Schick hatte aus ihren Reihen im Winter seine Arbeiter gewählt, und sie rechneten ganz richtig, wenn sie annah-
men, dass auch ich sie wieder beschäftigen würde. Nach der
Angabe Schick's (s. unten) wurde am 26. März die Stelle, wo
der erste Schacht abgeteuft werden sollte, bezeichnet und am
Montag, den 28. März, die erste Hacke ins Erdreich geschlagen.

Es vergingen volle 14 Tage, ehe von der Botschaft in Konstantinopel eine weitere Nachricht einlief. Am 12. April theilte
mir Frhr. von Münchhausen ein Telegramm des Grafen Hatzfeldt mit, des Inhalts, dass der Wali von Syrien (in Damaskus)
und der Gouverneur von Jerusalem telegraphisch angewiesen
worden seien, den Ausgrabungen des deutschen Palästina-
Vereins kein Hinderniss in den Weg zu legen; die Ertheilung
eines Fermans jedoch mache die hohe Pforte von der Erfüllung
der gesetzlichen Vorschriften abhängig. Es überraschte mich
erst jetzt zu erfahren, dass mein Gesuch irgend welche gesetz-
liche Vorschriften nicht berücksichtigt habe. Freilich hatte sich

die Einreichung desselben aus mehreren Gründen mehr, als mir lieb war, verzögert, aber seit derselben waren doch schon 3 Monate verflossen, und man wird mein Erstaunen begreifen, dass ich bis dahin noch nichts von den Hindernissen erfahren hatte, welche sich der Gewährung meines Gesuches in Konstantinopel entgegengestellt hatten. Wird es noch möglich sein, dieselben von Jerusalem aus, einem Orte, der nur alle 14 Tage Postverbindung nach der türkischen Hauptstadt hat, so rasch aus dem Wege zu schaffen, dass ich während meines Aufenthaltes in Syrien in den Besitz eines Fermans zu kommen hoffen kann? Und vor allem: Welches sind die gesetzlichen Vorschriften, deren Erfüllung ich versäumt hatte? Diese Fragen bewegten mich aufs lebhafteste. Auf die erste konnte ich mir mit ziemlicher Sicherheit nur »Nein« antworten; denn wenn 2—3 Monate nöthig gewesen waren, um den Mangel meines Gesuches ausfindig zu machen, so liess sich mindestens das Doppelte der Zeit in Anschlag bringen, um die Hindernisse zu lösen und dann den Ferman zu erwirken. Um über die zweite Frage Klarheit zu erhalten, vertiefte ich mich in das Studium der türkischen Gesetzsammlung, welche mir in der französischen Ausgabe von Aristarchi-Bey vom Konsulat zur Verfügung gestellt wurde. Das »Règlement sur les antiquités« etc. vom 24. März 1874 enthielt in der That eine solche Anzahl gesetzlicher Vorschriften, ohne deren Beachtung ein kaiserlicher Ferman nicht ertheilt werden sollte, dass mir alle Aussicht, einen solchen zu erlangen, rundweg abgeschnitten schien. Nur die Wahrscheinlichkeit liess noch einen Schimmer von Hoffnung, dass die Praxis der türkischen Regierung selber manche von den Weitläufigkeiten, die schwarz auf weiss zu lesen waren, ausser Acht lassen würde.

Ein Besuch bei dem Muteṣarrif von Jerusalem, Sr. Excellenz Re'ûf-Pascha, am 14. April brachte vollständige Klarheit über meine Lage. Herr von MÜNCHHAUSEN hatte mir freundlichst zugesagt, mich selbst auf das Seráj zu geleiten. Um 11 Uhr begaben wir uns nach vorhergegangener Anmeldung, unter dem Vorantritt eines schmucken Kawassen mit langem Schleppsäbel, nach dem Regierungsgebäude. Der Weg vom Konsulat dorthin ist nur kurz; bald waren wir in dem geräumigen Hofe des Seráj, wo der Konsul von dem zahlreichen Dienstpersonal, das neben der aufwärts führenden Treppe auf dem gepflasterten Boden umherkanerte, ehrfurchtsvoll begrüsst wurde. Die Wache an der Thür, welche zu den Zimmern Sr. Excellenz führte, präsentirte das Gewehr vor dem Vertreter des deutschen Reiches, und nach wenigen Schritten standen wir im Empfangs- und Geschäftszimmer des Mutesarrif. Es war ein grosser hoher Raum, lange Diwane zogen sich an den schmucklosen Wänden hin, nur an der einen Ecke unterbrachen einige Sessel und Stühle in abendländischem Stil diese einförmige Möblirung, ein kleiner mit Schreibzeug und einigen Akten bedeckter Tisch daneben und gegenüber ein gepolsterter Rundsitz liessen keinen Zweifel, dass dort der Platz Sr. Excellenz war. Nach einigen Sekunden trat Re'üf Pascha ein, ein freundlich blickender Mann von echt türkischem Aussehen und kleiner Statur. Nachdem die Begrüssungsformeln ausgetauscht, von meiner Seite freilich nur entgegengenommen waren — denn ich war noch zu wenig vertraut mit den Empfangsbezeugungen orientalischer Sitte —, nahm man Platz. Ich hatte die Ehre, ein kleineres Sopha mit Sr. Excellenz zu theilen; dieser richtete sich gar rasch in orientalischer Bequemlichkeit auf demselben ein, während ich steif, wie die sittsamen Franken, daneben sass. Kaffee und Cigarette waren bald gereicht, und nun konnten die Verhandlungen beginnen, welche Frhr. von MÜNCHHAUSEN an meiner Stelle führte. Re'üf Pascha hatte von Konstantinopel ein Telegramm erhalten, dessen Sinn mit der oben erwähnten Nachricht des Botschafters übereinkam: meinen topographischen Untersuchungen stehe nichts im Wege. Das bisher mit den Eigenthümern (s. p. 26 ff.) eingeschlagene Verfahren billigte Se. Excellenz durchaus, nur machte er mich darauf aufmerksam, dass ich nicht die Vortheile eines Fermans geniessen könne, so lange derselbe nicht in meinen Händen sei. Ohne eine solche Ermächtigung des Sultans falle die ganze Ausbeute meiner Ausgrabungen nach den bestehenden Gesetzen der Regierung anheim. Dagegen gebe mir ein Ferman das Eigenthumsrecht auf ein Drittel aller meiner Funde, während das zweite Drittel dem Eigenthümer des Fundortes und das letzte Drittel dann der Regierung gehöre. Als die Hindernisse, auf welche mein Gesuch gestossen sei, bezeichnete er den Mangel einer Skizze des Terrains, auf welchem ich graben wollte; namentlich müssten auf derselben auch alle beabsichtigten Gräben und Schachte angegeben sein, damit die Behörde die Einwilligung der betreffenden Eigenthümer erwirken könne. Auch könne ein Ferman immer nur für einen Ort, nicht gleichzeitig für mehrere Punkte oder für einen gewissen Umkreis, wie ich das gewünscht hatte, ausgestellt werden. Am Schluss der Unterredung, die meist französisch, zwischen dem Pascha und dem Konsul bisweilen auch türkisch geführt wurde, bat ich, es möge mir doch zum Zeichen, dass ich nicht ohne Einwilligung der Regierung meine Arbeiten ausführe, ein Sabtije, ein türkischer Polizeisoldat, zur Verfügung gestellt werden. Mit dem Ersuchen an mich, von allen Funden auf dem Seräj Anzeige zu machen, endigte diese erste Audienz bei dem Mutesarrif der heiligen Stadt.

Ich kann nicht leugnen, ich war mit doppelter Sorge hingegangen, sowohl wegen der Aufnahme überhaupt als auch besonders wegen einer befriedigenden Lösung meiner Legitimationsfrage gegenüber der Ortsbehörde. In ersterer Beziehung war meine Sorge unnöthig gewesen. Re'üf Pascha hatte mir nur wohlwollendes Entgegenkommen gezeigt und keine anderen Schwierigkeiten meinen Plänen entgegengestellt als die wirklich vorhandenen. Ja sein Rath, die Verhandlungen über den Ferman in Konstantinopel ohne Zögern fortzusetzen, war ohne Zweifel durchaus in meinem Interesse; es konnte niemand anders dabei gewinnen als ich. Es hatte sich mir durch die persönliche Bekanntschaft nur das Urtheil bestätigt, das mir schon vorher von Herrn von MÜNCHHAUSEN und anderen mit den Verhältnissen wohl bekannten Landsleuten entgegengebracht war, dass ich in Re'üf Pascha einen wirklich ehrenhaften, unbestechlichen, speciell auch dem deutschen Wesen nicht unfreundlich gesinnten Beamten finden würde. Hinsichtlich meiner geschäftlichen Angelegenheiten konnte ich, wie die Dinge nun einmal lagen, ebenfalls wohl zufrieden sein. Das Schlimmste war glücklich vermieden! Vergeblich, ohne die beabsichtigten Ausgrabungen des Palästina-Vereins in Angriff nehmen zu können, sollte meine Reise nach Jerusalem nicht gewesen sein. Auch das war erreicht, dass ich für diese Arbeiten der Ortsbehörde gegenüber nicht ohne Legitimation und Autorisation dastand, und ich freue mich, an dieser Stelle meinem lebhaften Danke gegen die kaiserl. deutsche Botschaft in Konstantinopel Ausdruck geben zu können, dass sie durch jenes empfehlende Telegramm die Ausführung meiner Arbeiten auch ohne Ferman zu ermöglichen wusste.

Indessen darüber machte ich mir keine Illusionen: hätte ich mich in das angenehme Gefühl der vollen Sicherheit eingewiegt, so hätte ich mir selbst die schlimmsten Gefährdungen und unangenehmsten Nachtheile zugezogen. »Topographische Untersuchungen« waren mir gestattet worden, wenigstens sollte die Lokalregierung denselben »kein Hinderniss in den Weg legen«. Jedermann kennt die Dehnbarkeit dieses officiellen Ausdrucks. Wie dann, wenn sich Hindernisse von anderer Seite erhoben, wenn etwa dieser oder jener Eigenthümer des Terrains Schwierigkeiten machte und die Angelegenheit vor das Seräj zog? Wo hörten »topographische Untersuchungen« auf und begannen solche Arbeiten, die jenes Telegramm nicht genehmigte? Ferner wie weit ich auf eine Unterstützung der Behörde rechnen konnte, war auch, wenn ich den besten Willen derselben annahm, nicht vorauszusehen. Jedenfalls war es gerathen, eine Einmischung derselben nicht zu veranlassen, sondern darauf bedacht zu sein, die Verhandlungen mit den Grundeigenthümern niemals aus der Hand zu geben und den schiedsrichterlichen Spruch der Behörde soviel wie möglich zu vermeiden. Einem umsichtigen Auftreten konnte dieses ja vielleicht gelingen, aber die Richtung, in welcher sich meine Arbeiten bewegen würden, hing weniger von meinem Geschick als vielmehr von meinem Finderglück ab. Hier konnten sich möglicher Weise die grössten Schwierigkeiten, die unangenehmsten Differenzen zwischen Gewünschtem und Erreichbarem ergeben. Indessen schlug ich mir diese Bedenken, so gut es ging, aus dem Sinn und hoffte darauf, die Wahrheit des Spruches zu erfahren: »Kommt Zeit, kommt Rath«.

Wenige Tage darauf stellte ich mich in freundlicher Begleitung des Konsulatskanzlers Herrn Boness dem Dragoman und Sekretär Sr. Excellenz vor, Herrn Jûsef Effendi Krieger Bey. Derselbe zeigte sich durchaus bereit, mit seinem Rath und seinem Ansehen mich zu unterstützen, erkundigte sich eingehend nach meinen bisherigen Arbeiten, für die er ein doppeltes Interesse, als Jude und als Beamter der Regierung, an den Tag legte. Besonders erleichterte der Umstand den Verkehr mit ihm, dass er in seiner umfassenden Sprachenkenntniss auch des Deutschen ganz gut mächtig war.

Mit der nächsten Post ging durch die stets entgegenkommende Vermittlung des Konsuls eine Zeichnung des Terrains, über welches meine Arbeiten sich erstrecken sollten, nach Konstantinopel ab mit der Bitte an die Botschaft, sich die Erwirkung eines Fermans weiter angelegen sein zu lassen. Ich beschränkte mich jetzt darauf, nur für die angegebene Gegend im Süden der heutigen Stadt um die grossherrliche Ermächtigung nachzusuchen, und kam auf meinen ursprünglichen Wunsch, dass dieselbe auf mehrere Orte ausgedehnt werden möchte, nicht wieder zurück, da ein solcher in dem »Règlement sur les antiquités« etc. vom 24. März 1874 ja als unstatthaft bezeichnet war. Ich behielt nur im Auge, für einige andere Stätten Palästina's die mir durch das Telegramm der hohen Pforte gegebene Erlaubniss zu Nachgrabungen auszunützen. Ich hatte besonders an Gaza, Sebastije, Kaisarije und Zer'in gedacht. Ersteres gehörte zu dem Bezirke des Mutesarrif von Jerusalem, Sebastije und Zer'in standen unter dem Kaimakâm von Nâbulus, Kaisarije unter dem Mutesarrif von 'Akka. Da die beiden Bezirke Nâbulus und 'Akka Theile des Wilajets Syrien sind, so musste eine Erkundigung darüber eingezogen werden, ob Se. Excellenz der Wâli von Damaskus es mir gestatten würde, dort zu arbeiten. Freiherr von MÜNCHHAUSEN ersuchte daher auf meinen Wunsch den Vicekonsul des Deutschen Reichs in Damaskus, Herrn LÜTTICKE, bei dem dortigen Wâli sich über die Ankunft und Auffassung des oben erwähnten Telegrammes der hohen Pforte zu unterrichten und ihn ferner um ein empfehlendes Schreiben an den Kaimakâm von Nâbulus — denn auf Sebastije und Zer'in kam es mir in erster Linie an — zu bitten. In der ersten Hälfte des Mai traf die Antwort ein, von einem auf meine Absicht bezüglichen Schreiben des Wâli an den Kaimakâm von Nâbulus begleitet. Dasselbe war in wohlwollenden Worten abgefasst, redete jedoch von der Nothwendigkeit noch weiterer Verhandlungen und machte im ganzen den Eindruck, als ob ich auf ein erleichterndes Entgegenkommen des Wâli nicht rechnen könnte. Dieser Umstand bestärkte mich in dem von Tag zu Tage mehr reifenden Entschlusse, die günstigeren Verhältnisse in Jerusalem nach Kräften auszunützen. An keinem Orte Palästina's vereinigten sich so viele günstige Bedingungen für mein Unternehmen, als gerade dort. Die angesehene Stellung und bereitwillige Unterstützung unseres Konsuls, eine freundliche Gesinnung der türkischen Regierung, nicht bloss die Theilnahme,

sondern auch die stets dienstfertigen Hände einer grossen Anzahl
Landsleute, besonders die mir nie versagte Hülfe der ortsansässi-
gen Mitglieder unseres Vereins, vor allem die langjährige Erfahrung des Baurath C. Schick und seine Kenntniss des jerusalemer Bodens waren wichtige Vortheile, die mir an jedem anderen Orte mehr oder weniger ganz fehlen würden, dort aber nicht
bloss meine Arbeitskraft vermehrten, sondern mich auch fast
stets in guter, zuversichtlicher Stimmung erhielten. So kam eine
Überlegung von mehreren Wochen zu dem festen Resultat, meinen Aufenthalt und meine Arbeiten in Jerusalem so lange als
möglich auszudehnen. Traten mir Hindernisse und Schwierigkeiten entgegen, so konnte ich sie hier immer noch am ehesten
überwinden. Dazu hielt mich e i n e Aufgabe ohne alle Frage
bis zu ihrer Lösung an Jerusalem gefesselt, nämlich die Inschrift
in dem feuchten Siloahkanal für die Wissenschaft zu gewinnen.

Die Leser mögen verzeihen, wenn ich sie mit der Schilderung der äusseren Umstände, denen ich Rechnung tragen musste,
so lange aufgehalten habe. Ohne dieselbe würde aber das Bild
meiner Thätigkeit ein unvollständiges sein, daher glaubte ich
ein gutes Recht zu haben, wenn ich sie mittheilte.

Mein Quartier hatte ich im preussischen Johanniterhospiz
aufgeschlagen. Auf meine Bitte hatte mir die hohe Ordens-
behörde in Berlin für die Zeit meines Aufenthaltes, welche ich
anfangs auf 8 Wochen berechnete, freie Unterkunft und Ver-
pflegung in ihrer Anstalt gewährt. Der Johanniterorden wollte
die Gelegenheit, die Bestrebungen des deutschen Vereins zur
Erforschung Palästina's zu fördern, doch nicht vorübergehen
lassen, obgleich die Aufgabe und die Thätigkeit des Ordens auf
einem ganz anderen Gebiete liegen. Nicht allein war ich dort,
unter der Pflege von Herr und Frau Bayer, die das Haus ver-
walten, gut aufgehoben, sondern ich fühle mich noch dadurch
zu dem lebhaftesten Dank gegen den Johanniterorden veranlasst,
dass ich die genannten Vortheile während meines ganzen, nach
und nach auf 4 Monate ausgedehnten Aufenthaltes in Jerusalem
geniessen durfte.

II. Die Arbeiten auf dem Südosthügel bis zur Auffindung des ersten Mauerstückes [1].

In der zweiten vollen Woche meiner Anwesenheit in Jerusalem nahm ich die Lösung meiner ursprünglichen Aufgabe in Angriff, nämlich die alte Stadtmauer am Südosthügel zu suchen. Ich beschloss, zwei parallele Gräben von dem Rücken des Hügels nach dem Kidronthale hinabzuziehen und den Boden bis auf den Felsen blosslegen zu lassen. Wenn in der Linie dieser Gräben überhaupt noch Reste der Mauer vorhanden waren, musste ich nothwendig auf dieselben stossen.

Der Südosthügel senkt sich der Hauptsache nach in 6 Stufen vom Ḥaram bis zu den Siloahteichen hinab. Sein Rücken ist jetzt fast überall mit Erde bedeckt, die sich von der sonst in Jerusalem's Umgebung vorkommenden wohl unterscheidet. Letztere ist wie rother Lehm, fettig und zähe, dagegen schwankt die Farbe des Bodens auf den Abhängen im Süden der heutigen Stadt zwischen grau und hellem Schwarz, jenachdem er trocken oder reichlich von Regen durchtränkt ist. Es ist eben nicht die Erde, welche die Natur von je in Palästina auf das Gestein gelegt hat, sondern eine Jahrhunderte alte Schuttablagerung, welche hier in sehr verschiedener Höhe die Urgestalt des felsigen Grundes dem forschenden Auge verhüllt. Nicht nur die schmale Fläche des Rückens und der gelinden Senkung zu dem stark verschütteten Tyropöonthal im Westen, sondern auch die steilen Wände des Kidronthales im Osten sind, soweit es der Abfall gestattet, in Ackerland verwandelt, auf dem Getreide oder Gemüse gebaut wird. Die Trümmer verwitterten zu Staub, Abfall und Unrath häuften sich auf der unbewohnten Stätte, sei es dass Menschen sie hierher schafften oder dass die abwärts fliessenden Winterwasser sie absetzten. Jetzt treibt schon seit langer Zeit jahraus jahrein der Bauer von Silwān seine kleinen Kühe an dem Joch des leichten Pfluges über die fruchtbare Erde, welche den Schauplatz der ruhmreichen Gründung des davidischen Reiches deckt.

Die einzelnen Ackerfelder werden in der Regel durch nie-

1) Vgl. hierzu Tafel I.

drige Mauern (ḥēṭ) aus kleinen, kunstlos aufeinander geschichteten Steinen abgetheilt. Der Pflug des Fellachen hat sie aus der Erde gerissen, oder sie sind beim Graben gefunden und dann an die Seite des Feldes gelegt worden. Daher ist eine solche Mauer fast stets im Zunehmen, und namentlich in Folge meiner Arbeiten, durch die eine Menge Steine aus der Tiefe an das Tageslicht gefördert wurden, sind nicht wenige solcher Zäune um ein gut Stück erhöht oder verlängert worden. Im Durchschnitt ragen sie bei ebenem Terrain hüben und drüben bis zu 1 Meter aus den Feldern hervor. Meist aber ist das Niveau des Bodens auf den beiden Seiten der Mauer verschieden. Der ausserhalb derselben laufende Weg liegt besonders auf den unteren Terassen des Hügels tiefer, als der eingeschlossene Acker. Oft bildet eine Felsstufe die Grenze, so dass an ihrem Fusse die Fläche des unteren Feldes beginnt, während sich die des oberen Ackers nach dem Scheitel des Felsens richtet. Das Terrain ist daher sehr ungleich. Mauern oder Abhänge von 2 bis 10 Meter Höhe trennen nicht selten das eine Feld vom andern. Auf dem unteren Rücken des Hügels ragen in kurzen, ziemlich regelmässigen Zwischenräumen Klippen oder anstehende Blöcke hervor, deren Kopffläche theils deutliche Spuren menschlicher Bearbeitung an sich trägt, theils aber noch dieselbe rauhe Fläche darbietet, welche die Natur ihr gegeben hat. Diese Felsen sind ein wichtiges Merkmal für den Forscher. Sie leiten ihn dazu an, die ursprüngliche Gestalt des Bodens zu ahnen, und liefern ihm den festen Punkt, von welchem er seine Untersuchungen ausgehen lassen kann.

So ist der Boden beschaffen, auf welchem ich meine Ausgrabungen begann. Ich habe auf den Plänen die Höhenunterschiede, welche namentlich an den Feldgrenzen hervortreten, vermerkt. Auf der Tafel VIII, die eine Übersicht des ganzen Schauplatzes meiner Arbeiten bietet, sind die Zahlen eingetragen, die meine Messungen für das Gesenke des Hügels ergaben, und auch die 6 Stufen oder Terrassen des SO.-Hügels bezeichnet. Neben dem eben Gesagten wird der Leser darin ein weiteres Mittel finden, sich ein Bild von dem Schauplatz meiner Thätigkeit zu schaffen. Wollte ich alle Schachte und Gräben nach einander besichtigen, so war ich zu beständigem Klettern genöthigt; denn ein freier Zugang zu diesen Feldern, etwa ein Thor in der Mauer, existirt nicht. Das kostete besonders in den heisseren Monaten viel Schweiss, und ich würde das Anstrengende dieser mühsamen Bewegung noch mehr empfunden haben, hätte nicht die leichte, reine Luft des syrischen Himmels die Kräfte viel frischer und die Lunge freier erhalten, als es bei gleichen Strapazen in unserem Klima zu erwarten gewesen wäre. Ich bin oft den steilen Weg, welcher von dem Siloahkanal zu dem SW.-Hügel hinaufführt, in Sprüngen hinangeeilt und empfand oben angekommen zu meiner eigenen Verwunderung eine nur sehr geringe Beklemmung des Athems.

Die Ausrüstung des Fellachen zu Erdarbeiten ist sehr einfach. Mit seinem groben, weiten Mantel aus Ziegenhaar, der sogenannten *'abāje* [1]), über den Schultern begiebt er sich bald nach Sonnenaufgang an den Ort der Arbeit und wartet dort, falls er mit anderen gemeinsam beschäftigt wird, bis alle versammelt sind oder die übrigen Vorbedingungen der Arbeit sich erfüllt haben. In der Regel führt er nur zwei Werkzeuge, den *fās* und die *madschrafi* (im Plural *fūs* und *madschārif*). Ersteres entspricht unserer Keilhaue; meistens ist es nur an dem einen Ende breit geschärft, seltener geht auch das andere in eine auf allen vier Seiten von der Mitte des Eisens an gleichmässig sich verjüngende Spitze aus. Der kurze Stil aus Ölbaumholz wird ohne besondere Sorgfalt durch ein Loch des Eisens eingetrieben. Für einige Tage hält das Werkzeug wohl zusammen, wenn die Erde, in die es geschlagen wird, leidlich locker ist. Das zweite Geräth ist eine Hacke, welche ebenfalls an kurzem Stiel gehandhabt wird. Das flache Eisen läuft entweder zu einer breiten Schaufel oder in die Form eines Dreiecks aus. Mit dem *fās* wird der harte Boden oder eine Schicht von Steinen gelockert, die *madschrafi* dient dazu, die aufgelockerte Erde bei Seite zu werfen oder in Körbe zu füllen. In Körben (*kuffi*, Plur. *kufuf*) nämlich pflegt der Fellach Erde, wie auch andere Gegenstände, zu transportiren. Sie gehören zu dem nothwendigsten und darum auch begehrtesten Hausgeräth in Stadt und Land und sind auf jedem Sūk in Massen zu kaufen. Sie bestehen aus geflochtenem Stroh und haben die Form einer offenen Schale mit flachem Boden von

---

1) Meist *'abū* gesprochen, mit fast unhörbarem Schleiflaut am Ende. S. die Beschreibung dieses Kleidungsstückes bei KLEIN in ZDPV. IV, p. 59.

0,20 Meter Höhe und 0,50 Meter Durchmesser. Ihr Preis schwankte während der Monate meiner Anwesenheit (Ende März bis Mitte August) zwischen 2½ bis 3 Piaster, nach unserem Gelde 38 bis 45 Pfg.

Gewöhnlich besitzt der Fellach nur eins von den soeben genannten Werkzeugen, selten beide. Meist sind dieselben in schlechtem Zustande, stumpf, schadhaft oder so abgenutzt, dass sie zur Arbeit untauglich sind. Aber solche Geräthe pflegt der Fellach mit Vorliebe zu bringen, wenn er im Lohn eines Franken arbeiten soll. Denn er hofft, dass dieser sie ihm wird repariren lassen. Er hat vielleicht erst wenige Stunden gearbeitet, so beginnt er zu klagen, dass er mit seinen schlechten Werkzeugen nichts schaffen könne, und zwar um so eher, wenn etwa seine Trägheit ihm einen Tadel zugezogen hat. Der Franke, wird, wenigstens wenn es sich um eine längere Arbeit handelt, gern die paar Piaster ausgeben, welche die Reparatur des *fās* oder der *madschrafi* kostet, damit der Fellach diesen Vorwand zur Faulheit künftig nicht mehr gebrauchen kann. Jedenfalls habe ich wiederholt aus diesem Grunde die kümmerlichen Werkzeuge meiner Arbeiter zum Schmied geschickt. Der Fellach aber rühmt sich nachher dessen, dass der »Frendschi« seine Geräthe habe repariren müssen. Es kommt aber auch gar nicht selten vor, dass sich im Besitz eines Bauern weder ein *fās* noch eine *madschrafi* findet. Viele Silwäner baten mich um Arbeit und wurden abgewiesen, weil sie keine Werkzeuge besassen oder leihen konnten, und als ich Mitte August in der Nähe des Dorfes Sebastije auf dem Boden des alten Samaria einige oberflächliche Untersuchungen anstellen wollte, liess sich im Orte nur eine einzige *madschrafi* auftreiben, freilich mehrere Geräthe der anderen Gattung. Sowohl Herr Missionar Fallscheer aus Nābulus, der mich an jenem Morgen begleitete, als auch ich wunderten uns nicht wenig über die Armuth eines Fellachendorfes gerade an diesen Dingen. Oder war es Misstrauen der Leute gegen uns, dass sie ihre Geräthe verborgen hielten? Ich hatte freilich einen *chaijāl*, einen berittenen Gensdarmen, aus Nābulus mitgenommen, und von den langen Fingern und gewaltthätigen Händen dieser Männer des Gesetzes fürchten die Fellachen das Schlimmste. Indessen kannten sie meinen Begleiter, Herrn Fallscheer, seit langen Jahren als gerechten und wohlwollenden Mann und wa-

ren auch späterhin durchaus nicht zurückhaltend oder ängstlich
gegen uns. So konnte es sehr wohl die Wahrheit sein, dass es
im Dorf nur e i n e *madschrafi* gab, die gewiss von Hand zu Hand
zu wandern pflegt — in der That ein vielsagendes Zeugniss,
nicht nur für die Armuth des Dorfes überhaupt, sondern besonders für den heruntergekommenen Zustand der Landwirthschaft
in Palästina.

Ich hatte seit dem 28. März dieselben Fellachen in Lohn genommen, welche auch Baurath SCHICK in den vergangenen Monaten beschäftigt hatte. In dieser Woche war ich selbst den
grössten Theil des Tages in unmittelbarer Nähe der Arbeiter;
ich hatte im Kanal mit der Kopirung der Inschrift zu thun und
konnte die Pausen, in denen ich den düsteren Aufenthalt in dem
feuchten Loche mit einem kurzen Genuss des heiteren Himmels
und der warmen Sonnenstrahlen vertauschte, dazu benutzen,
für den stetigen Fortgang der Arbeit zu sorgen und die Fellachen
anzutreiben. Denn ging jemand des Weges vorbei zum Wasser,
so waren bald die Hände des einen nach dem anderen in Ruhe,
aber die Lippen begannen sich um so eifriger zu regen. Und
stiessen sie gar auf einen grossen Stein, so nahm das Gerede,
wie man ihn am besten heben könne, kein Ende und artete nicht
selten in einen lebhaften Zank aus zwischen denen, die am klüg-
sten sein wollten; ein frischer Zank aber ist für das einförmige
Leben des Fellachen die rechte Würze, wie das Salz für die
Speise. Wenn da nicht von Zeit zu Zeit energisch eingegriffen
wurde, so war es zu befürchten, dass die Leute für mein Geld
schwatzten und zankten, aber nur nicht arbeiteten. Ein zuverlässiger und energischer Aufseher war dringend nothwendig,
da ich selbst nicht beständig bei der Arbeit zugegen sein konnte
und doch beabsichtigte, derselben einen grösseren Umfang
zu geben.

In der Wahl eines solchen wurde ich durch Baurath SCHICK
trefflich berathen. Der Maurermeister Gottlob Bäuerle, ein Mit-
glied des Tempels, erklärte sich auf Anfrage bereit, die Aufsicht
über meine Ausgrabungen zu führen. Er hat seine Aufgabe von
Anfang bis zu Ende mit der grössten Gewissenhaftigkeit und
Pünktlichkeit, sowie mit dem anerkennenswerthesten Eifer und
gutem Geschick gelöst. Ich kann nicht umhin, auch an dieser
Stelle meiner vollen Zufriedenheit mit seinen Diensten Ausdruck

zu geben. Er wurde mir mit jedem Tage unentbehrlicher und hat zu einem nicht geringen Theile dazu beigetragen, dass die Arbeiten ohne eine ernstliche Störung verliefen. Namentlich in der ersten Zeit, so lange als ich noch nicht mit den Fellachen in ihrer arabischen Muttersprache verkehren konnte, versah er zugleich das Amt eines Dolmetschers gegenüber den Arbeitern und den Grundbesitzern, mit denen ich wegen des Grabens zu verhandeln hatte. Denn er hatte sich während seines Aufenthaltes in Palästina schon volle Sicherheit in der Handhabung des Arabischen angeeignet.

Anfangs hatte ich ihm das Engagement der Arbeiter ebenfalls überlassen. Doch sprach er später den lebhaften Wunsch aus, von diesem heiklen Geschäft befreit zu sein. Die Fellachen schoben der Auswahl, welche er traf, persönliche Motive unter, schleuderten ihm den Vorwurf der Bestechung, ohne welche der Orientale kaum eine Entscheidung von seinen Oberen treffen sieht und sich auch nicht zu denken vermag, ins Gesicht, verfolgten ihn mit ihrem Gezänk bis zu den einzelnen Schachten und versuchten sogar in seiner Abwesenheit, ihre Schützlinge an die Stelle der gedungenen Arbeiter einzuschieben. Das konnte allerdings nicht geduldet werden, und der Verdacht, als liesse sich Bäuerle durch Geschenke in der Auswahl der Leute bestimmen, hatte das ehrliche deutsche Gemüth tief verletzt. Ich entschloss mich daher, in Zukunft selbst diejenigen zu dingen, welche in der betreffenden Woche beschäftigt sein sollten. Jeder Montag Morgen begann mit dieser wichtigen Angelegenheit, die nicht jedes Mal ohne lebhaftere Ereignisse vorüberging.

Auf der Höhe der untersten Terrasse des SW.-Hügels stehen zwei Häuser, welche ein altes Ehepaar mit seinen beiden verheiratheten Söhnen bewohnt. Das obere haben die Alten inne; es umfasst 2 Gemächer, deren Wände zur Hälfte der anstehende, vor Zeiten zu einem Grabe oder einem Gemache behauene Felsen bildet. Dasselbe diente mir als Niederlage sämmtlicher Arbeitsgeräthe. Vor demselben fand daher auch zu Anfang der Woche das Engagement der Arbeiter statt. Zu Fuss oder auf munterem Esel begab ich mich möglichst bald nach Sonnenaufgang, um $5\frac{1}{2}$ oder 6 Uhr, vom Johanniterhospiz in die Gegend der Siloahteiche hinab. Hier erwarteten mich schon die Silwaner in grosser Anzahl. Gruppenweise lagerten sie an den

Abhängen des Thales; in ihren farbigen Gewändern schmückten sie oft mit recht malerischer Wirkung die kahlen, von der Morgensonne hell beschienenen Terrassen. Meine Ankunft war ihnen das Zeichen sich zu erheben, ich wechselte mit ihnen den üblichen Morgengruss: *sabâhkum bil-chœr* (wörtlich: »Euer Morgen im Glück«) und stieg dann mit Herrn Bäuerle den schmalen Felsensteig zu dem erwähnten Hause hinauf. Binnen kurzem hatte sich die ganze Schaar dichtgedrängt vor der Thür des Hauses um mich und Bäuerle aufgestellt. Einige Male fand sich auch der von der Behörde mir zugeschickte Sabtîje ein, um sein Urtheil über Fleiss oder Faulheit der einzelnen Arbeiter abzugeben. Schacht nach Schacht, Graben nach Graben wurde mit der erforderlichen Anzahl von Leuten im Einverständniss mit Bäuerle besetzt, jede Gruppe erhielt die nothwendigen Arbeitsgeräthe ausgeliefert, dann: *jallâh 'ala schughlikum*, »vorwärts an Eure Arbeit!« Ich hatte stets, selbst in der Erntezeit, die sonst alle Hände eines Dorfes in Anspruch zu nehmen pflegt, mehr Arbeiter vor mir, als ich anstellen konnte. Je lichter nun die Reihen durch den Abmarsch der in Lohn Genommenen wurden, desto lebhafter und dringender wurden stets die Rufe der Zurückgebliebenen um Beschäftigung. *Ane, ane, jâ chawâdsche,* »ich, ich, o Herr!« Fast regelmässig standen im Hintergrunde einige angesehenere Männer, die für ihre Söhne oder Neffen ein gutes Wort einlegten, sich für ihren Fleiss und ihr gutes Betragen verbürgten oder auch durch Drohungen mich zur Erfüllung ihrer Wünsche zu zwingen suchten. Gewöhnlich hielt der Eigenthümer des Feldes darauf, dass er selbst, sein Bruder oder einer seiner Söhne auf seinem Grundstück beschäftigt wurde. Diese durften also in erster Linie nicht übergangen werden, falls ich mir guten Frieden sichern wollte. Auch solche, welche sich ordentlich betragen und weder durch Faulheit noch Ungeschick zu Klagen Anlass gegeben hatten, nahm ich stets wieder in Arbeit, und nicht wenige haben ohne Unterbrechung 18 bis 20 Wochen in meinem Dienst gestanden. Aber es gab immer eine Anzahl Enttäuschter oder Unzufriedener. Falls sie bescheiden waren, so hefteten sie sich wie der zähe Koth an meine Fersen und verfolgten mich mit ihrer leisen Bitte um Beschäftigung von einer Stelle zur andern, bis mir endlich die Geduld riss und ich den Sabtîje beauftragte, den lästigen Zuschauer zu entfernen.

Es war ergötzlich zu sehen, mit welcher Zartheit dieser orientalische Polizist das »Publikum« behandelte, wenigstens wenn es in
Gestalt eines erwachsenen, kräftigen Mannes vor ihm stand.
Keine Drohung, geschweige denn Anwendung von Gewalt, sondern die höfliche Bitte: *tfaḍḍal, rūḥ*, »sei so gut, geh fort!«
Dieses vorsichtige Auftreten hatte für einen an stramme Ordnung gewöhnten Norddeutschen etwas ausserordentlich Komi-
sches. Halbwüchsige Burschen, denen der Bart am Kinn erst
keimte, wurden freilich kürzer und rücksichtsloser behandelt,
dafür rächten sie sich aber auch durch manche derbe Neckerei,
die sie gegen den Sabtíje ersannen. Ich bemerkte bald, dass
sein Muth ganz genau dem Nachdruck entsprach, mit welchem
ich meine Wünsche oder Befehle ihm mittheilte. Ich richtete
mich darnach ein und konnte so auf eine sehr bequeme und einfache Weise den Grad seines Eingreifens bestimmen. Und ein
kräftigeres Auftreten von seiner Seite machte sich bisweilen gerade nach einem neuen Engagement der Arbeiter zu Anfang der
Woche nothwendig. Waren die Enttäuschten nämlich weniger
bescheiden, so versuchten sie wohl durch eigenwilliges Eintreten
in die Reihe der Arbeitenden sich eine Stelle zu ertrotzen oder
die Ausgrabungen durch irgend welchen störenden Eingriff zu
hindern. Freilich erwies sich gegen solche aufgeregte Leidenschaft ein kurzes entschiedenes Wort, eine stillschweigende
Durchführung der angeordneten Massregel oder ein ruhiges
Behaupten des Platzes oft über Erwarten wirksam, doch musste
ich auch einige Male den sanften oder feigen Sabtíje zu einer
ernsthaften Drohung oder abstossenden Haltung anfeuern, damit er die unberufenen Eindringlinge und Störenfriede aus dem
Bereich der Arbeiten entferne.

Der Lohn der Fellachen belief sich in der Regel auf 6 Piaster
oder nach unserm Gelde auf 90 Pfg. täglich. Jüngere Burschen
erhielten 5, tüchtigere Arbeiter oder solche, die schwerer zu
schaffen hatten, 7 und 8 Piaster. Nur einem, den ich anfangs
für sehr nützlich erachtete, habe ich 9 Piaster täglich gezahlt,
bis ich ihn wegen Unverschämtheit eines Morgens wegjagte.
Abgesehen von der letzteren Summe wird man diese Sätze nicht
hoch nennen können, zumal wenn man in Anschlag bringt, dass
die Arbeitszeit ziemlich lang war. Sie begann etwa eine halbe
Stunde nach Sonnenaufgang, zwischen 5½ und 6 Uhr. Um

12 Uhr, d. h. wenn die Stimme des Mu'eddin vom Minaret des
Haram die Gläubigen zum Gebet mahnte, erscholl unter den
Arbeitern der freudige Ruf »mandscha« [1] — nun wurde gerastet
und gegessen. Nach anderthalb Stunden ertönte der Befehl:
»kimū ich-schughl«, d. h. »bringt die Arbeit wieder in Gang«.
Sie wurde fortgesetzt bis ungefähr $6^{1}/_{2}$ Uhr, nämlich bis der
Schatten der Berge Jerusalems von den Strahlen der Abendsonne
auf einen bestimmten Felsblock oberhalb des Dorfes Silwän geworfen wurde — das war das Zeichen, nach welchem Bäuerle
den Feierabend ankündigte. Freilich muss auch gesagt werden,
dass ein Fellach bei weitem nicht dasjenige leistet, was man von
einem deutschen Arbeiter zu erwarten pflegt. Klima und Nahrung erlauben ihm nicht das gleiche Mass von Anstrengung.
Jedoch ist seine Trägheit weit grösser, als die Rücksicht auf die
heissen Sonnenstrahlen im Sommer gebietet. Ein Europäer
schafft, ohne seine Gesundheit zu gefährden, mehr als der Ein-
geborene, letzterer ist es eben gewohnt zu faullenzen, dagegen
recht viel von der Arbeit zu reden; Fellach und schughl (»Arbeit«)
erscheinen als untrennbare Begleiter, wie Körper und Schatten.
Was nützt ihm auch die Anstrengung und der Schweiss, da er
aus langer, langer Erfahrung weiss, dass die Früchte doch nur
die Regierung pflücken und geniessen wird? Ist es nicht viel
klüger, langsam und gemächlich zu arbeiten und sich mit dem
Erwerb des Lebensunterhaltes für sich und die Seinen zu bescheiden, als grosse Mühe aufzuwenden und einen guten Theil
des Gewinnes in andere Hände wandern zu sehen? Ohne Zweifel
hat der unverständige Druck des türkischen Regierungssystems,
an dem eine wohlwollende Lokalbehörde nur wenig zu ändern
vermag, die Trägheit und Stumpfheit der ländlichen Bevölke-
rung nicht unwesentlich verschuldet. Andererseits hat der Fellach
so geringe Bedürfnisse, so wenig Ansprüche an das Leben, dass
ihm daraus kein Antrieb zu gesteigerter Thätigkeit erwächst.
Wie bescheiden war die Nahrung, welche ich häufig die Fellachen während der Mittagsruhe einnehmen sah! Für viele bestand sie nur aus den runden flachen Waizenbroden (chubz
fellahīn), welche etwa um 8 Uhr Morgens unmittelbar aus dem

---

1) Das Wort ist italienischen Ursprungs, es kommt von mangiare,
»essen«.

2*

Backofen von den Frauen oder Mädchen ihnen gebracht wurden. Manche theilten unter sich eine Schale geronnener Milch (leben), auch einige Stück Käse, oder es wurden vom Sük in der Stadt frische Früchte geholt, namentlich Gurken, die gern roh gegessen werden und für einen Spottpreis zu haben sind. Dazu kreiste der Wasserkrug, der auch während der Arbeit nie leer werden durfte. Nachher »tranken« einige Tabak, d. h. sie rauchten eine kurze Pfeife (ghaljūn) oder Cigaretten, welche sie sich selbst drehten, indem sie tutun beledī (»einheimischen Tabak«) in die schmalen Papierstreifen wickelten, welche zu kleinen Büchern zusammengeheftet in grossen Mengen aus Südfrankreich und Österreich (Wien) eingeführt werden. Das war nun freilich nicht die Hauptmahlzeit des Tages, sondern nur das Frühstück (futūr). Jene pflegt der Orientale am Abend, um Sonnenuntergang, einzunehmen, aber auch sie ist einfach. Brod, Früchte, Gemüse, Eier sind ihre gewöhnlichen Bestandtheile; denn Fleisch wird nur bei festlichen Gelegenheiten gegessen. Bei so karger Nahrung ist der Fellach allerdings nicht im Stande, die gleichen Kräfte aufzuwenden, wie der europäische Arbeiter, der sich besser nährt. Auch das muss bei der Beurtheilung dieser Verhältnisse nicht ausser Acht gelassen werden.

In diesem Zusammenhange kann ich nicht umhin, der eigenthümlichen Schwierigkeiten zu gedenken, mit denen die Auszahlung des Lohnes jeden Sonnabend Nachmittag verknüpft war. Am Ende der ersten Woche hatte Baurath Schick die Güte, dieses Geschäft mir abzunehmen, weiterhin erledigte ich es mit Unterstützung von Bäuerle selbst, doch nie ohne Seufzer. Diese Schwierigkeiten beruhten auf dem trostlosen Zustande des türkischen Münzwesens und auf dem grossen Mangel an kleinem Gelde.

Mit Geld umzugehen ist in Syrien überhaupt eine verwickelte Sache. Denn abgesehen von der Kenntniss der türkischen Geldwährung muss man auch die vorkommenden fremden Münzsorten sicher in jene umrechnen können, sonst wird man täglich das Opfer eines leicht geübten Betruges. Die häufigsten fremden Goldstücke sind französische halbe und ganze »Pfunde« (Napoleons, lira fransawije); ihr Kurs schwankte im Sommer 1881 zwischen 106 und 107 Piaster. Englische Goldstücke sind mir selten in die Hände gekommen, deutsche 20-Markstücke

ebensowenig wie russische Imperials. An fremden Silbermünzen
herrscht ebenfalls der Franc vor und die gleichwerthigen italienischen, griechischen und rumänischen Münzen (Lira, Drachme
und Leu) in ganzen und halben Stücken (1 Franc = 5 Piaster
10 Para). Häufiger als englische Schillings (zu 6½ Piaster) war
russisches Silber, 1 Rubel zu 18 Piaster, 50-, 25-, 20-, 10-Ko-
pekenstücke, letztere an Werth 1 Piaster 10 Para. Die türkische
Lire (Goldstück) galt 121 Piaster. Diese sowohl als auch das
türkische Silbergeld sind gut geprägte und schön aussehende
Münzen. Dasselbe umfasst Medschīdīje, gewöhnlich verkürzt
Medschīdī (Pl. *medschīdījāt*), zu 1, ½ und ¼, sowie Stücke von
½, 1 und 2 Piastern. Namentlich die letzteren sind sehr nied-
lich und lassen sich zu reizenden Schmucksachen in der mannig-
faltigsten Weise verwerthen. Dann folgen zwei abscheuliche
Geldsorten, die ursprünglich schon unter dem Werth geprägt
wurden und in Folge einer begonnenen, aber nur halb ausgeführten Münzreform nun zum Theil auf die Hälfte ihres nomi-
nellen Werthes gefallen sind. Ihre türkischen Namen sind
Altlyk und Beschlik, »Sechser« und »Fünfer« (von Piastern zu
verstehen). Die ersteren heissen in Jerusalem durchweg *wazarī* [1],
sind etwas grösser, aber viel dünner als unser Thaler und werden nicht viel Silber enthalten. Von ihnen giebt es auch halbe
Stücke. Noch schlechter sind die Beschlik; an Grösse stehen sie
den ersteren nicht nach, ihr Metallwerth ist aber bedeutend geringer. Wirft man sie auf Stein oder harten Boden, so klappt
es, als ob ein Bleistück hinuntergefallen wäre, auf einen hellen
Silberklang horcht man vergebens. Sie sollten ursprünglich
6 und 5 Piaster nach dem Regierungskurs gelten. Im gewöhnlichen Verkehr, dessen Kurs höher ist und hier ausschliesslich von mir berücksichtigt wird, sind sie seit einigen Jahren
bedeutend gefallen. Der Altlyk ist jetzt genau so viel werth als
ein Viertelmedschidi, dessen Regierungskurs 5 Piaster beträgt,
der Beschlik gilt die Hälfte eines Altlyk oder Wazari, sowie eines
Viertelmedschidi, hat also genau die Hälfte seines Werthes verloren. Von ähnlichem Metall sind die Stücke zu 1, ½ und ¼
Piaster, welche aber nur sehr selten noch vorkommen. Ausser-

---

1) Ursprünglich wohl auch *wazarīje*, »Wesirgeld«, Adjektiv von *wazīr*,
»Wesir«.

dem giebt es Kupfermünzen zu 5, 10, 20 und 40 Para, in der
Grösse unserer 50-Pfennig-, Mark-, Zweimark- und Thalerstücke.
Fünfparastücke habe ich in Jerusalem gar nicht gesehen, aber in
Beirut kursirten sie massenweise.

Im kleinen Verkehr rechnet man durchweg nach Piaster
(arabisch *ḳirsch* oder *irsch*, Plur. *ḳurūsch* oder *urūsch*) und Para
(arabisch *faḍḍa*). 40 Para machen einen Piaster. Nun ist aber
das Üble, dass im Verkehrskurs der Werth keiner einzigen
Münze sich auf Pr abrundet. Die Kupfermünzen sind so enorm
gesunken, dass ein 40 Parastück, d. h. ein Pr, nur 8 Para gilt;
man muss also erst 5 solcher Ungeheuer von Kupfer zusammenlegen, ehe man einen Pr auszahlen kann. Ein Beschlik gilt
2 Pr und 35 Pa, ein Wazarī, ebenso ein Viertelmedschidi 5 Pr
und 30 Pa, ein halber Medschidi 11 Pr 15 Pa, ein Medschidi
22 Pr 30 Pa. Man muss also stets kleines Geld zulegen, wenn
man volle Pr ausgeben will. Nur gewisse grössere Summen
lassen sich in Pr rund begleichen, z. B. 23 Pr = 4 Wazari,
91 Pr = 4 Medschidi, 92 Pr = 16 Wazarī oder 16 Viertelmedschidi[1]. Der Kurs der fremden Geldsorten ergiebt, wie aus dem
oben Gesagten erhellt, ebenfalls stets Bruchtheile des Pr, die
Nothwendigkeit des kleinen Geldes (*ḳaṭʿa*) tritt also um so dringender jedermann entgegen. Aber gerade an kleinem Gelde
fehlt es, und dieser Mangel ist um so fühlbarer, als die vorhandenen Scheidemünzen um $\frac{1}{4}$ oder $\frac{1}{5}$ ihres Werthes gesunken sind.

Unter solchen Umständen war es eine absolute Unmöglich-
keit, so viel kleines Geld beim Wechsler zu erlangen, dass ich
jeden Arbeiter einzeln hätte ablohnen können. Wie es auch
sonst in Jerusalem Brauch ist, zahlte ich stets an Gruppen von
6—12 Fellachen den Lohn aus, diese machten sich dann ein
Vergnügen daraus, die Summen unter sich zu theilen. Der beste

---

1) In letzterer Rechnung tritt also der seltsame Fall ein, dass 4 Viertelmedschidi mehr gelten als ein ganzer; denn 4 Viertelmedschidi = 4 × 5¾ Pr
= 23 Pr, aber ein Medschidi wird nur zu 22¾ Pr gerechnet. Solchen Gewinn bezeichnen die Araber als *schuruk*. Übrigens gelten alle diese Angaben
nur für Jerusalem. In Hebron und Nābulus hatte im Sommer 1881 der Medschidi, wie grössere fremde Münzen vom Silberrubel an einen viel höheren
Kurs. Wenn ich nicht irre, galt der Medschidi in Hebron 29 Pr. Dagegen
war sein Werth in Jafa und Beirut mit dem in Jerusalem identisch.

Rechner empfing das Geld und übernahm stillschweigend die
Verantwortung dafür, dass jeder Mann seiner Gruppe alles bis
auf den letzten Para erhielt, der ihm gebührte. Es war aber
mit dieser Erleichterung nicht genügend geholfen. Selbst dass
ich das Papiergeld, welches einige jerusalemer Juden auszugeben
pflegen, mit zur Auszahlung verwandte, machte nicht jeder
Verlegenheit ein Ende. Entweder blieb ich den Leuten eine
Kleinigkeit schuldig, oder — was freilich häufiger vorkam —
ich zahlte ihnen 20 bis 40 Para mehr aus, je nachdem ich
dem Betrag des Lohnes in türkischem Gelde am nächsten kommen konnte. Am 9. April besorgte ich die Auslöhnung zum
ersten Male selbst. Ich hatte gemeint, rascher damit fertig werden zu können, und liess es fast Feierabend werden, ehe ich begann. Bald war die Sonne hinter den Höhen von Jerusalem
verschwunden, der Mond sandte schon sein volles mildes Licht
in das tief eingeschnittene Thal hinein, und noch immer sass ich
auf einem Steine neben dem Siloahteich und rechnete. Wie ich
auch das türkische Geld zusammenlegen mochte, es wollte und
wollte die auszuzahlende Summe nicht herauskommen. Zufällig
blickte ich gen Himmel und sah den hell leuchtenden Mond
in wunderbarer Klarheit durch den dunkelblauen Nachthimmel
seine friedliche Strasse ziehen. Es war das erste Mal, dass ich
ausserhalb der Stadt, im engen Thal zwischen rings ansteigenden
steilen Hügeln, meine Augen zu dem hohen Gewölbe des mond-
beleuchteten syrischen Himmels emporhob. Wie gebannt waren
sie von dem Eindrucke, und das freundliche Bild dort oben über
den ernsten Höhen in meiner Umgebung drang mächtig in meine
Seele. Was sollte ich noch über türkisches Geld mich bücken?
Ich drückte dem Arbeiter Lohn genug in die Hand, steckte
mein Buch in die Tasche, griff nach meinem Stock aus dem
zähen Holz einer Eiche von Hebron und wanderte langsam den
Berg zur Stadt hinauf. Der »gute Mond« hatte mich schnell alles
Ungemach des fremden Landes vergessen lassen, eine feierliche,
friedliche Stimmung gewann Raum in meinem Herzen. Sie war
mir lieb nach den mancherlei Mühen der Woche, morgen war
Palmsonntag, der Anfang der an Feierlichkeiten in Jerusalem
so reichen »stillen« Woche, der lebhaftesten, welche die heilige
Stadt im ganzen Umlauf des Jahres kennt. —

Ich komme mit einigen Worten auf das jerusalemer Papier-

geld zurück. Socin theilt in dem Jahresbericht über die Palä-
stinalitteratur von 1878 [1]) mit, dass nach den Angaben des Palä-
stinaforschers James Finn [2]) die Juden in Jerusalem eine Art
besonderer Münze schlagen, welche auf dem Bazar kurrent sei.
Ich habe während meines Aufenthaltes dort von März bis August
1881 — Finn berichtet aus den Jahren 1853 bis 1856 — selbst
kein anderes jüdisches Geld gesehen, als die erwähnten kleinen
Scheine. Vor mir liegt ein solcher Zettel, 7 Centimeter lang und
$4^1/_2$ Centimeter breit. Leider sind durch einen Stempel die
ersten beiden Zeilen des in hebräischer Quadratschrift darauf
gedruckten Titels unleserlich geworden. In der Mitte steht mit
grösseren Buchstaben »40 Para Fleisch« (בשר' פרי' 40 ארבעים)
und darunter, wieder in kleineren Buchstaben, der Name »Josef
David Herschkowitz (יוסף דוד הערשקאוויץ)«. In die linke
obere Ecke sind die arabischen Ziffern für 40 gedruckt. Andere
Zettel lauten auf 10, 20 Para; statt »Fleisch« findet sich auch
am Ende der mittleren Zeile »Brod« oder »Milch«. Sie sind daher
strenggenommen kein Papiergeld, sondern Anweisungen auf
Brod, Milch oder Fleisch im Werth von 10, 20 oder 40 Para
und sind bei jüdischen Kaufleuten, die dergleichen feil bieten,
einzulösen. Faktisch aber nimmt sie jedermann auf dem Sûk
und bei anderen geringeren Zahlungen gern für baare Münze an,
weil sie dem unangenehmen Mangel an kleinem Gelde nicht
unwesentlich abhelfen. Aus diesem Grunde waren sie auch mir
für die Auslöhnung der Arbeiter willkommen, und diese ver-
weigerten nie ihre Annahme. Das aber jetzt noch anderes jüdisches Geld in Jerusalem kursire, kann ich wohl bestimmt in
Abrede stellen. Auch Herr A. M. Luncz, der als Glied der jüdischen Gemeinde der Aschkenazim mit den Verhältnissen der
Juden dort wohl bekannt ist und ausserdem als Herausgeber
eines binnen Kurzem erscheinenden Jahrbuches »Jerusalem« sich
die Kenntniss derselben noch besonders angelegen sein lässt,
hat mir wiederholt versichert, dass es von Juden geschlagene
Münzen dort überhaupt nicht gebe. Entweder beruht also die
Angabe Finn's auf einem Irrthum, oder jene Münzen haben nur

1) S. ZDPV. II, p. 84.
2) J. Finn, Stirring times, or Records of Jerusalem. Consular Chronicles.
2 vols. 1878.

eine kurze Existenz gehabt. Dass ein Privatmann sein eigenes
Geld führt, kommt freilich in Syrien vor. So hat der Besitzer
des Jerusalem-Hotels in Jafa, Herr E. Hardegg, seinen Bedarf
an Scheidemünzen dadurch zu decken gesucht, dass er gegen
Hinterlegung einer Kaution von der türkischen Behörde die Erlaubniss erwirkte, kleine Stücke zu 1 und ½ Pr aus Messing
prägen lassen zu dürfen. Dieselben werden nicht nur in Jafa als
voll angenommen, sondern kamen mir auch in Jerusalem in die
Hände, wo ich sie der Merkwürdigkeit wegen, als deutsches
Geld in Syrien, anhielt und zur Erinnerung aufbewahrte [1]).

1) In dem oben citirten Jahresbericht theilt SOCIN noch eine andere auffallende Angabe FINN'S mit, nämlich dass die Juden in Jerusalem nach dem
Tode des Sultans die Stadtschlüssel erhalten, sie salben und wieder zurück-
geben. Herr A. M. LUNCZ gab mir auf eine Anfrage folgenden Bescheid:
Es bittet sich in der That das Haupt der jüdischen Gemeinde der Sephardim,
der Chächäm Bäschi, sei es in Person oder durch einen Freund oder durch
seinen Diener, die Stadtschlüssel von dem türkischen Gouverneur zu gewissen Zeiten aus, und zwar im Interesse einer jüdischen Satzung. Es ist
dem Juden verboten, am Sabbath Lasten zu tragen, nur innerhalb seines
Hauses oder seines Hofes ist es ihm bis zu einem gewissen Mass gestattet.
Wenn nun verschiedene Personen oder Familien sich vereinigen und etwa
ihre benachbarten Grundstücke durch einen Zaun irgend welcher Art, und
sei es auch nur ein Faden, abgrenzen, so gilt auch dieser Bezirk als ein Hof,
und ebenso kann eine durch Mauern eingeschlossene Stadt, wenn alle ihre
Bewohner dahin übereinkommen, als ein Hof betrachtet werden. In Jerusalem wohnen aber viele Gojim, also ist es unmöglich, eine Übereinkunft
zur Erleichterung des jüdischen Sabbathgesetzes zu Stande zu bringen. Da
bietet nun der Besitz der Stadtschlüssel vermöge symbolischer Deutung einen
glücklichen Ausweg. Wenn nämlich der türkische Gouverneur dem ersten
Vertreter der Juden — und das ist der Chächäm Bäschi — die Stadtschlüssel
überlässt, so räumt er damit den Juden die Befugniss ein, den Ort als den
ihrigen, als eine Ansiedelung oder Vereinigung von Juden zu betrachten und
die Mauern der Stadt als den Zaun, welcher dieselbe wie einen Hof umschliesst. Sie dürfen nun auch am Sabbath innerhalb der Stadt, welche jetzt
als eine Wohnung gilt, leichtere Gegenstände tragen. Diesem Zwecke dient
die Schlüsselceremonie, mit der die Abschliessung eines Vertrages verbunden
zu werden pflegt, durch welchen den Juden gewöhnlich für einen Zeitraum
von 15 Jahren die durch die einmalige Übergabe der Schlüssel eingeräumte
Befugniss garantirt wird. Ist ein solcher Vertrag nicht gemacht worden, so
wird die Ceremonie beim Regierungsantritt eines neuen Sultans wiederholt.
Die Schlüssel bleiben einige Stunden oder eine Nacht bei einem der jüdischen
Häupter und werden dann zurückgegeben. Dem Gouverneur pflegen die
gesammten jüdischen Gemeinden bei dieser Gelegenheit ein Geschenk zu

Ich änderte an der Arbeitszeit, welche die Fellachen einmal
gewohnt waren, nichts. Ich sah auf gutes Werkzeug, liess das
schadhafte repariren und kaufte nach Bedarf neue Geräthe an.
Glücklicher Weise gelang es, auch eiserne Winden bei einem
Kaufmann in Jerusalem ausfindig zu machen. Diese waren für
die dreischenkeligen Böcke, welche über den Schachten zum
Emporschaffen der Erde und Steine aufgestellt werden mussten,
durchaus nothwendig, und diejenigen, welche ich neben einigen
anderen Geräthen sowohl von Baurath Schick, als auch mit
Erlaubniss des Konsuls aus dem Muristan erhalten hatte, reichten
bald nicht mehr aus. Bretter und Balken bezog ich aus der
Holzhandlung von Hugo Wieland; sie waren sämmtlich aus
Fichten geschnitten, die ihre schlanken Wipfel vorher auf den
Gebirgen von Steiermark, Kärnthen oder Krain gen Himmel er-
hoben hatten.

Die zwei parallelen Gräben, die mir zur Auffindung alter
Mauerreste dienen sollten, begann ich an den Punkten, welche
auf Tafel VIII mit 1 und 2 bezeichnet sind. Als Anfang des oberen
bestimmte ich die Ostseite eines Felsblockes, welcher auf der
Grenze von vier Ackerfeldern zu Tage steht und deutliche Spuren der Bearbeitung an sich trägt. Die Erlaubniss zur Arbeit
war nach kurzen Verhandlungen von dem Eigenthümer erlangt.
Wie sich später herausstellte, gehörte der Acker übrigens zwei
Fellachen gemeinsam. Da er brach lag, so konnte ein etwaiger
Ersatz für beschädigte Früchte gar nicht in Frage kommen. Ich
versprach die Wurzeln der Ölbäume möglichst zu schonen und
nachdem ich gesehen, was unter ihrem Acker sei, die Gräben
zuschütten und das Feld wieder in den von mir vorgefundenen
Zustand bringen zu lassen. Auch stellte ich nach vollendeter
Untersuchung ein Bachschisch in Aussicht. Dem Eigenthümer
wurde die Wahl gelassen, mitzuarbeiten oder nicht.

Vom 5. bis zum 20. April habe ich auf diesem oberen Felde
graben lassen. Der feste Felsen stand zuerst in einer Tiefe von
0,60 bis 1 Meter unter der Oberfläche an, mit gelinder Senkung

überreichen. Von einer Salbung der Schlüssel war Herrn A. M. Luncz nichts
bekannt. Nach seiner Aussage soll dieser Gebrauch auch in den Städten
anderer Länder in Übung sein. Jene jüdische Satzung betrifft die רשויות des
Sabbath, spec. die השבת חצרות. S. die Comm. zur Mischna, Tractat Sabbath.

nach SSO. Da in dieser Richtung, etwa 4 Meter von dem Ausgangspunkt, einige scharf abgeschnittene Stufen des Gesteins sich zeigten, so bestimmte ich als die weitere Linie des Grabens ungefähr die Diagonale von dem NW.-Winkel zu dem SO.-Winkel des unregelmässigen Viereckes, das dieser Acker bildet. Auf eine Länge von 10,30 Meter wurde er fortgesetzt, um dem Gesenke des Felsens nach dieser Seite hin zu folgen. Die Stufen waren in Breite und Tiefe ganz unregelmäßig. So fiel die eine von 2,60 Meter auf 5,60 Meter unter der Oberfläche senkrecht ab. Die obere Erdschicht war ganz gewöhnlicher Schutt und enthielt außer einigen werthlosen Scherben nichts, das der Beachtung werth gewesen wäre. Darunter lagerte meist loses Geröll von kleinen, ganz unregelmäßig geformten Steinen, wie sie in einem Steinbruch abzufallen pflegen. Ferner bemerkte ich hier und da noch die Spuren der Schrote, welche man in den Felsen getrieben hatte, um die Steine auszubrechen. Es war also zweifellos, dass diese Terrasse nicht nur ihre ursprüngliche Gestalt verloren, sondern dass auch die Spuren älterer Bearbeitung oder Bebauung vollständig von ihr verschwunden waren, da man später hier einen Steinbruch betrieben hatte. Ich konnte nicht hoffen dort etwas zu finden und brach die Arbeit einstweilen ab. Vielleicht entdeckte ich an einer anderen Stelle, was ich suchte. Dann konnte ich den Graben zuschütten lassen.

Auch der zweite Graben begann an einem Felsen, welcher aus der nördlichen Grenzmauer eines Grundstücks, etwa in der Mitte derselben, um einige Meter vorsprang. Der Acker gehörte einem Gerber aus der Stadt, der hier sein Gewerbe betrieb und dazu das Wasser des nahen Siloahkanals benutzte. Zwei kleine Gebäude stehen auf der westlichen Hälfte, die von einigen Ölbäumen und Granatbüschen beschattet wird. Auf dem östlichen Theil grünte junge Gerste, die eben in die Ähren schoss. Zur Hälfte waren die Halme schon von der Sichel gefällt und zum Futter verwandt worden. Meine Anfrage, ob ich dort graben könne, stiess auf keinen Widerspruch, der Gerber schnitt noch mehr Gerste ab, um mir Raum zu schaffen, und die Aussicht auf eine später zu zahlende Entschädigung stellte ihn völlig zufrieden. Der Graben folgte anfangs der Senkung des Felsens von N. nach S. Sie bestand in einigen unregelmässigen Stufen, die wohl durch das Abbrechen des Felsens zu Bausteinen entstanden

sein mögen. Dem Verkehr, um auf ihnen den Bergrücken hinan-
zusteigen, können sie kaum gedient haben, da sie gar nicht ausgetreten waren, sondern noch eine sehr rauhe Fläche aufwiesen.
Und die erste derselben lag 2,30 Meter unter der Scheitelfläche
des Felsens, an die absichtliche Anlage einer Felsentreppe, von
der hier einige Stufen erhalten seien, kann man daher nicht
denken. Abwärts betrug der Abstand der zweiten von der ersten
Stufe 0,20 Meter, der dritten, die jedoch kaum die halbe Länge
der beiden übrigen hat, 0,60 Meter. Bei der Biegung des Grabens stiessen die Fellachen am zweiten Tage ihrer Arbeit, am
7. April, auf zwei Reihen geschichteter Steine. Die eine ruhte
unmittelbar auf dem Felsen, der bis hier nur sanft nach Osten
geneigt war, und lief von Westen nach Osten. Die andere hatte
gar kein festes Fundament und zog in der Richtung von N.
nach S. Beide waren von nur geringer Breite und Festigkeit,
die kleinen Steine waren nicht durch Mörtel verbunden, auch
verloren sich ihre Spuren bald. Vielleicht haben sie mal als
Feldgrenzen gedient, jedenfalls verdienten sie keine ernstliche
Beachtung.

Weiter nach Osten senkte sich der Felsen in ungleichen
und unebenen Absätzen. In einer Tiefe von 3 Meter unter der
Ackerfläche wurden sorgfältig behauene Stufen gefunden, die
ohne Zweifel einer von S. nach N. abwärtsführenden Felsentreppe angehörten. An dieser Stelle war die Erde ausserordentlich
fest und hart. Einzelne schwarze Punkte, die aus der dunkeln
Schicht in voller, satter Farbe sich abhoben, gaben sich bei
näherer Untersuchung als kleine Holzkohlen zu erkennen, die
in der dichten Schuttlage sich vortrefflich erhalten hatten. Solche
Spuren eines Brandes an dieser Stätte waren noch 1 bis 2 Meter
weit nach Osten zu verfolgen, sie zogen sich in einer Höhe
von 0,20 bis 0,50 Meter über dem Felsen durch den Boden hin.
Um festzustellen, wohin die Treppe führe, liess ich in ihrer
Linie den Graben erweitern. Es fanden sich 5 regelmässig eingehauene Sufen, an deren Seiten der Felsen als eine natürliche
Wand emporragte. Die Breite der Treppe betrug oben 1,20 Meter, unten 0,90 Meter. Die Höhe der einzelnen Stufen, von
denen nur die obere etwas ausgebrochen war, belief sich auf
0,40 Meter, ihre Breite auf 0,30 Meter. Die unterste erhob sich
nur um ein Geringes über den Boden des künstlich ausgehaue-

nen Raumes, in welchen die Treppe hinabführte. Dieser war
ein längliches Viereck von 4 zu 2 Meter, dessen Langseiten
(S. nach N.) von 1 Meter Höhe einer konkaven Fläche glichen,
deren oberer Rand wagerecht abgeschnitten war. Sie bildeten so
die beiden Widerlager für das gemauerte Gewölbe, das früher
den Raum gedeckt hatte. Denn als der Raum etwa bis auf die
Hälfte freigelegt wurde, zeigten sich in dem Schutt die für das
Gewölbe behauenen Steine in grosser Anzahl, und an einer Stelle
lag noch auf dem felsigen Widerlager ein Stein aus der ersten
Mauerschicht, welcher alle Zweifel über die ursprüngliche Kon-
struktion dieser Anlage zu heben geeignet war. Sie war früher
eine mit gemauertem Gewölbe gedeckte Cisterne gewesen. Woher das Wasser derselben zufloss, habe ich freilich nicht festgestellt, da ich von der vollständigen Untersuchung des Raumes
Abstand nahm. Ungefähr von der Mitte der östlichen Langseite
nach N. zu war nämlich auf den das Felsenbecken füllenden
Schutt eine fast die Oberfläche des Bodens erreichende Mauer
aus losen Steinen aufgesetzt, deren Wegräumung viel Zeit und
Mühe gekostet hätte und schwerlich lohnend gewesen wäre. So
hinderte sie mich freilich daran, das Nordende des kleinen Bassins zu untersuchen, leistete mir jedoch den wesentlichen Dienst,
die Arbeiter unten vor dem Einsturz dieser Wand des Grabens
zu schützen. Rechts neben der Treppe war in den Felsenboden
der Cisterne, in der südöstlichen Ecke derselben, ein rundes
Loch von 0,30 Meter Tiefe und 0,40 Meter Durchmesser eingehauen worden, dessen Bestimmung unsicher erscheint. Vielleicht hat es dazu dienen sollen, den runden Wasserkrügen der
hier Schöpfenden einen festen Standort zu bieten.

In der östlichen Fortsetzung des Grabens bis zu der Mauer,
welche das Feld von dem Wege nach Jerusalem scheidet, lagerte der Felsen in sanfter Neigung nach Osten durchschnittlich
3 Meter tief unter der jetzigen Oberfläche. Es wurden auf dieser
Strecke einige kleine Kupfermünzen gefunden, welche ich sofort
vorsichtig zu reinigen suchte. Leider war in dem feuchten Orte
nahe über dem Felsen, wo sie — wer weiss wie lange — geruht
hatten, ihre Verbindung mit der Erde eine so feste geworden,
dass diese sehr schwer von ihnen zu entfernen war. Starke
Säuren griffen die Münzen selbst so sehr an, dass sie zerbrö-
ckelten. Dennoch gelang bei einigen die Reinigung vorzüglich,

aber leider war das Gepräge so undeutlich geworden, dass man
dasselbe nicht mehr erkennen, geschweige denn von den Schriftzügen etwas zu lesen vermochte. In der Nähe der Cisterne zeigte
sich ein wahres Lager von Scherben. Da sich noch sehr grosse
und im Bruch gut erhaltene Stücke vorfanden, so suchte ich die
besten aus und liess dieselben nach meinem Quartier in der
Stadt, dem Johanniterhospiz, hinaufbringen, um dort zu versuchen, ob sich aus den Scherben noch etwas Ganzes oder
grössere Theile eines Ganzen zusammensetzen liessen. Es gelang das freilich nur in seltenen Fällen. Dass ich sogar auf die
Scherben Acht hatte, fiel wenigstens einem Theil meiner Fellachen nicht übermässig auf. Manche von ihnen hatten schon an
den von CH. WARREN geleiteten Ausgrabungen mitgearbeitet;
daher war es ihnen nichts Neues, wenn solche Gegenstände, wie
Scherben, die man auf den Weg zu werfen und zu zertreten
pflegt, von einem Franken ganz anders angesehen werden, so
bald sie in gewisser Tiefe unter dem Boden liegen. Um so mehr
verwunderte sich über diese Scherbentransporte eine stattliche
Bethlehemitin, welche in der Küche des Johanniterhospizes beschäftigt war. Sie liess mir sagen, sie könne mir eine viel grössere
Menge von Scherben bringen, auch noch bessere, als jene seien;
es werde mir billiger kommen, als wenn ich den Fellachen die
Mühe des Heraufschaffens vergütete. Sie wird es auch wohl gewesen sein, welche nach dieser Liebhaberei, die ihr noch nie
begegnet war, in echt arabischer Weise die *kunja*, den Bei-
namen, für mich prägte. Er lautete »*abu schakif*«, Scherbenmann,
wörtlich »Scherbenvater«.

Auf der anderen Seite des Weges liess ich den Graben fortsetzen. Das Feld gehörte einer Familie der Sephardim, welche
auf einer niedrigeren Terrasse neben demselben ein eigenes Haus
bewohnte. Da der Vater gestorben war, so stand es unter der
vormundschaftlichen Verwaltung eines Verwandten, ebenfalls
eines spanischen Juden. Als ich diesen um die Erlaubniss
fragte, einen Graben durch den brach liegenden Acker ziehen
zu dürfen, hatte er zwar nichts dagegen einzuwenden, falls ich
denselben wieder zuschütten lassen wollte, wünschte aber unsere
Übereinkunft schriftlich zu haben. Ich dachte unwillkührlich
an den »Schein« Shylock's im Kaufmann von Venedig und konnte
das Lachen nicht ganz unterdrücken. Jedoch erklärte ich mich

bereit, ihm mein Versprechen schriftlich zu geben, wenn er es durchaus wünsche, versicherte ihm aber zugleich, es sei das nicht nöthig. *Musch lāzim?* »Es ist nicht nöthig«? fragte er zurück. Meine nochmalige Versicherung beruhigte ihn, ich hatte nun vollkommen freie Hand. Dieser Jude unterschied sich, wie ich später zu erfahren Gelegenheit hatte, durch sein anspruchsloses Wesen und seine rechtschaffene Gesinnung sehr vortheilhaft von den Fellachen, deren Geldgier und Zudringlichkeit mich noch genug plagen sollte.

Der Boden dieses Feldes war mit zahlreichen kleinen und grossen Steinen vermischt. Die Arbeit wurde aber noch beschwerlicher, als die Fellachen etwa 2 m unter der Oberfläche auf ein Lager von Steinhauerschutt stiessen. Das Geröll fiel ihren Händen entgegen und auf ihre Füsse hinab, die Wände des Grabens drohten einzustürzen. Dennoch gelang es, den Felsen in einer Tiefe von 3,20 m zu erreichen. Aber seine Oberfläche war nicht mehr die natürliche, es waren einst Steine von ihm abgespalten worden, ich war also abermals in einen alten, längst verlassenen und vergessenen Steinbruch gerathen. Daher liess ich diese Stelle des Grabens wieder ausfüllen und die Arbeit einige Meter weiter nach SO. fortsetzen.

Es ging um diese Zeit nur langsam vorwärts; denn am 10. April begann die Osterwoche der abendländischen und am 17. April die der morgenländischen Kirchen. An den bei uns üblichen Feiertagen fiel die Arbeit natürlich aus, und da der griechische Patriarch in der zuvorkommendsten und liebenswürdigsten Weise mich zu den Festlichkeiten, die in der folgenden Woche in der Grabeskirche stattfanden, regelmässig einladen liess und mir stets in seiner Umgebung einen bevorzugten Platz anwies, so versäumte ich nicht, diese Vergünstigung auszunutzen. Es giebt ja keinen anderen Ort in der Welt, welcher zu vergleichender Betrachtung des Kultus aller christlichen Gemeinschaften eine so bequeme und für einen Theologen besonders anziehende Gelegenheit bietet, als Jerusalem! Wie konnte ich diese Tage, in denen die griechische Kirche den strahlenden Glanz und die ansprechende Symbolik ihrer Gottesdienste zur vollen Entfaltung bringt, gleichgiltig an mir vorübergehen lassen? Leider traf es sich, dass Herr Bäuerle in dieser Woche nicht regelmässig bei der Arbeit zugegen sein konnte; es fiel daher nicht nur die

Leitung der Arbeiten, sondern auch die Aufsicht über dieselben mir allein zu. So kam es, dass ich häufig aus der Grabeskirche direkt zu den Ausgrabungen eilte, und nachdem ich die Bekenner des Islam zurecht gewiesen oder Frieden unter ihnen gestiftet hatte, wieder zu dem Gefolge des ehrwürdigen, mich stets freundlich begrüssenden Patriarchen zurückkehrte und mich von neuem zu der grossen Schaar der christlichen Pilger des Ostens gesellte, welche die von Weihrauch durchdufteten Räume der Kirche des heiligen Grabes füllten. Es berührt mich schmerzlich, in dem Augenblicke, wo ich diese Zeilen niederschreibe, in den Zeitungen die Nachricht von dem Tode Sr. Seligkeit des Patriarchen Hierotheos zu lesen. Er starb am 20. Juni d. J. in Jerusalem an den Folgen eines Sturzes vom Pferde. Um so lebhafter treten mir die Stunden, in denen ich in der Grabeskirche ihm nahe war oder in seiner Residenz mit ihm verkehrte, vor die Seele. In dem dichtesten Gedränge der Processionen vergass er nie, sich durch einen Blick zu vergewissern, ob ich meinen Platz in seiner Umgebung noch behauptet hätte, und wenn ich in dem grossen Saale des Patriarchates an seiner Seite sass, habe ich mich oft an dem freundlichen Ausdruck seiner Augen erfreut. Die kleinen Geschenke, welche ich aus seiner Hand empfing, werden mir immer werthvolle Andenken an den Verkehr mit diesem liebenswürdigen Kirchenfürsten bleiben. —

Bei der Fortsetzung des Grabens trafen die Arbeiter an zwei Punkten auf Mauerwerk, dass in einem rechten Winkel aneinanderstiess und nach innen mit festem, rothem Cement bekleidet war. Dasselbe setzte sich südwärts unter der Erde fort, und um es frei zu legen, musste der Graben nach Süden erweitert werden. Dadurch kamen zwei kleine Wasserbehälter zu Tage, die beide nicht in den Felsen gehauen, sondern aufgemauert waren. Ja ihr Boden selbst wurde, wie sich später ergab, noch nicht von dem anstehenden Felsen gebildet. Der östlicher gelegene (Tafel I, B) hatte eine Breite von 1,20, eine Länge von 2,40 m. Drei ungleiche, schlecht erhaltene Stufen führten zu seiner geringen Tiefe, die sich auf 1,75 m belief, hinab. Die Breite derselben wechselte zwischen 0,30 und 0,60 m, ihre Höhe zwischen 0,30 und 0,75 m. Da die gegenüberstehende Wand nicht in einem rechten Winkel den Boden berührte, sondern mit ihm wie mit den Langseiten des Bassins eine leicht gerundete Fläche bildete,

so blieb zur Aufnahme von Wasser nur ein geringer Raum übrig.
Von einer Vorrichtung, die dem Zufluss oder dem Abfluss des
Wassers gedient hätte, vermochte ich nichts zu entdecken. Der
westlicher gelegene Behälter (Tafel I, *A*) scheint eine ähnliche
Ausdehnung gehabt zu haben. Seine Breite und Tiefe zeigten
das gleiche Mass von 1,40 m. Die ursprüngliche Länge konnte
nicht mehr festgestellt werden. Denn 0,86 m von der erhaltenen
Breitseite entfernt wurde das Bassin von einer Schicht unordent-
lich gelegter, theilweise aber durch Mörtel verbundener Steine
wie von einer rohen Mauer durchschnitten. Die Seitenwände des
Behälters waren durch die Herstellung dieser Schicht zerstört,
so dass kein Zweifel daran übrig blieb, dass die rohe Mauer aus
jüngerer Zeit stammte als die Anlage des kleinen Bassins. Ich
liess die Steinschicht durchbrechen und unter dem Schutz einiger
Bretter, die das Herabstürzen des Erdreichs verhindern sollten,
untersuchen, welche Bewandtniss es mit dieser Mauer hatte.
Hinter ihr lag steiniger Boden von 1 m Dicke, und dann hemmte
wiederum eine feste Mauer das weitere Vordringen. Sie zog sich
etwa in einer Tiefe von 2 m unter der Oberfläche des Terrains in
der Richtung von NW. nach SO. hin und ruhte auf dem Felsen,
der 1,60 m unter dem Boden des zuletzt beschriebenen Wasserbehälters gefunden wurde. Vor der Mauer war eine kleine Rinne
in das Gestein gehauen, das sich sanft nach SO. zu senkte. Die
verwendeten Steine waren klein und nicht sorgfältig behauen
(Tafel I, *C*), die Dicke der Wand nicht bedeutend, wie die an der
Stelle Tafel I, *C i* ausgeführte Untersuchung ergab.

So stand ich endlich vor einer Mauer! Aber war es die gesuchte Stadtmauer? Das Alter des Restes, den ich vor mir sah,
konnte nicht gering sein; hatte man doch diese Mauer auf den
festen Felsen gegründet, während die nur 1—2 m entfernten
Wasserbehälter mitten in dem Schutt angelegt waren! Dennoch
vermochte ich einen Rest der Stadtmauer nicht darin zu erkennen.
Die Dicke war geringer, die Steine kleiner, kurz das Ganze un-
ansehnlicher, als man nach den zu Tage liegenden und bereits
aufgefundenen Resten der alten Umwallung Jerusalems erwarten
durfte. Auch wies der umgebende Boden darauf hin, dass der
Graben die Grenze des alten Stadtbezirkes noch nicht überschritten hatte. Die kleinen Wasserbehälter waren schwerlich
ausserhalb der Mauer angelegt worden; der Schutt neben, in

und unter ihnen zeigte dieselbe Beschaffenheit, die ich schon in
dem westlichen Graben, auf dem Felde des Gerbers, angetroffen
hatte (s. p. 28). Er war von dunkler Farbe und von Kohlenresten
durchsetzt, auch hier hatte also ein Brand die Stadt zerstören
helfen. Die verschiedenen Reste von Hausgeräthen, welche während der Arbeit gefunden worden, zeugten ebenfalls dafür, dass
diese Stätte einst bewohnt gewesen war. Neben zahlreichen
Scherben, deren eine, mit einem Stempel versehen, auf Tafel X
unter *A* abgebildet ist, wurden Bruchstücke von steinernen Krügen
und Schalen mit einfachen, aber sorgfältig in griechisch-römi-
schem Stil ausgeführten Verzierungen, sowie zerbrochene Mühlsteine zu Tage gefördert. Während erstere auf einen gewissen
Wohlstand der einstigen Bewohner dieser Stätte schliessen lassen,
insofern sie kostbareres Hausgeräth als die gemeinen Thonwaaren besessen zu haben scheinen, weisen letztere nicht nothwendig darauf hin; denn Handmühlen waren und sind noch
heute in jeder, sowohl der reichsten, als auch der ärmsten Haus-
haltung vorhanden. Die dort gefundenen Mühlsteine bestanden
aus Basalt und zeigten gegen die jetzt üblichen den Unterschied,
dass sie nicht mit so stark convexen und conkaven, sondern mit
nur wenig gekrümmten Flächen auf einander gepasst waren. Sie
hier zu beschreiben, erscheint jedoch überflüssig, da das schon zur
Genüge geschehen ist [1]. Die Münzen, welche aus dem Schutt auf-
gelesen wurden, waren theils römische, theils arabische, ohne besonderen Werth. Jene geringfügigen Mauerreste aber, auf welche
ich in diesem Graben gestossen war, mögen sie nun deutbar sein
oder nicht, legen ein beredtes Zeugniss dafür ab, dass auf diesem
Boden eine gewisse Zeit hindurch viel gebaut worden ist. Die auf
dem Felsen ruhende Mauer nimmt ohne Zweifel das höchste Alter
für sich in Anspruch, jünger ist die Anlage der beiden Wasserbehälter, da sie im Schutt aufgemauert sind, und noch später
muss die Mauer durch das Bassin *A* gelegt worden sein, da durch
sie dasselbe zerstört wurde. Von dem Orte dieser beiden kleinen
Reservoirs bis zu dem Ostrande des Feldes zog sich der Felsen
in einer Tiefe von 4 m unter der Oberfläche hin, mit einer kaum
merklichen Senkung nach Osten. Am 9. Mai war der Graben

---

1) Neuerdings z. B. in RIEHM's Biblischem Handwörterbuch p. 1027 f., sowie in EBERS und GUTHE, Palästina in Bild und Wort I, p. 146 ff.

wieder zugeworfen und jede Spur meiner Ausgrabungen verschwunden. Der Besitzer, der oben erwähnte spanische Jude, verzichtete für sich auf jede Vergütung, liess mir aber sagen, dass er ein Geschenk für sein Mündel, dem das Grundstück gehörte, annehmen werde. Ich verfehlte nicht, diesen Wink zu befolgen.

Eine Fortsetzung dieses Grabens in östlicher Richtung hatte ich wegen mehrerer Schwierigkeiten aufgegeben. Das Feld des Juden wurde auf dieser Seite (Tafel I, D) durch eine Mauer eingefasst, welche steil aus einem schmalen Wege aufstieg, der etwa 2 m unterhalb der Feldfläche zu dem Wohnhause der spanisch-jüdischen Familie führte. Jenseits dieses Weges dehnte sich eine mit Gemüse bepflanzte Terrasse von geringer Breite aus, und unter ihr in einer Tiefe von 1—2 m trat der unbehauene Felsen in so schroffem Absturze hervor, dass er eine Mauer nie getragen haben konnte. Den Weg und die Terrasse aufzuwühlen und wiederherzustellen, wäre weitläufig und sehr kostspielig gewesen. Um aber doch diese Gegend wenigstens ein Mal bis zur letzten östlichen Klippe zu durchschneiden, beschloss ich, einige 20 Schritte abwärts, auf dem südlich angrenzenden, 3—4 m tiefer liegenden Felde (Tafel VIII, 3) einen Graben zu ziehen. Am 16. April wurde dort die Arbeit begonnen, und schon nach wenigen Stunden war der anstehende Felsen erreicht. Er ragte von Norden her in den Lauf des Grabens und war in flacher, einwärts gebogener Wölbung behauen. Ohne Zweifel hatte ich den oberen Theil einer zerstörten Cisterne vor mir, deren Wand jedoch an den übrigen Seiten ausgebrochen war, wahrscheinlich um Baumaterial zu gewinnen. Ich rückte sofort mit der Arbeit um einige Meter nach Osten — denn eine zerstörte Cisterne ausbringen und dann wieder zuschütten zu lassen, wäre ja vergebliche Mühe gewesen — und beschloss, den Graben in zweifacher Biegung, zuerst nach Süden, darauf wieder nach Osten, gegen das Kidronthal weiterzuführen. Auf der Strecke EF wurde der Felsen in einer Tiefe von 3,40 m gefunden. Seine Fläche bildete hier den Anfang einer unteren Stufe, denn von Westen her überragte das anstehende Gestein in einzelnen Blöcken von 2 m bis 2,20 m Höhe den blossgelegten Felsboden. In diesen war eine mehrfach gekrümmte Rinne von 0,60 m Tiefe und 0,40 m Breite eingehauen, welche auf eine Strecke von ungefähr 3 m in dem

Durchstich zu Tage kam. Sie hatte ohne Zweifel einst als
Kanal gedient und wahrscheinlich klares Wasser geführt; denn
unter dem blanken, nur wenig mit röthlicher Erde vermischten
Geröll, das sie füllte, zeigte sich keine Spur von dem dunklen
Schlamm, den sonst Schmutz und Unrath in Kloaken abzusetzen
pflegen. Ihr Gefälle, ostwärts nach dem Kidronthale, war indess
nicht gross. In dem letzten Arm des Grabens (*FG*, Tafel I)
stiessen die Arbeiter wiederholt auf grosse behauene Steine, wie
sie in den Resten der alten Stadtmauer vorkommen. Sie befanden sich aber nicht mehr in ihrer ursprünglichen Lage, sondern waren von oben oder von irgend einer Seite her auf den
Felsen oder in den Schutt hinabgestürzt. Natürlich machten sie
meine Hoffnung, im östlichen Ende des Grabens nun endlich —
es war bereits Ende April geworden — einen Rest der gesuchten
Stadtmauer zu entdecken, nicht wenig steigen; mit Spannung
erwartete ich den Ausgang der Arbeit — indessen zwei grosse,
auf den Felsen gefallene Bausteine war das Letzte, was unter
der Decke des Schuttes gefunden wurde. Immer nur diese zer-
streuten Anzeichen, dass ich einem Bau von ansehnlichem Mate-
riale nahe war! Wo konnte sich nur ein zusammenhängender
Rest desselben erhalten haben? Denn stand ich oberhalb des
Grabens am östlichen Rande des Feldes, so sah ich unmittelbar
vor mir einen steilen Abhang hinab, dessen untere Wand der aus
dem Ackerboden der Thalsohle senkrecht aufsteigende Felsen
bildete, dessen obere Wand die nur wenig einwärts geneigte Feldmauer war, welche den Boden, auf dem ich stand, vor dem Fall
in die Tiefe bewahrte. Nur eine schmale Fläche des Felsens war
mir noch nicht bekannt, nämlich der Raum vom Ende des soeben
beschriebenen Durchstichs bis zu dem östlichen Absturz ins Kidronthal. Auf diesem ruhte jetzt die Mauer, welche im Osten
den stützenden Wall des bereits von mir durchforschten Ackers
bildete, sollte er einst die Mauer des alten Jerusalems getragen
haben?

Ich hatte einen regnichten Tag (19. April), den letzten des
Frühjahrs 1881, an welchem die Erde durch einen Regenguss
vom Himmel getränkt wurde, dazu benutzt, um den Rand des
Südosthügels nochmals möglichst genau zu untersuchen. Da der
Boden zu feucht war, mussten die Arbeiter feiern; einige jedoch
nahm ich mit mir, um mir von ihnen alle Cisternen zeigen zu

lassen, welche gegenwärtig auf dem erwähnten Hügel noch vorhanden waren oder wenigstens Spuren ihrer einstigen Anlage hinterlassen hatten. Bekanntlich heben die Berichte über die Belagerungen Jerusalems mehr als ein Mal die interessante Thatsache hervor, dass den Belagerten in der Stadt das Wasser nie ausgegangen sei, wohl aber die Belagerer draussen oft Mangel daran gelitten haben. Hiernach zu schliessen, müssen die Herren dieser Bergstadt stets darauf bedacht gewesen sein, innerhalb der Mauern Cisternen und andere Behälter für gutes Trinkwasser in genügender Zahl anlegen zu lassen, während solche Anstalten ausserhalb der Mauern fehlten. Diesen Wink wollte ich benutzen, um den muthmasslichen Lauf der Stadtgrenze zu bestimmen und danach zu urtheilen, ob an dem Ende des oben beschriebenen Grabens weitere Nachforschungen sich verlohnen würden. Ich kam zu dem Ergebniss, dass ich den Mauerresten, wenn solche überhaupt noch vorhanden wären, in der That sehr nahe sein müsste. Bei einer genauen Untersuchung der oberen Kanten des Felsens, der sich aus dem Ackerlande der Thalsohle bis zu der oben erwähnten Feldmauer erhob, entdeckte ich deutliche Spuren festen Mörtels an denselben, ein Beweis, dass zwischen und auf ihnen einst Mauerwerk gelegen hatte. Durch diese Entdeckung ermuthigt, beschloss ich nun, die Stelle, wo die den Acker stützende Feldmauer den Felsen berührte, sorgfältig untersuchen zu lassen.

Das abschüssige Terrain bot freilich für die Arbeit manche Schwierigkeiten, doch kaum so grosse, als ich in diesem Augenblicke bei dem Versuche, dasselbe zu beschreiben, empfinde. Die Feldmauer senkte sich theilweise in z w e i Absätzen von ungefähr je 2 m Höhe auf die Felsenkanten hinab, die ich untersuchen wollte. Theilweise sage ich, denn wenn auch die Höhe dieser Absätze ziemlich die gleiche war, so durchaus nicht ihre Länge. Nach NO. sprang nämlich der Felsen in steilen und mächtigen Klippen nicht nur stark in das Kidronthal vor (Tafel I, H), sondern stieg auch zugleich um 2—3 m, also über die Höhe des unteren Absatzes der anstossenden Feldmauer empor. Dort nun, wo er in südwestlicher Richtung in kurzem Bogen zurücktrat, um sofort einen zweiten, bedeutend niedrigeren und weniger ausladenden Vorsprung zu bilden (Tafel I, J), hatte ich die Mörtelspuren an den Felsrändern gesehen, dort wollte ich seine Oberfläche untersuchen. Es war zugleich die letzte Stelle abwärts, bis zur Mündung des Tyropöonthales, wo sich eine Spur der alten Mauer erhalten haben konnte. Denn auf jenem niedrigeren, rasch ins Thal abfallenden Vorsprunge hatte ein Gerber ein kleines Haus oder richtiger einen steinernen Schuppen errichtet, um seine Felle und sein Arbeitsgeräth darin zu bergen; dort war nichts Altes zu suchen.

Zwischen der unteren Feldmauer und dem Rande des Felsens war eine schmale Fläche freigeblieben, deren dünne Erdkruste von hohem und niedrigem Unkraut dicht bewachsen war. Bald hatten die Arbeiter dieses, sowie den darunter liegenden lockeren Schutt fortgeschafft, dann aber stiessen sie auf Gemäuer von solcher Festigkeit, dass es schlechterdings unmöglich war, dasselbe mit der Hacke aufzureissen. Selbst der ausserordentlich feine und harte Mörtel löste sich durch die Schläge nur spärlich, wie Staub, von der Masse ab. Ich liess nun vorsichtig die Steine der unteren Schichten der Feldmauer ausheben, um zu erfahren, wie weit sich das so widerstandsfähige Gemäuer in den Boden hineinerstrecke. Als seine Oberfläche in einer Breite von 2,40 m zu Tage lag, wurde auch die Rückseite blossgelegt und dann unter dem Schutze einer Verschalung aufwärts, nach NO. zu, ein kurzer Stollen eingetrieben, um die Länge des Mauerrestes festzustellen. Leider hörte er in dieser Richtung bald auf, der Felsen stieg in einer der Höhe des Mauerwerks entsprechenden Stufe empor, deren Oberfläche das natürliche Gestein ohne irgend eine Spur eines alten Baues zeigte (Tafel I, K). Auch gegenüber, nach SW., bildete der Felsen in ganz gleicher Weise die Grenze des Mauerstückes, nur dass er von der Oberfläche desselben an nicht mehr stieg, sondern sich senkte (Tafel I, L). So war die gefundene Mauer in ihrer Länge vollständig zwischen natürlichem Gestein eingekeilt, indem sie in ihrer gegenwärtigen Höhe und Länge eine Lücke in der von NO. nach SW. gesenkten Randfläche des Felsens ausfüllte. Ihre oberen Schichten, sowie ihre Fortsetzung aufwärts und abwärts waren im Lauf der Jahrhunderte allmählich abgetragen und wahrscheinlich als werthvolles Baumaterial längst an andere Stellen geschleppt worden. Manche Steine mochten auch noch in der Nähe unter dem Boden versteckt sein, wie ich ja am Ende des Durchstiches FG (Tafel I) mehrere grosse und alte Werkstücke aufgefunden hatte. Nur diesen zwischen den Felsstufen eingeschlossenen Rest hatte man unberührt gelassen, wahrscheinlich weil man seine Zerstörung nicht für der Mühe werth hielt. So war er in einer Breite von 2,40 m, in einer Länge von 3,20 m und in einer Höhe, welche aufwärts 0,65 m betrug, abwärts aber zu 0,70 m stieg, erhalten worden. Ohne Zweifel entsprach die Breite nicht mehr der ursprünglichen Dicke der Mauer. Denn erstlich hatten die Steine des östlichen Randes gewiss niemals die Stirnseite dieses mit so viel Fleiss und so dauerhaft hergestellten Mauerwerkes gebildet; sie waren nur klein und nicht sorfältig behauen. Sodann lehrte der Mörtel, der in gleicher Höhe und auch tiefer, als die beiden gefundenen Schichten, an den vorspringenden Rändern des Felsens noch erhalten war, dass auch diese jetzt zwischen ihnen sich öffnende Lücke einst von der Mauer ausgefüllt war. Nach solchen Anzeichen schliesse ich, dass die Stirnseite auch abgebrochen worden ist, und dass die ursprüngliche Dicke der Mauer sich auf 4 m belaufen haben mag.

Dieses Mauerstück fiel mir auf durch seine enorme Festigkeit und durch seine eigenthümliche Lage am äussersten Felsenhange, dem geeignetsten Punkte, den die Felsenstufen für eine Mauer oberhalb des Thales darboten. Da die bisherigen Beobachtungen der Oberfläche des Bodens, sowie auch die damals schon erlangten Ergebnisse der übrigen Ausgrabungen mich dazu anleiteten, den Lauf der Stadtmauer am SO.-Hügel in der Weise zu vermuthen, dass dieser aufgefundene Rest gerade in die Linie desselben hineinfiel, da ferner Beschaffenheit und Ort des Mauerstückes seine frühere Zugehörigkeit zu einem Hause unwahrscheinlich machten, so hielt ich die Annahme für berechtigt, dass ich endlich, nachdem ich etwa 4 Wochen lang gesucht, einen unzweifelhaften Rest der alten Stadtmauer am SO.-Hügel gefunden hatte. Es war nun der feste Punkt gefunden, nach dem ich meine Arbeiten richten konnte. Jetzt kam es darauf an, in möglichster Nähe noch andere Reste der alten Mauer zu entdecken und dadurch für meine Annahme neue Stützen zu gewinnen. Zu diesem Zwecke begann ich einerseits meine Arbeiten auch auf den östlichen Abhang des SW.-Hügels zu erstrecken, um den Beweis zu erlangen, dass die alte Mauer wirklich unterhalb der sogenannten Siloahteiche das Tyropöonthal durchschnitten habe; denn diese Folgerung war unumgänglich, wenn der eben beschriebene Mauerrest von der alten Umwallung der Stadt herrühren sollte. Andererseits fuhr ich fort, am SO.-Hügel aufwärts nach weiteren Spuren der Mauer Jerusalems zu forschen. Was an beiden Punkten gethan und gefunden worden ist, wird in Abschnitt IV und V des Berichtes seine besondere Darstellung finden. Hier erwähne ich noch einen Versuch, den ich zu demselben Zweck in unmittelbarer Nähe des eben beschriebenen Arbeitsplatzes machte.

Schon oben (p. 38) habe ich dargelegt, dass allem Anschein nach abwärts von dem entdeckten Gemäuer auf dem südöstlichen Rande der Felsenzunge zwischen Tyropöon- und Kidronthal nichts mehr zu suchen war. Aber aufwärts konnten sich doch vielleicht ähnliche Reste der Mauer des SO.-Hügels unter dem Schutt erhalten haben. Um hierüber Gewissheit zu erlangen, liess ich ein wenig nordöstlich von dem letzten Graben (FG, Tafel I) einen senkrechten Schacht abteufen (Tafel I, M). Der Boden war sehr steinig, er bestand mehr aus kleinen Steinsplittern als aus kulturfähiger Erde. Trotzdem hielten sich die Wände ohne Verschalung. Der Felsen wurde in einer Tiefe von 2 m gefunden, seine Oberfläche war unbehauen und bot keine Spur von Mauerwerk dar. Ein wagerechter Stollen wurde auf eine Länge von 2,30 m nach NO. unmittelbar auf dem sanft ansteigenden Felsboden eingetrieben, ohne dass die Arbeiter auf Gemäuer stiessen. Endlich liess ich nach SW. bis zu der Höhlung durchbrechen, unter welcher sich das Mauerstück k gefunden hatte. Das natürliche Gestein senkte sich um 1 m bis zu demselben hinab, trug aber keine Spuren von Mörtel oder Mauerwerk. Es schien wirklich jener kleine Rest ganz vereinzelt und einsam an dieser Stelle übrig geblieben zu sein. Um so mehr freute ich mich, diesen versteckten Zeugen der Grenzen Altjerusalems wieder ans Tageslicht gebracht zu haben.

Gleichzeitig mit diesen ersten Arbeiten hatte ich die Untersuchung eines höhlenartigen Felsengemaches unternommen, deren ich am Schluss dieses Abschnittes noch gedenken will. In der nordwestlichen Ecke eines Feldes, das ziemlich auf dem Rücken des SO.-Hügels gelegen war, wurde mir der Zugang zu einer »Höhle« (*mughāra*) gezeigt. Es war eine schmale und niedrige Öffnung in die senkrecht aufsteigende und behauene Felswand gebrochen. Das Niveau des Feldes lag etwa 1 m höher als der Boden im Innern der Höhle. Der Zugang war daher halb verschüttet und konnte durch einen angelehnten Stein von nur geringer Höhe gesperrt werden. Eine Besichtigung des Raumes liess unentschieden, ob derselbe einst als Grabkammer, als Magazin oder als menschliche Wohnung gedient hatte. Dass es Gräber auf dieser Höhe gegeben hat, wissen wir ja aus dem A. T. bestimmt, und zwar sehr angesehene: Die Grüfte des Davidischen Hauses lagen oberhalb des Teiches der Wasserleitung, des Siloahteiches (Neh. 3, 15f.). Ich hielt es also für der Mühe werth, dieses unterirdische Felsengemach zu prüfen. Mit nicht geringer, wenngleich unterdrückter Spannung verfolgte ich daher die Fortschritte der Arbeiter, welche vom 5. bis zum 20. April Erde und Steinschutt aus der Höhle schafften. Die östliche Felswand war wohl schon vor langer Zeit zerstört worden; Erde und Steine waren dann in Menge hineingefallen und hatten den Boden mehr als meterhoch bedeckt. Mit der westlichen Wand verhielt es sich ebenso. Dort stiessen die Arbeiter eines Tages auf einen mächtigen Block, an dessen oberer Seite der Bruch noch frisch aussah, und die hellgraue Farbe des Kalksteins (*meleki*) so rein erhalten war, als ob man ihn gestern erst von dem lebendigen Felsen getrennt hätte. Auf der unteren Seite war er mit einer starken Schicht desselben Cementes überzogen, der an den erhaltenen Wänden und auf dem Boden der Grotte sich vorfand. Offenbar lag der Stein noch genau, wie er von oben hinuntergefallen war, als man ihn abgesprengt hatte: mit der Cementbekleidung nach unten, mit der schrägen Bruchfläche nach oben. Der künstlich ausgehauene Raum war ursprünglich in zwei viereckige, nahezu quadratische Gemächer getheilt gewesen. In das erste führte von Süden her der schon erwähnte Eingang, an dessen Felsenrahmen noch die Verschlusseinrichtung, Nuten für die Thürzapfen und den Thürbalken, zu erkennen war. Das zweite erstreckte sich nach Westen, aber die trennende Felswand war bis auf kleine Reste oben an der Decke und unten auf dem Boden vollständig ausgebrochen worden. Auch in die Nordwand waren durch den Cement hindurch die bekannten Spuren des Steinbrechens eingehauen, die eingemeisselten Rillen, durch welche man den Stein ringsum von dem Felsen zu lösen pflegt, so dass er nur noch mit der Rückseite an demselben haftet und leicht abgesprengt werden kann.

Dieser Befund entsprach meinen Erwartungen allerdings
wenig. In dem Schutt lagen eine Anzahl Thonscherben, die
ebenso gut von aussen hineingefallen sein, als von einer ehema-
lichen Bewohnung oder Benutzung des Felsenraumes herrühren
konnten. Diese cementirten, halb zerstörten Wände vermochten
den fragenden Augen keine Antwort zu geben. Eine Cisterne
ist es nicht gewesen; denn von einer Öffnung nach oben, dem
sogenannten Mundloch, war nichts zu entdecken, auch stimmt
die Thür im Süden nicht zu dieser Annahme. Nicht das geringste Anzeichen einer Grabanlage war vorhanden. Der Raum
wird entweder als Wohnung oder als Magazin benutzt worden
sein. Für beides lassen sich ja aus dem heutigen Leben der
Landesbewohner noch zahlreiche Beispiele anführen, und dass
eine solche Verwendung natürlicher oder künstlicher Grotten vor
Zeiten allgemeiner Brauch gewesen ist, beweisen die uralten,
theilweise grossartigen Ausböhlungen an den Abhängen der
Berge zur Genüge. Ich erinnere nur an die geräumigen, ebenfalls mit Cement bekleideten Grotten an der östlichen Wand des
Kidronthales unterhalb des Hiobsbrunnens (bir eijūb). Dicke
Pfeiler ausgesparten Gesteins tragen die hohe Decke der weiten
Höhlen. Ihre Herstellung muss ausserordentlich mühevoll gewesen sein und viel Zeit gekostet haben. Der Zweck ist kaum
ein anderer gewesen, als grosse Heerden oder Vorräthe darin zu
bergen. Die geringere Grösse der soeben besprochenen Höhle
— die Breite und Länge der beiden Gemächer mag etwa je 3
und 4 m betragen haben — macht es wahrscheinlich, dass sie
Menschen zur Wohnung gedient hat.

An dem Besitzer dieser Höhle, einem Fellachen aus Silwān,
Namens Jūsef Selīmān, machte ich zum ersten Mal die Erfahrung, wie wenig sich diese Leute durch eine getroffene Abrede
für gebunden erachten, namentlich wenn ihre Geldgier nicht
genügend durch dieselbe befriedigt wird. In der Regel kennt
das Verlangen eines Fellachen, der mit dem städtischen Leben
und Treiben in Berührung gekommen ist und den Werth des
Geldes ahnt — man kann nicht sagen: begriffen hat, gar keine
Grenzen. Der schlichtere Bauer, welcher in einiger Entfernung
von der Stadt und von der vielbetretenen Strasse der Reisenden
und Pilger lebt, zeigt dagegen nicht selten eine wohlthuende
Bescheidenheit und Anspruchslosigkeit. Das erfuhr ich bei

einem Besuche der Ruinenstätte *karjet es-sa'idi*, die etwa 3 bis 4
Stunden westlich von Jerusalem liegt. Unser Ritt dorthin —
Herr Dr. Einszler leistete mir Gesellschaft — galt in erster
Linie der Besichtigung zweier Inschriften. Die Bewohner der
Stätte empfingen uns mit Misstrauen und Furcht. Doch bald
wurden sie freundlicher und brachten uns gute frische Butter
(*zibdi*) zur Bereicherung unseres einfachen Mahles, das wir aus
den grossen Taschen unseres *churdsch* hervorholten. Später erschien der Schéch des benachbarten kleinen Dorfes, führte uns
durch die Ruinen und antwortete äusserst entgegenkommend
auf alle Fragen, die wir an ihn richteten. Wir zweifelten nicht,
dass man uns nur gegen den üblichen Tribut eines kleinen Bachschisch ziehen lassen würde; ich hielt daher ohne viele Worte,
wie ich es bei den Fellachen von Silwän gelernt hatte, dem
Schéch einige Münzen entgegen und erwartete eine offene Hand.
Aber wie hatte ich mich getäuscht! Auch nicht das leiseste
Zucken seines Armes verrieth irgend welche Begierde, in sehr
einfacher und gerader Weise lehnte er jedes Geschenk ab.
Offenbar war der Mann durch den Verkehr mit Fremden noch
nicht verdorben, und sicherlich wäre es das Richtige gewesen,
wenn ich mich ohne weitere Nöthigung von ihm verabschiedet
hätte. Aber seine Bescheidenheit rührte mich damals und kam
mir belohnenswerth vor; ich versuchte daher, seine Einreden
aus dem Felde zu schlagen, und bewog ihn zur Annahme des
Bachschisch. Ein solcher Fall ist mir bei den Fellachen in der
Umgebung von Jerusalem oder an der gewöhnlichen Reiseroute
nach dem Norden nie vorgekommen, vielmehr verletzte die Unverschämtheit, mit welcher sie Bachschisch forderten und an-
nahmen, mein Gefühl von Anstand und guter Sitte namentlich
in der ersten Zeit aufs äusserste. Und jener Fellach aus Silwän
mit den uralten, an berühmte Gestalten des Alten Testamentes
erinnernden Namen begehrte nicht nur »Bachschisch«, sondern
bemühte sich, meine Anwesenheit nach jeder Richtung hin zu
seinem Vortheil auszubeuten. Er begann damit, mir *antikät* an-
zubieten, von denen er die mannichfaltigste Auswahl aufzu-
treiben wusste. Darin machte er jedoch keine guten Geschäfte
mit mir. Sich durch »Graben« Geld zu verdienen, hatte er nach
einem kurzen Versuch aufgegeben. Als nun die Arbeit in der
Höhle am Sonnabend den 20. April abgebrochen wurde, erklärte

ich mich bereit, den inneren Raum wieder zur Benutzung für ihn herrichten zu lassen, und er ging, mit einem Bachschisch in der Hand, zufrieden von dannen. Am folgenden Montag jedoch bemerkte ich zu meinem Erstaunen, dass in der Höhle trotz meiner erfolgten Weisung nicht gearbeitet wurde, und erfuhr, dass der Besitzer den Wunsch geäussert habe, sie selbst wieder für den Gebrauch in Ordnung bringen zu lassen. Wie uneigennützig sollte man denken, und doch war es nur Gewinnsucht, welche ihn bewogen hatte, seine Meinung zu ändern. Er hoffte nämlich, auf diese Weise den Betrag des Lohnes, den ich für die Herrichtung der Höhle an die Arbeiter hätte zahlen müssen, sicherlich um einen Aufschlag noch vermehrt, in seine Tasche zu bringen. Allein ich zeigte nicht das mindeste Verständniss für seinen begehrlichen Wink und liess die Höhle wochenlang liegen, wie sie war. Ich ergriff diese erste Gelegenheit, um den Fellachen zu zeigen, dass ich durchaus nicht gesonnen sei, einmal getroffene Verabredungen nach ihren Einfällen und Wünschen zu ändern. Freilich erlitt dadurch die Freundschaft zwischen mir und Jûsef Selîmân ihren ersten Stoss, aber das Beispiel hatte eine heilsame Wirkung auf die übrigen Fellachen, mit denen ich unterhandeln musste. Obgleich es einige Zeit schien, als ob er die Höhle ganz vergessen habe, so erkannte ich doch seinen Groll aus mancherlei Schwierigkeiten, die er entweder selbst mir entgegenstellte oder durch andere mir bereiten liess. In der Sippe des Dorfes Silwân, zu der er gehörte, fand er stets Leute, die ihre überflüssige Zeit gern dergleichen Händeln widmeten. Durch brutale Gewalt und offenen Raub die Ausbeutung der Fremden zu betreiben, wie es einst am Ölberge Dr. Sepp von den Bewohnern dieses Dorfes erfahren und mit unerschrockenem Muthe zu überwinden gewusst hat, macht ihnen heute das Ansehen der türkischen Regierung unmöglich. Aber andere Zeiten, andere Sitten! Feinere Mittel gebrauchen sie jetzt zu demselben Zweck. Durch die freundlichsten Angebote überraschen und fangen sie den arglosen Europäer, durch ehrbar und ernsthaft vorgebrachte Bedenken wissen sie an seinen Rechtssinn zu appelliren. Doch man möge nur geringe Zeit sich zuwartend verhalten, so wird die unverschämteste Habsucht aus dem gleissnerischen Gewande hervortreten. Ihre wahren Eigenschaften können sie auf die Dauer nicht verbergen. Der eine gönnt dem anderen auch nicht das Geringste. Darum verrathen sie häufig selbst ihre eigennützige Absicht durch die drängende Eile, mit der sie ihre Angelegenheit betreiben, um nicht durch den anderen überholt zu werden; oder der andere, von Missgunst getrieben, macht sich ein Vergnügen daraus, die krummen Wege seines Genossen aufzudecken. Ferner lieben und vermögen die Fellachen es nicht, bei einem Gegenstande ausdauernd zu verharren. Führt das erwählte Mittel sie nicht rasch zum Ziel, so verschmähen sie es ganz und suchen ein neues. Diese grosse Veränderlichkeit ihrer einzelnen Anschläge offenbart meistens ihres Herzens eigentlichen Sinn. Sie ist eine hervorragende, wenn nicht die hervorragendste Eigenthümlichkeit ihres Wesens, das sich am besten mit den Worten beschreiben lässt: sie sind wie die Kinder! Die starken und schwachen Seiten derselben kann man an ihnen beobachten. Sie sind aufgeschlossen und empfänglich für alles, was um sie vorgeht; sie äussern eine lebhafte und natürliche Freude über das Angenehme, das ihnen begegnet; sie sind lenkbar und gefügig, falls man sie gut und richtig behandelt. Aber daneben begehrlich oft ohne jeden Zweck, sie gerathen über Kleinigkeiten in den heftigsten Zorn und sind im nächsten Augenblick allein schon durch ein passendes Wort wieder versöhnt, sie ermangeln jeder weitsichtigen Überlegung und lassen sich von ihren Einfällen bald zu diesem, bald zu jenem Versuch treiben. Der höheren geistigen und sittlichen Bildung des Europäers kann es nicht schwer werden, diese Kinder an Geist und Sinn ohne Anwendung von Gewalt zu beherrschen. Ein fester und gerechter Wille ist ihnen eine unbekannte, aber desshalb um so fühlbarere Macht; denn ohne böses Gewissen sind die Fellachen nicht. Aber es ist ein grosses Mass von Geduld und Ausdauer erforderlich, um dem Wankelmuth dieser Menschen gegenüber die sichere Haltung und die Herrschaft über sich selbst zu bewahren. Beharrlichkeit hat mir die besten Dienste gethan und von einer einzigen, später zu erwähnenden Ausnahme abgesehen, sich stets als ausreichend erwiesen. Auch Jûsef Selimân musste sich fügen; er gab bald die Hoffnung auf, den Arbeitslohn in seine Tasche zu stecken, und liess die Bitte an mich gelangen, doch die Höhle wieder in Ordnung bringen zu lassen, was denn auch endlich geschah.

III. Die Arbeiten am Ausfluss des Siloahkanals.

Wider alles Erwarten nahmen mich die Untersuchungen neben dem sogenannten oberen Siloahteich von allen meinen Arbeiten am längsten in Anspruch, obgleich Schick mir dort schon vorgearbeitet hatte, und mir überhaupt nur durch die zufällige Entdeckung der Inschrift eine Aufgabe an diesem bis dahin weniger beachteten Punkte zugefallen war (s. p. 2, p. 10). An der östlichen Seite des Teiches schlugen die braunen Fellachen zum ersten Mal in meinem Dienst, am 28. März 1881 (s. oben p. 4), ihre Werkzeuge in die Erde, und an der westlichen Seite desselben wurde am 12. August 1881 derjenige Schacht geschlossen, in welchem während der unmittelbar vorhergehenden Tage allein noch gearbeitet worden war.

Ich setzte an dieser Stelle zunächst nur fort, was Herr Baurath C. Schick im Winter begonnen hatte. Nicht nur mein Ziel war dasselbe, nämlich den Wasserspiegel im Kanal tiefer zu legen, um der Inschrift besser beikommen zu können, sondern ich verfolgte auch denselben Weg, welchen Baurath Schick eingeschlagen hatte, nämlich durch einen engen, unter dem jetzigen Wege zur »Quelle« und dem östlichen Rande des (oberen) Siloahteiches parallel laufenden Kanal das Wasser des Tunnels abzulassen. Ich habe diesen Kanal auf Tafel II mit *ABCD* bezeichnet und werde später seinen Lauf näher beschreiben. Jetzt sei nur soviel bemerkt, dass seine untere Strecke von *B* an noch gegenwärtig das durch den Tunnel und den Teich herabfliessende Wasser zu Thale führt; der obere Theil hingegen dient nicht mehr dem ursprünglichen Zweck und war mit festem Schlamm angefüllt. Schick hatte nun aus der Richtung dieses Kanals geschlossen, dass er in gerader Linie von der Siloahquelle herkomme, und sah seine Vermuthung dadurch bestätigt, dass die östliche Felswand am Ausgange des Tunnels nicht in südwestlicher Richtung auf den heutigen Ausfluss der Quelle und auf den Siloahteich zu behauen war, sondern dass ihre künstlich hergestellte Fläche südwärts auf den verschlammten Kanal hinwies. Schick hatte daher die Reinigung desselben von dem Punkte *B* an schon im Winter begonnen und auf eine Länge von 15 m

ausführen lassen, hatte dann aber die Arbeit abbrechen müssen,
weil die Arbeiter ein weiteres Vordringen in dem engen, feuchten Kanal für unmöglich erklärten [1]. Ich schloss mich der Ansicht Schick's an und liess, um Luft und Licht in den dunklen
Kanal hineinzubringen, von oben einen Schacht auf den ver-
muthlichen Lauf desselben abteufen. Schick war so freundlich,
am 26. März (s. oben p. 4) mit den Fellachen, die schon im
Winter von ihm zu den Erdarbeiten gedungen waren, das Nö-
thige zu verabreden. Er sandte am 28. März früh einen seiner
Arbeiter aus der Stadt mit verschiedenem Geräth, wie Bock,
Winde, Seil u. dgl., zu der Quelle hinunter, um die Leute anzu-
weisen. Diese Einleitung meiner Ausgrabungen war mir sehr
angenehm; denn einerseits wurde mir auf diese Weise ein Geschäft abgenommen, das ich damals wegen meiner geringen
Kenntniss der arabischen Sprache noch gar nicht besorgen
konnte, andererseits erschienen dadurch meine Arbeiten auch
äusserlich, in ihrer Einrichtung, so sehr als Fortsetzung der von
Schick geleiteten, dass sie wenig Aufsehen erregten, woran mir
damals wegen Mangels einer jeden Legitimation ausserordentlich viel gelegen sein musste. Bis Herr Bäuerle als Aufseher in
meine Dienste trat (5. April), sandte Schick jenen Mann wiederholt hinunter, wenn etwa die gewandtere Hand eines gelernten
Handwerkers nöthig war, um über Schwierigkeiten hinwegzu-
helfen oder z. B. eine Holzverschalung zum Einsetzen fertig zu
machen. Ich war in dieser ersten Arbeitswoche, namentlich vom
28. bis zum 31. März, fast den grössten Theil des Tages unten,
da ich die Inschrift an der Felswand des Tunnels kopiren wollte.
So hatte ich reichlich Gelegenheit, die Arbeitsweise der Leute
zu beobachten, ihren Fleiss und ihre Leistungsfähigkeit kennen
zu lernen und — worauf nicht wenig ankam — ihr Vertrauen zu
erwerben. An Versuchen zur Unterhaltung liessen sie es nicht
fehlen; leider konnte ich ihnen nur wenig antworten. Und wie

---

1) Vgl. Schick, Bericht über meine Arbeiten am Siloahkanal ZDPV. V.
p. 3f, und meinen ersten Bericht über die Ausgrabungen vom 7. April 1881
in ZDPV. IV. p. 117f. Dieser Kanal, durch welchen das Wasser aus dem Siloahteich abfliesst, darf nicht mit dem Felsentunnel von der Marienquelle her
verwechselt werden. Den letzteren bezeichne ich stets als Siloahkanal oder
als den Tunnel schlechtweg, während ich den ersteren einfach Kanal nennen
werde.

neugierig beobachteten sie alles, was ich vor ihren Augen anfertigte, meine Kopie, meine Abklatsche! Sie erfreuten mich auch durch das Urtheil, alles, was ich gemacht hätte, sei *ketīr ṭaijib*, »sehr gut«! Eines Mittags brachten sie ein Mädchen — vielleicht war es auch eine junge Frau — aus Silwān zu mir mit dem Bemerken, sie könne deutsch sprechen, schreiben und lesen, denn sie sei bei Schwester Charlotte, d. h. in Thalithakumi, dem Erziehungshause der Kaiserswerther Diakonissinnen, gewesen. Erstaunt blickte ich sie an und bemerkte, dass ihr Äusseres in der That die Spuren einer besseren Gewöhnung verrieth, als man sie sonst bei den Weibern von Silwān findet. Und wirklich verstand sie meine an sie gerichtete Frage sofort und beantwortete sie richtig, wenn auch mit ängstlicher Schüchternheit. Nun wollten aber die Fellachen erfahren, ob sie auch das Buch, das ich bei mir hatte, zu lesen vermöchte. Jene hatten nach ihrer einfachen Logik mit vollem Rechte vorausgesetzt, dass ein Deutscher deutsche Bücher bei sich führe und lese, wie der Araber arabische. Aber die Ausrüstung eines Jüngers der Wissenschaft machte ihre natürliche Logik zu Schanden; es lag nämlich ein Separatabzug von — J. EUTING's semitischer Schrifttafel, der bekannten Beilage zu CURTISS' englischer Ausgabe von BICKELL's hebräischer Grammatik, auf meinem Knie, und davon wusste das arabische Mädchen freilich nichts zu entziffern. Es mochte ihr schwarz werden vor den Augen, wenn sie auf die zahllosen nicht nebeneinander, sondern untereinander gestellten dicken Zeichen blickte und dabei dachte, dass das deutsch sein sollte! Sie sah mich verwundert und zugleich beschämt an; ich sagte, es sei hebräisch, und alle waren beruhigt. Doch vielleicht konnte das Mädchen seine Aufgabe lösen, wenn der Titel für sie lesbar war! Ich schlug daher um und wies ihr die leichtesten Wörter. Aber ach! Der Titel war mit lateinischen Lettern gesetzt. Mag nun der Lehrplan von Thalithakumi sich nicht auf Bekanntschaft mit diesen Zeichen erstrecken, oder mochte die Silwānerin schon viel wieder von dem vergessen haben, was sie einst in dem trefflichen Unterricht der unermüdlichen Schwestern gelernt hatte, jedenfalls brachte sie nur wenig von dem Gedruckten heraus. Also ergab das Examen, das ich mit der jungen Araberin am heissen Mittag vor der Siloahquelle angestellt hatte, im Lesen sehr unbefriedigende Resultate!

Ich beschränkte mich in den ersten Tagen hauptsächlich
aufs Beobachten und trieb die Fellachen nur an, wenn ihre
Hände sich mir gar zu langsam zu rühren schienen. Mehr als ein
Mal sprang ich auch selbst in den Schacht hinab und zeigte ihnen
zu ihrem grossen Erstaunen, wie sie ihre Arbeit rascher und geschickter angreifen könnten. Das pflegte mehr Eindruck zu
machen als Worte, durch welche ich anfangs überhaupt wenig
auf die Fellachen einwirken konnte, denen alle anderen Laute
ausser den arabischen lediglich unverständliches Geräusch
waren. Doch um der Wahrheit gemäss zu berichten, darf ich
nicht verschweigen, dass einer der Arbeiter an diesem Schacht
wirklich mehrerer deutscher Wörter mächtig war. »Gut«, »guten
Tag«, »Stein« oder vielmehr »Ste-in«, »eins zwei drei« hat er unzählige Male mir zugerufen, um mich zu erfreuen, und noch andere Wörter von mir zulernen versucht. Aber glücklicher
Weise waren schon von Anfang an meine arabischen Kenntnisse
grösser als seine deutschen, wenn ich auch einige Male in nicht
geringe Verlegenheit kam. So hörte ich z. B. eines Morgens
von meinem feuchten Sitz vor der Inschrift im Siloahkanal, dass
meine Arbeiter in den heftigsten Wortwechsel gerathen waren.
Da er gar kein Ende nehmen wollte, so begab ich mich hinaus,
um Ruhe zu stiften. Was war der Anlass? Im Schacht lag ihnen
ein grosser, schwerer Mauerstein im Wege, über dessen Fort-
schaffung sie sich nicht einigen konnten. Die einen wollten ihn
unten zerschlagen und dann die Stücke in den kleinen Körben
hinaufwinden. Diese Ansicht vertraten die Faulen; denn wäre
sie durchgedrungen, so hätten drei Arbeiter bis Mittag die Hände
in den Schooss legen können, während die beiden übrigen mit
dem Zerschlagen des Steines beschäftigt gewesen wären. Die anderen hingegen wollten den Block in starke Schlingen legen und
vermittelst der Winde aus der Tiefe heraufziehen. Diese letztere
Partei hatte in dem Wortgefechte bereits gesiegt; aber es sah mit
dem Gelingen ihres Versuches übel aus, da keiner es verstand,
die Stricke fest und dauerhaft um den Stein zu knüpfen. Jedenfalls verdienten diese schon um ihres grösseren Eifers willen
unterstützt zu werden. Ich liess mich also an dem Seil in den
Schacht hinab und band den Stein fest und sicher in die vorhandenen Stricke ein. Nun wollte ich das Hinaufwinden desselben
anordnen, aber leider fehlten mir die richtigen Kommando-

worte. Hebräisch wusste ich es wohl zu sagen. Da brachte mich
die Noth auf den Gedanken, mit der schon öfter von mir beobachteten Ähnlichkeit der hebräischen und vulgär-arabischen Formen eine Probe zu machen. Mit arabischem Accent und einigen
theils absichtlichen, theils zufälligen Änderungen gab ich in dem
wunderlichen Dialekt die nöthigen kurzen Befehle und — wurde
verstanden. Binnen kurzem lag der grosse Stein oben, er hat
mir später oft den Mangel eines Stuhles und Tisches ersetzt. Ich
glaube, dieses erfolgreiche Eingreifen setzte mich gleich in den
ersten Tagen meiner Ausgrabungen in gutes Ansehen bei den
Arbeitern.

Am 2. April wurde der Felsen in einer Tiefe von 5,25 m erreicht. In der südlichen Wand des Schachtes kamen einige in
das lebende Gestein gehauene niedrige Stufen zum Vorschein,
die zu dem Boden unter den Füssen der Arbeiter hinabführten.
Ich liess sie einstweilen unberücksichtigt und verfolgte den
eigentlichen Zweck des Schachtes weiter, nämlich den verschlammten Abzugskanal von oben zu finden. Unzählige Male,
mochte ich zugegen sein oder nicht, machten die Arbeiter den
Versuch, über die einzuschlagende Richtung sich zu vergewissern. Es drang einer von ihnen in den engen Kanal, soweit ihn
Baurath Schick hatte reinigen lassen, vor und klopfte mit seinem Hammer gegen die Felswand oder gegen die Steinplatten
der Decke derselben. In der That vernahm man von dem
Schacht aus den dumpfen Ton der Schläge, obgleich die Entfernung zwischen beiden Punkten noch mehr als 1 m betragen
mochte. Abgesehen von jenen steinernen Deckplatten füllte nur
das dichte Schuttlager den Zwischenraum. Ein kurzer Stollen,
der die Seitenwand des Schachtes in der Richtung auf E (Tafel II) durchbrach, führte bald zu den Platten. Sie wurden ge-
hoben, und die Reinigung des Kanals wieder begonnen. Er
war sehr niedrig und sehr schmal; es konnte nur immer ein Arbeiter in gebückter Stellung in ihm schaffen. Die Wände und
der Boden bestanden aus Felsen, darüber waren, wie schon gesagt, roh zugerichtete Platten gelegt, Steine und dünner Schlamm
füllten ihn bis zur Hälfte an. Die Arbeit war sehr mühevoll und
schmutzig. Nachdem sie einen Tag lang fortgesetzt war, brachte
mir Bäuerle, der inzwischen die Aufsicht übernommen hatte, die
Meldung, dass der Felsen plötzlich den Kanal absperre und jedes

weitere Vordringen unmöglich mache. Diese Nachricht kam mir
sehr unerwartet und verwirrte das Bild, das ich mir nach der Besprechung mit SCHICK von dem ursprünglichen Zusammenhange
dieses Kanals mit dem Tunnel von der Marienquelle her gemacht
hatte, vollständig. Ich hatte, nachdem der Kanal einmal gefunden, fest geglaubt, dort auf einer sicheren Fährte zu sein, und
mich diesem Gedanken um so lieber hingegeben, als ich draussen
am Rande des SO.-Hügels noch immer vergeblich nach der alten
Stadtmauer suchte. Es erging mir daher wie dem Spieler, der
auf gewisse Figuren des Schachbrettes seinen Plan gebaut hat und
plötzlich bemerkt, dass ihm eine wichtige fehlt. Ich vermochte
kaum das Gefühl der Enttäuschung so weit zu unterdrücken, dass
ich die Vorbereitung eines Vortrages vollenden konnte, den ich
eine Stunde nach dem Empfang dieser Nachricht im »Deutschen
Verein« zu Jerusalem über die Betheiligung unserer dortigen Landsleute an der Palästinaforschung zu halten versprochen hatte.

Am folgenden Morgen, den 9. April, begab ich mich früh
an Ort und Stelle, um den Felsen, das unüberwindliche Hinderniss der Arbeit, in Augenschein zu nehmen. Aber in Folge der
nochmaligen genauen Untersuchung, die ich schon am Abend
vorher angeordnet hatte, war derselbe verschwunden oder hatte
sich wenigstens in eine feste Lage von Mauersteinen und Cement
verwandelt! Vielleicht war er überhaupt nur eine Erfindung des
ersten, von mir am besten (p. 18) bezahlten Arbeiters gewesen,
der es für wünschenswerth gehalten hatte, die unsaubere Arbeit
in dem engen Einschnitt zu beenden. Seine Absicht — wenn es
sich wirklich so verhielt — erreichte er auch. Denn weder wollte
ich die auffallende Mauer, deren Gefüge viel zu fest und sorgfältig war, als dass man ihr keine Bedeutung hätte beilegen dürfen,
mit Gewalt zerstören noch die Fellachen an dieser für jede Aufsicht unzugänglichen Stelle weiter beschäftigen. Ich bestimmte daher, dass sie von dem senkrechten Schacht aus einen
wagerechten Stollen in nordöstlicher Richtung auf den vermuth-
lichen oberen Lauf des engen Kanals anlegen sollten, um denselben nochmals von oben, jedoch etwas näher nach dem Felsentunnel zu, aufzufinden[1]. Grosse Steine hemmten wiederholt das
Vordringen der Arbeiter. Der Felsen unter ihren Füssen bildete

1) Der auf Tafel II neben dem Schacht eingetragene Pfeil bezeichnet den
Lauf dieses später zum Theil wieder abgebrochenen Stollens.

4*

eine glatte, theilweis noch cementirte Fläche, durch deren Mitte in südlicher Richtung eine kleine Rinne von geringer Breite und noch geringerer Tiefe lief. Da ich über die Fortsetzung des Kanals erst Gewissheit haben wollte, so berücksichtigte ich diese Anzeichen vorläufig nicht, sondern liess am Stollen weiter arbeiten. In demselben wurde die Lampe gefunden, welche auf Tafel X unter *C* abgebildet ist, auch ein Schmuckstück aus Bronze, das die Gestalt einer kreisrunden Brosche hatte, leider aber beim Reinigen sofort auseinanderbröckelte.

Auf dem Boden des Schachtes sammelte sich zu wiederholten Malen Wasser an; in besonders grossen Mengen fand es sich des Morgens, so dass erst nach dem Ausschöpfen desselben die eigentliche Arbeit beginnen konnte. Da der Boden noch etwa 1 m höher war als der Grund jenes engen Kanals, so war diese Erscheinung räthselhaft. Die Fellachen behaupteten jedoch, es komme von Westen, von dem heutigen (oberen) Siloahteich. Sie hatten nicht ganz Unrecht, obgleich der weitere Fortgang der Ausgrabungen über dieses Zuströmen von Wasser eine vollständigere Aufklärung brachte. Für ihre Ansicht sprach namentlich der Umstand, dass das Steigen und Sinken des Wassers im Schacht mit der Höhe des Wassers im Teich ungefähr gleichen Schritt hielt. Diese wurde weniger durch das bekannte und vielbesprochene Fluthen der Marienquelle verändert, als vielmehr dadurch, dass die Fellachen während der Nacht das Abflussloch des Teiches fast ganz verstopften, damit sie für den Tag einen um so grösseren Wasservorrath zur Berieselung ihrer auf der Sohle des Kidronthales angelegten Gärten erhielten. Daher kam es, dass gerade zur Nachtzeit sich in dem offenen Schacht eine ziemliche Menge Wasser ansammelte, ein Umstand, der selbstverständlich in sehr unangenehmer Weise die Arbeit hinderte. So lange als der Schacht noch nicht die Tiefe des Teiches erreicht hatte, liess ich den Abfluss des letzteren nur dann vollständig öffnen, wenn das Kopiren der Inschrift einen möglichst tiefen Wasserstand wünschenswerth machte[1]. Jetzt aber musste ich darauf bedacht sein, das Wasser überhaupt soviel als möglich von den Arbeiten fern zu halten, und liess daher aus der Öffnung, durch die der Inhalt des Tei-

[1] S. meinen ersten Bericht vom 7. April 1881 in ZDPV. IV, p. 116.

ches in den Kanal *FB* (Tafel II) abströmte, alle das Abfliessen
aufhaltenden Hindernisse entfernen[1]. Ich sah wohl voraus, dass
die Silwäner davon den Anlass zu endlosen Einreden nehmen
würden, hatte aber bereits auf verschiedene Erkundigungen stets
die Antwort erhalten, dass für die nächste Zeit (es war Mitte
April) die Bewässerung noch in genügendem Masse stattfinden
könnte, ohne dass der Abfluss des Teiches beim Einbruch der
Nacht verstopft würde. Ich setzte also den Silwänern, die gerade
zugegen waren, namentlich meinen Arbeitern auseinander, wesshalb jetzt das Wasser bei Tag und bei Nacht ungehindert fliessen
müsse, und verbot, dass irgend jemand ohne mein Wissen die
Öffnung zwischen Teich und Kanal verstopfe. Die Wirkung
meiner Rede war freilich nicht grösser, als ich erwartet hatte,
nämlich ziemlich gering. Denn nicht lange darauf war eines
Morgens der Schacht wieder voll Wasser, irgend ein Gartenbesitzer hatte nach gewohnter Weise berieseln wollen und sich sein
Quantum Wasser durch Aufstauen des Teiches gesichert. Da
gab ich dem Sabtije in unwilligen Worten den Auftrag, den Silwänern mitzutheilen, dass jeder, der in Zukunft das Abfliessen
des Wassers ohne meine Erlaubniss hindern würde, von dem
Sabtije auf das Seráj mitgenommen und ins Gefängniss gesteckt
werden sollte. Wie dieser seinen Auftrag ausgerichtet hat, habe
ich nicht erfahren, jedenfalls aber wurde die Arbeit mehrere
Wochen nicht durch das Aufstauen des Wassers gestört.

Als ich am 22. April Abends die Gräben und Schachte in-
spizirte, brachte man mir die Nachricht, dass die Arbeiter neben
der Siloahquelle einen Teich entdeckt hätten. Ich legte ihr
wenig Gewicht bei, weil ich schon öfter gehört hatte, wie die
Fellachen auch die unansehnlichste Pfütze mit dem Namen
»Teich« (*birke*) zu bezeichnen pflegen. Da einige Landsleute aus
der Stadt an jenem Nachmittage meine Arbeiten mit ihrem Besuche beehrten, so hatte ich auch nicht mehr die genügende Zeit,
in den Schacht hinabzusteigen und die Sache zu untersuchen.
Am folgenden Tage fand ich jedoch die Meldung der Fellachen
im vollsten Umfange bestätigt. Der Boden des wagerechten Stollens, durch welchen ich den engen Kanal abermals von oben her

---

[1] S. die Beschreibung dieses Abflusses bei TOBLER, Die Siloahquelle
und der Oelberg (1852), p. 28 f.

erreichen wollte (s. p. 51), fiel plötzlich in einer senkrechten
Fläche ab. Sie bestand nicht aus Felsen, sondern aus starkem,
mit sehr festem, rothen Cement bekleideten Mauerwerk. Dasselbe senkte sich bis 1,20 m, dann bog die Fläche in abgestumpf-
tem rechten Winkel horizontal um, neigte sich ein klein wenig
nach innen und war dort mit etwas Wasser bedeckt. Ich liess
zunächst den Rand nach Süden weiter freilegen, und schon am
folgenden Tage (23. April) sahen die Arbeiter vor sich eine andere mit dem gleichen Cement beworfene Wand, die etwa in
rechtem Winkel an die zuerst gefundene stiess. Meine Messungen und Berechnungen ergaben, dass ich den Punkt, bis zu welchem der enge Kanal von Süden her gereinigt worden war, nun
von der entgegengesetzten Seite her erreicht haben musste. Ein
Arbeiter kroch dort, wo ich diesen Kanal von oben geöffnet hatte
(p. 50), in denselben hinein, drang aufwärts bis zu dem versperrenden Mauerwerk vor, das anfänglich für Felsen ausgegeben
worden war, und schlug mit dem Hammer dagegen. Seine
Schläge ertönten gerade vor meinem gebeugten Kopfe in dem
niedrigen Gange, ja ich verstand deutlich die Worte, welche er
mir zurief. Aber eine Öffnung des Teiches in den Kanal, die
etwa nur durch S c h u tt verstopft worden wäre, fand sich nicht.
Die Steine, welche ich ausbrechen liess, um den alten Ausfluss
wieder zu öffnen, waren so fest in die Spalte eingeklemmt, dass
nicht der Zufall, sondern nur menschliche Kunst sie vor Zeiten
eingefügt haben kann.

Dieses war der erste grössere topographische Fund, der mir
nach dreiwöchentlicher Arbeit gelang; denn jene Mauerreste,
von welchen ich p. 38 f. berichtet habe, entdeckte ich erst acht
Tage später, am 30. April. Meine ursprüngliche Rechnung, um
deren willen ich überhaupt den Schacht angelegt hatte, war freilich eine falsche gewesen: der enge Kanal führte nicht zu dem
Felsentunnel, wie ich anfangs, nach Baurath Schick, angenommen hatte. Aber sie hatte mich doch zu einer Entdeckung geleitet, die mich nicht nur als der erste Erfolg von einiger Bedeutung erfreute, sondern auch wegen der neuen Fragen, die sie
nahe legte, mein Interesse lebhaft in Anspruch nahm. Welches
ist denn der eigentliche Siloahteich, der uns aus dem A. und
N. T. bekannt ist? Welcher von den zwei Teichen wird der ältere sein? Fällt es nicht auf, dass der in Felsen gehauene Teich

seitwärts neben der Mündung des alten Tunnels angelegt ist, während das in Mauern gefasste Wasserbecken sich gerade vor demselben befindet? Doch ich widerstehe jetzt der Verlockung, meinen Bericht hier durch eine Erörterung dieser sich damals mir sogleich aufdrängenden Fragen zu unterbrechen, und will weiter mittheilen, was durch die Untersuchung des verschütteten Teiches festgestellt wurde.

Ich setzte voraus, dass das Bassin einst sein Wasser aus dem Felsentunnel erhalten habe. Da vorläufige Messungen ergaben, dass der Boden desselben mindestens um 1 m tiefer lag als der Wasserspiegel im Siloahkanal, selbst wenn dieser den niedrigsten Stand, der damals überhaupt zu erzielen war, erreicht hatte, so war die grösste Hoffnung vorhanden, die Inschrift vollständig von dem überfluthenden Wasser zu befreien, sobald es nur gelingen würde, die Verbindung von dem Felsenteich nach dem Tunnel zu entdecken und zu öffnen. Da ich nun um der Inschrift willen allein die Arbeiten an dieser Stelle unternommen hatte, so fasste ich als nächstes Ziel ins Auge, den Zuflusskanal des Teiches ausfindig zu machen. Desshalb liess ich einen Stollen am Westrande des Teiches entlang in der Richtung auf den Siloahkanal anlegen. Wasser zeigte sich auf dem schön cementirten Boden nur wenig. Wieder wurde eine Thonlampe gefunden, die freilich zerbrochen war, aber doch aus den Scherben noch vollständig zusammengesetzt werden konnte. Sie ist auf Tafel X unter D abgebildet. Schutt und Steine füllten den Teich. Aber einen Zuflusskanal fand ich weder am Westrande noch auch am Nordrande des Teiches, den ich bis zum 7. Mai ebenfalls bloslegte. Meine Messungen ergaben 9 m als die Länge, 2,70 m als die Breite des alten Wasserbeckens.

Es fiel mir in hohem Grade auf, dass an diesen Seiten keine Verbindung mit dem Tunnel entdeckt worden war. Und dennoch war ganz deutlich zu bemerken, dass selbst jetzt dem Wasser noch kleine geheime Gänge offen standen, durch welche es ununterbrochen in den Teich sickerte. Zwei der Arbeiter, die während eines Sonntags die Ansammlung desselben genau beobachten mussten, sagten aus, dass es am südlichen Ende des Teiches hauptsächlich von Osten her zum Vorschein gekommen sei, die grössere Menge sich jedoch im Norden und Westen gezeigt habe. Allein hier hatte ich schon vergeblich gesucht;

ich liess daher unter dem Schutze von Holzverschalungen einen
Gang auf die Ostwand des Bassins durchbrechen. Die Fellachen
zweifelten gar nicht, dort auf den Wasserzufluss zu stossen; der
erste Arbeiter, Ibrâhîm, bot mir sogar die Wette um eine *lira
fransawije* an, die er mir zahlen wollte, falls die gesuchte Verbindung mit dem Siloahkanal dort nicht gefunden würde, die
im anderen Falle jedoch ich ihm zahlen sollte. Ich ging unbe-
denklich darauf ein und brauchte sie nicht zu zahlen, erhielt sie
aber natürlich ebensowenig von ihm, trotzdem er die Wette verloren
hatte. Alle aus der Anlage des Teiches erkennbaren Verhältnisse
sprachen mit Bestimmtheit dafür, dass einst das Wasser von
Westen eingeströmt war, und meine Absicht war auch vorwiegend gewesen, durch den zuletzt erwähnten Stollen die Untersuchung des Teiches zu vollenden. Ich wünschte lebhaft den
Tag herbei, wo ich diese feuchten und schmutzigen Gänge würde
wieder schliessen lassen können. Denn die Luft in denselben
war abscheulich, der Aufenthalt dort unten, noch viel mehr natürlich die Arbeit im höchsten Grade lästig, das Athmen allein
schon beschwerlich. Die Fellachen aber schienen für diese Un-
annehmlichkeit wenig Empfindung zu haben; anstatt durch em-
siges Schaffen diese Arbeit rasch zu beendigen, zogen sie dieselbe möglichst in die Länge. Sie hockten auf der feuchten, ja
nassen Erde und mochten eifrig erwägen, auf welche Weise sie
den guten Lohn, den ich ihnen für ihre mühevollere Arbeit be-
willigt hatte, recht lange beziehen könnten. Deutlich erkannte
ich diese Gedanken aus ihren Reden. So erzählte mir Ibrâhîm
eines Tages, als ich mit seiner Hülfe unten Messungen vornahm
und mir Notizen machte, dass es in dem alten Teich nicht recht
geheuer sei. Er habe seit gestern wiederholt regelmässig an
seiner Seite (von Osten her) klopfen hören; endlich habe er ge-
rufen, und der Geist habe geantwortet. Dieser habe ihn auf-
gefordert, vorwärts zu arbeiten, bis er den anderen Stollen am
Nordrande des Teiches erreicht habe; dort werde er einen Krug
mit Gold- und Silbermünzen finden. Er glaubte ihn wieder
klopfen zu hören, als er mir diese wunderbare Begebenheit mit
leuchtenden Augen erzählte; er rief auch, aber leider antwortete
der Geist nicht, so dass ich die lockende Botschaft nicht vernahm. Solche Quälereien wurden freilich auf die Dauer uner-
träglich; dennoch freute ich mich, solche Arbeiter zu haben, die

vermöge ihrer lebhaften Phantasie ihre Wünsche so geschickt in eine gefällige Form zu kleiden wussten. Für die Erzählung des Fellachen zeigte ich natürlich nicht das geringste Verständniss, sondern bedrohte ihn und seine Genossen bei der nächsten Ablöhnung mit Entlassung aus meinem Dienst, falls sie bei ihrer Faulheit beharren würden. Da erschienen am folgenden Morgen (Sonntag) die beiden ersten Arbeiter und brachten mir zwei Hühner und einen jungen Hahn als Geschenk. Die entschiedenste Weigerung, sie anzunehmen, blieb erfolglos, die Fellachen legten die Thiere an den Füssen zusammengekoppelt vor mein Zimmer nieder und gingen ihres Weges. Dieses Mal hatten sie in der That ihren Zweck erreicht; denn weil ich nichts von ihnen geschenkt nehmen wollte, so konnte ich nicht umhin, den Werth der Hühner in Form eines reichlich berechneten Bachschisch ihnen zu vergüten. Doch nicht lange nachher schlug die letzte Stunde Ibrähim's, der den besten Lohn bekam und trotzdem von Tag zu Tage fauler wurde. Es mochte ihn wohl die verschärfte Aufsicht verdriessen, und eines Morgens machte er seinem Ärger gegen Herrn Bäuerle in den bekannten Wendungen der Araber Luft. Statt jeder Antwort händigte ich ihm den fälligen Lohn aus und hiess ihn gehen. So weit aber hatte er es nicht treiben wollen, der arme Schlucker erschrak nun vor den Folgen seines eigenen Thuns. Er warf mir das Geld vor die Füsse und wich nicht von der Stelle. Ich nahm die Umstehenden zu Zeugen, dass ich ihm den vollen Lohn gezahlt hatte, und beauftragte dann den Sabtije, den lärmenden Gesellen abzuführen. Er that es, so milde und herzlich, wie wenn ein Freund den andern besänftigt; aber seine Autorität wagte er nicht aufs Spiel zu setzen. Ibrähim bot nachher alle Mittel auf, um wieder in meinen Dienst zu kommen, doch ich schlug es denen, die er zu mir sandte, rundweg ab. Nach diesem Ereigniss arbeiteten aber die Fellachen neben der Siloahquelle viel fleißiger.

Noch einmal richtete ich mein Augenmerk auf die Nordwestecke des Teiches. Ich liess den rothen Cement, der in einer Dicke von 0,10 m aufgetragen war, von der westlichen Wand entfernen und dabei zeigte sich, dass dieselbe nicht aus Felsen, sondern aus Mauerwerk bestand. Einige Steine wurden auch herausgebrochen, aber gerade dieser Versuch überzeugte mich, dass dort nie ein Wasserzulass gewesen war. Das Gemäuer war so fest und zusammenhängend, dass eine spätere Verschliessung eines Zuflusskanals an dieser Stelle unmöglich stattgefunden haben konnte, und dass es unverhältnissmässig viel Mühe gekostet haben würde, hier nach Westen durchzubrechen. Aber konnte nicht in der Nordwand des Teiches eine Öffnung für das Wasser gewesen sein? Ich kannte dieselbe bisher nur in ihrem unteren Theile, vielleicht war in der oberen, noch durch Schutt verdeckten Fläche der Punkt, wo sich das Wasser von oben herabstürzend in den Teich ergossen hatte. Die Arbeiter mussten die Holzverschalung des Stollens an dieser Seite zum Theil fortnehmen und dann von gedeckter Stellung aus einen halben Tag lang den Schutt über ihrem Kopf mit eisernen Stangen auflockern, so dass er herunterfiel und weggeschafft werden konnte. Aber es kam nichts anderes zu Tage, als eine breite behauene Fläche des natürlichen Gesteins mit einer sie horizontal durchschneidenden Verzierung, ohne irgend welche Öffnung, die dem Wasserspiegel im Felsentunnel entsprochen hätte.

Ich wusste vorläufig die Arbeiter im Teiche nicht weiter zu beschäftigen. Die Ränder desselben waren so weit blossgelegt, als zur Aufnahme nothwendig erschien. Damit jedoch die letzte Untersuchung, die ich mir noch vorbehalten hatte, um so genauer ausgeführt werden könnte, liess ich von den Holzkästen, welche den Stollen am Westrande stützten und diesen zum grössten Theil verdeckten, den je zweiten fortnehmen und stieg dann, unwillig über diese lange, das erstrebte Ziel bisher versagende Arbeit, zum letzten Mal, wie ich glaubte, in die Gänge des alten Teiches hinab. Ich hatte von Anfang an die Fellachen darauf aufmerksam gemacht, genau zu beachten, ob an dem westlichen Rande des Teiches irgend eine Stelle des Cementbewurfes entbehre. War nämlich der Zuflusskanal verschüttet worden, oder hatte man ihn zu irgend einer Zeit vermauert, um das Wasser der Siloahquelle nicht mehr in diesen alten Teich fliessen, sondern es an einen anderen Ort gelangen zu lassen, so war zu erwarten, dass die Cementbekleidung des Teiches dort nicht vorhanden sein würde. Weder hatten mir bis dahin die Arbeiter trotz wiederholten Befragens etwas von einer derartigen Beobachtung gemeldet, noch hatte ich selbst etwas davon bemerkt. Dadurch, dass ein Theil der Holzverschalung fortgenommen war, lag nun eine grössere Strecke des westlichen Randes für

das prüfende Auge frei, und gar bald hatte ich eine nicht geringe
Lücke in der oberen Fläche des Cementbewurfes gefunden. Sie
war bis dahin durch ein stützendes Brett verdeckt gewesen, das
die Arbeiter achtlos, ohne die Beschaffenheit der dahinter liegenden Wand zu untersuchen, eingesetzt hatten. Sofort beschloss
ich, hier den Durchbruch zu versuchen. Ehe ich jedoch von
seinem Erfolge berichte, will ich den durch die bisherigen Arbeiten in seiner ganzen Ausdehnung festgestellten Teich kurz beschreiben.

Das auf Tafel II mit den Buchstaben *GHIK* bezeichnete
Bassin bildet ein etwas unregelmässiges Viereck, dessen westliche Länge 9 m, dessen nördliche Breite 2,70 m beträgt. Aus
der divergirenden Richtung der Langseiten habe ich die südliche Breite des Teiches auf 3,20 m berechnet. Die Nord- und
Ostwand bildet der gleichmässig behauene und mit Cement beworfene Felsen. Die Westseite ist von unten auf gemauert und
lehnt sich im N. an den anstehenden Felsen, dessen behauene
Fläche, wie ich freilich erst später bemerkte, sich in der gleichen
senkrechten Ebene nach W. über den Rand des Teiches hinaus
in der Richtung auf den jetzigen Eingang zur Siloahquelle fortsetzt. Die Südseite besteht theils aus Felsen, theils aus Mauerwerk. Unter und neben dem Ausfluss *A* fand ich das natürliche
Gestein stets nach W. sich senkend, so dass die Ecke *F* auch
von S. her durch Gemäuer gebildet wird. Man hat also soviel als
möglich den Teich in den lebenden Felsen eingehauen und nur,
wo dessen Höhe nicht ausreichte, die Wände aus Stein und Mörtel aufgeführt. Der ganze zur Aufnahme des Wassers bestimmte
Raum ist dann mit ausserordentlich festem Cement von rother
Farbe sehr sorgfältig verputzt worden. Überall, mit Ausnahme
einiger Stellen an der östlichen und nördlichen Wand, haftet er
noch an seinem alten Platz, fast so hart wie die Steine geworden,
die er bedeckt. Für die Sorgfalt der Anlage zeugt aber besonders
das oben p. 58 schon flüchtig erwähnte Ornament, mit dem der
Felsen am Nord- und Ostrande des Teiches geschmückt ist. In
einer Höhe von etwa 1,55 m über dem in allmählicher Rundung
von den Seiten zur Mitte hin sich verflachenden Boden (s. den Querdurchschnitt auf Tafel II) ist eine schön gearbeitete Hohlkehle in
den Felsen eingehauen. Der horizontale Rand, aus welchem sie
sich erhebt, ist am Nordrande 0,22, am Ostrande 0,23 m tief.

Ihre Höhe beläuft sich dort auf 0,21 m, hier auf 0,29 m. Wie ihr Durchschnitt auf Tafel II zeigt, weicht auch die Form an beiden Seiten von einander ab: die des Ostrandes ist künstlicher. Eine feine, rippenartige Erhöhung zieht sich in scharfer Linie auf dem Cementbewurf 0,32 m unter dieser Hohlkehle hin. Ich setzte die Wasserwage darauf, die Linie war tadellos wagerecht. Kein Zweifel, es ist der alte Wasserrand! Bis hierher hat einst das Wasser den Teich gefüllt und dieses Zeichen seiner regelmässigen Höhe an der Wand desselben zurückgelassen. Es läuft rings um alle Seiten in genau wagerechter Linie. Von diesem Wasserrande fallen die Wände des Teiches bis zu einer Tiefe von 1,07 m senkrecht ab; das eigentliche Niveau des Bodens liegt jedoch noch etwa 0,15 m unterhalb des durch jene Zahl bezeichneten Punktes. Die Fläche der Wände und des Grundes berühren sich nämlich nicht in einem rechten Winkel, sondern sind gegeneinander abgerundet, wie es der Querdurchschnitt auf Tafel II erkennen lässt. Freilich tritt dieser allmähliche Übergang der senkrechten Wände des Teiches in die horizontale Fläche des Bodens im N. und O. stärker hervor als im S. und W.; es scheint, als ob man sich nicht die Mühe gegeben habe, den Felsgrund zu einem rechten Winkel zu behauen, während man die gemauerten Wände selbstverständlich senkrecht auf das natürliche Gestein des Bodens gesetzt hat. Damit hängt es zusammen, dass die Höhenmasse des Teiches an der westlichen und östlichen Langseite etwa um 0,15 m differiren. Die Höhe der senkrechten Felswand im Osten bis zu der oben beschriebenen Hohlkehle beträgt 1,39 m, dagegen erhebt sich der gemauerte Rand des Teiches dort, wo er in der Nordwestecke die untere Linie der Hohlkehle fortsetzt, 1,51 m über dem Boden des Bassins. Aber auch an der Westseite selbst ist der Grund nicht ganz eben; denn unweit des Ausflusskanales (Tafel II, A) erreicht der Rand nur die Höhe von 1,40 m. Es ist auffallend, dass sich neben Merkmalen, die das grosse Mass von Sorgfalt und Mühe bezeugen, das man auf die Anlage dieses Wasserbehälters verwandt hat, solche Unregelmässigkeiten finden, die ihrerseits wiederum eine gewisse Flüchtigkeit in der Ausführung der Arbeit beweisen.

In dem Glauben, dass sich der Zuflusskanal des Teiches, seine Verbindung mit der Siloahquelle, wenigstens von dem inneren Raume aus nicht finden lasse, hatte ich die hier beschäf-

tigten Fellachen bereits an einem anderen Graben angestellt, als
ich die letzte Untersuchung des Bassins, deren Resultate ich soeben mitgetheilt habe, vornahm. Am folgenden Morgen (18. Mai)
mussten sie jedoch schon an ihren gewohnten Arbeitsort zurück-
kehren und begannen die Stelle der Westmauer, welche nicht
von dem rothen Bewurf bedeckt war, aufzureissen. Die Festigkeit derselben liess bald erkennen, dass auch hier nicht etwa eine
Schuttfüllung wegzuräumen, sondern eine wirkliche Mauer zu
durchbrechen war. Allerdings war dieselbe nicht aus gleichmässigen und kunstgerecht behauenen Steinen ausgeführt, sondern
bestand aus dem verschiedenartigsten Material. Auch einen Säulenstumpf aus Kalkstein hatte man eingefügt. Ich liess ihn zur
rechten Hand dieses Durchbruchs nach Westen unberührt liegen.
Von Wichtigkeit aber war mir, bald ein Anzeichen zu finden,
woran ich das Mauerwerk deutlich als späteren Einsatz in eine
Lücke der älteren Westwand des Teiches erkennen konnte. Denn
etwa 1,29 m über dem Boden des alten Felsenbassins stiessen die
Arbeiter auf einen Cementbewurf von gleicher Beschaffenheit,
wie er in dem Teiche vorhanden war. Derselbe zog sich in der
angegebenen Höhe ungefähr wagerecht von O. nach W. und
diente nun als Boden des kurzen Stollens, der hier in der gewöhnlichen Breite von etwa 1 m angelegt wurde. Nur 0,80 m
waren die Arbeiter nach Westen vorgedrungen, als der Boden
unter ihnen wieder um 0,35 m senkrecht abfiel. Auch hier haftete derselbe Cementbewurf an dem Gemäuer, das sich nach N.
und S., zur rechten und zur linken Hand, ausdehnte. Es war die
Rückseite der Wand, welche im Westen den Teich einfasste und
deren ostwärts schauende Fläche mit dem alten Wasserrande ich
bereits zur Genüge kannte. Aber wie sollte ich den festen Cement auf der jetzt erreichten Mauerseite deuten? Grenzte hier
ein zweiter Teich an den bereits erforschten? Oder hatte ich
endlich die so lange gesuchte Verbindung mit der Siloahquelle
entdeckt? In letzterem Falle konnte die gegenüberliegende Fassung des Kanales nicht weit sein. Sie wurde in der That 1 m von
der eben durchbrochenen Mauer entfernt, in paralleler Richtung
mit ihr ziehend, aufgefunden und bestand aus grossen, 1,18 m
hohen, schön geglätteten Kalksteinen von der Art, welche man
in der Gegend von Jerusalem *mizzi* nennt. Die Breite des Kanales gestattete gerade das Einsetzen der Holzverschalungen.

Unter ihrem Schutze liess ich nun zunächst aufwärts nach N.
einen Gang durch den ihn füllenden Schutt bahnen, also der
Langseite des bereits beschriebenen Felsenteiches parallel und unmittelbar an der Aussenseite seiner Westmauer entlang, während
zur linken Hand die prächtig polirten *mizzi*-Blöcke zwischen den
stützenden Brettern zu sehen waren. Die Arbeit bewegte sich
direkt auf den Ausgang des Felsentunnels zu, so dass ich wieder
der Ansicht Raum gab, es könne ein alter Ausfluss der Siloahquelle doch dort unter jener Ecke verschüttet oder vermauert
sein, wo die behauene Felswand sich plötzlich von S. nach W.
wendet (vgl. oben p. 46). Bald sah ich sie von S. her vor mir,
sie trug auch hier die dichten Meisselspuren der Steinhauer, war
aber niemals zu einem Durchfluss für das Wasser der Siloahquelle durchbrochen worden. Vielmehr machte der Kanal, den
ich jetzt vom Schutt der Jahrhunderte leerte, gerade vor ihr eine
scharfe Wendung nach W., so dass im N. diese Felswand seine
Wasser einst gefasst hatte, während im S. sich jener schöne Rand
der kunstvoll bearbeiteten Kalksteine fortsetzte. Das Wasser
drang inzwischen stets stärker von der Quelle her vor. Es konnte
frei auf seinem einstigen breiten Wege ablaufen, da auch die untere Strecke des Kanals, die sich geradlinig nach S. fortsetzte,
bereits gereinigt und in einen freien, durch Bretterkasten ge-
stützten Gang verwandelt worden war. Hierbei hatten sich auch
unter der westlichen Seitenwand des von oben gegrabenen
Schachtes, von dem aus zuerst der alte Teich erreicht worden
war, dieselben langen *mizzi*-Steine gefunden, die ich schon mehrmals als Einfassung dieses breiten Kanales erwähnt habe. Hingegen war die Wand, welche ihn von dem Felsenteiche trennte,
in der Nähe des Schachtes fast vollständig verschwunden. Wahrscheinlich hatten meine Arbeiter bei der Anlegung der ersten
beiden Stollen, des auf den Punkt E (Tafel II) gerichteten und
des in den Teich ausmündenden, ihre letzten Spuren vertilgt.
Man kann daher kaum zweifeln, dass jene grossen Steine, von
denen ich p. 51 f. gesprochen habe, einst zu der Mauer zwischen
Kanal und Teich gehört haben. Wohl aber war der den Grund
dieses Kanales bedeckende Cement noch auf dem Boden des
Schachtes erhalten, ja vermöge seiner Härte war theilweise der
Rand von der aufwärts steigenden Fläche, die einst jene ver-
schwundene Scheidewand bekleidet hatte, an dem übrig geblie-

benen Rest stehen geblieben. Hiermit finden nun die oben p. 52 erwähnten Mörtelspuren, die mir zu Anfang dieser Arbeiten räthselhaft erschienen waren, ihre völlig befriedigende Erklärung. Der senkrecht abgeteufte Schacht hatte einen Theil der schon meist zerstörten Westmauer des Teiches und den Boden des breiten Kanales getroffen. Um die nördliche Fortsetzung des Abflusses *ABCD* (Tafel II) zu finden, war ich rasch in nordöstlicher Richtung vorgedrungen und hatte die Reste, welche ich jetzt als Stücke des breiten Kanales erkannte, vorläufig bei Seite gelassen. Das hatte einerseits mich freilich zur Entdeckung des Teiches geführt, andererseits mir aber auch die grosse Mühe verursacht, von dort aus nach dem Kanal durchzubrechen, auf dessen Boden ich unbewusst schon unzählige Male meinen Fuss gesetzt hatte, so oft ich zur Besichtigung der Arbeiten in den Schacht hinabgestiegen war.

Eine genauere Beschreibung des breiten Kanales werde ich besser erst dann geben, wenn ich von meinen Entdeckungen auf der Westseite des heutigen (oberen) Siloahteiches, die mich seinen zweiten Arm auffinden liessen, berichtet habe. Hier füge ich noch hinzu, dass bis zum 20. Juni die ganze Strecke desselben bis zu dem Punkte *M* (Tafel II) gereinigt war. Hier durchschnitt ihn nämlich eine ziemlich feste, aber völlig kunstlos hergerichtete Mauer, die östliche Fassung des Ausflusses, durch welchen g e g e n w ä r t i g die Siloahquelle in den j e t z i g e n (oberen) Siloahteich geleitet wird. Sie hielt jedoch das Wasser nicht völlig zusammen, ununterbrochen sickerte es nach dem breiten Kanal hindurch und drang zwischen seinen Wänden durch das Schuttlager abwärts vor. Auf diesem Wege war es auch anfangs in den senkrechten Schacht gelangt und dort, der Höhe entsprechend, bis zu welcher das Wasser der Quelle und des Teiches stieg oder sank, zu Tage getreten. Vollständig war also dieser alte Abfluss nicht verstopft worden; das Wasser kam jedoch nicht von dem heutigen Teich, wie die Fellachen behauptet hatten (s. p. 52), sondern immer noch von der Mündung des Felsentunnels her. Die flache Rinne, welche ich ebenfalls schon oben p. 52 erwähnt habe, konnte ich jetzt bis zu ihrem Anfang verfolgen. Sie begann nicht weit unterhalb des Durchbruchs von dem Felsenteich in der Mitte des breiten Kanals. Zuerst fast unmerklich in den Bewurf getieft, nahm sie an Grösse allmählich zu; ihr Ende war aber jetzt noch unter der Südwand des Schachtes verborgen.

So hatte ich einen alten, schon lange vermauerten und verschütteten Abfluss der Siloahquelle wieder geöffnet. Es bedurfte nur noch weniger Vorbereitungen, dann konnte das Wasser wieder denselben Weg durch den stattlichen breiten Kanal nehmen, den es vor Zeiten zu laufen pflegte. Ehe ich jedoch die weiteren Erfolge meiner Arbeiten am Ausgang des Felsentunnels darstelle, möchte ich über den Verkehr der Silwäner an der Quelle und über die Stellung, die sie zu meinen dortigen Ausgrabungen einnahmen, einiges mittheilen.

Die Siloahquelle wurde während des ganzen Tages von Männern und Frauen häufig aufgesucht. Fast ausschliesslich waren es Bewohner des unteren Dorfes Silwân, welche zu ihr kamen, während die des oberen Dorfes nach der Marienquelle zu wandern pflegten. Die Männer badeten sich in dem fliessenden Wasser und verrichteten auch wohl auf einem etwas erhöhten Platz neben dem überwölbten Eingang ihr Gebet. Jedoch kam letzteres nicht so häufig vor, als man hätte erwarten sollen. Unter den siebenzig Arbeitern, welche überhaupt in meinem Dienst gestanden haben mögen, waren nur zwei, welche die Gebetszeiten des Islam gewissenhaft inne hielten. Der eine, ein *haddschi* (Mekkapilger), versäumte sogar nie, am Freitag Mittag auch bei der grössten Hitze nach dem Ḥaram hinaufzueilen und dort zu beten. Ich erinnere mich nicht, dass die übrigen Fellachen wegen des Gebetes die Arbeit unterbrachen; jedenfalls haben sie es nicht regelmässig gethan. Diese öffentliche, aber doch anspruchslose Verrichtung der Andacht unter freiem Himmel und mitten in der Arbeitszeit ist geeignet, die lebhafte, ehrfurchtsvolle Sympathie eines jeden religiös gesinnten Zuschauers zu erwecken. Aber leider steht die Mechanisirung des Gebetes bei den Muslimen in so grellem Wiederspruch mit seiner wahren Idee, dass ein christliches Gemüth sich oft aufs tiefste verletzt fühlen wird. Eines Abends traf es sich, dass ich gerade während der Gebetsstunde den Arbeitern an der Siloahquelle ihren wöchentlichen Lohn (*il-dschumʿîje*) auszahlte. Während ich mir von dem Empfänger des Geldes die einzelnen Posten vorrechnen und zusammenzählen liess, damit er die Summe nachher richtig vertheile, erfüllte der andere fleissige Beter unter meinen Leuten dicht daneben die

Pflicht des Abendgebetes. Allein er nahete sich Allâh »nur mit seinen Lippen und ehrte ihn mit seinem Munde, aber sein Herz war ferne von ihm.« Denn als der Rechner stockte und einen Fehler gemacht hatte, fiel jener ihm von seinem Platze in die Rede und setzte die Reihe der Zahlen richtig fort. Er mochte wohl bei seinen Gebetsbeugungen nicht nur die Fâtiḥa des Koran, sondern auch die Beträge des Lohnes zwischen den Zähnen gemurmelt haben.

Bisweilen kamen auch die Männer zur Quelle, um in dem Teich ihre sämmtlichen Kleidungsstücke zu waschen, die sie dann von den heissen Sonnenstrahlen trocknen liessen. So lange das dauerte, blieben sie einfach ohne Gewand. Die regelmässigen Besucher des Ortes waren aber die Frauen und Mädchen, welche ihre schwarzen Ziegenschläuche und ihre grossen Krüge dort mit Wasser füllen wollten. Fast alle kamen und gingen schweigend, liessen sich jedoch beim Schöpfen eine Hülfeleistung von Seiten der Männer namentlich während des niedrigen Wasserstandes gern gefallen. An Neugier fehlte es ihnen freilich nicht, aber die meisten scheuten sich wohl nach dem zu fragen, was nicht »Sache der Frauen« (*schughl niswân*) war. In der Regel waren ihre Fragen und Bitten kurz und ängstlich, fast wie mit klagendem Ton gesprochen. Nur an vier oder fünf Frauen des Dorfes Silwân habe ich in dem Verkehr ausserhalb ihres Hauses, auf meinem Arbeitsterrain, einen regeren Sinn und frischeren Muth beobachtet. Besonders überraschte mich die Munterkeit und Schlagfertigkeit der jüngeren Frau des Schêch's, der dem unteren Dorf im Auftrag der türkischen Regierung vorstand [1]. Als ich mich eines Tages, um meine Zeichnung der Inschrift zu revidiren, von Morgens früh bis Abends spät mal wieder in dem Siloahkanal aufhalten musste und vor dem Eingang zu demselben den Wechsel der frischen Luft und der Wärme genoss, kam in gerader Haltung und sicherem Gang, den natürlichen Zierden, deren sich die jüngeren Frauen der Landbevölkerung fast ohne Ausnahme rühmen können, eine schlanke Silwânerin zur Quelle und stützte mit anmuthig emporgehobenem Arme den abwärts geneigten Rand des leeren, auf ihrem Kopf ruhenden

---

[1] Diese von der türkischen Behörde autorisirten Personen haben den Namen *il-muchtâr*, »der Erwählte.«

Wasserkruges. Sie ging mit fröhlichem Grusse an mir vorüber,
legte ihren Krug gegen das seicht fliessende Wasser, kehrte darauf in den überwölbten Eingang zurück und setzte sich auf der
niedrigen Steinbank mir schräg gegenüber nieder, um zu warten,
bis der Krug sich gefüllt haben würde. Ein so freies und sicheres Benehmen hatte ich bis dahin an keiner muslimischen Frau
des Orients bemerkt; ich hatte meine stille Freude daran, so
sehr es mir auch auffiel. Wir sahen uns eine Weile schweigend
an und sassen mit wachsender Spannung einander gegenüber.
Da zog sie eine Spange (suwāra) von ihrem Arme und
bot sie mir zum Kauf an. »Wie viel willst Du haben!« »Lira
fransawije« (20 Frcs.). »Ketīr, jā sitti, ba'tiki nuṣ līra«, »Das ist
zu viel, o Frau; ich will Dir eine halbe Lire geben!« Schon war
der Schmuck in meiner Hand, ich hielt ihr das Goldstück entgegen, und sie griff danach. Freilich wollte sie durchaus nicht zugeben, dass der Handel damit abgeschlossen sei; ein Bachschisch, so meinte sie, müsse sie noch dazu haben und wenn
nicht heute, so doch am nächsten Sonnabend, wenn ich den
Lohn an die Arbeiter auszahlen würde. Aber ich hatte die
Spange bereits über meinen Arm geklemmt und begab mich mit
beschwichtigenden Worten an meinen Arbeitsplatz zurück, indess sie ihren gefüllten Krug aufnahm und mir nachrief: »In-
schallāh, jôm es-sabt bāchod bachschīsch«, »hoffentlich bekomme
ich am Sonnabend ein Geschenk«. Ungeachtet dieses Verlan-
gens muss der in Wahrheit reichlich bemessene Preis sowohl für
sie wie für andere befriedigend gewesen sein. Denn als ich noch
nicht lange wieder an meiner Kopie gearbeitet hatte, so hörte
ich, wie vom Eingang her eine andere Frau mich rief und mir
ebenfalls Schmucksachen zum Kauf anbot. Es war die ältere
Frau desselben Schēch's, in der offenbar durch die Erzählung
ihrer Hausgenossin der Wunsch erweckt worden war, ihre
Kleinode mit ebenso gutem Erfolge in baare Münze umzusetzen.
Doch hatte sie kein Glück mit ihrem Angebot. Ich wollte die
Arbeit nicht unterbrechen und erfuhr von dem jungen Fellachen,
den ich zu ihr hinausgeschickt hatte, dass die Sachen nicht von
besonderem Werthe waren. Trotzdem nun jene erstgenannte
Fellachin das begehrte Geschenk von mir nicht erhielt, bewies
sie mir doch nachher ihre freundschaftliche Gesinnung. Ich traf
sie mehrmals, wenn sie vom Sūk der Stadt zurückkam und Ein-

käufe in ihrem grossen Korbe heimtrug. Dann pflegte sie wohl
mich anzuhalten und mir, ja sogar meinem Eseljungen, wenn ich
nicht alles nehmen wollte, Äpfel und Gurken von ihren erhandel-
ten Früchten zu schenken. Der freie Verkehr mit mir erregte
durchaus kein Aufsehen bei den Fellachen, wie man nach Mass-
gabe der städtischen Sitte hätte erwarten sollen. Das sichere und
fröhliche Auftreten dieser Frau, verglichen mit dem ängstlichen
und verschlossenen Wesen der meisten übrigen Fellachinnen,
war mir ein interessanter Beleg dafür, dass es bei aller Enge der
bäuerlichen Verhältnisse und bei der grossen Arbeitslast, die sie
gerade den Frauen aufbürden, doch möglich ist, dass das Weib
dort sich selbst eine Stellung schafft, die sie weit über die gewöhnliche elende Lage ihrer Genossinnen erhebt. Mich erinnerte diese Bekanntschaft oft an das kluge Weib aus Thekoa,
das Joab vom Lande herbeiholte, damit es vor dem Könige David
reden sollte (Sam. II. 14).

Diesen lebhaften Verkehr an der Quelle benutzten namentlich in den beiden ersten Monaten verschiedene Silwäner von an-
gesehener Stellung, um mich auszuforschen oder über gewisse
Rücksichten, die ich bei den Ausgrabungen dem Dorfe Silwän
schuldig sei, zu belehren. So erschien eines Tages ein stattlicher
Mann von einnehmendem Äussern und würdevollem Auftreten;
muhammed ramaḍān war sein Name. Nach mehreren einleiten-
den Fragen, woher ich gekommen sei und was ich vorhabe,
theilte er mir mit, dass der Boden, wo der Kanal ausmünde, ihm
und einigen anderen Fellachen gehöre, zum Theil aber auch gemeinsames Eigenthum des unteren Dorfes sei, worüber der
Schēch *chalīl ahsēn* zu sagen habe. Ich hatte mich bereits auf
dem Serāj bei dem Dragoman des Pascha, Herrn Krieger, nach
den Eigenthumsverhältnissen des Kanals erkundigt, jedoch keine
ganz sichere Antwort erhalten; man schien dort selbst nicht
ganz darüber im Klaren zu sein. Ich erwiderte ihm daher, meine
Arbeiten an der Quelle habe mir der Pascha gestattet und einer
weiteren Erlaubniss bedürfe es nicht; indessen sei es mir doch
zweifelhaft, ob die Rechte der Silwäner auf den Kanal in dem
Grundbuche eingetragen seien. Damit war der Fall vorläufig
erledigt. Bald darauf beehrte mich der schon oben p. 42ff, erwähnte Jūsef Selimän mit einem längeren Besuche und einer
sehr bunten Unterhaltung, deren Zweck darauf hinausging, zu

erfahren, mit welchem Recht ich meine Arbeiten betreibe, ob ich
einen Ferman von Konstantinopel aufweisen könne u. s. w.
Glücklicher Weise war zu der Zeit, wo diese Unterredungen
stattfanden, meine Legitimation, die ich p. 4 ff. besprach, bei
der türkischen Regierung bereits eingetroffen, und so konnte ich
dem Frager in Rücksicht auf sein Fassungsvermögen den Bescheid geben, dass der Wesir des Deutschen Kaisers wegen meiner
Ausgrabungen nach Konstantinopel geschrieben, und der Wesir
des Sultans durch den Telegraphendraht dem Pascha gemeldet
habe, dass man meine Arbeiten nicht hindern solle; das Schreiben liege beim Pascha, wenn er es sehen wolle, so möge er es
sich dort zeigen lassen. Die Ruhe und Gelassenheit, mit der ich
ihm geantwortet hatte, verblüffte ihn offenbar. Wahrscheinlich
hatten er und seine Freunde mein anspruchsloses Auftreten und
die einfache Einrichtung der Arbeiten dahin gedeutet, dass mir
jede höhere Autorisation mangele, und diesen Umstand zu ihrem
Vortheil ausbeuten wollen. Für den Augenblick schienen ihm
jedenfalls die Trauben zu hoch zu hängen; er brach dieses
Thema ab, erzählte mir dagegen von seinen Leistungen bei den
Arbeiten WARREN's am Hiobsbrunnen und meinte, dass die Eng-
länder viel Geld besässen, die Deutschen aber sehr gescheit
(schâṭir) seien.

Die ḥamûli oder Sippe des Dorfes, zu der er gehörte, handelte
aber durchaus nicht so, wie der Fuchs in der Fabel, auf welche
ich eben anspielte. Obwohl mir bereits durch die gütige Vermittlung des Dragomans und Sekretärs des Pascha, Herrn Krieger-Bey, ein Sabtîje beigegeben war, dessen Anwesenheit die
Fellachen doch hätte überzeugen können, dass meine Arbeiten
nicht ohne Wissen und Willen der Regierung stattfanden, so
versuchten sie doch hinter meinem Rücken die Behörde zu veranlassen, die Fortsetzung derselben zu verbieten. Sie machten
auf dem Serâj die Anzeige, dass in Folge meiner Untersuchungen die Siloahquelle nicht mehr flösse, und dass ich die Inschrift
aus dem Felsen genommen und in die Stadt geschafft hätte. Man
citirte den Sabtîje und befragte ihn über diese Angabe. Er sagte
der Wahrheit gemäss aus, dass das Wasser noch nicht abgenommen habe, und dass nicht die Inschrift, wohl aber ein Gypsab-
abguss (balâṭat dschabsîn) derselben angefertigt und von den Arbeitern zur Stadt hinauf in meine Wohnung gebracht worden

sei. Die Behörde war dadurch beruhigt und beendigte die Sache mit dem kurzen, an die Fellachen gerichteten Befehle: *rūḥū*, »macht dass ihr fortkommt!« Als die Absicht dieser Anzeige vermuthe ich, dass die Leute mich nöthigen wollten, die Erlaubniss zur Fortsetzung der Arbeiten von ihnen zu erkaufen, und dass sie auf diese Weise sich zu Herren der Lage emporzuschwingen gedachten. Ich war der Regierung recht dankbar, dass sie selbst die Lügner zum Schweigen gebracht hatte, ohne mich mit der Angelegenheit zu behelligen.

Übrigens erfuhr ich diese Begebenheit nur zufällig und erst einige Tage später, als sie abgethan war. Man wollte oben nicht, dass sie mir mitgetheilt werde, so hiess es. Das hinderte nun allerdings meinen Gewährsmann durchaus nicht, mich von den näheren Umständen in Kenntniss zu setzen. Darnach war der schon genannte Schêch, *chalîl aḥsên*, der Wortführer gewesen, begleitet, wenn ich nicht irre, von Muḥammed Ramaḍân, aus dessen offenem Gesicht ich solche Tücke nicht herausgelesen hatte. Bald kam auch die Gelegenheit, die persönliche Bekanntschaft des Schêch zu machen. Als ich die in Abschnitt VI zu beschreibenden Arbeiten beginnen wollte, und desshalb Herrn Bäuerle beauftragt hatte, sich nach dem Besitzer des Grundstücks zu erkundigen, theilte mir dieser mit, dass es Gemeindeeigenthum sei, und dass Muḥammed Ramaḍân sich erboten habe, die Vermittlung zwischen mir und dem Schêch Chalîl Aḥsên zu übernehmen. Da der Sabṭîje, der bei dieser Sache wahrscheinlich mit den Fellachen unter einer Decke spielte, mir die Competenz dieses Mannes bestätigte, so wurde die Zusammenkunft an Ort und Stelle auf einen Morgen verabredet. Ich wollte doch den Versuch machen, ob sich nicht durch ein Bachschîsch ein freundliches Verhältniss herstellen liesse. Die angebliche Hoheit des Dorfes Silwân hatte ihre besten Gewänder angethan und darüber einen weiten, mit Pelz besetzten Mantel (*dschubbi*, pl. *dschubab*) geworfen. Es war ein kleiner, hässlicher Mann mit triefenden Augen und so recht mit dem niederträchtigen Ausdruck eines bösen Plagegeistes, seine Rede kam uneben und schwer verständlich aus seinem fast zahnlosen Munde; doch stand er noch in den besten Jahren. Als er ein Goldstück in seiner Hand fühlte, waren alle Schwierigkeiten erledigt. »Du kannst nun graben, wo du willst!« Nachdem ich auch die Mak-

lerdienste Muhammed Ramadän's belohnt hatte, gingen beide
ihres Weges und liessen sich eine Zeit lang nicht wieder sehen.

Doch bald hatte Chalîl Ahsên ein neues Anliegen. Es verdross ihn, dass von den Gliedern seines Hauses noch kein ein-
ziges bei mir im Dienste stand. Er stellte mir seinen jüngern
Bruder und seinen schwarzen Sklaven vor, lobte ihre Kräfte und
ihren Fleiss und verlangte wiederholt mit polternder Zudringlichkeit, dass ich ihnen Arbeit geben solle. Seiner lärmenden
Forderung wollte ich nicht nachgeben und erst als er sich zur
höflichen Bitte bequemt hatte, erfüllte ich, sobald es möglich
war, seinen Wunsch. Nun begann er zu meiner Überraschung,
da ich mich fast schon darein ergeben hatte, diesen Plagegeist
nicht überwinden zu können, seine freundlichen Seiten heraus-
zukehren. Er lud mich zwei, drei Mal ein, in seinem Hause mit
ihm zu essen, und am Morgen des 13. Juni, als die Arbeiten aus
einer zufälligen Veranlassung einen Tag lang ruhen mussten,
sandte ich einen Boten zu ihm mit der Anfrage, ob mein Besuch
ihm gelegen sei. Ich hatte nicht lange auf die bejahende Antwort zu warten.

Von vielen meiner Arbeiter, auch von dem türkischen Sabtije begleitet, zog ich auf einem muntern Esel in das Dorf Silwän
ein. Der Schêch kam mir ein Stück Weges entgegen, empfing mich
mit den freundlichsten Begrüssungen und führte mich zu seinem
Hause. Vor dem Eingange bat er mich, einige Augenblicke zu warten, und verschwand selbst hinter der Thür, kam aber sehr bald zurück und forderte mich auf einzutreten. Das erste, was ich sah,
war die Bereitung meines Lagers mitten in dem Raume. Den dunklen Boden, der grösstentheils aus dem nackten Felsen bestand,
bedeckte eine grosse, aus Schilf geflochtene Matte. Darauf legten
die beiden Frauen des Schêch's zwei gepolsterte und durchnähte
Decken und der Thür gegenüber einige Kissen. Das Lager war
fertig, und ich erhielt die Aufforderung mich niederzulassen. Mit
so viel Geschick und Anstand, als ich aufbieten konnte, richtete
ich mir den weichen Sitz bequem ein. Der Schêch selbst nahm
seinen Platz mir schräg gegenüber in hockender Stellung und
winkte dann mehreren meiner Begleiter, die bis dahin draussen
gestanden und mein Benehmen mit Aufmerksamkeit verfolgt
hatten, doch auch sich zu uns zu gesellen. So bildete sich mir
gegenüber neben der Thüre eine ziemlich zahlreiche, malerische

Gruppe von Zuschauern, welche zum Theil stehen blieben, zum Theil sich niederliessen, jedoch von der Ehre des bequemen Lagers nichts für sich in Anspruch nahmen, da diese mir allein gelten sollte. Am nächsten rückte noch der Sabtije und schien so zwischen mir und den Fellachen im Range vermitteln zu wollen.

Das Zimmer oder Haus — beides pflegt auf dem Lande identisch zu sein — war ziemlich geräumig und hoch. Eine Treppe von 6 bis 10 Stufen führte von der Gasse aus zur Thüre empor. An zwei Seiten des Gemaches hatte das natürliche Gestein theilweise die Wand geliefert. An einer derselben hatten die Steinmetzen den Fuss des Felsens zu einer niedrigen Bank behauen, die mit dem gewöhnlichen Hausgeräth. wie irdene Krüge und Töpfe, besetzt war, auf der auch die Frauen die Decken und Polster, von denen einige zu meinem Lager dienten, aufzuschichten pflegten. Die gegenüberliegende gemauerte Wand hatte ein kleines, mit Eisenstäben vergittertes Fenster. Hinter mir lag bunt durcheinandergeworfen allerlei trockenes Holz, abgehauene Bäume, Bretter und Balken. In den letzteren vermuthete ich zusammengestohlene Waare; denn mein Gastfreund war ein berüchtigter Dieb. Böse Zungen erzählten sich sogar, der Dienst seines schwarzen Sklaven schliesse auch die Aufgabe ein, für seinen Herrn zu stehlen und, wenn nothwendig, für seinen Herrn sich einsperren zu lassen.

Eine gedrehte Cigarette leitete die Unterhaltung und die Genüsse ein. Erstere ging aus vom Tabak. Der Schêch vertraute mir an, wie viel Tabak er täglich verbrauche. Es war nicht wenig, und ich bemerkte ihm, danach zu schliessen, müsse er doch ein sehr reicher Mann sein, was er lächelnd mit einem *il-hamdu lilläh* — »Gott sei Dank« — nicht in Abrede stellte. Zugleich bot ich ihm aus einer frischen Schachtel guten türkischen Tabak an. Er sträubte sich anfangs sehr, an jenem Tage von mir, seinem Gaste, etwas anzunehmen; allein nach einigem höflichen Zureden händigte er mir doch seine Pfeipfe zum Stopfen aus und liess sie sich dann vortrefflich schmecken. Das Frühstück begann mit einem süssen Konfekt, das den Namen *tatli* führt. Es wird aus Mandeln, besonders in Damaskus, bereitet und schmeckt ganz vorzüglich. Nach einer Tasse Kaffee wurde mir dann auf einem grossen, aus gedrehten Strohseilen verfertigten

runden Teller, einem sogenannten *ṭabaḳ*, die Mahlzeit aufgetragen, d. h. die bedienende Frau des Schēch setzte die mit den
Gerichten beladene Strohschüssel vor mir auf die Decke nieder.
Ich äusserte meine Freude über die reiche Bewirthung, mein
Gastfreund aber gab mir die überraschend offene Erklärung, das
sei von meinem Gelde — *min chærak*, »von Deinem Gut.« Eif-
rige Nöthigungen zwangen mich zum sofortigen Zulangen. Vier-
erlei sah ich vor mir. Der Rand des Tellers war rings mit frischen, ungesäuerten Weizenbroden *(chubz ṭūbūnī)*, runden Fladen
von hellbraunem Aussehen, belegt, die die Wärme des Back-
ofens noch nicht ganz verloren hatten. In der Mitte stand eine
Schale aus Thon und ein Teller *(ṣaḥn)* von Zinn. Die erstere
enthielt eine Milchspeise, süsse Milch mit Zucker und Weizen-
stärke angerührt und mit Anis bestreut. Auf dem letzteren
schwammen einige Spiegeleier *(bēḍ maḳlī)* in hellem Olivenöl.
Ausserdem hatten noch einige frische Früchte, hauptsächlich
Äpfel, zwischen den Brodfladen Platz gefunden. Schon wollte
ich mit Hülfe der Finger und des Brodes zu essen beginnen, als
eine der Frauen mir noch einen hölzernen Löffel reichte, der mir
doch recht willkommen war. Die Speisen waren sämmtlich gut
und wohlschmeckend bereitet. Nach mir nahm der Hausherr von
der Mahlzeit, jedoch nur wenig, um der Form zu genügen; denn
es war noch früh am Morgen. Dann schob er den *ṭabaḳ* zwei oder
drei anderen Personen zu, die mit mir gekommen waren. Diese
allein wurden der Auszeichnung gewürdigt, mit mir von denselben Speisen und derselben Schüssel essen zu dürfen, und namentlich machte der Sabtije recht langen und recht gründlichen
Gebrauch davon. Dann wurde sie hinausgetragen. Noch einmal reichte man mir das Konfekt, wohl nur wegen meines Ge-
fallens an demselben, und dann Kaffee. Dazu wurde wieder ge-
raucht.

Dabei fiel mir ein, dass es Zeit sei, dem Schēch von meinem
Tabak aufs neue eine Pfeife zu stopfen. Allein jener hatte die
Schachtel, die ich zwischen mir und ihm auf die Erde gestellt
hatte, nie aus den Augen verloren und musste sie, während ich
ass, in seinen sichern Besitz gebracht haben. Denn als ich mich
nach ihr umsah, war sie spurlos verschwunden und kam nicht
wieder zum Vorschein. Also selbst während des Friedensmahles,
der *ṣulḥa*, hatte Chalīl Aḥsēn mich bestohlen!

Die Unterhaltung ging leidlich. Der Schêch erzählte mir, wie viel Häuser des Dorfes ihm gehörten, dass er dasjenige, in welchem wir uns aufhielten, neben und zum Theil über einem anderen alten gebaut habe u. dgl. Er erwartete nun, dass ich von meinem Grundbesitz erzählen sollte. Da ich das aus eigenem Entschluss nicht that, so fragte er mich direkt, wie viel Häuser ich denn in Preussen besässe. «Keines» war die Antwort. Erstaunt blickte er mich an und fragte: *Lêsch* («Wesshalb»)? »Wir wissen doch, dass Du ein reicher Mann bist!« Ich hatte allen Grund, den Glauben an meinen Reichthum nicht zu zerstören, und suchte ihm begreiflich zu machen, dass es für mich vortheilhafter sei, kein Haus zu besitzen. Dann bezeichnete er mir seine Familienglieder, Brüder, Kinder und Frauen, und hob mit grossem Nachdruck hervor, dass er ein strenges Regiment in seinem Hause führe, ja selbst sich nicht scheue, gegen seinen erwachsenen Bruder, der neben ihm sass, die Prügelstrafe anzuwenden. Die Frauen, mit denen ich bis dahin wenig geredet hatte, schienen jetzt auch etwas von mir wissen zu wollen; schon seit einiger Zeit wenigstens flüsterten und kicherten sie mir zur Seite. Endlich fasste die eine Muth und fragte mich, indem sie verschämt ihren Kopfschleier ein wenig vor das Gesicht zog, wie viel Söhne ich denn hätte! Dass ich ihr die gewünschte Auskunft nicht geben konnte, schien die Hörer für einen Augenblick in eine solche Stimmung zu versetzen, dass sie nicht recht wussten, ob sie ihrem Mitleid mit meiner in ihren Augen so ruhmlosen Lage Ausdruck geben, oder ob sie ihrer neugierigen Fragelust die Zügel schiessen lassen sollten. Die Neugier siegte, und die Fragerin forschte mich weiter aus mit dem so oft gehörten *lêsch*! Ich entgegnete ihr, dass ich gar nicht verheirathet sei. Jetzt ergriff eine allgemeine Bewegung des Erstaunens meine Umgebung. Ausrufe der Verwunderung — *mâschallâh* — und rasche Fragen: *mâfisch mara?* »Du hast keine Frau?« mischten sich durcheinander. Meine Antwort hatte selbst den Schêch so überrascht, dass er das Gespräch nun selbst in die Hand nahm und durch ernsthafte Fragen die auffallende Anwort zu ergründen suchte. »Du bist doch gross! Du hast doch einen Bart! Wesshalb hast Du noch keine Frau genommen?« Ich weiss heute wirklich nicht mehr, wie ich mich damals aus dem Kreuzfeuer von Fragen errettete, das bald wieder von verschiedenen Seiten auf

mich gerichtet wurde. Aber des Eindrucks entsinne ich mich noch
deutlich, dass der Schèch meine Gründe nicht recht zu verstehen,
geschweige denn zu würdigen schien, abgesehen vielleicht von
dem einen, dass ich als verheiratheter Mann doch nicht so leicht
durch die Welt reisen könnte, wie das jetzt mir möglich sei.

Später kam auf die Heimath der Sippe, deren Haupt Chalîl
Aḥsèn war, die Rede. Er erzählte mir, dass *min zamân*, »vor
langer Zeit«, drei Brüder mit ihren Familien aus *dîbân* (Dibon)
in *bilâd esch-scheffi*, d. i. Moab [1], ausgewandert und in die Gegend von Jerusalem gekommen seien. Hier hätten sie sich getheilt, die einen seien nach ʿ*âkir* [2] südlich von Ramle, die anderen nach einem Dorfe in der Nähe von Bètin gezogen, dessen
Namen ich leider unter meinen Notizen nicht auffinden kann;
die dritten hätten sich in Silwân niedergelassen, und von diesen
stamme er und seine Verwandten ab.

Diese Angabe, an deren Richtigkeit ich nicht zweifle, inte-
ressirte mich. Freilich würde es vergebliche Mühe sein, über die
Zeit der Wanderung etwas auch nur annähernd Sicheres zu er-
fragen. In diesem Punkt war selbst Chalîl Aḥsèn ehrlich genug
zu erklären: *mâ baʿrafsch*, »ich weiss es nicht«. Schon darüber,
ob Mangel an Nahrung oder Streit mit den Nachbaren den Aus-
zug veranlasst habe, ging die Erzählung in verschiedene Wendungen auseinander. Immerhin lehrt sie, dass auch in der Gegend des Todten Meeres das Wandern von Osten nach Westen
heute noch nicht aufgehört hat, und dass sich auf den Bergen

---

1) So nennt man in der Umgegend von Jerusalem das Land, welches hinter dem Ostufer des Todten Meeres liegt. *Scheffi* heisst »Lippe, Rand«. Vielleicht ist die Bezeichnung von dem steilen Rande hergenommen, in welchem
das östliche Gebirge zum Todten Meere hin abfällt.

2) Ich schreibe den Namen dieses Dorfes südlich von Ramle so, wie ich
ihn aus dem Munde der Einwohner von *manṣûra* Juli 1881 deutlich gehört
habe. Gewöhnlich liest man ʿ*âkir* (z. B. Robinson, Palästina III, p. 868).
Die Fellachen sagten mir eigentlich ʿ*âgir*, indem sie *k* genau wie unser deutsches g aussprachen. Dieses Beispiel zeigt, dass der Laut unseres g den Fellachen zwischen der Küste und Jerusalem nicht fremd ist. Sie verwenden ihn
aber nur als eine (degenerirte) Aussprache des härteren *k*. Für ḳ kann dieselbe
unmöglich eintreten, da dieses in den meisten Wörtern wie der Hauch eines
ḥamza gesprochen wird. Auch im nördlichen Syrien tritt nicht selten das
weichere g für *k* ein, wie mir C. Landberg, ein vorzüglicher Kenner des
Landes und seiner Bewohner, mündlich mitgetheilt hat.

des alten Judäa stets solche Mischungen der Bewohner wiederholen, wie sich deren eine z. B. durch das Vordringen der Edomiter nach dem Westjordanlande vom babylonischen Exil bis zu den Zeiten der Makkabäer vollzogen hat.

Das »Friedensmahl« brachte wirklich für einige Wochen Frieden. Chalīl Aḥsēn machte mir im Johanniterhospiz einen Gegenbesuch und gab sich grosse Mühe, liebenswürdig zu sein und mir Schmeicheleien zu sagen. Doch hatte ich ihn jetzt schon genügend kennen gelernt und liess mich durch seine Künste nicht zum arglosen Freunde machen.

Ich nehme nun wieder den Faden der Berichterstattung über meine Arbeiten auf. Es war der breite Kanal neben dem alten Felsenteich bis zu dem jetzigen, in schwache Mauern gefassten Ausfluss des Siloahtunnels vollständig von Schutt geleert. Ein Stoss gegen die trennende Wand — und das Wasser würde wieder auf seinem alten Wege in das Thal hinabgeströmt sein. Dabei musste sich herausstellen, ob der Wasserspiegel im Tunnel wirklich sich um so viel tiefer legen liess, dass die Untersuchung der Inschrift eine bequemere wurde. Bevor ich jedoch die Quelle in den alten, breiten Kanal ableitete, ordnete ich an, dass von dem angeschwemmten Boden im Ausgang des Felsentunnels so viel, als nur irgend sich in Bewegung bringen liess, durch den jetzigen, in ziemlich gerader Linie laufenden Abflusskanal hinausgeschafft wurde. Einige Arbeiter rührten dort den Schlamm auf, und was das Wasser nicht mit sich fortführte, wie Steine, wurde in Körben oder blechernen Eimern weggetragen. Andere befreiten das Gefälle nach dem jetzigen Siloahteich und durch diesen hindurch nach dem Ausfluss in der SW.-Ecke von jedem Hinderniss. Letzteres war bald geschehen. Denn seit SCHICK im Winter 1880 auf 1881 den Schlamm und das Geröll von dem Boden des jetzigen Siloahteiches und aus dem Kanal, welcher ihn mit dem Felsentunnel verbindet, hatte fortschaffen lassen [1], war nur erst eine lose Schicht feiner Erde von dem überfluthenden Wasser wieder abgelagert worden. Nach kurzer Arbeit kamen die blauen Marmorplatten, mit denen der Teich gepflastert ist, wieder zum Vorschein und leuchteten durch das klare

---

1) S. SCHICK's Bericht über seine Arbeiten am Siloahkanal in ZDPV. V, p. 3.

Wasser freundlich der hellen Sonne entgegen. In dem Tunnel
selbst konnte jedoch das Geröll und der Schlamm nicht bis auf
den Felsboden weggeräumt werden, ja es blieb sogar zweifelhaft,
ob eine Eisenstange, die ich bis zu einer Tiefe von mindestens
1 m unter dem Wasserspiegel, der etwa 0,40 m über dem Geröll
stand, in dasselbe eintreiben liess, an dem wirklichen Felsen
oder nur an einem grösseren Steine festen Widerstand fand. Immerhin aber war in dem Ausgang des Tunnels der Untergrund,
der durch den beständigen Wasserdruck zu einem sehr dichten
Lager zusammengepresst war, um so viel niedriger geworden, dass
es sich lohnte, die Ableitung des Stromes nach dem tiefer liegenden breiten Kanal und in den alten Felsenteich zu versuchen.
Ich sorgte dafür, dass das Wasser aus demselben sofort in den
engen Kanal, an dessen Reinigung ich zuerst gearbeitet hatte,
und durch diesen in das Kidronthal zu den Gärten der Silwäner
ablaufen konnte. Dann liess ich an dem Punkte M die untersten
Steine aus der den jetzigen Ausfluss eindämmenden Mauer ausheben, und sofort strömte das Wasser der Siloahquelle in den
breiten Kanal, bedeckte dessen geräumige Bodenfläche und
stürzte in der Nähe des Schachtes in den alten Teich hinab, wo
es durch einen kleinen Damm der Öffnung A zugeführt wurde,
um in dem engen Kanale thalwärts zu eilen. Der heutige Ausfluss lag um 0,20 m höher als der durch meine Ausgrabungen
wieder geöffnete Kanal; das war hinreichendes Gefälle, um alles
Wasser von dem heutigen Wege ab- und auf den alten, von mir
wieder gebahnten Weg hinzuleiten. So wurde die Strecke MN
des jetzigen Ausflusses des Felsentunnels und der heutige (obere)
Siloahteich binnen kurzem vollständig wasserleer, und vom
23. Juni an floss die Siloahquelle einige Tage lang wieder auf
der Bahn dem Kidronthale zu, die wenigstens zum Theil einst
von den alten Königen Jerusalems hergestellt worden, dann im
Laufe der Jahrhunderte allmählich verfallen und nun schon lange
verschüttet und vergessen worden war. Ich nahm jetzt die Untersuchung des heutigen Ausflusskanals und des Felsentunnels
selbst vor. Ihre Ergebnisse fasse ich in folgendem zusammen.

Der jetzige Siloahteich, der das Wasser der Siloahquelle
zunächst aufnimmt, hat seit 1879 ein besseres Aussehen bekommen. ROBINSON (1838) und TOBLER (1846) berichten von seinem
theilweise verfallenen Zustande, und W. WILSON (1865) sagt,

dass das Ganze dem Verfall entgegengehe und die Schuttanhäu-
fung ringsum sehr gross sei[1]. Dass die letztere Bemerkung
richtig ist, haben meine Ausgrabungen zur Genüge bewiesen;
die erste aber trifft heute nicht mehr zu. Denn in dem erwähnten Jahre sind die Ringmauern des Teiches mit Benutzung der
alten Grundlagen auf gemeinsame Kosten der Silwâner neu aufgeführt worden, so dass der Wasserbehälter ganz regelmässig und
ordentlich, wenn auch nicht gerade schön aussieht. Mit den alten Grundlagen meine ich die untere, unmittelbar auf den Marmorplatten des Bodens aufliegende Fassung des Beckens, welche
aus gleichmässigen und gut behauenen, aber nicht sehr grossen
Steinen besteht. Sie erhebt sich ungefähr bis zu 0,80 m über den
Grund des Teiches, und die neuen Seitenmauern sind im Westen,
Süden und Osten etwa 0,50 m nach aussen gerückt, so dass an
diesen Seiten das ältere Gemäuer einen nach innen vorstehenden
Rand von der angegebenen Breite bildet. In die Südseite desselben, nahe an der SW.-Ecke, ist eine geglättete Steinplatte
eingefügt worden, in die man unmittelbar über dem Boden
des Teiches eine Öffnung gehauen hat, durch welche das
Wasser ganz oder theilweise, je nachdem man die Öffnung mit
Lumpen, Laub, Gras und Schlamm verstopft, in den Kanal *FB*
(Tafel II) abgelassen werden kann. Die Säulenstümpfe, welche
stets in den genaueren Beschreibungen erwähnt zu werden pflegen, haben auch in den neuen Seitenmauern wieder Verwendung
gefunden. An der Ostseite sind fünf eingefügt, in der Nordmauer zählte ich sieben, eine von ihnen in liegender Stellung.
An dieser Seite sind überhaupt die Steine nicht durch Mörtel
verbunden, sondern nur aufeinandergelegt, und zwar so, dass
stets der obere etwas zurücksteht. An dieser schrägen Wand
muss jeder hinabklettern, der das Wasser des Teiches benutzen will. Jetzt giebt es keinen anderen Weg, der hinunter-
führt, während Tobler noch von einer Treppe in der SO.-Ecke
spricht, die W. Wilson wahrscheinlich richtiger als an der SW.-
Ecke befindlich erwähnt[2]. Ein Säulenstumpf steht aufrecht in
der Mitte, der einzige vielleicht, der noch seine alte Stelle behal-

---

1) Robinson, Palästina II, p. 146. Tobler, Die Siloahquelle und der
Ölberg p. 24. W. Wilson, Ordnance survey of Jerusalem p. 79.

2) A. a. O.

ten hat; wenigstens steckt er ziemlich tief im Boden, der hier in
mehr als Meterhöhe auf dem Felsen lagert[1]. Die Höhe der
neuen Umfassungsmauern, wie sie sich auf der oben erwähnten
älteren Fassung des Beckens erheben, beträgt an der Ostseite
4,30 m, an der Süd- und Nordseite 3,30 bis 3,50 m, an der Westseite 4,50 m. Dieser Teich wird von den Arabern schlechtweg
il-birke genannt; sie lassen eine nähere Bestimmung als überflüssig fort, weil derselbe gegenwärtig das einzige Bassin neben
dem Dorfe Silwän ist, das fast das ganze Jahr hindurch Wasser
enthält. Es ist also durchaus falsch, wenn der Verfasser des Ar-
tikels Siloah in RIEHM's Handwörterbuch des Biblischen Alterthums schreibt: »Ain Silwän heisst ein künstliches Wasserbassin, genau unterhalb des südlichen Vorsprunges des Tempelber-
ges (Ophel), das von starken Mauern gebildet wird, und in der
Richtung von W. nach O. 16 m lang, von N. nach S. 5,6 m breit
ist.« Der Verfasser meint ohne Zweifel d e n Teich, dessen jetzigen Zustand ich eben beschrieben habe, wie die Z i f f e r n der
aus BAEDEKER's Reisehandbuch entnommenen Masse beweisen,
die aber von ihm verkehrt angewandt worden sind, da die L ä n g e
des Teiches sich von N. nach S., seine B r e i t e von O. nach W.
erstreckt. Dass nun dieses falsch orientirte Becken auch noch
einen unrichtigen Namen erhält, verwirrt die Darstellung vollkommen. Das »künstliche Wasserbassin« nennen die Araber *el-
birke*, dagegen 'Ain Silwän die Mündung des Tunnels, wo das
Wasser an die O b e r f l ä c h e d e s F e l s e n s heraustritt und g e -
s c h ö p f t werden kann. N i e m a l s aber wird dieser Name auf
den T e i c h ausgedehnt!

Zum *'ain silwän* führen zwei Wege: der eine vom Boden
des soeben beschriebenen Teiches aus — auf diesem fliesst das
Wasser der Quelle in den Teich hinab; der andere von oben
von der Ostseite des Teiches her — auf diesem begeben sich die
M e n s c h e n zur Mündung des Tunnels hinab. Ich beschreibe
zunächst den ersten.

Ungefähr in der Mitte der Nordwand des Teiches bilden zwei
Säulenstümpfe, auf die ein starker Stein gelegt worden ist, ein
schmales und niedriges Thor, durch welches das Wasser einzu-
strömen pflegt. Man kann hineinschlüpfen und übersieht dann

---

[1] S. SCHICK's Bericht in ZDPV. V, p. 3.

einen schlecht gemauerten Kanal, der sich in gerader, 3° von der
Magnetnadel nach O. abweichender Linie unterirdisch auf eine
Länge von 5,33 m fortsetzt. Die verschiedenartigsten alten Steine,
auch Säulenstücke fassen ihn ein. Sie waren ursprünglich durch
Mörtel miteinander verbunden worden, aber derselbe war nicht
so fest, dass er im Wasser sich erhalten hat; er ist grösstentheils
hinweggespült worden. Diese erste Strecke des Kanals, durch
welche sich ein geschmeidiger Körper nur mit Mühe hindurch-
winden kann, endigt an einem grossen, quer vorliegenden oder
vielmehr aufgerichteten Steine, dessen nähere Untersuchung sofort ergab, dass er zu dem südlichen, äusseren Rande des breiten Kanals gehörte, den ich als die alte Verbindung zwischen
dem Felsenteich und der Siloahquelle aufgefunden hatte. Es
war dasselbe Material und dieselbe Bearbeitung, die ich dort bemerkt hatte: ein sorgfältig polirter *mizzi*-Block (vgl. p. 62). Man
hatte in ihn einen von oben her sich verengenden und unten abgerundeten Einschnitt von solcher Tiefe gehauen, dass das Wasser der Siloahquelle sich nicht mehr nach den Seiten (O. und
W.) vertheilte, sondern nach S., nach dem heutigen Siloahteich
abfloss. Durch den Einschnitt konnte ich mich nicht mehr hin-
durchzwängen, die obere Strecke des Kanals war zu niedrig und
schmal. Jedoch konnte ich dieselbe vollständig bis zur »Quelle«,
wo man zu schöpfen pflegt, überblicken. Unmittelbar vor mir
stürzte das Wasser durch die bei *M* (Tafel II) in die Wand des
Ausflusskanales gebrochene Öffnung ostwärts nach dem breiten
Kanale, seinem alten Wege, hinab. Die Fassung des jetzigen
Ausflusses erstreckte sich bis zu der gegenüberliegenden, behauenen Felsstufe, über welche der kleine Strom nicht ganz
0,20 m tief hinabfiel; die Fassung durchschnitt hier den älteren
Kanal, der einst die Verbindung mit dem östlich gelegenen Felsenteich gebildet hatte, und dessen Breite sich an dieser Stelle
auf 1,40 m belief. Die Oberfläche des Felsens lag also hier um
mehrere Meter tiefer als am Nordrande des von mir aufgefundenen Teiches. Sie war uneben und zeigte keine Spuren des Meis-
sels; dennoch schien es, als ob die breite Rinne, in der das
Wasser über sie hinströmte, durch Kunst, freilich ohne sorgfältigen Fleiss hergestellt war. Wohl aber hatte man die beiden
Seiten senkrecht zugehauen, so dass der Felsen zugleich einen
niedrigen Damm bildete, der bei flachem Wasserstande keinen

Tropfen aus der Quelle nach dem Teiche durchliess. Die obere
Strecke des schmalen und niedrigen Kanals verlief in schräger
Richtung (N. 30° O.) von der Quelle her. Sie war in den Felsen
eingehauen und mit starken Platten gedeckt, über welche der
Zugang von oben her zur Quelle hinabführte. Auf ihrem Boden
lagen Schlamm und kleine Steine.

Wer nun aus der Quelle Wasser holen oder die Inschrift an
der Wand des Felsentunnels besichtigen will, begiebt sich an
die Nordseite des heutigen (oberen) Siloahteiches. Indem man
diesem den Rücken zuwendet, hat man nordwärts unmittelbar vor
sich eine ziemlich hohe Mauer aus kleinen, rauhen und lose geschichteten Steinen. Trotz ihres lodderigen, ja bedrohlichen Aus-
sehens versieht sie wunderbarer Weise jahraus, jahrein noch
immer den ausserordentlich wichtigen Dienst, dass sie das hinter
ihr befindliche Terrain auf seinem abschüssigen Lager festhält.
Dasselbe besteht nämlich oberhalb der Mitte dieser Wand aus locke-
rem Geröll, aus dem allerlei kräftiges Unkraut, besonders mäch-
tige Diesteln in jedem Frühjahr Staude neben Staude hervor-
schiessen und jede Annäherung auf das gefährliche Gebiet mit
einem schmerzlichen Stich ihrer spitzen Nadeln zurückweisen.
Käme dieses Lager von kleinen Steinen einmal in Bewegung, so
würde es die werthvolle Schöpfstätte, die Quelle, und auch den
Teich über und über unter seinem Schutt vergraben. In dieser
Wand öffnet sich nun nach N. ein gewölbter Gang, dessen Aussehen ebenfalls nicht mehr viel Vertrauen erweckt. Gebückt tritt
man in denselben ein und schreitet auf sehr ungleichen und un-
bequemen Stufen [1], für welche die an den Langseiten des Ganges angebrachten Steinbänke nur wenig Raum in der Mitte übrig
lassen, abwärts einer viereckigen Thüröffnung entgegen, die
3,60 m von dem äussern Eingang entfernt ist. Inzwischen sind

---

1) Vgl. ROBINSON, Palästina II, p. 147. TOBLER, Siloahquelle p. 22
zählt 8 Stufen. Ob diese Angabe jetzt noch zutrifft, vermag ich nicht zu
sagen. Ich habe die Stufen so oft betreten und gezählt, aber mir keine Notiz
darüber gemacht, wie man es ja gerade bei den bekanntesten Dingen am
leichtesten versäumt — und heute habe ich es vergessen! TOBLER's Beschreibung entspricht der jetzigen Beschaffenheit des Zuganges nicht mehr in allen
Punkten; namentlich sind mir die Richtungen, welche er angiebt, ganz un-
verständlich. Zum Theil mögen die Unterschiede in Veränderungen der Örtlichkeit ihren Grund haben.

wir schon so tief hinabgestiegen, dass vor derselben das Spitz-
bogengewölbe, unter das wir von aussen nur gebückt eintreten
konnten, sich etwa 2,70 m über dem Boden, auf dem unsere Füsse
stehen, erhebt. Die viereckige Thür ist der Durchlass durch eine
aus gut behauenen Quadern von mittlerer Grösse erbaute feste
Mauer, die sich von O. nach W. quer über unsern Weg zieht.
Die Oberschwelle der Thür ist ein langer, doch nicht sehr dicker
Steinbalken. Haben wir nun diesen inneren Eingang zur
Quelle durchschritten, so wenden wir uns in einem rechten
Winkel, der Mauer folgend, nach O., sehen nach zwei Schritten
in nördlicher Richtung gerade in den Spalt des Tunnels hinein
und bemerken vor unsern Füssen, wie das Wasser der Siloahquelle unter den Platten, auf denen wir stehen, südwestlich abfliesst, um durch den vorhin beschriebenen schmalen und niedrigen Kanal an das Tageslicht zu gelangen und den oberen Teich
zu füllen. Hier ist ʿain silwān», eine der Paradiesesquellen, wie
Muhamed gesagt haben soll, hier werden die Krüge und Ziegenschläuche in das murmelnde Wasser gelegt, von hier geht der,
welcher baden will, einige Schritte in das vollständige Dunkel
des Tunnels hinauf. Von hier aus wurde auch die »zerlegbare
und bewegliche Brücke», die Schick hatte anfertigen lassen, um
auf ihr trockenen Fusses bis zur Inschrift gelangen zu können [1]),
auf dem Boden des Tunnels zwischen einigen Steinen befestigt.

In diesen Raum unmittelbar vor der Quelle hinter dem inneren Eingang zu derselben finden höchstens drei Personen
neben einander Platz. Meistens umfängt den Eintretenden in
den ersten Augenblicken völlige Finsterniss, nur allmählich lernt
das Auge die Umgebung erkennen. Aber für eine genauere Untersuchung wird man auch bei dem günstigsten Lichtzudrang von
aussen eine Kerze nicht ganz entbehren können. An Schatten,
dieser im Morgenlande so ersehnten Erquickung, ist mithin kein
Mangel, doch wird ihn hier nur derjenige aufsuchen, der
muss; denn die Luft ist sehr feucht, und der Temperaturunter-
schied zwischen draussen und drinnen stets bedeutend. Wenn
auch das leise plätschernde Wasser erfrischt und erheitert, so
überwiegen doch die anderen, die nicht angenehmen Eindrücke;

---

1) S. Schick, Bericht über meine Arbeiten am Siloahkanal ZDPV. V,
p. 5.

sie trüben hier den Genuss des Aufenthaltes am »lebendigen
Wasser«, den man während des Sommers in Palästina so selten
haben kann. Mit Recht verspottet daher TOBLER[1] die über-
schwänglichen Ausdrücke, mit denen ein LAMARTINE und HACK-
LÄNDER ihres Besuches der Siloahquelle gedenken; sie äussern
Gefühle, die sie an Ort und Stelle sicherlich nicht empfunden
haben. Pilger und Reisende, die nicht gerade ein besonderes
wissenschaftliches Interesse herbeiführt, steigen auch meist gar
nicht zur Quelle hinunter, so viel ich beobachtet habe, sondern
werfen nur aus einiger Entfernung einen musternden Blick auf
den Teich und seine Umgebung. Es ist daher wohl möglich,
dass solche Beschreibungen nur desshalb so beredt den Ort zu
rühmen wissen, weil das Urtheil ihrer Verfasser »nicht durch genaue Sachkenntniss getrübt« worden war! Besser freilich ist der
Aufenthalt unter dem Bogengewölbe, das der Mauer des inneren
Eingangs vorgebaut ist. Die Luft ist kühl und nicht zu feucht;
nur ist der Raum durch die Bänke an den Seiten sehr beengt,
und das helle Tageslicht lässt erkennen, dass auch hier, an der
Quelle, der orientalische Schmutz nicht fehlt, und dass andere
Geschöpfe von dem feuchten Dunkel des Ortes sich gerade sehr
angezogen fühlen, nämlich Ratten!

Während das Bogengewölbe eine Breite von ungefähr 1,20 m
und eine Länge von 3,60 m hat, dehnt sich der innere Raum
neben dem Wasser von W. nach O. 2,70 m und von S. nach N.
zwischen 1,05 und 1,40 m aus. Trotz dieser geringen Grösse
bietet er der Beobachtung mancherlei. Von diesem Platze aus
können wir eine grössere Fläche der Mauer, durch die der innere Eingang führt, übersehen. Die Steine haben freilich in
Folge der stets feuchten Luft eine schmutzig dunkle Farbe bekommen, aber sie sind nicht klein, mit Fleiss zugerichtet und
fest aufeinander gelegt. Die Mauer ruht nicht nur auf dem
Felsen, sondern besteht zum Theil auch aus dem lebendigen Gestein, das man so zugehauen hat, dass es mit der Steinschicht
eine senkrechte Fläche bildet. Diese theils aus Felsen, theils
aus Quadern bestehende Wand stösst im rechten Winkel (Tafel
II, O) gegen die ebenfalls behauene senkrechte Fläche des Felsens, welche in gerader Linie von dem Ausgang des Tunnels

1) Die Siloahquelle und der Ölberg p. 22 f., Anm. 3.

(Tafel II, P) nach S. streicht. Die südliche Richtung dieser
Wand war es gewesen, die Herrn Baurath SCHICK zu der schon
mehrfach erwähnten Vermuthung veranlasst hatte, dass sie auf
einen vermauerten oder verschütteten alten Ausfluss der Siloahquelle an dieser Stelle hindeute (vgl. p. 46. p. 62). Der bisherige
Bericht über meine Arbeiten hat nun ergeben, dass ein solcher
hier nie vorhanden gewesen war. Ich liess aus der Mauer dicht
neben dem inneren Eingange einen der unteren Steine wegnehmen, und das schaffte volle Klarheit über die Situation, die
mir freilich in den letzten Tagen nicht mehr zweifelhaft geschie-
nen hatte. Durch das Loch blickte man in den breiten Kanal
dicht neben dem Punkte M (Tafel II) hinab, also schied die feste
Mauer zwischen der eigentlichen »Quelle« und dem breiten, einst
offenen Wasserlauf draussen, der, so viel ich jetzt nur wusste,
das Wasser an die Ostseite der tiefen Mulde vor dem Felsentunnel geführt hatte. Ihre Südseite, wenigstens der untere Theil
derselben, war mir längst bekannt; sie bildete die Nordwand des
breiten Kanals von H in der Richtung auf den Punkt M (Tafel II) und war, abgesehen von wenigen Steinen, deren einen ich
hatte ausheben lassen, ganz aus dem lebendigen Felsen gehauen.
Da der Boden des inneren Raumes vor der Quelle höher lag als
der breite Kanal draussen, so trat der Felsen auf der Nordseite
der Mauer natürlich nur in geringerer Höhe als Unterlage hervor. In der Ecke O (Tafel II) erhob er sich 2 m über den Boden.
Dass man nun den Felsen von der Öffnung des Tunnels bis O
ebenfalls zu einer senkrechten Wand behauen hatte, war wohl
nur durch das Streben veranlasst worden, dem inneren Raume
mehr Regelmässigkeit zu geben und den Anschluss des Mauerwerks besser zu vermitteln. Denn einige Ecksteine griffen nach
dieser Seite hinüber, und andere Quadern waren oben auf den
Felsen gelegt, um die gleiche Höhe der Wände für die Decke zu
erzielen. Aus der südlichen Mauer ragten einige Tragsteine hervor, auf diese hatte man grössere Platten gelegt, die den Raum
oben abschlossen, indem die eine über die andere horizontal hervorragte. Diese Decke befand sich 6,05 m über der niedrigsten
Stelle des Bodens vor der Quelle. Weiter einwärts war der Raum
freilich nicht so regelmässig gedeckt. Von den gegenüberliegenden Seiten QR und OP, besonders von den Felsrändern bei
Q und P her war unregelmässiges Mauerwerk schräg gegenein-

6*

ander gelagert, die Schlusssteine namentlich über dem Ausgang
des Tunnels schienen sich nur noch mit einer so geringen Wider-
standsfläche zu berühren, dass ein Blick nach oben immer die
Furcht erweckte, es könne im nächsten Augenblicke die ganze
Masse herabstürzen und alles unter sich begraben. Ein kleiner
Deckstein verschloss die Lücken zwischen den Platten, die von
der Seite *OR* her vorragten, und diesem schlecht konstruirten
Gewölbe, das wohl sicherlich jüngeren Ursprungs war, wenn
schon die Fellachen ihren allen Zeitunterschied verwischenden
Ausdruck *min zamān* (»seit lange«) auch darauf anwandten. Die-
ses gefährlich aussehende Gemäuer ist auch in der ersten Strecke
einwärts die Decke des Siloahkanals, dessen Felswände 1,60
Meter lang oben nicht zusammentreten. Seine Spalte misst vom
Boden des Kanales; bis zu dem besprochenen Gewölbe 5,05 m,
dort aber, wo sich die Felswände zu einer natürlichen Decke
von 1,40 m Durchmesser schliessen, beträgt ihre Höhe 3 m. Sie
ist immer noch beträchtlich genug, um eine Untersuchung des
Tunnels von dieser unteren Seite her als kein sehr mühsames
Werk erscheinen zu lassen. Es ist aber durch ROBINSON[1], TOB-
LER[2] und WARREN[3] in der neueren Zeit wohl bekannt geworden, dass der Siloahkanal in der Mitte so niedrig wird, dass man
das Gehen aufgeben und zu einem sehr beschwerlichen Kriechen
sich herbeilassen muss. Da schon mehrfache Beschreibungen
und Messungen des Kanals vorlagen, so hätte ich mich schwerlich zu der unterirdischen Fahrt entschlossen, wenn nicht die
Entdeckung der Inschrift am unteren Ausgange des Tunnels den
Gedanken hervorgerufen hätte, dass vielleicht am oberen Ende
oder an einer anderen Stelle desselben sich noch eine zweite Inschrift befinden könnte, deren Kenntniss nicht nur an und für
sich, sondern auch gerade neben der entdeckten von grosser
Wichtigkeit sein würde.

Ich beabsichtigte nicht, den Kanal noch einmal zu messen
oder eine genaue Aufnahme seines Laufes zu machen. Es differiren freilich die Masse ROBINSON's und WARREN's um 13 m: Ro-
BINSON giebt 1750 engl. Fuss oder 533,40 m, WARREN dagegen
1708 engl. Fuss oder 520,60 m an. Aber nach Vergleichung der

1) Palästina II, p. 150 ff.   2) Siloahquelle p. 6 ff.
3) Recovery of Jerusalem p. 238 ff.

beiden Berichte hielt ich WARREN's Zahl für zuverlässiger und glaubte mich dabei beruhigen zu können. Auch WARREN's Aufnahme erachtete ich für genügend und suchte dieselbe nur insofern zu kontroliren, als ich nach einem Vordringen von je 5 Minuten stets aufs neue die Richtung des Kanals nach dem Kompass verzeichnete. Besonders gedachte ich meine Aufmerksamkeit auf die Wände des Tunnels zu lenken.

Damit der Leser diese Beschränkung der Untersuchung nicht als Bequemlichkeit oder als leichtfertige Unterlassung deute, muss ich ihn daran erinnern, dass ich das Interesse, welches durch die Inschrift für eine genaue Kenntniss des Tunnels erweckt worden ist, damals noch nicht übersehen konnte. Freilich war die Reinigung der Inschrift mit Salzsäure, worüber ich in der Zeitschrift des Deutschen Palästinavereins IV, p. 251 f. berichtet habe, bereits gelungen, und die Gypsabgüsse, mit Ausnahme des letzten, der am besten von allen gerieth, waren auch schon angefertigt. Aber ich fand keine Zeit sie zu studiren! Meine Zeichnung war noch nicht vollendet, und da ich bei dieser Arbeit absichtlich so mechanisch wie möglich verfahren wollte, trachtete ich danach, mir die Ausführung dieses Vorsatzes durch irgend welche Kombinationen nicht zu trüben. So kam es, dass ich den Kanal hauptsächlich in der Absicht durchkroch, um mich über die Existenz oder Nichtexistenz einer zweiten Inschrift zu versichern. Dass ich dabei notirte, was mir auffiel und wichtig erschien, brauche ich kaum zu betonen. Nachdem ich dann meine Kopie für den Druck vollendet hatte (12. Juli), musste ich darauf bedacht sein, meine Ausgrabungen bei Jerusalem überhaupt abzuschliessen, um noch für einige Reisen durch das Land Zeit zu gewinnen, und sah die für die Inschrift an Ort und Stelle nothwendigen Arbeiten als erledigt an. Erst nach meiner Rückkehr erkannte ich in Folge einer genauen Prüfung des Inhalts der Inschrift, dass namentlich von einer Stelle des Tunnels Messungen und Zeichnungen wünschenswerth gewesen wären, um den Bericht der Inschrift wenn auch nicht vollständig zu erklären, so doch wenigstens etwas aufzuhellen. Wäre ich während meines Aufenthaltes in Jerusalem schon zu diesem Resultate gekommen, ich hätte gewiss die Mühe nicht gescheut, das Material, das ich zur Entzifferung der Inschrift bereits geliefert hatte, auch noch durch eine zweite Untersuchung des Tunnels zu vervollständigen. Aber weil mir damals die Musse zu einer ruhigen allseitigen Prüfung der Inschrift mangelte, war ich verhindert, ihre Beziehungen zu der Beschaffenheit des Siloahkanales in vollem Umfange und rechtzeitig zu überblicken. Im November 1881 ersuchte ich daher Herrn Bäuerle, an gewissen, von mir bezeichneten Punkten den Tunnel nochmals genau zu untersuchen. Er hat sich der Arbeit mit der grössten Bereitwilligkeit unterzogen, und ich werde später seine Beobachtungen mittheilen. Zugleich erfuhr ich durch ihn, dass Capitän Conder, der damals aus dem Ostjordanlande nach Jerusalem zurückgekehrt war, den Siloahkanal neu gemessen und aufgenommen habe. Derselbe hat unterdessen seinen Bericht im Statement des Palestine Exploration Fund April 1882 p. 122 ff. veröffentlicht, und ich freue mich, die Beobachtungen dieses in solchen Arbeiten so erfahrenen und erprobten Mannes mit den meinigen weiter unten vergleichen zu können.

So unternahm ich denn am 24. Juni die nasse Fahrt. Geld und Kleider übergaben wir (Bäuerle und ich) in die Hände des Sabtije, der sich durch das Vertrauen, das wir in seine Ehrlichkeit setzten, ausserordentlich geehrt fühlte. Die Fellachen verfolgten neugierig unsere Vorbereitungen. Ihr besonderes Interesse erregte es aber, als Bäuerle und ich von Badehosen, die sich im Johanniterhospiz hatten auftreiben lassen, Gebrauch machten; ein solches Kleidungsstück musste ihnen wohl neu sein. Ein Muslim aus der Stadt, ein Bäcker seines Zeichens, der mit seiner Familie ein Gartenhaus nahe der Quelle bewohnte und sich oft das Vergnügen des Zusehens gestattete, lobte jedoch als Vertreter einer höheren Bildung unser Thun und meinte, so sei es keine Sünde (musch [1] harâm), durch den Kanal zu gehen. Aus Vorsicht, um einer möglichen Erkältung vorzubeugen, legte ich mein wollenes Hemde nicht ab, jedoch war es mir nachher einige Male hinderlich. Zwei Fellachen, die schon früher auf eigene Faust die Bekanntschaft mit dem Tunnel gemacht hatten, nahm ich mit mir. Der eine ging voran und sollte den Weg von Hin-

---

[1] Man hört im südlichen Palästina musch mit kurzem u, obwohl Einheimische, die sich auch theoretisch mit der Sprache beschäftigen, môsch als die richtige Aussprache bezeichnen, da das Wort aus mâ + hû + sch (mâhûsch) zusammengezogen ist.

dernissen, wie Steinen oder Schlammanhäufungen, befreien. Ich folgte ihm und trug mein Notizbuch, dann kam Bäuerle mit Uhr und Kompass, zuletzt der zweite Fellach mit einem Korbe, der meine Magnesiumlampe mit Zubehör, mein Reisszeug und dgl. enthielt. Dazu hatte jeder sein Licht zu tragen; ich hatte meine Blendlaterne von der Art, wie die Bergleute sie zu führen pflegen, an einem Riemen um den Hals gehängt, die übrigen hielten eine Kerze in ihrer Hand. Der Sabtïje wurde beauftragt, mit unseren Sachen sich nach der Marienquelle zu begeben und uns dort zu erwarten. Dann begannen wir unsere unterirdische Wanderung.

Anfangs hatten wir keinerlei Beschwerde, die Kühle des Wassers und der Luft war sogar ganz angenehm. Die Mühen begannen aber bald, da der Tunnel so niedrig wurde, dass wir zuerst gebückt gehen mussten, dann aber schon der Bequemlichkeit wegen vorzogen zu kriechen. Nach einem Vordringen von 23 Minuten (130 m vom Südende) fiel mir auf, dass die Seitenwände des Kanals durch Mauerwerk dicht gemacht worden waren. Der *mizzi*-Stein — denn ein solches Lager durchschnitt hier der Tunnel — ist sehr porös und hat bei aller seiner Härte ganz und gar nicht die lückenlose Dichtigkeit des *meleki*-Felsens. Offenbar hatte man nun, um das Wasser zusammenzuhalten, die Ritzen und Spalten mit kleinen Steinen gefüllt und mit Mörtel verstrichen. Diese Futterung der Wände habe ich namentlich in der mittleren Partie des Kanals wiederholt bemerkt, während sie mir an den beiden Enden nicht aufgefallen ist. Bei der Siloahquelle nämlich sind die Wände mit etwas Schmutz bedeckt, so dass der Stein selbst dem Auge nicht entgegentritt. Der obere Theil des Tunnels aber ist durch *meleki*-Felsen gehauen, dessen festes Lager von Natur schon dichtere Wände um den Wasserlauf bildete. Nach 27 Minuten vom südlichen Eingang erblickwir an einer Biegung, dort wo der Tunnel aus der östlichen Richtung sich wieder wie ganz zu Anfang nach NNO. wendet, die erste nach oben führende Öffnung. Ich wähle absichtlich nicht den Ausdruck Schacht, weil an den freilich fast senkrechten, aber rauhen Wänden sich wenigstens nach oben hin keine Spur der künstlichen Bearbeitung wahrnehmen liess. Es war ein unregelmässiges, ziemlich grosses Loch, das oben durch breite Blöcke oder Platten mit natürlicher Aussenfläche verschlossen war. Diese sowohl als die Wände uns zur Seite bestanden aus dem harten, etwas röthlichen mizzi-Gestein. Wir konnten die Decke mit einem Stabe von unten berühren, aber eine genauere Untersuchung derselben war nicht möglich. Bei der rissigen Beschaffenheit dieses härtesten aller Gesteinsarten, die in der Nähe von Jerusalem vorkommen, ist es nicht undenkbar, dass sich hier von je eine abwärts gehende Felsspalte befand. Sie wurde vielleicht bei der Anlage des Tunnels als Richtpunkt benutzt, zumal da an dieser Stelle, wo der Kanal dem im Kidronthal aufwärts führenden Wege sehr nahe kommt, die ursprüngliche Oberfläche des Felsens nicht weit entfernt sein kann. Die Spalte ist vielleicht nachträglich vertieft worden, um die Verbindung mit dem Niveau des Kanales herzustellen; ja als Beweis dafür lässt sich geltend machen, dass der untere Theil dieser nach oben führenden Öffnung doch so regelmässige Linien und Formen zeigt, wie sie ohne die ebnende Arbeit der menschlichen Hand in dem harten mizzi-Gestein sicherlich nicht vorkommen. Der obere Theil derselben verdankt aber seine Entstehung nicht den Mühen der Steinhauer des alten Jerusalems, von deren Meisseln ohne Zweifel eine Spur in dem festen Felsen zurückgeblieben wäre. Auch Bäuerle, der als Maurermeister ein sicheres Urtheil über die Beschaffenheit des Gesteins zu fällen verstand, wie ich damals schon mehrfach Gelegenheit gehabt hatte zu erproben, stimmte auf meine Frage in dieser Hinsicht ganz mit mir überein; er vermochte eben so wenig wie ich Spuren einer künstlichen Herstellung in dem oberen Theile dieser schachtartigen Öffnung zu entdecken.

Die Decke des Tunnels war hier bereits so niedrig geworden, dass nur das Kriechen auf allen Vieren sich als bequeme Art der Fortbewegung empfahl. Auf diese Weise empfand ich noch keine grosse Beschwerde; denn die Höhe des Kanales betrug immer noch etwa 1 m. Aber sie wurde stets geringer, und ich begrüsste daher nach weiteren 15 Minuten freudig einen zweiten Schacht, der mir gestattete, mich wieder aufzurichten und zu recken. Dieses wohlthuende Gefühl brachte mir erst recht zum Bewusstsein, wie sehr ich auf der letzten Strecke meinen Rücken schon hatte beugen müssen, und unwillkürlich dachte ich an die Steinhauer, die einst gewiss oft hier gestanden in ihrer ausserordentlich mühevollen Arbeit in der tief ge-

bückten Stellung sich eine Weile aufgerichtet und erholt haben.
Man sah deutlich die Meisselstriche an den Wänden des Schachtes.
Die Felsendecke desselben konnte ich noch mit meiner Hand erreichen, ich schätze demnach seine Höhe auf 2,10—2,15 m. Vielleicht hat derselbe nie anderen Zwecken dienen sollen, als um
den Arbeitern den angenehmen Wechsel einer aufrechten Stellung zu verschaffen. Wir waren bereits in einem Lager des dichten meleki-Gesteines angelangt, das der oben erwähnten, abwärts
streichenden mizzi-Schicht mit nordöstlicher Senkung auflag. Das
weitere Vordringen wurde nun sehr mühsam. Der Kanal wurde
stets enger und niedriger. Ich habe weder die Höhe noch die
Breite gemessen; wie gering beide waren, fühlte ich an meinem
Rücken, mit dem ich häufig an die rauhe Decke stiess, und an
meinen Schultern, die die Seitenwände streiften. Danach muss
jene auf etwa 0,46 m gefallen sein, diese bis zu ungefähr 0,60 m
abgenommen haben. Glücklicher Weise war der Wasserstand
sehr niedrig, so dass ich den Körper vorn auf die Ellenbogen
statt auf die Hände stützen und vorschieben konnte, ohne dass
mein Gesicht eigentlich nass wurde. Mit den Händen, die dadurch frei wurden, hielt ich meine kleine Laterne über Wasser,
die jetzt an dem Riemen, mit dem ich sie um meinen Hals gehängt hatte, keinen Platz mehr fand. Der eigentliche Felsboden
des Tunnels war nirgends zu sehen. Der feine, kiesartige
Schlamm, welcher ihn bedeckte, war so fest, dass wir vier Pas-
santen nur wenig von seiner Masse in Bewegung setzten. Einige
Spannen hinter uns war das Wasser wieder ebenso klar als vor uns.
In dieser Enge des Tunnels ängstigte mich nur der Gedanke,
was zu machen sei, wenn plötzlich die Fluth von der Marienquelle vordringen und den Kanal anfüllen würde. Ein Zurück-
weichen, und wäre es mit der grössten Schnelligkeit erfolgt, hätte
uns vor derselben nicht errettet. Gott sei Dank, sie kam nicht!
Nach etwa 10 Minuten wurde meine Aufmerksamkeit dort, wo
der Kanal aus der genau nördlichen Richtung mehr nach NO.
umbiegt, durch eine Unregelmässigkeit in der linken (westlichen)
Wand in Anspruch genommen. Der führende Fellach bog plötzlich nach links ab und liess vor mir den Blick aufwärts in die
Fortsetzung des Tunnels offen. War das ein Nebenkanal, der
vielleicht von der Seite her Wasser zuführte, oder theilte sich
hier der Kanal in zwei Arme, die weiter oben sich wieder ver-

einigten? Aber binnen kurzem — ich hatte ihm noch nicht folgen
können — kroch der Fellach schon wieder zurück und meldete, dass es dort nicht weitergehe. Es war ein unvollendeter,
nur auf geringe Länge eingetriebener Stollen, der etwa gerade
für einen Mann in sitzender Stellung Raum bot. Übrigens war
die Stelle des Tunnels, an der wir uns jetzt befanden, etwas weniger eng, besonders nicht so niedrig als kurz vorher. Sehr bald
hatten wir zur Rechten dieselbe Unregelmässigkeit, die uns kurz
zuvor an der linken (westlichen) Wand begegnet war: auch hier
war ein kurzer Stollen an der Seite des Tunnels eingetrieben. Die
Fortsetzung des Kanals, aus der das Wasser von der Marienquelle her uns zuströmte, bog ziemlich scharf nach N. ab.

Wir kamen bald an die interessanteste Stelle des unterirdischen Ganges. Die Biegungen häuften sich in so kurzen Zwischenräumen, dass unser kleiner Zug mehr als einmal den Raum
von zwei Wendungen vollständig ausfüllte. Dazu wiederholten
sich dicht nacheinander scharfwinkelige Einschnitte in die Seiten,
nicht etwa vollständige kurze Stollen in der Art der oben beschriebenen, sondern nur wie schräge, durch das Ende eines
Stollens gelegte Durchschnitte, so dass man nur eine Ecke mit
einem kleinen Stück der Querwand und einem längeren Stück
der Seitenwand vor sich hat. Um mich deutlicher auszu-
drücken: man denke sich, dass die Achse eines Stollens von
1 m Breite mit der Richtung nach N. plötzlich um $\frac{1}{2}$ m nach W.
verlegt wird, und dann die westliche Wand desselben um so
viel tiefer in den Felsen gehauen wird, bis eine gerade Linie an
dieser Seite hergestellt ist — so wird in der östlichen Wand
ein scharfer Winkel entstehen, in dem dasjenige Felsstück, das
die anfängliche Richtung des Tunnels durchschneiden sollte,
gerade in einer solchen Breite stehen geblieben ist, als die alte
Richtung nach W. zu verlegt wurde. Derartige Winkel treten
dort jetzt als scharf abgeschnittene Erweiterungen des Kanales dem Auge entgegen. Ich sah sie links und rechts, und
zwar sowohl solche, die abwärts nach der Siloahquelle zu, als
auch solche, die aufwärts nach der Marienquelle zu sich kehrten.
Da ich von Süden nach Norden vordrang, so lagen die ersteren
frei vor meinen Augen, die letzteren dagegen konnte ich natürlich nicht eher bemerken, als bis meine Augen mit ihnen in gleicher Linie oder an ihnen vorüber waren, so dass ich seitwärts

oder rückwärts in den Winkel hineinschaute. Nur wenige Meter
war ich über den letzten dieser Einschnitte hinaus und dachte
noch über den Grund dieser auffallenden Erscheinung nach, als
ich bemerkte, dass die Meisselspuren an den Seiten nicht mehr
stromaufwärts, sondern stromabwärts strichen. Die Steinhauer,
von deren Werkzeugen sie herrührten, mussten also von der
Marienquelle her gearbeitet haben, während die Meissel, deren
Spuren mit entgegengesetzter Richtung ich noch kurz zuvor gesehen hatte, einst von den Händen derer geführt worden waren,
die die Bohrung des Tunnels von der heutigen Siloahquelle aus
begonnen hatten. An einem der Einschnitte, die mir so auffallend entgegengetreten waren — so schloss ich — haben sich die
beiden Gruppen der Steinhauer getroffen, und diese Annahme
erkannte ich als geeignet, über die Entstehung der Einschnitte
selbst aufzuklären. Sie zeigen uns heute noch, wie die Steinhauer
gerade im letzten Theil ihrer Arbeit über die Richtung, die sie
einzuschlagen hätten, geschwankt haben. Sie müssen in dieser
Gegend sich gesucht haben, sonst würden sie gewiss nicht so
häufig, in so kurzen Absätzen, die Achse des Tunnels verändert haben. Das Mittel, dessen sie sich bedienten, das sich
ihnen vielmehr von selbst darbot, war, dass die eine Partei die
Schläge der anderen vernahm. Mit jedem Schritt, den sie weiter
vordrangen, hörten sie das Klopfen der ihnen entgegenarbeiten-
den Steinhauer deutlicher und beurtheilten danach die bisherige
Richtung ihres Weges. Dass sie über dieselbe unsicher waren
und bei der gegenseitigen Annäherung über ihren Irrthum belehrt wurden, darüber lässt die jetzige Beschaffenheit der Wände
des Tunnels keinen Zweifel. Denn jene Einschnitte, von denen
ich oben gesprochen habe, sind in der That nichts Anderes als
Reste verlassener Stollen, von deren Ende jedesmal soviel unversehrt stehen blieb', als man der neu angenommenen, verbesser-
ten Richtung zufolge nach der gegenüberliegenden Seite hinaus-
rückte. Die Zahl der Einschnitte lehrt, dass man mehr als einmal die fehlerhafte Richtung zu verbessern sich genöthigt sah,
also nicht sofort den Weg richtig bestimmen konnte. Und darüber darf man sich durchaus nicht wundern; denn auf das
Klopfen von Arbeitern zu hören, die gegen die andere Seite
einer 1—2 m dicken Felswand schlagen, ist eine sehr leicht irre-
führende Sache. Befindet sich nämlich im Gestein zwischen den

Klopfenden und Horchenden eine Lücke — es braucht nur ein
kleiner leerer Raum zu sein — so tönt dort der Schall zunächst
wieder, so dass er von dort, und nicht von der Stelle, wo das
eiserne Werkzeug an den Felsen schlägt, zu den Horchenden gelangt. Zu meiner eigenen Verwunderung habe ich dieses zu beobachten Gelegenheit gehabt, als die Arbeiter in dem breiten
Kanal, der dem alten Teiche an der Westseite parallel läuft, bis
zu der Felswand vorgedrungen waren, welche diesen von dem
inneren Raume unmittelbar neben der Siloahquelle trennt (vgl.
p. 62). Wenn sie damals gegen den Felsen schlugen, so vernahm
ich 'den Schall von oben aus einer Höhe von 3 m über meinem
Standpunkte. Da ich aber wusste, dass der Punkt, den die
Fellachen mit ihrem Hammer trafen, etwa meinen Füssen oder
Knieen gegenüber sich befand, so konnte mich der Schall nicht
mehr irre leiten, und bald entdeckte ich als den wahren Grund
seines auffallenden Wanderns nach oben, dass hinter der oben
p. 83 f. beschriebenen Decke oder an ihrem Rande nach aussen
ein hohler Raum vorhanden war, in dem ein starker Wiederhall
entstand. Jene Steinhauer im Tunnel werden aber gar nicht in
der Lage gewesen sein, sich noch durch andere Mittel, abgesehen
von dem ihnen entgegentönenden Schall der Meisselschläge, eine
Meinung über das Verhältniss ihres eigenen Arbeitsortes zu dem
ihrer Gegengruppe zu bilden, und haben die Richtung des Stöl-
lens stets etwas verlegt, sobald sie zu der Überzeugung kamen,
dass sie den Ausgangspunkt des Schalles noch nicht richtig bestimmt hatten. So erkläre ich mir, dass an dieser Stelle des
Tunnels ein Stollenanfang neben dem andern sich befindet, und
dass der folgende den vorhergehenden immer theilweise verwischt
hat. Ihre Häufung ist nur daraus zu begreifen, dass sich hier
den Arbeitern jenes längst ersehnte Mittel des gegenseitigen Ver-
kehres bot, dass hier derjenige Punkt ist, den die Inschrift im
Auge hat, wenn sie berichtet: »Und nachdem die Steinhauer am
Tage der Durchstechung Meissel auf Meissel einander entgegenge-
schlagen hatten, flossen die Wasser von der Quelle bis zum
Teich 1200 Ellen weit«.

Nachdem wir diese interessante Stelle des Tunnels verlassen
hatten, rückten Wände und Decke desselben nochmals ebenso eng
zusammen, als eine kurze Strecke vorher (s. p. 89). Darauf kro-
hen wir 11 Minuten lang in stark nordwestlicher Richtung.

dann kurze Zeit nach N., und wandten uns endlich nach Osten. In den letzten 8 Minuten trafen wir auf die Nebenarme des Siloahkanals, welche seit WARREN's Forschungen im Jahre 1867 [1]) bekannt geworden sind. Am nördlichen Eingang wird derselbe etwas höher und breiter, so dass man wieder aufrecht gehen kann, meistens jedoch sich noch stark bücken muss.

An dem kleinen Bassin der Quelle erwartete uns der getreue Sabtije und versicherte, sich schon sehr um uns gesorgt zu haben, da Mittag bereits vorüber sei. Es war wirklich $12^1/_2$ Uhr, als wir aus dem Wasser an das trockene Land stiegen; wir hatten demnach zwei Stunden gebraucht, um den Kanal von einem bis zum anderen Ende zu passiren. Frost empfand ich sehr wenig; wohl aber schmerzten mir auch noch einige Tage nachher Kniee und Ellbogen, die beim Kriechen durch das wiederholte Aufschlagen auf den rauhen und harten Felsen wund geworden waren. Ausser dem Sabtije, der als Wächter unserer Sachen einen recht bequemen Morgen verlebt hatte, warteten auch verschiedene neugierige Fellachen auf unser Erscheinen und beobachteten nun mit lautloser Stille, wie wir unsere »fränkische« Kleidung anlegten.

Von einer zweiten Inschrift hatte sich keine Spur gefunden. Der mittlere Lauf des Tunnels ist zu eng und zu niedrig, als dass dort eine Inschrift hätte angebracht werden können. Freilich nimmt heute der den Boden bedeckende Schlamm einen Theil der senkrechten Lichtweite in Anspruch, aber dadurch ist doch nur sehr wenig von der ursprünglichen Höhe verloren gegangen. Die Schlammlage ist in der Mitte des Tunnels von geringer Dicke; denn man sieht noch jetzt, wie die senkrechten Wände sich unten zu der horizontalen Ebene des Bodens etwas nach innen abrunden. Am nördlichen Eingang des Tunnels bieten die rauhen Wandflächen wohl mehr Raum, aber nirgends sind sie zu einer Tafel geglättet worden, auf welcher man die Schriftzeichen hätte eingraben können. Davon, dass der Schlamm eine zweite Inschrift verdecke, kann bezüglich des Eingangs von der Marienquelle her durchaus nicht die Rede sein, und dass im Ausgang vor der Siloahquelle noch eine Schwester der jetzt bekannt gewordenen unter dem festen Schlamm begraben sei, ist eine sehr unwahrscheinliche Vermuthung.

[1) Recovery of Jerusalem p. 244 ff.

Obgleich ich nicht eine Untersuchung des Tunnels im allgemeinen beabsichtigt hatte, so brachte ich doch einige Ergebnisse mit, die sowohl über die Berichte ROBINSON's und TOBLER's, als auch über den meines letzten Vorgängers, so viel ich weiss, nämlich des Cpt. WARREN hinausgehen. Der zweite, etwa 2,15 m hohe Schacht scheint von WARREN nicht bemerkt worden zu sein, wenigstens erwähnt er nur den ersten, welchen ich, wie schon gesagt, in seinem oberen Theile jedenfalls für eine natürliche Spalte des Gesteins halte. WARREN hat auch die beiden falschen Gänge (»false cuttings«) rechts und links bemerkt, lässt es aber unentschieden, ob sie nicht vielleicht verstopfte Seitengänge seien. Ohne Zweifel sind sie nur angefangene und nachher verlassene Stollen, der feste Felsen schliesst sie ab. Derjenigen Strecke des Tunnels, wo sich die Biegungen in kurzen Zwischenräumen häufen, hat WARREN keine besondere Aufmerksamkeit geschenkt. Er wurde schon während der ersten Hälfte seiner Wanderung von der Fluth überrascht und dadurch namentlich in den engen und niedrigen Stellen des Kanals gewiss sehr am Beobachten gehindert. Er notirt nur die »zigzag direction towards the north-west«, ohne Folgerungen aus derselben zu ziehen, während schon ROBINSON die scharf abgeschnittenen Erweiterungen mit Recht als Zeichen des Wechsels erklärte, den man mit der Richtung des Tunnels verschiedene Male vorgenommen habe. Nur verlegt er irrthümlich alle »die falschen Einschnitte« an die westliche Wand des Tunnels und schliesst daraus, dass man geneigt gewesen sei, »zu weit westlich unter dem Berge zu gehen«[1]. Sie finden sich vielmehr an beiden Seiten und beweisen, dass man Gefahr lief, sowohl nach rechts als nach links sich zu verirren. Ein Geräusch von tropfendem oder rieselndem Wasser, das WARREN in dem oberen Theil des Tunnels unweit von der Marienquelle wahrnahm, erinnere ich mich nicht gehört zu haben. Übrigens würde es nichts Auffallendes sein, wenn eine bisweilen Wasser führende Felsritze gerade von dem Tunnel durchschnitten worden wäre und jetzt in derselben ausmündete.

Eine sorgfältige Erwägung des Berichtes der Inschrift liess es als möglich erscheinen, dass die genaueste Kenntniss derjeni-

[1] Palästina II, pp. 152 u. 153.

gen Strecke des Tunnels, wo die Arbeiter zusammengetroffen sind, über die dunklen Stellen der Inschrift klares Licht verbreiten und für die Lücken derselben eine werthvolle Ergänzung darbieten würde. Leider fand ich erst nach meiner Rückkehr die Zeit zu einem eingehenden Studium des alten Denkmals und erkannte daher zu spät, dass meine Ergebnisse über die Anlage und Beschaffenheit des Tunnels doch noch keine vollkommen befriedigende Antwort auf die aus der Deutung der Inschrift erwachsenen Fragen zu liefern vermochten. Es schien mir eine genaue Auskunft namentlich über zwei Punkte werthvollen Gewinn zu versprechen, nämlich erstens: Lässt sich vielleicht durch Beobachtung der Meisselstriche an den Felswänden des Tunnels haarscharf der Punkt feststellen, wo »die Steinhauer am Tage der Durchstechung Meissel auf Meissel einander entgegen geschlagen haben«? und zweitens: Lässt sich in der Nähe desselben, etwa mit Benutzung des in der Inschrift angegebenen, aber wegen der folgenden Lücke unverständlichen Masses von 3 Ellen (ungefähr 1,50 m), irgend eine Unregelmässigkeit oder irgend eine auffallende Erscheinung entdecken, von der das räthselhafte Wort זדה verstanden werden kann? Ich bat daher Herrn Bäuerle, diejenige Strecke des Kanals, welche wir am 24. Juni 1881 im allgemeinen als Begegnungsort der Steinhauer erkannt hatten, nochmals genauer auf diese Fragen hin zu untersuchen. Derselbe schrieb mir unter dem 30. November 1881 Folgendes: »Mit dem Punkt, wo die Steinhauer aufeinander gestossen zu sein scheinen, verhält es sich anders, als wir damals (nämlich am 24. Juni) glaubten. Ich habe den Kanal von dem nördlichen Eingange an auf eine Strecke von 350 m genau untersucht und mehrere solche Stellen — ich darf sagen, wenigstens zehn — gesehen, wo die Schläge der Steinhauer gegen einander laufen. Ich glaube, dass dieses leicht daraus zu erklären ist, dass nach der Durchbrechung oder schon während der Arbeit manches verbessert werden musste, und dass sich dazu die Steinhauer hinstellten oder hinsetzten, wie es für sie am bequemsten war. Daher konnte ich keine speciellen Messungen machen. . . . Von einer Spalte, durch welche einer dem andern zugerufen habe, konnte ich nichts entdecken«. Seine Absicht, die Länge des ganzen Kanales zu messen, konnte Bäuerle leider nicht ausführen, weil ihm das Messband im Schlamme zerriss, und für einen zweiten Versuch, den er nicht bloss in Begleitung von Fellachen unternehmen wollte, fand er keinen Gefährten.

Diese Nachrichten, für deren bereitwillige Ermittelung ich Herrn Bäuerle bestens danke, sind in einer Beziehung von Wichtigkeit, nämlich insofern sie das Merkmal, an dem ich den Treffpunkt der beiden Steinhauergruppen zuerst erkannt hatte, seiner entscheidenden Bedeutung berauben, da er dasselbe an mehr als einer Stelle beobachtet hat. Doch wird es sich ohne Zweifel der Hauptsache nach so verhalten, dass die Meisselspuren oberhalb des angenommenen Treffpunktes mit dem Strom laufen, dagegen unterhalb desselben gegen den Strom streichen. Denn wenn auch meine Beobachtung vom 24. Juni durch die eben angeführte Berichtigung auf einen grösseren Umfang ausgedehnt worden ist und dadurch an Kraft für die oben p. 91 f. ausgesprochene Folgerung verloren hat, so ist sie mir damals doch der Schlüssel gewesen, durch den sich mir die richtige Erkenntniss über das schon von Robinson a. a. O. vermuthete Vordringen und Zusammentreffen der Arbeiter von beiden Seiten eröffnete, und es bleibt nichts desto weniger gewiss, dass die mehrfachen Einschnitte die Stelle bezeichnen, wo sich die Steinhauer gegenseitig gesucht und gefunden haben.

Inzwischen hat Capitän Conder seinen Bericht über eine zweimalige Untersuchung des Tunnels, die er am 10. und 21. November 1881 in Gesellschaft von Lieutenant Mantell und Mr. Armstrong unternahm, veröffentlicht[1]. Es veranlassten ihn dazu dieselben Gründe, um deren willen ich Herrn Bäuerle zu einem nochmaligen Besuch bewogen hatte. Conder hat den Tunnel genau gemessen und aufgenommen, sowie auf alle Umstände, die seiner Meinung nach zu einem besseren Verständniss der Inschrift beitragen könnten, sorgfältig geachtet. Seine Angaben bieten daher eine willkommene Ergänzung für meine Beobachtungen und bestätigen dieselben, wie ich beim Lesen des Berichtes mit grosser Freude konstatiren konnte, hinsichtlich des Treffpunktes durchaus. Conder mass von einem Ende des Tunnels bis zum andern 1757 engl. Fuss und 4 Zoll oder 535,60 m. Das Ergebniss der Messungen Robinson's, 1750 engl. Fuss oder

---

1) Palestine Exploration Fund. Quarterly Statement. April 1882, p. 122 —131.

533,40 m, kommt dem also näher als Warren's Angabe. Die
erste Öffnung nach oben ist (ebenfalls nach Conder) 470 Fuss
oder 143 m, der zweite niedrige Schacht 700 Fuss oder 213 m von
der Siloahquelle entfernt. Jene hält Conder für einen in der
Absicht angelegten Schacht, um die Höhe der felsigen Oberfläche des Berges über dem Niveau des Kanales zu erfahren, und
giebt für dieselbe das Mass von 14 Fuss oder 4,30 m an. Nach
dem, was ich oben p. 87f. mitgetheilt habe, kann ich nicht umhin,
dieser Deutung des Schachtes zu widersprechen; denn soviel ich
gesehen, ist er nur in seinem unteren Theile künstlich hergestellt, in seinem oberen aber eine natürliche Spalte des Gesteins.
Ich bin eher geneigt zu glauben, dass diese bei der Bestimmung
über den Lauf des Tunnels eine Rolle gespielt hat. Zieht man
nämlich von dem südlichen Ausgang des Kanales — über diesen
musste ja bei der Anlage vor allem Anderen eine Entscheidung
getroffen werden — eine Linie nach jenem Schachte und errichtet dann von dort aus ein Loth in nödlicher Richtung, so streicht
dasselbe in geringer Entfernung von dem westlichsten Punkt des
oberen Tunnellaufes vorbei [1]. Wie viel aber die Distanz zwischen
x (Tafel VIII) und der Marienquelle in einer geraden Linie von
Westen nach Osten betrage, konnte durch Verlängerung der
durch x gezogenen Linie und Errichtung eines zweiten Lo-
thes, das die Marienquelle traf, festgestellt werden. Hatten
nun die Arbeiter von der Marienquelle aus den Tunnel auf eine
solche Länge, die jener Entfernung entsprach, nach Westen in
den Berg getrieben, so wusste der leitende Techniker, dass jetzt
in einem rechten Winkel nach Süden umzubiegen sei, um sich
der Felsspalte bei x zu nähern, die neben dem Eingang und Ausgang des Tunnels der dritte feste Punkt war. Diese Mittel für
den Entwurf eines Bohrungsplanes anwenden zu können, bedarf
es nur geringer mathematischer Kenntnisse, wie wir sie bei den
Phöniciern und Kanaanitern, die ja die Lehrmeister der Israeliten
in jeder Technik waren, gewiss voraussetzen dürfen. Dass man
so bei der Anlage verfahren habe wird, dadurch nicht ausgeschlossen, dass der Kanal die Punkte x und y nur durch Krümmungen erreicht. Denn einen Tunnel in gerader Linie durch das

[1] Vgl. hierzu die Zeichnung des Siloahkanales auf Tafel VIII mit den
punktirten Linien.

Innere der Erde zu legen, ist bekanntlich sehr schwierig und wird für die Techniker der damaligen Zeit geradezu unmöglich gewesen sein. Ausserdem kann die Biegung zwischen der Siloahquelle und dem Punkte x sehr wohl durch Rücksicht auf Cisternen und Gräber, die auf der südlichen Spitze des Hügels oberhalb des Kanales, wie der Augenschein heute noch lehrt, in ziemlicher Tiefe ausgehauen sind, veranlasst worden sein. Und dass zwischen x und y beide arbeitenden Gruppen sich mehr östlich, als westlich hielten, ist daraus leicht begreiflich, dass die Arbeiter Sorge trugen, sich im Innern des Berges zu verlieren. Dieser Plan der Anlage wird freilich sehr unvollkommen erscheinen, allein darin entspricht er der inneren Beschaffenheit des Tunnels durchaus. Dass die Steinhauer von beiden Seiten sich gefunden haben, verdanken sie ohne Zweifel weniger einer sicheren Berechnung, als vielmehr erstens dem Umstande, dass sie zwischen x und y ungefähr ebensoweit nach rechts gingen, als sie nach links gegangen waren oder umgekehrt, und zweitens — ihrem guten Glück. Denn bei solchen wunderlichen Biegungen, als sie WARREN's und CONDER's Aufnahmen festgestellt haben, hört doch, meine ich, alle Berechnung auf. Übrigens versteht es sich von selbst, dass ich dieser Ansicht über den Entwurf des Werkes keinen anderen Werth als den einer Vermuthung beilege, die vielleicht das Richtige trifft.

CONDER beschreibt mit grosser Genauigkeit die Stelle, welche er ebenso wie ich als den Treffpunkt der Steinhauer ansieht, und hat seine Ausführung durch eine Zeichnung erläutert, welche auf dem Karton der Tafel VIII reproducirt ist. Die Buchstaben a, b, c bezeichnen solche Richtungen des Stollens, die die von oben arbeitenden Steinmetzen begonnen und dann verlassen haben, als sie das Irrthümliche derselben bemerkten. Die mit d, e, f, g bezeichneten Einschnitte und Ecken rühren dagegen von den von unten arbeitenden Steinmetzen her. Bei c hat also die erste Gruppe zum letzten Male die Achse des Tunnels weiter nach rechts verlegt und arbeitete nun direkt der zweiten Gruppe entgegen, die ihrerseits auch die falsche Richtung g aufgab und sich mehr nach rechts wandte. Der Einschnitt h dagegen ist nach CONDER nicht von der zweiten Gruppe gehauen, wie man im Gegensatz zu a, b, c und in Parallele mit d, e, f, g schliessen möchte, sondern kann nur von der ersten Gruppe herrühren, weil er, wie die Spuren der Werkzeuge beweisen, von einem hergestellt wurde, der von oben in schräger Richtung nach der Seite hin arbeitete, nicht aber von unten her in gerader Richtung vorwärts. Der Einschnitt h erklärt sich also daraus, dass man um der Achsenveränderung bei c willen sich genöthigt sah, den Kanal nach W. zu erweitern, und dies in der kürzesten und einfachsten Weise that, nämlich vermittelst einer Ecke in der Wand, statt ihre Fläche allmählich mit der veränderten Richtung des Tunnels auszugleichen, wie es a und f gegenüber noch geschehen ist. CONDER nimmt nun an, dass sich die Arbeiter bei dem Einschnitt i, der von der ersten Gruppe gehauen ist, getroffen haben, und stützt diese Annahme durch eine dort sich findende eigenthümliche Unregelmässigkeit des Tunnels, die ich entweder nicht bemerkt oder wahrscheinlich nicht beachtet habe; wenigstens ist mir die deutliche Erinnerung daran entschwunden. Bei i senkt sich nämlich die Decke des Tunnels rasch von 4 Fuss 8 Zoll zu 3 Fuss 7 Zoll, also um 0,32 m, so dass es von g aus gesehen den Anschein hat, als münde ein niedrigerer Kanal, die südliche Hälfte, in einen höheren Kanal, die nördliche Hälfte, ein; denn oberhalb i hebt sich die Decke wieder etwas, so dass dieselbe, im Längendurchschnitt gedacht, bei i einem herunterhängenden spitzen Zapfen gleicht. CONDER hat nach meiner Meinung vollkommen Recht, wenn er sagt, dass schon durch dieses Merkmal der Treffpunkt genügend bezeichnet sein würde, auch wenn das Zeugniss der Einschnitte zu beiden Seiten aufwärts und abwärts nicht vorhanden wäre. Der Punkt i ist von der Siloahquelle 944 Fuss oder 287,70 m, von der Marienquelle also 813 Fuss 6 Zoll oder 247,90 m entfernt.

Dass der Kanal ein geringes Gefälle hat, war schon durch ROBINSON bemerkt worden; CONDER bestimmt dasselbe auf 1 Fuss oder 0,30 m. Der dem Boden aufliegende Schlamm hindert jedoch im allgemeinen daran, zu erkennen, ob das Gefälle ein regelmässiges ist oder nicht. Aber bei e hat CONDER ein plötzliches Fallen des Bodens um 4 Zoll oder 0,10 m festgestellt, und zugleich beginnt von diesem Punkte an aufwärts nach i die Decke des Kanales sich zu heben, so dass in der Höhenlichtweite sich auf eine Länge von 49 Fuss oder 15 m (von e nach i) ein Unterschied von 2 Fuss 6 Zoll zu 4 Fuss 8 Zoll, d. i. von 0,75 m zu 1,40 m, herausstellt. CONDER erklärt denselben daraus,

7*

dass das Niveau der südlichen Hälfte des Tunnels ursprünglich bei *i* um etwa 0,60 m höher gelegen habe als der Boden der nördlichen Hälfte, und dass diese Differenz nachträglich dadurch ausgeglichen sei, dass man den Boden von *i* nach *c* um so viel vertieft habe, dass das Wasser von der Marienquelle her ohne Hinderniss nach Süden habe abfliessen können. Einerseits würde damit eine fernere Bestätigung des Treffpunktes *i* gewonnen sein, andererseits sich aber wiederum ergeben, dass eine kunstvolle Berechnung bei der Anlage des Kanales nur in geringem Masse vorhanden gewesen ist.

Conder's Untersuchung des Tunnels übertrifft an Genauigkeit alle vorhergehenden, auch die meinige vom 24. Juni, und ich habe aus ihr meinem Bericht dasjenige hinzugefügt, was mir zur Ergänzung desselben werthvoll erschien. Wir sind also im allgemeinen hinsichtlich der Bestimmung des Treffpunktes durchaus mit einander überein gekommen, ohne dass der eine vom anderen abhängig gewesen ist. Freilich glaube ich mich zu erinnern, mit Capitän Conder in Jerusalem einige Worte über das, was mir im Tunnel aufgefallen war, gesprochen zu haben, aber jedenfalls hat er mit seinen Gefährten durch eigene Beobachtungen dasselbe, ja noch mehr bemerkt, als ich gesehen hatte, während meine oben ausgesprochene Ansicht schon formulirt war, ehe ich das betreffende Heft der Statements in die Hände bekam. Inwiefern damit ein besseres Verständniss der Inschrift sich ermöglichen lässt, werde ich an einem anderen Orte besprechen. Jetzt kehre ich dazu zurück, den Fortgang meiner Arbeiten neben der Siloahquelle zu beschreiben[1]).

---

1) Die Frage, ob das Gesammtgefälle des Tunnels berechnet wurde, oder zufällig in den beiden Hälften gerade zusammentraf, oder nachträglich ausgeglichen werden musste, kann nicht mehr entschieden werden. Die nicht geringe Höhe des Tunnels am Südende brachte schon Robinson auf den Gedanken, dass man hier den Hohlgang mit einem höheren Boden als dem gegenwärtigen angefangen und dann, als man auf den vom anderen Ende her gebrochenen Schacht stiess und nun den Boden zu hoch fänd, denselben niedriger gemacht habe, bis das Wasser hindurchfloss (Palästina II, p. 153 f.). Ebenso urtheilt Conder (a. a. O. p. 129 f.) und erklärt die grössere Höhe des nördlichen Eingangs in ähnlicher Weise, wo sich die Decke von 0,75 m rasch zu 1,80 m hebt und einwärts allmählich wieder auf 0,90 sinkt. Um das Eindringen des Wassers in den unfertigen Kanal zu verhindern, sei der Tunnel von dieser Seite her ursprünglich vielleicht mit starker Steigung angelegt

Auf p. 58 erwähnte ich bereits, dass an der Nordseite des alten, von mir gefundenen Teiches der Felsen auch oberhalb der p. 59 beschriebenen Hohlkehle zu einer ebenen Fläche behauen ist. Ich schloss daraus, dass man bei der Anlage des Bassins darauf bedacht gewesen sei, auch den seitwärts emporragenden Felswänden eine regelmässige Form zu geben. Um eine genauere Kenntniss davon zu erlangen, begann ich am 30. Mai auf dem Acker, der unmittelbar östlich neben dem Wege zur Quelle, aber etwa 3—4 m höher als derselbe gelegen war, einen zweiten Schacht, der gerade auf die nördliche Wand des Teiches stossen musste. Anfangs ging es ohne Hindernisse durch lockere Erde und feinen Steinschutt rasch abwärts. In einer Tiefe von ungefähr 3 m fand ich eine Platte, welche fast den ganzen Raum des Schachtes versperrte. Doch gelang es, wenn auch mit schmalem Durchlass, am westlichen Rande vorbeizukommen. Immer neue Platten kamen zum Vorschein, deren unterste auf einem 0,20 m breiten Vorsprung ruhte. Die Lage derselben war nicht mehr sehr sicher, dazu gaben zwei Wände des Schachtes einige Male nach, so dass sehr vorsichtig gearbeitet werden musste. Etwas Schutz gewährten wohl die Platten und die inzwischen gefundene Felswand, welche jenen Vorsprung trug, aber schliesslich musste ich doch zu Bretterstützen meine Zuflucht nehmen. Am 15. Juni wurde der nördliche Rand des Teiches 0,60 m neben der Nordwestecke desselben erreicht; der Erfolg dieses Versuchs war befriedigend.

worden — daher die plötzliche Höhe der Decke von 1,80 m; als man den unteren Theil vollendet habe, sei dann der als Damm dienende Felsen am oberen Eingang weggehauen und damit dem Wasser der Marienquelle der Zutritt eröffnet worden. Diese scharfsinnige Vermuthung setzt mit Recht voraus, dass man gewiss während der Arbeit das Wasser noch nicht in den Kanal hat eindringen lassen. Was aber den südlichen Ausgang betrifft, so ist dort nicht nur die Höhe der Decke über dem Wasserspiegel, sondern auch die Tiefe des Bodens unter demselben zu beachten, die sich nach meiner Messung (p. 76) mindestens auf 1 m beläuft. Man hat also hier auch weiter in die Tiefe gehauen, als es des Gefälles wegen nöthig gewesen wäre. Und da an der Siloahquelle der Tunnel zugleich breiter ist, als an irgend einer anderen Stelle seines Laufs, so ist die Mündung wohl eher durch Rücksicht auf bequemen Zugang und bequemes Schöpfen so geräumig ausgefallen. Das richtige Niveau des Ausflusses konnte man ja durch Messungen am Abhange des Felsens beginnen, ohne dass man mathematische Berechnungen nöthig gehabt hätte.

Die behauene Felswand ragte an der Nordseite des alten Wasserbeckens und ebenso an der Ostseite in ununterbrochenen Flächen von 2,66 m Höhe über den unteren Einschnitt der Hohlkehle empor. Dieselben bildeten also die senkrecht ansteigende Fortsetzung der entsprechenden Wände des Teiches. In der angegebenen Höhe war an der Nordseite der Felsen wagerecht abgeschnitten und zu einem 0,30 m breiten Lager für ein starkes Gesimse behauen worden, das fest mit Mörtel gefügt noch seine alte Stelle einnahm. Es bestand aus einem Steinbalken von 0,45 m Dicke und 2,80 m Länge, dessen oberer Rand um 0,20 m vorsprang. Seine Zeichnung ist aus dem Durchschnitt Gesimse A auf Tafel II ersichtlich. Auf diesem Gesimse, als einem Tragstein, lag nun die unterste der oben erwähnten Platten, der als zweiter Stützpunkt eine Fuge diente, die 0,27—0,30 m tief in die östlich etwa in einem rechten Winkel anstossende Felswand eingehauen war. Platte über Platte schob sich an dem nördlichen Felsen gegen Westen vor, sie füllten allmählich seine ganze Breite von 2,80 m aus, so dass ihr äusserster Rand sich ungefähr über der westlichen Ecke des Tragsteins befand. Man hatte also aus unbehauenen flachen Bruchsteinen von nicht geringem Umfang — so waren nämlich diese Platten beschaffen — ein westwärts vorkragendes Gewölbe gebaut, dessen gesammte Höhe von dem tragenden Gesimse bis zur obersten Platte 3,15 m betrug. Die oberen Schichten, welche zum Theil schon auf dem natürlichen Gesenke des Felsens auflagen, waren durch weissen Mörtel verbunden, der aus Kalk und zerschlagenen Steinen bestand. Derselbe bedeckte ebenfalls die nördliche Felswand und erstreckte sich bis über die oberste Leiste des Tragsteins hinab. Zwischen den untersten Schichten der Bruchsteinplatten, und besonders dort, wo sie in die Fuge der östlichen Felswand eingelassen waren, fand ich schwarzen Mörtel, dem dunkle Erde zugesetzt war. Hier und da hatte man ihn auch über den weissen Bewurf an der nördlichen Felswand gestrichen.

Von dieser gewölbeartigen Decke war allerdings nur ein kleiner Theil zwischen den beiden Felswänden erhalten, an der Nordseite auf etwa 3 m, an der Ostseite auf 1,50 m Ausdehnung. Die Anlage war sehr roh; die Platten waren nirgends behauen, und wenn je das Gewölbe einen regelrechten Kreisschnitt gebildet hat, so ist er durch den Bewurf, nicht aber durch die Aussenfläche der Platten hergestellt worden. Freilich bleibt noch die Vermuthung offen, dass die innere Lage des Gewölbes überhaupt verschwunden, d. h. in den Teich hinabgestürzt ist, und die rohen Platten nur die obere Futterung desselben darstellen. Aber dann hätte ich wohl Gewölbesteine in dem Schutte des Teiches gefunden — oder dieselben müssten in eine so versteckte Lage gekommen sein, dass meine Arbeiter stets um sie herumgegraben hätten! Doch welchen Abschluss diese Decke im Westen gefunden hat, bleibt vollends ein Räthsel. Man denkt vielleicht zunächst an Säulen, welche sich neben dem westlichen Rande des Teiches erhoben und durch ein sie verbindendes Gebälk die Stütze der Decke gebildet hätten. Aber eher möchte ich noch der anderen Annahme Raum geben, dass dieselbe sich im Westen gegen ein festes Gebäude lehnte, das einst über dem heutigen Siloahteich errichtet gewesen sein kann. Jedenfalls finden sich gar keine Spuren davon, dass von W. her je eine ebenso construirte Decke sich dieser entgegengelagert habe. Noch will ich bemerken, dass sich in der nördlichen Felswand unter dem Gesimse zehn kleine Löcher, meistens in unregelmässiger Stellung zu einander, befanden, deren Bestimmung ich nicht habe ergründen können. Hatten sie bei der Herstellung der Decke einen Dienst zu verrichten? Liess man etwa Balken in sie ein, die zu einem Gerüst gehörten, oder ein solches tragen sollten? Ihr Umfang und namentlich ihre Tiefe, die 4 cm nicht überschreiten, erscheint zu gering dazu. Übrigens hatte ich hier auf wenige Meter Entfernung drei verschiedene Arten von Mörtel gefunden, rothen unten im Teich, weissen (oder grauen) und schwarzen an der verfallenen Decke.

Ich liess nun den Schacht bis über die Reste des Gewölbes zuwerfen und von dem neu hergestellten Boden aus mit Hülfe von Holzverschalungen einen Gang nach W. öffnen. Nach jener Richtung hin waren mir nämlich Anzeichen entgegengetreten, aus denen ich schloss, dass dort etwas zu finden sei. Etwa in gleicher Höhe mit der obersten Platte des Gewölbes, mithin 3,15 m oberhalb des Tragsteins, hatte ich bemerkt, dass dort eine Mauer aus schön behauenem Material die Fläche der Felswand nach W. fortsetzte. Die Felswand entsprach der Nordwand des alten Teiches; in jener Mauer konnte ich daher nichts Anderes als die oberen Lagen derjenigen Wand erkennen, durch

welche der innere Eingang zur Siloahquelle hineinführt (vgl.
p. 81). Denn ihre unteren Schichten liegen ja, wie ich p. 83
mitgetheilt habe, auf der Nordwand des breiten, quer vor der
Siloahquelle hinstreichenden Kanales, die ihrerseits in gleicher
Linie mit der **Nordwand des alten Teiches** läuft. Ich
hoffte also, dass diese Untersuchung mir über die Anlagen und
Gebäude, die in früheren Zeiten sich über und vor der Mündung
des Tunnels befunden haben, einiges Licht verschaffen würde.

Aus dem Schutt ragte ein Mauerrand, wie die Leisten eines
Gesimses, ungefähr um 10 cm vor. Anfangs lief der Boden des
Ganges nach W. in gleicher Höhe mit ihm. Da sich aber zur
rechten Hand nach innen nur Schutt fand, so liess ich den Gang
in einigen Stufen um 0,70 m tiefer legen, um den unteren Lauf
der Mauer genau verfolgen zu können, weil es ja oberhalb des
Randes nichts zu beobachten gab. Der vorspringende Rand war
in der That nichts Anderes als die oberste Leiste eines um 10 cm
vorspringenden Gesimses, das, ähnlich wie das vorhin erwähnte
auf dem Felsen, so auf die Mauer als Tragstein aufgelegt zu sein
schien. Die Formen waren zierlicher und gefälliger, als bei dem
schon beschriebenen, wie die Vergleichung der beiden Quer-
schnitte (Gesimse A und Gesimse B auf Tafel II) erkennen lässt.
Die Steine hatten freilich nicht die Länge des ersten Gesimses,
doch waren sie etwas höher, nämlich 0,50 m. Die Fugen durchschnitten die Zeichnung parallel von oben nach unten. Darunter
stieg die schön und fest gefügte Mauer in gerader unverletzter
Fläche senkrecht abwärts und lief von O. nach W. in genau derselben Richtung (O. 10° N.), die ich für ihren unteren Theil vor
der Siloahquelle notirt hatte.

Vom 15. Juni bis zum 2. Juli wurde stets an der Stirnseite
dieser Mauer dem Gesimse entlang gearbeitet, ohne dass sich
die geringste Veränderung zeigte. Endlich kam am Abend des
zuletzt genannten Tages athemlos ein Bote von dort zu einem
andern Schachte, wo ich beschäftigt war, gelaufen und meldete
mit höchst aufgeregter Miene: *jā chawādsche, lakēna bēt kebīr
kthīr!* »O Herr, wir haben ein sehr grosses Haus gefunden«! »Ein
Haus? Das ist unmöglich!« erwiderte ich mit ungläubiger Miene,
da ich das arabische *bēt* als »Haus« in unserem Sinne aufgefasst
und fügte hinzu: *taijib, biddi aschūfō bukra*, gut, ich will
es morgen ansehen«. Aber der lebhafte Bursche liess nicht nach;

er erklärte mir, es sei eine ōḍa, ein Gemach, mit grossen Platten
und einer Säule in der Mitte. Das machte mich doch auch neugierig, und ich begann die Aufregung des jungen Fellachen zu
begreifen. Ich begab mich zur Quelle hinab, stieg in den
Schacht und kroch 'durch den langen Gang zur Seite des beschriebenen Gesimses bis an sein Ende. Meine Arbeiter erblickte
ich nicht, wohl aber hörte ich durch eine niedrige Öffnung am
Boden ihre Stimmen. Ich beugte mich nieder und bemerkte,
dass der letzte den Stollen stützende Holzrahmen etwa in seiner
Mitte von einer 40 cm dicken Steinplatte durchschnitten wurde,
die vollkommen fest und wagerecht auf dem Rande des Gesimses lag, das ich oben beschrieben habe. Zwischen der Platte und
dem Boden des Stollens konnte gerade noch ein schlanker Körper hindurchschlüpfen, und unter der Platte selbst hatte der
Schutt sich so gehäuft, dass der freigebliebene Raum wohl nur
noch als eine geräumige Wohnung kleiner Höhlenthiere hätte
dienen können. Drinnen sah ich bei dem matten Schein der
flachen Thonlampen die Fellachen wie »staubfressende Schlan-
gen« auf dem Boden liegen oder sich umherschieben, auch
Bänerle entdeckte ich in derselben Stellung, und mir blieb ebenfalls nichts Anderes übrig, als mich ihnen nachzuschieben, wenn
ich die neue Entdeckung kennen lernen wollte. Kaum war ich
nun in dem niedrigsten Gemach, in dem ich mich je aufgehalten habe, angelangt, so stellte sich mir der Arbeiter, der es gefunden hatte, als *bauwāb* (»Portier«) dieser Sehenswürdigkeit vor
und förderte ein Bachschisch als Entrée! Dieser komische Einfall kam zur rechten Zeit, um bei mir und den übrigen trotz unserer gedrückten Lage die gute Laune zu wecken, und mit fröhlichem Lachen wurde das lange verlassene Gemach von seinen
neuen Besuchern eingeweiht. Sofort nahm ich eine flüchtige
Untersuchung vor, um festzustellen, auf welche Weise man von
oben am besten zu dem verschütteten Raume gelangen könne.
Nach N. hatte ich zunächst die Fortsetzung des Gesimses und
der Mauer vor mir, an welcher der Stollen entlang geführt hatte.
In einem rechten Winkel bog sie dann aus der westlichen Richtung nach S. um; auch auf dieser Seite trug ein gleiches Gesimse die Deckplatte, welche mit drei anderen in der Mitte von
einer Säule gestützt wurde, deren Kopf noch eben aus dem
Schutt hervorschaute. Die westliche Mauer verfolgte ich auf eine

Länge von 3,30 m. Hier bemerkte ich in ihrer Nähe ein ovales Loch in der Deckplatte, dessen Durchmesser in der Länge 0.85 m, in der Breite 0,51 m betrug. Es war regelmässig und sehr sorgfältig eingehauen. Diese Öffnung war mir sehr erwünscht. Ich musste sie von oben her erreichen, durch sie den Schutt hinaufbefördern und konnte dann über die Ausdehnung und vielleicht auch über den Zweck dieses verschütteten Gemaches Gewissheit erlangen. Als ich auf demselben Wege, den ich gekommen, zurückkehrte, mass ich die Länge der nördlichen Mauer; sie betrug 22,55 m.

Inzwischen hatte mich mein diebischer Gastfreund, der Schêch Chalil Ahsên, zum zweiten Male mit seinem Besuche beehrt. Es währte lange, ehe ich den Zweck seiner Anwesenheit erkannte. Er behauptete, ein grosser Freund der Franken und speciell mir sehr ergeben zu sein, und äusserte den lebhaften Wunsch, das Land der »Preussen«, d. i. Deutschland zu sehen. Er fragte, wie viel Tage man zu Schiff fahren müsse und wie viel Geld die Reise bis dahin koste; er würde mit niemandem auf der Welt lieber als mit mir die Fahrt unternehmen. Welche Bilder traten vor meine Seele, wenn ich mir die Rückkehr nach der lieben Heimath in Gesellschaft dieses Spitzbuben ausmalte! Doch ich wusste sehr wohl, dieser Plan hatte lange Weile, mochte ich ihm zureden oder nicht, mochte ich ihm ein hohes oder niedriges Fahrgeld nennen. Dann erkundigte er sich, ob sein Bruder und sein Sklav gut bei mir arbeiteten, und freute sich sehr über meine bejahende Antwort. Nun folgten ernstere Fragen: »Willst Du Ibrâhim nicht wieder in Arbeit nehmen? Er ist arm, ein geschickter Arbeiter, und die Juden quälen ihn«. Ich schlug es ihm ab. Seit ich diesen Faullenzer und Geldschlucker entlassen hatte, war ihm aber plötzlich noch eine Forderung an mich eingefallen. Bei der Untersuchung der Höhle, von der ich oben p. 40 ff. gesprochen habe, waren nämlich auf Anordnung des Besitzers, des schon genannten Jûsef Selimân, eine Menge kleiner Steine, die herausgeschafft wurden, in den verlassenen, öden Theil eines benachbarten Steinbruchs geschüttet worden. Wie ich nachher erst erfuhr, war derselbe das Eigenthum Ibrâhim's und gehörte nicht, wie ich annehmen musste, dem Jûsef Selimân, der sich eines Tages als der wohlhabende Bruder Ibrâhim's entpuppte. Dieser erkannte mit Recht in dem Übergriff auf sein

Eigenthum einen missgünstigen Streich seines Bruders und stellte ihn darüber zur Rede. Allein Jûsef Selîmän konnte als der Stärkere mit Faustschlägen antworten, Ibrâhîm wich der Gewalt und suchte sich nun an mir schadlos zu halten, nachdem ich ihm den Dienst gekündigt hatte. Ich hatte ihn bis dahin im Gefühl meiner vollen Schuldlosigkeit hartnäckig an den Bruder zurückgewiesen. Heute übernahm es aber der Schêch Chalîl Ahsên, seine Sache bei mir zu führen. Er belehrte mich, dass sowohl Jûsef Selîmän als auch Ibrâhîm Glieder der Sippe (hamûli) seien, die ihn als Haupt anerkannten; er habe daher ihre Händel zu schlichten und erbiete sich, zwischen mir und den beiden Fellachen zu vermitteln. Allein ich dankte für seine Dienste, da mich die ganze Sache nichts angehe; er möge doch zwischen Ibrâhîm und Jûsef Selîmän vermitteln und dafür sorgen, dass der vermögende den armen Bruder aus den Klauen des jüdischen Wucherers befreie. Er schien meine Ansicht von dem Handel theilen zu wollen und meinte schliesslich, er habe nur gefragt, um diese zu erfahren. Das war also noch nicht der Zweck seines Besuches!

Weiter leitete der Schêch aus den Pflichten seiner Stellung ab, dafür Sorge tragen zu müssen, dass durch meine Arbeiten keine Veränderung der Felder und des Terrains durch Rutschen, Einstürzen oder Aufschütten der Erde veranlasst werde. Er befürchte aber, dass durch die starke Unterhöhlung der Oberfläche neben der Siloahquelle der darüberliegende Acker unversehens einsinken könne — ein für mich wie für ihn sehr übles Ereigniss. Ich entgegnete ihm, seine Bedenken seien ohne Grund; die Holzrahmen seien stark genug, um den Druck auszuhalten, wie er sich morgen durch den Augenschein überzeugen könne. Doch es schien ihm nichts daran gelegen zu sein, in die unterirdischen Gänge zu kriechen; denn er fragte weiter: »Wirst Du auch den Schacht zuwerfen lassen?«

»Gewiss, ich werde nicht eher abreisen, als bis der Ort wieder so aussieht, wie ich ihn gefunden habe«.

»Aber das kostet Dir ja sehr viel Geld, Du machst Dir unnöthige Ausgaben!«

»Wenn ich es nicht thäte, so würdet Ihr mich verklagen.«

»Glaube mir, ich würde Dich nie verklagen; denn ich liebe

Dich! Ja wenn Du mir den Auftrag giebst, den Schacht (ghaur) zuzuwerfen, so wirst Du es viel billiger haben.

Aha! Endlich schaute der Fuchs zum Loche heraus! Er wollte gegen das Versprechen, die Schliessung des Schachtes zu besorgen, mir einige Goldstücke entlocken! Ich konnte mich natürlich auf den Handel nicht einlassen, sondern erklärte ihm, ich würde selbst, um sicher zu gehen, durch meine Arbeiter den Ort genau wieder in die vorgefundene Ordnung bringen lassen. Da ich ihn nochmals aufforderte, sich persönlich zu überzeugen, dass jetzt wenigstens keine Gefahr des Einsturzes vorhanden sei, so versprach er, sich am folgenden Morgen einzustellen. Er erschien auch wirklich und liess sich mit ängstlicher Miene am Seil hinab, nachdem ich zuerst hinuntergestiegen war. Misstrauisch sah er sich die Gänge und ihre Bretterstützen an; er wagte nicht, sich lange in ihnen aufzuhalten, sondern kehrte bald mit einem Ruf der Verwunderung über das, was er gesehen hatte, wieder um. Seine eigenen Leute, meine Arbeiter, hätten sich gar zu gern einen bösen Scherz mit ihm erlaubt, als sie ihn am Seil hinaufzogen, und er hatte es nur meinem Eingreifen zu danken, dass er unverletzt oben ankam. Aber die Knie schletterten ihm, als er die Füsse auf den Boden setzte. Der kommt gewiss zu einem solchen Besuche nicht wieder! dachte ich mir.

Einige Tage später erhielt ich den freilich überflüssigen Beweis, dass seine angebliche Liebe zu mir eitel Lüge war. Vor einiger Zeit hatten die Gartenbesitzer von Silwān für den Hochsommer unter sich die Reihenfolge ausgemacht, in der einer nach dem andern das Wasser der Siloahquelle für seinen Bedarf benutzen solle. In Folge dieser Verabredung hatte einer der Fellachen wieder den Abfluss des Teiches verstopft, so dass die Arbeit in den tief liegenden Gängen um einige Stunden aufgehalten worden war. Ich hatte darauf mit dem Gärtner (il-bustāni) Rücksprache genommen und ihn durch die Zusage, seinen jungen Sohn zu beschäftigen und ihm selbst auch später ein Bachschisch zu geben, zu der Einsicht gebracht, dass die Aufstauung des Wassers, so lange es noch so reichlich fliesse, zur Berieselung der Gärten gar nicht nöthig sei. Eine Zeit lang verlief alles in guter Ordnung und das Einvernehmen mit dem Gärtner war das beste. Aber sehr bald nach jenem Besuch des Schech Chalil Absen waren eines Morgens alle Gänge wieder unter Was-

ser gesetzt. Auf meine Frage, wer es gethan habe, antworteten
mir die Arbeiter: *il-bustāni*. Wollte er mich an das verspro-
chene Bachschïsch mahnen? Oder war des Schêch's angebliche
Liebe zu mir rasch in die alte Feindschaft umgeschlagen, und
hatte er den Gärtner angestiftet? Jedenfalls war es eine abge-
kartete Sache; denn auf dem Abhang des SW.-Hügels sassen,
wie ich freilich erst später bemerkte, unter dem spärlichen Schatten eines Ölbaums der Schêch und seine Freunde und sahen aus
angemessener Entfernung, was da werden wollte. Ich liess den
Gärtner durch seinen Sohn rufen. Er war gleich zur Stelle; denn
auch er hatte hinter einem Felsblock darauf gewartet, dass die
Bombe platzen sollte. Ich stellte ihn zur Rede und erinnerte ihn
an unser Übereinkommen, dass ich ihm nämlich für e r w i e s e n e
gute Dienste ein Bachschïsch in Aussicht gestellt hätte. Da öffnete er die Schleussen seiner Lippen, und seine erkünstelte Leidenschaft fuhr in heftigen Worten gleich einem wilden Strome
gegen mich heraus. Natürlich nichts von irgend einer Antwort,
sondern die bekannten Vorwürfe: »Du verdirbst die Quelle, Du
zerstörst unsere Gärten, Du vernichtest unser Dorf!« An Unterhandeln war nun nicht mehr zu denken. Der Sabtïje, der auf
meinen Ruf herbeigekommen war, wollte gleich dreinfahren und
den Gärtner arretiren; ich wehrte es ihm. Da ich auch Bäuerle
hatte holen lassen, so waren meine beiden zuverlässigen Helfer,
zunächst nur als Zeugen, mir zur Seite. Ich befahl nun dem
Gärtner, das Wasser sofort vollständig abzulassen. Da spielte er
seinen letzten Trumpf aus.

»Ich gehe zum Pascha, sogleich, jetzt«!

»Gut, geh! Ich werde später auch zu ihm gehen und ihm
alles erzählen«.

Und wirklich! Kaum hatte ich den Rücken gewandt und
einem meiner Arbeiter den längst von ihnen erwarteten Befehl
gegeben, den Ausfluss zu öffnen, so trat der Gärtner, als handle
es sich um einen Theatereffekt, schon hinter einer Ecke wieder
hervor, mit einem feinen *kumbāz* angethan und gute Schuhe in
der Hand, offenbar als wollte er in diesem Augenblicke — es
war morgens sieben Uhr — in die Stadt eilen und diesen Zank
Seiner Excellenz zur Entscheidung unterbreiten! Da sah er, dass
mein Arbeiter schon die Wand des Teiches hinunterkletterte; es
war also der letzte Augenblick, wo der Gärtner sein Werk retten

konnte. Vielleicht hatte er gehofft, dass der Schëch ihm einen
seiner Freunde zur Hülfe schicken oder selbst eingreifen sollte
— aber niemand kam! Im Stich gelassen, verzweifelte der Gärtner an seinem Siege, legte seine Feierkleider bei Seite und klet-
terte meinem Arbeiter nach, um selbst das Wasser abzulassen.
Das wollte nun jener, auch erregt, nicht zugeben, und es fehlte
wenig, so wäre es zwischen den beiden, die unten im Teich bis
an die Kniee im Wasser standen, zu einer heftigen Rauferei gekommen. Es hätte gewiss ein heiteres Schauspiel gegeben, aber
ich wollte die Komödie doch lieber o h n e einen tragischen
Schluss, und es gelang mir, meinen Arbeiter zur Ruhe zu bringen. Der Gärtner räumte die Steine und Lumpen wieder fort,
mit denen er Abends zuvor das Loch verstopft hatte, und über-
gab dann seiner Frau die Kleidungsstücke, die sie vergeblich für
ihn hatte bereit halten müssen. Seinen Sohn entliess ich aus
meinem Dienst und schickte ihn dem Vater nach; das Bachschisch hatte er mir durch seine Ungeduld und Thorheit erspart. Und da nun die gierigen Häupter des Dorfes gegenüber unter dem Ölbaum sahen, dass ich das Feld behauptet
hatte, so erhoben sie sich und gingen einer nach dem andern
heim.

Am 4. Juli begann ich den dritten Schacht neben der Quelle
auf der Westseite des heutigen Siloahteichs, in der Absicht,
jenes p. 106 erwähnte Loch in der Deckplatte des verschütteten
Gemaches von oben zu finden und vermittelst dieser Öffnung den
unten lagernden Schutt wegzuräumen. Von der Westmauer des
Teiches stieg das Terrain, lauter Geröll, in unregelmässigen Linien an. Die oberen Lagen waren gewiss erst bei der letzten
Ausbesserung des Teiches, von der ich p. 76 f. gesprochen habe,
aufgeschüttet. Die Grenze dieses brach liegenden Stückes gegen
W. bildet eine flache Rinne, welche mit der unteren Strecke des
ersten, westlich von der Siloahquelle aufwärts führenden Weges
ziemlich zusammenfällt. In der regenlosen Zeit fliesst in ihr der
schwarze Saft der Stadtkloake, soweit derselbe nicht zur Düngung der Felder von den Fellachen abgeleitet wird, träge zur *birket il-ḥamra* (dem unteren Siloahteich) hinab; im Winter jedoch
führt sie auch namentlich das Wasser des westlichen Gefälles
vom SO.-Hügel zum Thale. Damit dieses nicht nach O. über-
ströme und die Fassung des oberen Siloahteiches zerstöre, hat

man den östlichen Rand der Rinne zum Theil durch eine Mauer
gestützt, die der westlichen Seite des Teiches in einer Entfernung von 12—14 m parallel läuft. An dieser nur auf und im
Schutt gebauten Mauer ging der Schacht senkrecht hinab und
traf in einer Tiefe von 3 m (4,12 m unterhalb des Randes jener
Mauer) glücklich auf das Loch, das den einzigen mir bekannten
Zugang zu dem Gemach, das ich erforschen wollte, bildete. Es
war eben gross genug, dass die Erde von unten in den kleinen
Strohkörben hinaufgewunden werden konnte. Bis zum 30. Juli
war ein Raum von 3—4 m Länge und 1—2 m Breite bis auf den
Boden hinab vom Schutt befreit. Was ich dann über die Be-
schaffenheit des Gemaches feststellen konnte, war folgendes.

Die westliche Wand lag von der Deckplatte bis auf den
Boden des Gemaches frei vor meinen Blicken. Die Entfernung
zwischen beiden Punkten, also die Höhe der »Halle«, wie ich
von jetzt ab sagen werde, betrug hier 7,16 m. Die Wand bestand
von unten an aus senkrecht behauenem *mizzi*-Felsen, der in
einer Höhe von 6,23 m scharf wagerecht abgeschnitten war und
zunächst eine Schicht von schlichten, 0,35 m dicken Steinen
trug, auf der sodann eine zweite von ornamentirten Steinen
ruhte. Die letztere war 0,58 m hoch (oder dick), ihr Ornament
glich genau dem p. 104 beschriebenen Gesimse, das die nördliche Seitenmauer der Halle krönte, nur dass die Höhe um ein
Geringes differirte (gegen 0,50 m). Dieses Gesimse trug auch
hier die 0,40 m dicke Platte, die Einheit der ganzen Anlage war
also nicht zu verkennen. Dieser Westwand in einem Abstande
von 1,42 m parallel ragten aus dem den Boden bedeckenden
Wasser sorgfältig geschliffene und eng aneinandergefügte, von
N. nach S. streichende längliche *mizzi*-Blöcke hervor. Ihre Dicke
mass 0,28—0,29 m, ihre Höhe 1,24 m auf der dem Punkte T
(Tafel II) zugewandten Seite. Auf den ersten Blick sah ich, dass
ich gute Bekannte vor mir hatte, nämlich dieselben schön geglätteten Kalksteine, welche mir als Fassung des breiten Kanals
neben dem alten Felsenteich zuerst entgegengetreten waren (vgl.
p. 61 f.), und die ich auch nachher am Ausfluss der Siloahquelle
wieder gefunden hatte (p. 79). Ihre Entfernung von der westlichen Wand, d. i. also der Raum zwischen U und TS auf Tafel
II, beträgt 1,42 m; mithin entspricht dieselbe fast auf das
Haar der Breite, die der quer vor der Mündung der Siloahquelle

von W. nach O. hinziehende Kanal hat (s. p. 79). Auch fehlte es hier nicht an Wasser in diesem Raume; dasselbe stieg und sank genau in dem Masse, als der Wasserstand im Teiche zunahm oder abnahm. Damit war nicht nur die Verbindung, sondern auch die Abhängigkeit des Wasservorrathes von der Siloahquelle nachgewiesen. Zugleich führte die Fortsetzung des Ornaments, das ich an der Nordwand (*SRH*, Tafel II) oberhalb des Ausflusses der Quelle gefunden hatte, an der Westwand der Halle (*ST*) auf den Gedanken, dass dem entsprechend auch auf dem Boden der Halle unterhalb des Ornaments die gleiche Anlage, nämlich der breite Kanal sich fortsetze, und die Gleichartigkeit der Fassung desselben (*U*) erhebt diese Vermuthung über alle begründeten Zweifel. Der breite Kanal hatte also die Bestimmung, das Wasser des Siloahtunnels nach O. und W. auf die beiden Seiten der engen Mulde zwischen den rechts und links ansteigenden Felsen zu vertheilen und es dann in zwei Armen südwärts weiter zu führen.

Auf der Ostseite der durch die *mizzi*-Blöcke gebildeten Reihe befand sich ein kleines Bassin, dessen Boden um 0,54 m höher lag als der benachbarte Kanal. Die glatten Kalksteine ragten dort nämlich nur 0,70 m aus dem festen Grunde hervor. Dieser bestand aus den gleichen farbigen Marmorplatten, mit denen der obere Siloahteich noch jetzt grösstentheils gepflastert ist. Die Breite des Bassins, das übrigens auch mit etwas Wasser angefüllt war, betrug von *U* nach *V* 1,31 m. Hier durchschnitt wieder eine von N. nach S. streichende, 0,72 m starke Mauer die Halle, aus der sich in gleicher Breite bis an die Decke der Halle ein Pfeiler (*V*) erhob, dessen andere, nach *U* gekehrte Seite 0,54 m mass. Der nordwärts (nach *X*) von ihm ausgehende Mauerlauf ragte um 1,38 m, der südwärts sich anschliessende um 2,94 m über den Boden des Bassins hervor, so dass der im ganzen 6,59 m hohe Pfeiler in seinem oberen Theile vollständig freilag, auch nach N. und S. und nicht bloss nach W. Derselbe bestand aus 7 regelmässigen, mit Fleiss zugerichteten Blöcken in der beschriebenen und aus der Zeichnung ersichtlichen Form. Die Höhe dieser übereinander liegenden Blöcke war nicht ganz dieselbe, der höchste mass 1,26 m. Die südliche Front war in ihrem oberen Theile stark zerstört. Dagegen war an den übrigen Seiten der Kopf des Pfeilers besser, zum Theil vollständig erhalten. Nach X zu war der oberste, etwas vorspringende Block, der eigentliche Tragstein der Decke, in der Weise ornamentirt, wie es der betreffende Durchschnitt auf Tafel II zeigt. Auf der Seite nach W endigte der Pfeiler als Widerlager für einen Bogen von sehr flacher Spannung, deren Weite 1,20 m betrug. W bezeichnet also die östliche Stütze dieses Bogens, ebenfalls ein Pfeiler, wie es schien; doch war der Schutt in seiner Umgebung nicht so weit aufgeräumt, dass eine allseitige Untersuchung möglich gewesen wäre. Der Punkt des Pfeilers V, an welchem die Wölbung des Bogens nach W begann, lag 2,98 m über der nach X laufenden Mauer. Ebenso muss von V nach T zu ehemals ein Bogen sich gespannt haben, um die Decke tragen zu helfen. Wenigstens lag an dieser Seite des Pfeilers 3,91 m über dem Boden des Bassins und 2,98 m unter der Decke ein Stein, dessen Front zu einer gebogenen Fläche behauen war. Der über ihm liegende zeigte in der vorderen Hälfte oben die schräge Neigung, die für die Eingliederung desselben in die Reihe der Bogensteine erforderlich war. Von einer gegenüberliegenden Stütze dieses Bogens war aber keine Spur mehr zu entdecken.

Man sieht hieraus, dass die Träger der Decke nicht mehr vollständig erhalten sind. Daher ist diese auch an mehreren Stellen eingestürzt. So war eine grosse Platte von 0,40—0,45 m Dicke südlich von T und V im Schutt begraben. Ihre Länge betrug 2,16 m. Daraus geht hervor, dass sie noch andere Stützen gehabt haben muss, als jetzt vorhanden sind; denn der Raum zwischen T und V, dessen südliche Fortsetzung sie ohne Zweifel einst gedeckt hat, misst 2,73 m, also über einen halben Meter mehr, als die Länge der herabgestürzten Platte ausmacht. Darauf scheint auch der zerstörte Bogenansatz an der Westseite des Pfeilers V, wie ich so eben andeutete, hinzuweisen. Eine zweite Deckplatte stand fast senkrecht auf ihrer Kante nördlich vor dem Bogen VW. Dagegen befanden sich zwischen V, T, S und weiterhin nach R, von wo aus ich die Halle ja überhaupt entdeckt hatte (s. p. 105), die Platten noch fest in ihrer alten Lage. Von T nach S und ebenso von S nach R, soweit sie nach O. reichten, ruhten sie auf dem Mauerrande, der zu dem beschriebenen Gesimse gehörte. Ihre Stützen im Innern der Halle waren der Pfeiler V und die Säule X, von der ich jedoch nur den Kopf ge-

sehen habe (s. p. 105), da der Schutt den übrigen Theil verbarg.
Auf diesen Säulen ruhten im ganzen noch drei Platten, zwei
auf dem Maate ST, dem Pfeiler F, der Säule X und der nördlichen Mauer, die dritte auf der Säule X und dem östlichen Theil
der nördlichen Mauer. Ob die letzte noch einen anderen Stützpunkt hatte, konnte ich nicht ausfindig machen. Die Länge
der Platte zwischen T und F bestimme ich nach den oben angegebenen Verhältnissen auf 3,20—3,30 m. Dieses Mass gilt ebenfalls für die Platten zwischen S und X. Sämmtliche Platten
waren behauen.

Ich hatte hier meine Untersuchungen gern noch fortgesetzt,
aber die Zeit gestattete es nicht. Da bereits der August begonnen hatte, so musste ich nothwendig an die Rückreise denken.
Hatte ich doch die Zusage gemacht, auf der zweiten Generalver-
sammlung des Palästina-Vereins, die während des internationa-
len Orientalisten-Kongresses in Berlin vom 12. September ab
stattfinden sollte, über meine Arbeiten zu berichten! Desshalb
beendigte ich die Ausgrabungen auch an dieser Stelle, obgleich
gerade diese Halle, der grösste und am besten erhaltene Fund,
den ich überhaupt gemacht habe, zu einer Fortsetzung der Arbeit
einlud. Ihre ganze Anlage zeugte von Sorgfalt und Kunstfertig-
keit. Nicht geringe Mittel müssen auf ihre Herstellung verwandt
worden sein. Allein der Transport der grossen und schweren
Platten ist eine mühevolle Arbeit gewesen, wenn sie auch vielleicht nicht weit von Jerusalem gehauen worden sind. Mir ist
freilich in der Nähe der Stadt kein Ort aufgefallen, wo das feste
Gestein einen plattenartigen Bruch gezeigt hätte. Dagegen sah
ich zwischen dem *dân es-sahl* und dem Kloster *mâr sâbâ* zu
wiederholten Malen, dass von dem verwitterten Gestein breite
Platten von bedeutender Ausdehnung übrig geblieben waren, die
entweder noch an dem Felsenabhange schwebten oder bisweilen
auch durch ihre Schwere schon den Zusammenhang mit der
Masse des Gebirges gelöst hatten. Aus ihnen liesse sich das
Material zu einer solchen Steindecke, wie ich sie in der oben beschriebenen Halle gefunden habe, ohne besondere Mühe herstellen. Aber die behauenen Platten nach Jerusalem zu transportiren, wäre für das Können der gegenwärtigen Bewohner Syriens
eine unlösbare Aufgabe. Schon daraus geht hervor, dass der
Bau jener Halle aus einer Zeit herrührt, in der ein grösserer

Reichthum von Mitteln und ein höherer Grad von Technik den
Bewohnern dieses jetzt so heruntergekommenen Landes eig-
neten.

Es hatte den Unwillen des Schēch's Chalīl Aḥsēn und seiner
Sippe erregt, dass ich an der Westseite des heutigen (oberen) Siloahteiches auf einem Boden, der als gemeinsames Eigenthum
dieser Sippe oder des ganzen Dorfes galt, einen neuen Schacht
— eben den, der mich in die Halle hinabführte — hatte graben
lassen, ohne mir die Genehmigung von Seiner Gnaden zu holen.
Er liess es an Vorhalt darüber nicht fehlen; ja er hätte sich auf
mein eigenes Verfahren bei meiner ersten Begegnung mit ihm,
das p. 69 zur Sprache gekommen ist, berufen und daraus vielleicht die Folgerung ableiten können, dass ich doch auch jetzt
die Erlaubniss zum Graben auf Gemeindeeigenthum durch ein
Bachschīsch hätte von ihm erkaufen sollen. Letzteres unterliess
er aber wahrscheinlich desshalb, weil er seit einiger Zeit bemerkt haben mochte, dass mir die Grenzen seiner Würde als
Schēch längst kein Geheimniss mehr waren. Er war nämlich
nur das Oberhaupt seiner Sippe (ḥamūli) und wurde auch von
den übrigen Bewohnern des Dorfes, vornehmen sowohl wie geringen, nur als Schēch seiner Leute betrachtet. Über dieselben
hinaus erstreckte sich seine Macht nicht; namentlich hatte er der
Regierung gegenüber gar keine Autorität. Diese nämlich erkannte nur zwei Männer als Vertreter des Dorfes an und hatte
dem einen, aḥsēn zijādi, die Verwaltung des oberen, dem anderen, bedr mit Namen, die Verwaltung des unteren Dorfes übertragen. Beiden kam der Titel zu il-muchtār, »der Erwählte«,
nämlich von der Regierung Erwählte, wonach sie deutlich von
einem Schēch im alten Sinne des Worts, dessen Macht entweder eine ererbte oder durch eigene Kraft errungene ist, unterschieden werden. Nur diese beiden konnten daher mit vollem
Recht Ansprüche der Gemeinde gegen mich geltend machen.
Aḥsēn Zijādi lernte ich später kennen, mit Bedr habe ich mich
direkt nie berührt; beide standen, wie ich glaube, mit Recht in
gutem Rufe. Dagegen war über die Habsucht, über die Betrü-
gereien und Diebereien jenes Chalīl Aḥsēn nur eine Stimme,
selbst von Gliedern seiner eigenen Sippe, zu vernehmen. Da mir
alle diese Dinge jetzt wohl bekannt geworden waren, so verspürte ich durchaus keine Neigung, mich von ihm weiter aus-

beuteln zu lassen. Was er durch direkte Anfragen nicht erreichen konnte, suchte er nun auf Umwegen zu erlangen.

Eines Tages liess sich nämlich mein unermüdlicher Plagegeist wieder bei mir melden. Da unser Verkehr bis dahin noch
immer in den äusserlichen Formen der Höflichkeit und Freundschaft sich bewegt hatte, so nahm ich seinen Besuch an, und er
führte sich mit den angelegentlichsten Erkundigungen nach meinem Befinden u. s. w. ein und wollte vor allen Dingen gern
wissen, ob meine Abreise nun bald vor sich gehen würde oder
nicht. Um dieses Gerede rasch zu beendigen, warf ich mit Absicht — freilich sehr gegen arabische Sitte — die kurze Frage
ein: »Was giebt es? Was willst Du«? Wenn er auch that, als
merke er den Stoss nicht, den ich damit der Unterhaltung gegeben
hatte, so brachte ihn derselbe doch um eine gute Weile früher
zu dem Zwecke seines Besuches, als er aus eigenem Entschluss
bei demselben angelangt sein würde.

»In dem neuen Schachte hat sich Wasser angesammelt; woher kommt nach Deiner Meinung dasselbe?« So begann er dann
sehr bald die Verhandlungen.

»Das Wasser kommt von der Quelle«.

»So meine ich auch. Du willst also die Quelle ableiten und
uns das Wasser rauben, ohne welches unser Dorf nicht leben
kann? Das darf nicht geschehen!«

Ich suchte ihm nun begreiflich zu machen, dass das Wasser
nicht etwa durch meine Arbeiten dorthin geleitet worden, sondern dass es schon immer dort gestanden und nur durch die Öffnung der Erde jetzt sichtbar geworden sei. An dem bisherigen
Wasserlauf sei nicht das Geringste geändert worden und werde
auch nichts geändert werden. Ich würde den Schacht schliessen
lassen, und dann sei alles wieder wie früher. Ich trug ihm auf,
dieses den übrigen Vätern seiner Sippe zu sagen. — Allerdings
wird ihm die Sache selbst, das Auftreten des Wassers auf dem
Boden der Halle, ebenso unklar gewesen sein wie vorher.

»Aber wir haben noch eine Bitte an Dich! Wir fürchten,
dass die Stelle, wo Du gegraben hast, im Winter, wenn die starken Wasser kommen, einsinken und dann auch die Mauer einstürzen wird, die wir zum Schutz gegen das Wasser erst vor kurzem gebaut haben (s. p. 110 f.). Damit nun kein Schaden ent-

steht, wäre es gut, wenn Du die Mauer länger und stärker machen liessest. Das ganze Dorf würde Dich segnen«!

»Dort kann nichts fallen und einsinken; denn steinerne Platten, die auf Felsen ruhen, tragen unten die Erde. Wenn die Arbeit im Schacht fertig ist, so werde ich Dich rufen lassen, und Du sollst hinuntersteigen und alles Dir selbst ansehen. Den Schaden, den ich durch meine Ausgrabungen anrichte, werde ich allerdings ersetzen«.

»Aber es wird Dir sehr theuer kommen, wenn Du die Mauer bauen musst. Du musst erst in die Erde graben, dann Steine und Kalk kaufen, dann die Arbeiter bezahlen. Wenn Du m i r Geld giebst, dass i c h die Mauer bauen lasse, so brauchst Du viel weniger auszugeben, und ich will dann Dein Vertreter bei den Silwänern sein«.

»Nein, o Schech! Wenn die Mauer nothwendig, um Schaden zu verhüten, gebaut werden muss, so werde ich sie selbst herstellen lassen«.

Nach kurzem Schweigen bettelte er nochmals. »Du hast bei dem Schech Ahsen Zijädi gegessen und hast ihm nachher ein Geschenk aus Deutschland versprochen. Willst Du mir nicht auch ein Geschenk aus Deiner Heimath schicken«?

Jetzt verlor ich die Geduld und wandte den Spiess gegen ihn. »Du bist ein gieriger Hund und verstehst nicht mit den Franken umzugehen. Aber der Schech Ahsen Zijädi ist ein anständiger Mann, bettelt nicht und weiss die Franken zu nehmen. Was hast Du gegen mich gethan? Du bist auf das Seräj gegangen und hast mich verklagt. Du hast mich schon zwei Male und heute zum dritten Male angebettelt und doch gar nichts zu meinem Besten ausgerichtet. Solch ein gieriger Hund kriegt von mir kein Geld! *Rüh, ma' as-salami* (»Fort, leb wohl«).

Der kleine Kerl erschrak, dass ich ihn so durchschaut hatte. Er legte sich jetzt aufs Lügen. »Wer hat Dir gesagt, dass ich aufs Seräj gegangen sei, Dich zu verklagen? Das ist eine Lüge! Du kannst meinen Kindern, meinen Frauen und mir selbst den Hals abschneiden, wenn ich Dich wirklich verklagt habe! So wahr Allah lebt, ich habe es nicht gethan! Geh nur ins Dorf und frage die Silwäner, ob ich nicht Gutes von Dir zu ihnen spreche! Alle wundern sich, wie wir uns gegenseitig lieben. Sie sagen, der Chawädsche (»Herr«) und Chalil Ahsen sind wie Brüder, und Chalîl Ahsên wird mit dem Chawädsche nach Deutschland reisen. Und wenn ich nicht zu Deinem Besten geredet hätte, so wäre viel mehr Zank zwischen Dir und den Silwänern entstanden«!

»Dass Du auf dem Serãj mich verklagt hast, weiss ich ganz bestimmt. und dass Du in Silwän nicht zum Frieden geredet hast, weiss ich auch. Schweig still und lüge nicht mehr! Ich sage Dir aber: wenn Du von heute bis zu meiner Abreise Frieden halten und Dich gut betragen wirst, so will ich Dir von Deutschland aus auch ein Geschenk zukommen lassen. Jetzt aber *rûḥ, rûḥ, ma' as-salāmi*«!

Er verliess mich und ging, ohne sich auf dem Markt aufzuhalten und dort von seinem Verkehr mit dem preussischen Herrn zu erzählen, nach Silwän hinab. Der Sabtĩje aber ahnte, wo er gewesen war, fing ihn auf und wollte ihn aushorchen, wie das Geschäft gegangen sei. Vor der Siloahquelle setzten sie sich neben einander nieder. Lauernd fragte der Sabtĩje den Schêch: »Bist Du bei dem Chawädsche gewesen«? »Ja«!

»Hast Du Geld erhalten«? »Nein«!

»Wirst Du Geld von ihm erhalten«? »Ich denke wohl«.

»Was hat der Chawädsche gesagt«?

»Er hat gesagt, ich hätte ihn auf dem Serãj verklagt. Und ich bin doch nicht auf das Serãj gegangen und habe ihn nicht verklagt! Wer mag ihm das nur hinterbracht haben«?

»*Mā ruḥtsch inte, mā ruḥtsch inte*«« (Du wärst nicht hingegangen?)

Der Schêch schwieg auf diese zudringliche Frage, theilte dann aber dem Sabtĩje noch mehreres aus seiner Unterhaltung mit mir mit und meinte schliesslich, er werde doch wohl noch etwas Geld herausschlagen. Doch der Sabtĩje rief ihm warnend zu: »*Dĩr bālak, dĩr bālak, jā schêch*«, d. i. nimm Dich in Acht, o Schêch!

So hat mir einer über das Gespräch berichtet, der in jener Stunde zufällig über das Feld oberhalb der Quelle ging, die unter ihm Sitzenden von mir reden hörte und sie deshalb belauschte.

An einem der folgenden Tage liess ich den Schêch auffordern, mit mir in den Schacht zu fahren und sich von der Festigkeit des verschütteten Baues zu überzeugen. Er kam wirklich,

trotz seiner früheren schlechten Erfahrungen (s. p. 108), ich
legte ihm das Seil um und schob ihn durch das oben beschriebene Loch in den Raum der Halle unter die Platte hinab. Er
gelangte glücklich unten an, wo ich ihm dasjenige zeigte, was er
sehen sollte. Als er aber hinaufschaute und nur durch die ovale
Öffnung über seinem Haupte ein Stückchen Tageslicht und Himmel, rings um ihn aber das steil durchschnittene Schuttlager erblickte, da packte ihn wieder der mir und den Lesern schon
bekannte Schrecken. Er vergass ganz, dass er neben einer unbe-
weglichen Felswand stand, und mochte schon die hohen Schutt-
wände auf sich herabstürzen sehen; bleichen Antlitzes verlangte
er wieder hinaufgezogen zu werden. Diese Auffahrt wäre ihm
fast schlecht bekommen. Denn als die Fellachen ihren Schēch
in der Luft schweben sahen, und dieser sich recht ungeschickt
fast wagerecht ausstreckte, da fasste sie der heimtückische Gedanke, ihn quer unter dem Loch gegen die Deckplatte zu quetschen. Glücklicher Weise gelang ihnen der Anschlag nicht
ganz, theils weil sie das Seil zu kurz gefasst hatten, theils weil
ich noch rechtzeitig den Stoss zu lindern suchte. Der Schēch
aber schrie, als ob er der Hinterlist bereits ganz und gar zum
Opfer gefallen wäre. Sobald er sich wieder frei fühlte, krab-
belte er mit Händen und Füssen durch das Loch der Platte so
eilig zum Tageslichte empor, als ob der leibhaftige Tod ihm auf
den Fersen wäre. Mir war der derbe Spass aber nicht ganz
recht; denn wenn der Schēch den wahren Anstifter auch leicht
errathen konnte, so hat er sicherlich doch mir auch einen Theil
der Schuld beigemessen. Freilich hat er es niemals gewagt, mit
mir darüber zu reden, und von den Forderungen, die er bei dem
letzten Besuch erhoben hatte, liess er an jenem Tage auch nichts
mehr verlauten.

Aber der Schēch hatte durchaus nicht die Hoffnung aufgegeben, mir noch ein ansehnliches Bachschīsch abzugewinnen.
Als ich am 31. Juli von einem zehntägigen Ausflug in die Umgegend Jerusalems zurückgekehrt war, theilte mir kurz darauf
der Kanzler des deutschen Konsulates, Herr Boness, mit, dass
nach einer Anzeige des Sekretärs der türkischen Regierung, des
Herrn J. Krieger-Bey, die Gemeinde Silwän eine schriftliche
Anklage gegen mich eingereicht habe. Auf meine Bitte wurde
mir das Schriftstück vorgelegt. Dasselbe enthielt drei Beschwer-

den: 1) Ich beabsichtige die Siloahquelle abzuleiten und das unentbehrliche Wasser den Silwänern zu entziehen. 2) Die von mir
angelegten unterirdischen Gänge würden den Einsturz der Oberfläche und eine Verwüstung (charāb) der Ackerfelder zur Folge
haben. 3) Mit dem Zuwerfen des Schachtes neben der Quelle
sei von mir ein böser Mann beauftragt worden, der das Unglück
des Dorfes Silwän wolle. Unterzeichnet: 'amām silwān, »die Gemeinde Silwän«. Die ersten beiden Punkte waren eine Wiederholung der schon oft verhandelten Vorwürfe. In dem letzten erkannte ich die Rache des Schêch's für den üblen Scherz, den sich
seine eigenen Leute vor einigen Wochen mit ihm in der Halle
erlaubt hatten. Nämlich dem ersten der dort beschäftigten Arbeiter, Selīmän mit Namen, der von Anfang an in meinem
Dienste gestanden und sich meine Zufriedenheit erworben hatte,
war von mir auf seine Bitte das Zuwerfen des letzten Schachtes
neben der Quelle übertragen worden. Der Schêch hätte das Geschäft gern in seine Hand genommen; da Selīmän ihm darin
zuvorgekommen war und auch zu dem Versuch, ihn gegen die
Decke der Halle zu quetschen, die übrigen angestiftet hatte, so
war um dieses zweifachen Grundes willen die alte Missstimmung
des Schêch's gegen dieses Glied seiner Sippe in offene Feindschaft ausgebrochen. Er gedachte, durch mich auch ihn in
Nachtheil bringen zu können.

Es war nun leichte Mühe, auf dem Serāj festzustellen, dass
lediglich mein alter Feind Chalīl Ahsēn im Namen der ganzen
Gemeinde Silwän die lächerliche Anklage eingereicht hatte. Auch
von den Silwänern erfuhr ich dasselbe; ja die beiden rechtmässi-
gen Vertreter des Dorfes, die Schêche Ahsēn Zijādi und Bedr,
liessen mir durch andere freiwillig ihre guten Dienste bei der
Regierung anbieten, um diese über das eigenmächtige und hab-
süchtige Treiben Chalīl Ahsēn's aufzuklären. Herr Krieger-Bey
war vollkommen mit mir einverstanden, dass es dem Kläger
nur auf eine Geldschneiderei ankomme, und rieth mir, ihn durch
ein mässiges Bachschīsch zu befriedigen. Allein dazu konnte
und wollte ich mich jetzt nicht mehr herbeilassen, ich wollte
in diesem Handel nicht nachgeben. Ich wies den Sekretär des
Pascha darauf hin, dass alle Beschwerden grundlos seien, dass
Chalīl Ahsēn gar kein Recht habe, im Namen der Gemeinde
Silwän zu handeln, dass die officiellen Vertreter des Dorfes

durchaus nicht mit der Anklage einverstanden wären, und bat,
meinen Gegner citiren und ihn kurzweg abweisen zu wollen. Ich
freute mich sehr, dass Herr Krieger-Bey auf seiner Meinung
nicht bestand, sondern noch in meiner Gegenwart an den Poli-
zei- und Gensdarmerie-Oberst den Befehl sandte, er solle den
Schêch Chalîl Ahsên heraufholen lassen, ihm die vollständige
Grundlosigkeit seiner Anklage klar machen und ihn zur Ruhe
verweisen. Die Ausführung des Befehls erfolgte sofort; denn als
ich in Begleitung meines mir jetzt treu ergebenen Sabtije, der
zuvor noch in Gegenwart des Gensdarmerie-Obersten, des »Bimbäschi«, eine wahre Fluth von Anschuldigungen über das Haupt
des abwesenden Schêch's ausgeschüttet hatte, zur Siloahquelle
hinunterging, um die Zuschüttung des letzten Schachtes anzu-
ordnen, da rief mir eine der Frauen Chalîl Ahsên's, die voll
Sorge um das Schicksal ihres Gatten den halben Weg bis zur
Stadt hinauf ihm nachgefolgt war und sich unter einem Feigen-
baum niedergelassen hatte, mit klagender Stimme nach: »O
Herr, sie werden Chalîl Ahsên ins Gefängniss stecken! Zwei
Soldaten haben ihn geholt!« Als ich zurückkehrte, stürmte er
mit verstörter und ängstlicher Miene in der Stadt an mir vorbei,
ohne mich zu erkennen. Seine Strafe war also milder ausgefallen und rascher vollzogen worden, als seine treue Gattin ge-
fürchtet hatte. Wie ich später hörte, war er in Gegenwart der
Officiere und der Wache thuenden Mannschaften von dem Bimbäschi mit einer reichen Auswahl der kräftigsten Schimpfwörter,
von denen die arabische Sprache einen sehr grossen Schatz besitzt, bedacht worden. Jedenfalls war die Klage auf die möglichst schroffe Art abgewiesen worden, und der Bimbäschi wird
wohl nicht verfehlt haben, auch bei dieser Gelegenheit seine gefährliche Peitsche aus Nilpferdhaut, mit der er gewöhnlich auftrat,
in der Hand zu schwingen. Mehr als alles andere wird aber den
Schêch das vergeblich ausgegebene Geld geärgert haben; denn
ohne ein Bachschîsch hat ihm niemand die Klage geschrieben,
und ohne ein zweites, vielleicht auch ein drittes Bachschîsch ist
er die Klageschrift auf dem Serâj nicht losgeworden.

Dies war das einzige Mal, dass ich die Hülfe der Regierung
gegen die widerspänstigen und geldgierigen Fellachen in Anspruch nehmen musste. Ihrem bereitwilligen Entgegenkommen
habe ich es zu verdanken, dass das Hinderniss meiner Abreise,

eben jene Anklage, in dem Zeitraum einer Stunde vollständig
aus dem Wege geschafft war. Kann man sich ein rascheres Verfahren wünschen? Jedoch habe ich es nicht bereut, in allen
übrigen Fällen ohne Einmischung der Polizei meine Händel mit
den Fellachen erledigt zu haben.

Ich schliesse diesen Abschnitt mit einer Beschreibung des
breiten Kanales, dessen Lauf ich sowohl im W. als auch im
O. des heutigen (oberen) Siloahteiches und quer vor der Mündung der Siloahquelle unter der Erde angetroffen habe. Von
letzterem Punkte aus habe ich ihn an der östlichen Seite der jetzt
verschütteten Mulde vor dem Ausgang des Tunnels 17,60 m lang
verfolgt, nämlich von M bis Z. Der eine Rand MLZ bestand
aus den schon mehrfach erwähnten sorgfältig geglätteten *mizzi*-
Blöcken. Ihre Länge war verschieden; die erste Fuge fand ich
bei 2,92 m ostwärts von M. Da sich an dem Punkte M selbst
keine Fuge zeigte, so muss der Block noch ein gutes Stück, etwa
1 m weit, nach W. über M hinausgereicht haben. Ich schätze
seine ganze Länge darnach auf ungefähr 4 m. Die zweite Fuge
fand ich 2,24 m südwärts von L, die dritte nach 1,80 m, die vierte
nach 2,80 m, die fünfte nach 2,85 m, eine sechste habe ich überhaupt nicht entdeckt. Die Höhe der Blöcke belief sich auf 1,18 m,
ihre Dicke betrug 28—30 cm. Ihre obere Kante war nach dem
Kanale zu gleichmässig abgerundet, die Rückseite bildete von
oben bis unten eine gerade Fläche. Die Blöcke waren unmittelbar auf den Felsen gesetzt, der den Boden des Kanales bildete,
und mit ihm durch schwarzen Mörtel verbunden worden. Ihre
Rückseite lag entweder auch frei, wie vor M, oder war durch
Mauerwerk gestützt, welches bis zu 0,30 m hinaufreichte. So
fand ich es an der Stelle, wo die Blöcke zwischen L und Z mit
der untersten Wand des senkrechten Schachtes parallel zogen.
Der andere Rand MHZ bestand auf der Strecke MH aus behauenem Felsen, auf der Strecke HZ aus Mauerwerk, das aber
in der Nähe des senkrechten Schachtes zerstört war (vgl. p. 62).
Die Breite des Kanales mass bei M 1,40 m, auf der Strecke von
H abwärts 1 m. Das Gefälle des Bodens betrug von M bis zum
senkrechten Schachte, d. h. auf eine Länge von 13,50 m, 9 cm.

Nahe unter der Südwand des senkrechten Schachtes, nämlich 9,40 m von L entfernt, senkte sich der Boden des Kanales
plötzlich zu einem kleinen Bassin, das seine ganze Breite von

1 m füllte. Es war ganz in Felsen gehauen, scharf viereckig,
1,86 m lang und weniger als 1 m tief. Die Wände, die schräg
gegen einander liefen, also nach unten den Raum verengten,
waren mit demselben rothen Bewurf bekleidet, den ich im Felsenteich gefunden habe. Zu dem Bassin führte von N. her eine
kleine Rinne, die in den Boden des breiten Kanals getieft war,
offenbar um das Wasser desselben nach dem kleinen Behälter
abfliessen zu machen. Sie hatte eine Länge von 4,30 m, kurz vor
ihrer Mündung in das Bassin eine Breite von 0,40 m und eine
Tiefe von 0,15 m. Als Ausfluss diente ebenfalls eine Rinne,
deren Breite 0,56 m, deren Tiefe 0,12 m betrug. An der Westseite des kleinen Beckens und über dasselbe hinaus setzte sich
der schmucke Rand der *mizzi*-Blöcke als Einfassung des Kanales
fort. An der Ostseite dagegen erhoben sich nach S. zwischen
ihm und dem Ausflusskanal *ACD* einige in den Felsen gehauene
Stufen, deren erste Spur schon am 2. April sich gezeigt hatte;
die erste 0,15 m hoch und 0,37 m breit, die zweite 0,20 m hoch
und 0,35 m breit, die dritte 0,19 m hoch und 0,61 m breit. Wenigstens habe ich die Breite der letzteren in der angegebenen
Ausdehnung so weit als es möglich war verfolgt; denn dann
stiess ich auf unregelmässiges, quer nach S. vorgelagertes Mauerwerk, das sich nicht genauer untersuchen liess, ausser wenn ein
neuer Schacht senkrecht von oben auf dasselbe getrieben worden
wäre. Dazu fehlte mir aber die Zeit, da erst am 7. Juli die Stufen blossgelegt wurden. Es war also ein Stück Felsen zwischen
dem breiten Kanal und dem mit Steinplatten gedeckten, von
oben eingehauenen Abflusskanal *ACD* stehen geblieben, und
dieses schien dazu benutzt worden zu sein, um eine Treppe herzustellen, auf der man zu dem kleinen Bassin hinabsteigen
konnte. Mit der Gestalt des natürlichen Gesteins hing wahrscheinlich die ungleiche Länge der Stufen zusammen. Denn
während die zweite eine Länge von 1,12 m hatte, erhob sich die
dritte auf ihr, wie auf einer breitern Unterlage, in einer Länge
von nur 0,64 m.

Wie weit der breite Kanal sich über *Z* hinaus noch nach Süden
fortsetzte, habe ich nicht feststellen können. Schon oben p. 111 f.
habe ich aber erwähnt, dass ich dieselbe Anlage auch auf der
Westseite dieser Mulde vor der Siloahquelle, auf dem Boden der
Halle, neben der äusseren Felsenwand derselben gefunden habe.

Den oberen Theil dieses Armes von T über S bis M kann ich freilich nicht nachweisen — ich hätte sonst die Halle vollständig vom Schutt befreien müssen. Zunächst sprechen aber die auch hier entdeckten charakteristischen *mizzi*-Blöcke dafür, dass der breite Kanal nach der Westseite der Mulde das Wasser ebenso geführt hat, wie nach der Ostseite. Sodann ist der Zusammenhang des den Boden des Kanals und des kleinen Bassins in der Halle bedeckenden Wassers mit der Siloahquelle ausser allem Zweifel, da die Aufstauung derselben durch Verstopfen des Teichausflusses sich sofort auch dort bemerklich machte. Endlich weist die genau gleichmässige Fortsetzung der Mauer HM und des sie krönenden Gesimses bis zur Ecke S doch darauf hin, dass ihr Fuss, wahrscheinlich aus Felsen bestehend, auf der Strecke MS ebenso wie auf der Strecke HM den Nordrand des breiten Kanales gebildet hat. Hat sich dieser bis S ausgedehnt, so kann sein weiterer Lauf bis T nicht zweifelhaft sein. Nach diesen Anzeichen schliesse ich, dass der breite Kanal, in den die Siloahquelle unter dem heutigen innern Eingang (s. p. 81) ausfloss, das Wasser zuerst östlich und westlich, nach H und S, und dann in zwei parallelen Armen nach Z und T südwärts leitete. Den Enden dieser beiden Arme habe ich leider nicht nachspüren können. Sie liegen noch unbekannt unter der Schuttmasse vergraben oder sind zerstört. Bei T setzte sich freilich der kunstvoll geschliffene *mizzi*-Block noch unter dem Schutt fort, aber die Felswand der Halle war an der gegenüberliegenden Seite des Kanales senkrecht abgeschnitten, und zwar in einer scharfen, von menschlicher Hand gehauenen Kante. Den Grund dieser auffallenden Erscheinung vermochte ich nicht festzustellen, da das Wasser, das den Boden bedeckte, nicht abgelassen werden konnte. Das andere Ende des breiten Kanales über Z hinaus ist wahrscheinlich zerstört. Ich vermuthe es desshalb, weil der Rand des Abflusskanales ACD von B an abwärts hier und da von einzelnen, roh zwischen kleinere Steine eingefügten *mizzi*-Blöcken gebildet wird, die ihrer Gestalt nach einst zur Einfassung des breiten Kanales gehört haben. Selbstverständlich ist es dem Araber nicht eingefallen, sie mit grosser Mühe aus dem Schutt herauszugraben, sondern er wird sie als loses, seiner eigentlichen Bestimmung nicht mehr dienendes Material unter den Trümmern gefunden haben.

Dieser breite Kanal wird das beste Mittel sein, sich das frühere Aussehen der kleinen, an drei Seiten von Felsen eingeschlossenen und nur südwärts, nach dem Kidronthale zu offenen, Mulde zu vergegenwärtigen. Sie scheint in ihrer ganzen Breite durch Kanäle, Teiche und kleinere Bassins ausgefüllt gewesen zu sein. Das Wasser der Siloahquelle muss man in einer ausserordentlich sorgfältigen Weise damals zu verwerthen gesucht haben. Sobald es aus seinem engen unterirdischen Gange an das Tageslicht trat, wurde es nach zwei Seiten hin auf eine möglichst grosse Fläche vertheilt, ohne Zweifel, damit es für viele zugänglich sei. Die dürre, steinige Beschaffenheit des Berglandes von Palästina macht allerdings eine solche Fürsorge für Verwerthung eines Wasservorrathes begreiflich; an dieser Stelle werden aber wohl noch andere, aus der Geschichte des Heiligen Landes entsprungene Motive mitgewirkt haben, von denen im zweiten Theil meiner Darstellung zu reden sein wird.

Eine Untersuchung des Ausflusskanales ABCD belehrte mich, dass noch mehrere Seitenarme in denselben eingemündet haben und von ihm ausgegangen sind. Auf der Strecke AB war nichts Bemerkenswerthes zu verzeichnen; man hatte einen engen Gang von oben in den Felsen gehauen und ihn dann mit flachen Steinen zugedeckt. Je mehr ich mich dem alten Teiche, dem Ausgangspunkt meiner Untersuchungen, näherte, desto niedriger und schmäler wurde der Kanal. Bei B fällt von Westen her das Wasser des heutigen (oberen) Siloahteiches durch eine ziemlich breite Öffnung der Felsenwand in diesen Kanal hinab; von hier ab ist sein Boden noch heute, wenigstens so lange die Siloahquelle nicht versiegt, stets von dem thalwärts fliessenden Wasser bedeckt. Etwas oberhalb dieses Einflusses mündet, ebenfalls von W. her, eine Wasserleitung ein, die aus kleinen Thonröhren besteht. Ein anderer Seitenarm verbindet sich 4,37 m abwärts von B mit dem Hauptkanale. Dann folgt 6,70 m von B ein nach oben führender Schacht, der viereckig aus gut behauenen Steinen aufgebaut ist. Durch ihn war der nasse Schlamm aus der oberen, etwa 17 m langen Strecke AB in Körben hinaufgezogen worden, als SCHICK im Winter 1880/81 dieselbe hatte reinigen lassen. Bei C wendet sich der Kanal in einem rechten Winkel nach O. und zieht 11 m lang in dieser Richtung. Er nimmt von

S. und N. je einen Seitenarm in sich auf, fast rechteckig in den Felsen eingehauene und oben unregelmässig gedeckte Gänge, die allem Anschein nach Wasser zuführten. Besonders lässt der abschüssige Einlauf des zweiten hierüber gar keinen Zweifel. In einem Winkel von 70° biegt sich dann der Kanal wieder mehr südwärts. Dicht neben der Ecke erhält er von O. her einen ziemlich verschütteten Zufluss, in dem aber am 28. Juni 1881 doch noch etwas Wasser herabrieselte. Acht Meter abwärts hört die Deckung des Kanales auf, er läuft jetzt offen neben dem Wege, der von dem Dorfe Silwān zur Quelle führt. Westlich sinkt der Felsen mehr und mehr zu der Tiefe des Bodens unter dem Wasser hinab, auf der östlichen Seite dagegen tritt der hohe Ausläufer des SO.-Hügels steil, zum Theil überhängend an den Kanal heran und nimmt die niedrige Terrasse, durch welche derselbe von dem Punkte *A* an gehauen war, in sich auf. Im Westen ist er daher durch eine Mauer aus sehr verschiedenartigen Steinen eingefasst, unter denen sich auch einige der *mizzi*-Blöcke befinden, die ursprünglich wohl an der Seite des breiten Kanals gestanden haben mögen. Diese Mauer wird durch eine Verbindung mit dem sogenannten unteren Siloahteiche (*birket il-ḥamra*) unterbrochen, die auch nur gemauert, nicht in den Felsen gehauen zu sein scheint. Das Niveau dieses Seitenkanales liegt etwas höher als das des Hauptkanales, doch bin ich geneigt anzunehmen, dass durch ihn überflüssiges Wasser abgeflossen ist. Die übrigen Seitenarme scheinen mir ohne Ausnahme Wasser zugeführt zu haben. Ehe der Hauptkanal sich in das Bett des Kidron öffnet, muss er noch die letzte Felsbank des SO.-Hügels durchschneiden. Nach einer kurzen Wendung umschliesst ihn der Felsen ganz zu einer ähnlichen Enge, wie sie sich in seinem oberen Laufe findet.

Diese Arbeiten neben der Siloahquelle sind die schwierigsten, mühevollsten und langwierigsten gewesen, die ich im vorigen Sommer ausgeführt habe. Glücklicher Weise hat sie kein ernstlicher Unfall gestört. Ich war herzlich froh, als ich Mitte Juli den am 28. März begonnenen Schacht neben der Quelle schliessen konnte. Den grossen Stein, den die Fellachen unter meiner Anleitung hinaufgewunden hatten (s. p. 49f.), auf dem ich so oft gesessen hatte, um zu schreiben, zu zeichnen, zu rechnen und zu zahlen, liess ich als eine *maṣṣēbā* über seiner Mitte aufrichten, wie einst Jakob mit dem Stein in Bethel auf seiner Wanderung gethan hat.

IV. Die Arbeiten am Fusse des Südwest-Hügels[1]).

Ich führe nun den Leser auf die westliche und südwestliche Seite der einst zwischen nackten Felsen sich ausbreitenden, jetzt aber stark verschütteten Mulde, welche in alten Zeiten die Mündung des Tyropöonthales in das Kidronthal bildete. In ihrem oberen engeren Theile befindet sich der heutige Siloahteich nebst den ihm benachbarten Wasseranlagen, von denen im vorigen Abschnitt die Rede war. Ihre ganze untere Breite, die sich mit südöstlicher Richtung ursprünglich nach dem Kidronthale öffnete, wird jetzt durch eine alte Mauer versperrt, über die der Weg aus dem oberen Bett des Kidron in das Hinnomthal hinführt. Sie verbindet also die niedrigsten Terrassen des SO.- und SW.-Hügels miteinander. Auf ihrer südlichen Hälfte ragt aus einem ziemlich regelmässig geschichteten Haufen von alten grossen Bausteinen ein breiter Maulbeerbaum hervor, in welchem der Sage nach der Prophet Jesaias vor den Augen des Königs Manasse zersägt wurde. Der Platz steht auch bei den Muslimen in heiligem Ansehen, wie ein Weli. Oft vereinigen sich dort die Männer des Dorfes, um ihre Angelegenheiten zu besprechen oder auch nur den Schatten des Baumes zu geniessen. Namentlich während des Fastenmonats Ramaḍân sassen und lagerten sie in grosser Anzahl unter seinen Zweigen, redlich bemüht, sich die schweren Qualen des Hungers und Durstes vom Morgen bis zum Sonnenuntergang durch träge Beschaulichkeit zu erleichtern. Jenseit des Weges, der vom Mistthore, dem Bâb il-Mughâribe, am Jesaiasbaum vorbei ins Thal hinabführt, etwa 6 m südlich von dem heiligen Steinhaufen, erhebt sich 3—4 m hoch eine der gewöhnlichen Feldmauern, die das Abrutschen des Schuttes verhüten soll. Hinter derselben, etwa 20 Schritte oberhalb des Jesaiasbaumes, hatte schon Baurath Schick die Spur einer Mauer aus alten schönen Steinen entdeckt[2]). Bei A (Tafel III) fand ich

---

1) Hierzu Tafel III.   2) Schick's Bericht in ZDPV. V, p. 4.

die Ränder derselben noch ebenso aus dem Schutt hervorragen, wie sie durch SCHICK's Arbeiten zu Tage gebracht worden waren.

Obgleich diese Steinschicht mir nicht das zu bieten schien, was ich suchte, nämlich die Ringmauer der Stadt, so entschloss ich mich doch schon am 20. April, noch ehe ich den ersten Rest der alten Mauer am Abhang des SO.-Hügels gefunden hatte (s. p. 36 ff.), von dem Punkte *A* aus einen Graben in der Richtung auf *B* (Tafel III) zu ziehen, um die Stirnseite des Mauerrestes vollkommen frei zu legen. Vielleicht führte mich ihre südöstliche Fortsetzung auf die Umwallung, welche einst die Grenze der Stadt im S. bildete. Zu dem Zwecke ordnete ich einen schmalen Durchstich an von der Oberfläche des Ackers bis auf den Grund, der die blosszulegende Mauer trug. Dieser wurde in einer Tiefe von 4,92 m — 5,56 m gefunden. In der Nähe von *B* bestand er aus Felsen, weiterhin nach *A* ruhte die Mauer auf einer harten Unterlage aus Kalk, Cement und kleinen Steinen, mit deren Hülfe man eine ebene Fläche auf dem abwärts geneigten Felsen hergestellt hatte. Als der Durchstich vollendet war, lag die Mauer in der Ausdehnung, wie sie die »Vorderansicht der Mauer *AB*« auf Tafel III zeigt, vor mir. Die längsten Steine massen 1 m, 1,07 m, 1,13 m und 1,60 m. Ihre Höhe wechselte zwischen 0,75 und 0,50 m. Die unterste Schicht wies bei *B* die höchsten Steine auf. Bei allen war der Rand behauen, wenn auch in verschiedener Breite. Die Form des Buckels war sehr ungleich, bei einigen stark und breit, bei anderen flach und klein. Dennoch machte die ganze Mauer in ihrer Länge von 7,76 m und ihrer grössten Höhe von 2,20 m einen stattlichen Eindruck. Ihre Dicke belief sich, wie ich später von oben aus feststellte, auf 1,50—2 m.

Die Mauer hörte bei *B* auf. In gleicher Linie schloss sich daran eine aufrechtstehende, mehrfach geborstene Platte von *B* nach *C*, 2,50 m lang, 1,50 m hoch. Der Bewurf, mit dem sie bekleidet war, blätterte bei der Berührung ab. Bei *C* stiess sie gegen eine zweite Mauer, die aus sehr ungleichen, schlecht behauenen Steinen bestand. Auch diese trug einen leichten, sehr dünnen Bewurf, der darum wohl schwerlich auf die Existenz eines kleinen Teiches an diesem Orte, eher auf ein altes Wohnhaus hinweist. Die Mauer war unter der Erdoberfläche in einer Höhe von 3,50 m und in einer Länge von 4,75 m (von *C* nach *D* erhalten. Quer vor ihren letzten Steinen war die Feldmauer am Wege nach Jerusalem gebaut; bei *D* brach sie plötzlich ab.

So lange als ich vor diesen Resten in der Tiefe arbeitete, hatte ich mit den Eigenthümern des Ackers wenig zu thun. Sobald ich aber meine Ausgrabungen weiter über das Feld ausdehnte, fielen sie alle wie Raubvögel über mich her. Der Boden gehörte nämlich jener Familie, die mir gestattet hatte, in einem ihrer Häuser meine Arbeitsgeräthe niederzulegen (s. p. 16). Der eine Sohn war schon bald nach dem Beginn der Arbeiten in meine Dienste getreten; er war fleissig und bescheiden. Jetzt meldete sich auch der zweite Sohn als Arbeiter, die alte Mutter, eine *fáṭime* mit runzligem Gesicht, wollte ebenfalls beschäftigt sein; ja sogar der Vater, ein völlig stumpfer und kraftloser Greis, machte sich den ganzen Tag an den Gräben zu schaffen und verlangte am Sonnabend ebensogut wie die anderen seine Bezahlung. Was sollte ich machen? Um mir die ungestörte Fortsetzung der Arbeiten auf diesem Felde zu sichern, musste ich ihm wöchentlich zwei Wazari schenken.

Nachdem die Mauer *AB* blossgelegt war, liess ich den Graben in der Richtung auf *E* fortsetzen. In der geringen Tiefe von 1—2 m fanden die Arbeiter fast auf der ganzen Strecke grosse, meist behauene Steine, die bald so fest aneinander lagen, dass es grosse Mühe machte, sie loszubrechen. Wahrscheinlich gehörten sie zu einem Gemäuer, das mit irgend einem unter dem Schutt verborgenen Bau in Verbindung stand. Um dasselbe nicht unnütz zu zerstören, brach ich die Arbeit einstweilen ab, zumal ich seit Ende April über den Punkt, der ein wichtiges Ergebniss auf diesem Felde liefern konnte, zur Gewissheit gekommen war.

Als ich jenes kleine Mauerstück am SO.-Hügel fand, von dem ich p. 36 ff. berichtet habe, und mich nun nach anderen, ergänzenden Resten der alten Ringmauer umsah, schien es mir besonders werthvoll zu sein, wenn ich solche nicht nur auf dem SO.-Hügel, sondern auch auf dem SW.-Hügel entdecken und dadurch die Fortsetzung über das Tyropöonthal hinüber nachweisen könnte. Die alte Mauer, welche jetzt, wie ich schon oben gesagt habe, wie ein Damm den Ausgang des Tyropöonthales absperrt, erhielt nun in meinen Augen eine ganz andere Wichtigkeit. Das kleine Mauerstück am SO.-Hügel wies auf sie als auf seine Fortsetzung hin, und wenn sie das wirklich war, so mussten aller Wahrscheinlichkeit nach ihre weiteren Reste noch in dem Schuttlager des SW.-Hügels, in dem ich schon gegraben hatte, verborgen sein. Ich beschloss daher, auf jenem Grundstücke möglichst in der Nähe der Feldmauer einen Schacht abteufen zu lassen.

Bei F wurde senkrecht durch den Schutt gegraben und in einer Tiefe von 2—3 m der Rand einer Mauer gefunden, die aus hohen und breiten geränderten Steinen bestand. Ihre Zurichtung und Schichtung war ganz dieselbe, die man an den übrigen Resten der alten Stadtmauer beobachten kann. Die von ihnen gebildete Fläche lief der Mauer, die das Tyropöonthal abschliesst und den südöstlichen Rand der *birket il-ḥamra* bildet, genau parallel; sie war ein Stück ihrer Aussenwand, derselben, die einst frei über das Kidronthal sich erhoben hat. Erst in einer Tiefe von 5,00 m stiessen die Arbeiter auf festen Grund, nämlich auf einen schwarzen Cementboden (*ksära*), der in einer Dicke von 0,40 m den natürlichen Felsen bedeckte. In der westlichen Ecke des Schachtes trat ebenfalls der Felsen bauchartig in einer Höhe von 0,00 m über dem Boden hervor. Auch seine runde Fläche war mit demselben Bewurf bekleidet, der ausserdem die gefundene Mauer bis zu einer Höhe von 2 m über dem horizontalen Grunde des Schachtes und in einer Dicke von 0,27 m bedeckte. Vom Boden dieses Schachtes aus habe ich einen Gang nach NO. und einen Gang nach SO. anlegen lassen. Ich berichte zunächst über den ersteren.

An der linken, der nordwestlichen Seite, wie auch auf dem Boden des Ganges setzte sich der schwarze Bewurf fort. Der Schutt, welcher durchschnitten wurde, bestand aus Geröll und dunkler Erde, oft aber hinderten grosse und schwere Steine an raschem Vordringen. Sie waren sämmtlich behauen und ohne Zweifel aus den oberen Schichten der Mauer, die der Bewurf unten bedeckte, einst herabgefallen. Einer der grössten, den ich mass, war 1,06 m lang, 0,60 m breit und 0,40 m hoch. Der Boden senkte sich in der Richtung des Ganges. Auf eine Länge von 4,50 m (von F aus) war er um 0,10 m gefallen. Etwa 2 m weiter fiel er in einer schrägen, gemauerten Stufe hinab, so dass der Boden bei einer Entfernung von etwa 8 m von F, bei dem Punkte G, einen vollen Meter tiefer lag als bei F selbst. Der Felsen senkte sich in noch stärkerer Neigung nach NO. Um eine

weniger abschüssige Ebene zu erzielen, hatte man eine sehr feste
Mauerschicht auf den Felsen gelegt, die bei G einen halben
Meter stark war. Erst über diese war der schwarze cementartige
Bewurf gestrichen worden, dessen Dicke von 5 bis zu 20 Centi-
menter wechselte. Bei G war wieder eine auffallende Senkung
des Bodens. Bei näherer Untersuchung stiess ich 25 cm unter dem
Bewurf auf einen mässig grossen, platten Stein; unter ihm lag
ein zweiter, der wie der erste 20—25 cm dick war. Beide verschlossen einen Kanal, dessen Tiefe sich ungefähr auf 1 m belief,
und dessen Boden mit loser, feiner Erde bedeckt war, wie sie als
Schlamm vom Wasser abgesetzt zu werden pflegt und von den
Fellachen *smāli* genannt wird. Der Kanal zog von N. nach S.
und wird Wasser ab wär ts in das Kidronthal geführt haben, so
viel sich wenigstens aus der allgemeinen Beschaffenheit des Terrains erschliessen lässt. Ein kalter Luftstrom drang mir aus ihm
entgegen, ja derselbe durchzog ihn so stark, dass die Stearin-
kerze in meiner Hand verlosch, sobald ich sie in den Raum des
Kanales selbst hineinhielt. Daraus ergiebt sich, dass derselbe
heute noch sowohl oberhalb als unterhalb der Stelle, wo ich ihn
fand, offen sein und mit der Luft draussen in Verbindung stehen
muss. Ich habe aber weder seinen Anfang noch sein Ende feststellen können, doch halte ich es für wahrscheinlich, dass er in
den Gärten, die die Sohle des Kidronthales bedecken, zu Tage
tritt. Jedenfalls lief er fest verschlossen unter dem Boden des
Ganges *FGH* hin und stand mit ihm in keiner Verbindung. Er
war sicherlich früher angelegt worden und begann oberhalb
desselben, nämlich j e n s e i t s der alten Mauer, an deren SO.-
Seite jener von mir geöffnete Gang verlief. Ich vermuthe, dass
er einer der Abzugskanäle ist, durch den das Wasser des Tyropöonthales abfliesst. Man wird ihn angelegt haben, als man dessen Mündung in das Kidronthal durch die breite Mauer versperrte, und später wurde über ihn der harte Boden aus dichtem
Gemäuer und festem Cement hergerichtet, den ich, wie oben gesagt, durchbrochen hatte, ehe ich an seine Decksteine gelangte.
Damit würde die Aussage der Fellachen übereinstimmen, dass
noch heute das Wasser, welches im Winter in der *birket il-hamra*
sich sammelt, unter der Mauer weg, durch sein Rauschen für das
Ohr vernehmbar, abfliesse und eine Strecke weit oberhalb des
bir eijūb hervorkomme; doch konnten sie mir diese Stelle nicht

angeben. Übrigens lag der Punkt G tiefer als seine ganze Umgebung, die im SW., NO. und SO. um 6—10 cm anstieg, wie die hier nach SO. auf 1—2 m vorgenommene Erweiterung des Ganges lehrte. Aber eine Öffnung nach dem Kanale unten zeigte sich in dem Bewurfe nicht, derselbe war überall dicht und fest verschlossen.

Ich hatte gehofft, in diesem Gange von F aus ein Thor in der alten Mauer zu entdecken, durch das man einst, etwa unter dem heutigen Wege zur Stadt hinauf, in das alte Jerusalem eingetreten sei. Aber diese Hoffnung erfüllte sich nicht. Die Mauer bot stets dieselbe dicht geschlossene und mit schwarzem Bewurf überzogene Fläche dar. Da auch sonst gar nichts Neues bei der Fortsetzung der Arbeit sich ergab, so brach ich am 7. Juni den Gang bei H ab. Seine Länge von F nach H betrug 13,05 m.

Der zweite Gang von F nach J brachte mir endlich die erwünschte Aufklärung darüber, was ich durch diese Arbeiten unter der Oberfläche entdeckt hatte. An der rechten Seite von F aus zog ebenfalls eine Mauer durch den Schutt. Sie bildete keine ganz gerade Linie, sondern trat in einer leichten Krümmung nach O. vor. Sie erhob sich nicht lothrecht über dem Boden, vielmehr waren ihre oberen Schichten um ein Geringes nach SW. eingerückt. Die hierdurch entstandene Unebenheit der Mauerfläche wurde aber durch den Bewurf verdeckt, den man auch hier aufgetragen hatte. Die ganze Länge des unterirdischen Ganges von F nach J belief sich etwa gerade auf 15 m. Das Ende desselben stiess auf eine ziemlich im rechten Winkel sich anschliessende, von J in nordöstlicher Richtung ziehende Mauer. Den letzten Raum vor J, nämlich eine Länge von 2,33 m, nahm eine aufwärts führende Treppe von fünf Stufen ein. Die erste hob sich 0,25 m über den Boden und war 0,60 m breit, die zweite hatte die gleiche Höhe wie die erste, die beiden folgenden waren zerstört, die fünfte war 0,52 m hoch und 0,40 m breit. Sie lehnte sich unmittelbar an die quer vorgelegte Mauer und war noch gut erhalten, besser als die unteren. Alle Stufen waren gemauert und mit dickem Bewurf bekleidet, der aus zwei Schichten bestand. Die untere war schwarz und glich dem bei Beschreibung des Ganges FGH erwähnten Verputz, die obere war hellgrau, enthielt weniger Erde, aber um so mehr Kalk und kleine Steine und war ausserordentlich fest. Dennoch war der Bewurf namentlich

an den oberen Stufen stark verletzt und abgeschlagen. Zwischen
dem Schutt fanden sich Gewölbesteine und auch die ornamentirten Stücke vom Kopf eines Pfeilers. Die Treppe war also einst
überbaut gewesen, wenigstens hatte ein Portal von aussen durch
die Mauer zu dem von mir durchforschten Raum geführt. Ich
hegte jetzt keinen Zweifel mehr über seine ursprüngliche Bestimmung. Die tiefe Lage zwischen den an drei Seiten aufgefundenen Mauern, der den Boden und die Wände bekleidende
Verputz, sowie auch die Stufen in der Südostecke wiesen darauf
hin, dass ich in dem Schutt eines alten Teiches gegraben hatte.
Ich war durchaus nicht darauf gefasst gewesen, vor den alten
Mauern und ausserhalb des einstigen Stadtbezirkes einen so um-
fangreichen Wasserbehälter zu finden; diese irrige Voraussetzung
hatte mich mehrere Wochen lang gehindert, den wahren Sachverhalt zu erkennen. Der Zugang an der SO.-Ecke, dessen
Breite den ansehnlichen Raum von 3,56 m eingenommen hatte,
lehrt ausserdem, dass der Teich nicht für die Stadtbewohner,
sondern für Niederlassungen oder Anlagen ausserhalb der alten
Stadt, an den Abhängen oder im Grunde des Kidronthales, bestimmt gewesen sein muss.

Auf dem Grunde und in der Nähe des bei F gegrabenen
Schachtes waren einige interessante Gegenstände gefunden worden. Ich nenne zuerst eine kleine, völlig unversehrte Glas-
flasche, die auf Tafel X unter E abgebildet ist. Ihr Inneres enthielt feinen Staub, das Glas war in Folge des langen Liegens in
der feuchten Erde sehr stark angegriffen, so dass fast bei jeder
Berührung einige der glänzenden Blättchen sich lösten und ab-
fielen. Auf dem Grunde des Schachtes fanden die Arbeiter zwei
fast vollständige Gerippe. Sie waren gut erhalten und in der
Tiefe schneeweiss gebleicht. Auch einige Stücke Eisen sowie
versteinertes Holz wurden in dem Schutt gefunden; ferner ein
kleiner irdener Krug (Tafel X, F), zwei mit Zeichen versehene,
unten platte, oben gerundete Steine (Tafel X, G und H), zwei
schlichte Thonlampen (Tafel X, J und K) und ein dunkler
schwerer Stein, der einem an den Ecken abgerundeten Quadrat
von 3—4 cm Höhe gleicht. Über alle diese Gegenstände werde
ich in dem zweiten Theil unter »Ergebnisse« dasjenige mittheilen,
was ich über ihre Deutung zu sagen weiss.

Dieser Schacht war die Stätte, wo der einzige ernstliche

Unglücksfall, der leicht einen sehr gefährlichen Ausgang hätte
nehmen können, während der ganzen Dauer meiner Ausgrabungen sich ereignete. Eines Tages war ich erst kurze Zeit von der
Besichtigung der Arbeiten in das Johanniterhospiz zurückgekehrt und hatte eben begonnen, an Briefen und Korrekturen zu
schreiben, die am Nachmittag mit der Post abgehen sollten, als
ich einen der Besitzer des Grundstücks, von dem ich in diesem
Abschnitt rede, an den Fenstern meines Zimmers umherschlei-
chen und neugierige Blicke durch ihre Scheiben werfen sah. Als
ich hinausging, um zu fragen, was er wolle, meldete er mir, dass
sein Bruder, jener fleissige und ordentliche Arbeiter, in den
Schacht hinuntergestürzt sei; kaum habe er das Seil um seinen
Körper geschnürt, um sich an demselben hinabzulassen, so sei
der eiserne Haken, an dem die schwere Rolle, über die das Seil
lief, aufgehängt war, gebrochen und Ḥammūdi — so hiess der
Bruder — in die Tiefe gestürzt und die Rolle ihm nach. Ich erschrak nicht wenig, zumal da sich meine Vermuthung bestätigte,
dass ich selbst als der letzte vor ihm an derselben Winde in den
Schacht hinunter- und wieder heraufgefahren war. Mir hatte der
Haken also seinen letzten Dienst gethan, ich war dem gefährlichen Sturz noch eben entgangen, aber der Fellach war 9 m tief
auf den harten Boden hinuntergefallen! Jedoch noch mehr wun-
derte und freute ich mich zugleich zu erfahren, dass der Arme
keinen ernstlichen Schaden gelitten, jedenfalls wenigstens kein
Glied gebrochen hatte. Die Lichtweite dieses Schachtes war
grösser, als ich sie gewöhnlich zu bemessen pflegte, und um den
losen Schutt zu stützen, hatte der obere Theil des Schachtes ganz
mit Brettern gefüttert werden müssen. So mochte es gekommen
sein, dass der Fallende weder Erde noch Steine aus den Wänden
gelockert und nach sich gerissen hatte. Er musste ziemlich gerade auf den Rücken gefallen sein, und der dicke Turban hatte
seinen Kopf vor jeder Verletzung geschützt. Nur der eiserne
Rand der Rolle hatte ihm die Haut an den Füssen stark geschun-
den. Er war sogleich wieder heraufgezogen worden und hatte
durch die Probe sich davon überzeugt, dass er noch stehen und
gehen könne. Ich gab dem Bruder die Weisung, mit Ḥammūdi
zu Herrn Dr. Sandreczky zu gehen und ihn dort genau untersuchen zu lassen. Als ich aber gegen Abend hinunterritt, um mich
persönlich nach dem Verunglückten umzusehen, war noch gar

nichts geschehen! Ḥammûdi lag in seine ʿabâje gewickelt
zwischen den Gräben im Schatten eines Granatenbaumes, und
seine Frau sass neben ihm. Unbegreiflich erschien mir diese
träge Gleichgültigkeit, unergründlich war sie auch allen Fragen
gegenüber; er hatte eben nicht gewollt! Von Allah war der
Sturz gekommen, Allah sollte auch wohl seinen steifen Rücken
wieder geschmeidig machen! Ich hiess ihn meinen Esel besteigen
und gab ihm seinen Bruder als Begleiter mit; die Frau ging aus
eigenem Antriebe auf Umwegen ihm nach. Dr. Sandreczky ver-
ordnete ihm eine Unzahl Schröpfköpfe und Blutegel, die sofort
auf dem Sûḳ der Stadt in einer offenen Rasirstube angesetzt wurden, und dann einige Tage Ruhe. Aber schon am folgenden
Tage fand ich ihn wieder bei der Arbeit beschäftigt, was ich ihm
jedoch streng untersagte. Ein kleines Schmerzensgeld machte
ihn schnell zum gehorsamen Patienten, und eine Woche später
waren alle Leiden vollkommen überwunden und vergessen, wesentlich gewiss auch desshalb, weil ich ihm die unfreiwilligen
Ruhetage als Arbeitstage angerechnet und den früheren Lohn
unverkürzt weitergezahlt hatte. Übrigens will ich damit der ab-
gehärteten Fellachennatur durchaus nicht den grossen Antheil
absprechen, den sie zur raschen Überwindung der starken Kontu-
sionen beigetragen haben wird.

Die Untersuchung des Teiches durch die unterirdischen
Gänge ergänzte ich insofern, als ich oberhalb J die Feldmauer
abtragen und unterhöhlen liess, um die Höhe und Dicke der Seitenwand des Wasserbehälters von F nach J kennen zu lernen.
Von J bis K wurde sie auf 4,75 m einwärts blossgelegt. Bei K
lagen noch fünf Schichten übereinander, bei J nur noch zwei.
Doch waren die Steine, wohl durch gewaltsame Zerstörung, aus
ihrer ursprünglichen Fügung stark verrückt worden. Alle hatten
einen sorgfältig ausgeführten Randschlag, über den die innere
rauhe Fläche nur wenig hervorragte. Die SO.-Mauer des alten
Teiches, welche ich bereits von unten erreicht hatte (s. p. 132 f.),
fand ich hier unmittelbar unter der jetzigen Feldmauer am Rande
des Weges, der zum Hiobsbrunnen führt. Der Punkt J war einst
die Ecke der den Teich umschliessenden Fassung gewesen; eine
Fortsetzung nach der entgegengesetzten Seite, d. h. nach dem
Hinnomthale zu, fand ich nicht. Daraus ergab sich, dass ich
nicht die eigentliche Stadtmauer vor mir hatte; diese musste

weiter einwärts in südwestlicher Richtung unter dem Schutt verborgen sein. Dort habe ich sie auch wirklich gefunden.

In den ersten Tagen des Juli liess ich auf der unteren Terrasse dieses Feldes, die etwa 2—3 m höher lag als der Weg zum Hiobsbrunnen, einen anderen Schacht graben, in welchem ich schon 2,87 m unter der Oberfläche auf einen festen Mauerrand stiess. Derselbe strich an der NO.-Seite quer durch den Schacht. Ich liess den Schutt vor ihm wegräumen und fand in einer Tiefe von 2,54 m den Felsboden. Unter stützenden Brettern und Balken liess ich die Mauer auf eine Länge von 1,75 m frei legen. Sie ruhte auf einem senkrecht ausgehauenen Felsrande, dessen Höhe zwischen 0,77 m und 1,27 m wechselte. Durch kleinere, roh behauene Steine war eine ebene Fläche auf ihm hergestellt, die die eigentliche, gleichmässig geschichtete Mauer aus schönen Steinen trug. Diese begann daher erst in einer Höhe von 1,54 m über dem horizontalen Felsboden und bestand aus fugengeränderten Quadern. Ihre Buckel sprangen sehr unregelmässig vor, von 2 bis 15 cm über den ebenen Randschlag. Der längste Stein hatte bei einer Höhe von 0,56 m eine Länge von 1,05 m. An einem anderen bemerkte ich ein sehr sorgfältig eingehauenes Zeichen, das auf Tafel III wiedergegeben worden ist. Anfangs glaubte ich bei M die Ecke der Stadtmauer vor mir zu haben. Allein später zeigte es sich, dass auch noch über M hinaus behauene Steine auf dem Felsen in ihrer ursprünglichen Lage vorhanden waren. Sie hatten sich nur von dem Felsrand, der die Mauer von M nach L trug, hier aber senkrecht abgeschnitten war, zu einer 8—15 cm breiten Spalte gelöst, deren Ränder jedoch noch den einst sie verbindenden Mörtel aufwiesen. In zwei Schichten setzte sich die Mauer unter dem Schutt nach dem Wege zu fort. Der Boden vor derselben bestand, wie ich schon gesagt habe, aus Felsen. Er war insofern bearbeitet, als man Steine von ihm gebrochen hatte, wie einige Schrote noch deutlich zu erkennen gaben. Unmittelbar auf dem Felsen lag auffallend harter Schutt, fast von der Festigkeit eines gestampften Bodens.

Durch einen glücklichen Zufall kam ich in die Lage, die Entfernung zwischen der Mauer LM und der Rückseite der Mauer KJ messen zu können. Ich hatte aus den zwei Schichten bei J einen Stein wegnehmen lassen, um die Dicke der Mauer zu erfahren. Bei dem weiteren Durchbrechen stürzte das vorliegende Geröll in den leeren Raum vor der Mauer *LM* hinüber; dadurch wurde der Zwischenraum frei. Die Dicke der Mauer *JK* betrug 2,17 m, und der Raum zwischen *JK* und *LM* war 1,60 m breit.

Ich hatte auch hier gehofft, die Spuren eines alten Thores in den Mauerresten zu finden. Leider vergeblich! Vielleicht führt der schmale Weg zwischen den soeben beschriebenen Mauern zu einem solchen. Dann würde sich ein altes Thor ungefähr unter dem Graben *CE* befinden, und das feste Gemäuer, das mich zum Abbrechen der Arbeit dort veranlasste (s. p. 129), würde mit dem Thorbau in Verbindung stehen. Die geringe Breite des Zugangs zwischen *LM* und *JK* kann nicht dagegen sprechen; denn auf dieser Seite ist niemals ein bedeutender Verkehrsweg in die alte Stadt eingelaufen. Das Kidronthal führte in die sogenannte Wüste Juda hinab, in eine unfruchtbare, öde und menschenleere Gegend, die selten aufgesucht wurde, aus der keine Volksmenge nach Jerusalem wanderte. Die Wege nach dem Süden des Landes führten ohne Zweifel in alter Zeit schon ebenso wie heute an der Wasserscheide hin, die sich westlich von Jerusalem erhebt. Wer sie erreichen wollte, stieg nicht erst in das tief eingeschnittene Kidronthal hinab, sondern verliess die Stadt an ihrer Westecke, die ungefähr dem heutigen Jafathore entspricht, durch das ja noch jetzt aller Verkehr nach dem W. und nach dem S. sich bewegt. Zu den Jordanfuhrten schlug man den Weg über den Ölberg ein (Sam. II, 15, 30), verliess die Stadt also auch nicht im S. Mithin wird das Thor, das wir oberhalb des Hiobsbrunnens annehmen müssen, nur eine untergeordnete Bedeutung gehabt haben, ähnlich wie das heutige Bâb il-Mughäribe- oder Mistthor. Es wird schmal und nicht von bedeutender Höhe gewesen sein. Daher können wir auch keinen breiten Zugang zu demselben erwarten. Ein weiteres Vordringen unter dem Schutt, um über diese Vermuthung Gewissheit zu erlangen, konnte ich jedoch nicht mehr beginnen, da ich zum Abschluss der Arbeiten eilen musste.

In südwestlicher Richtung von dem Mauerrest *LM* hatte ich an einigen Stellen noch in die Erde graben lassen, um sichere Anzeichen über die Fortsetzung der alten Stadtmauer am SW.-Hügel zu erhalten. Grosse behauene Steine fand ich in beträchtlicher Anzahl nahe unter der Oberfläche des Bodens, aber von

einer regelmässigen Schichtung nur geringe Spuren. In der Nähe
zwischen hohem Unkraut liegt anderes Baumaterial, das die Fellachen selbst, um es anderweitig zu benutzen oder um es zu verkaufen, ausgegraben haben. Etwas höher daneben ragen die
übereinander gefallenen Steine wie eine dichte, mehrere Meter
hohe steile Wand aus dem Schutt hervor, den entweder die Fellachen selbst abgeräumt oder Regengüsse weggespült haben.
Man kann kaum zweifeln, dass hier, am letzten steilen Abhang
des Berges, einst die Mauer gestanden hat, welche sich vom Kidronthal am Rande des Hinnomthales hinaufzog. Aber es
scheint an dieser Stelle in besonders hohem Grade alles übereinander geworfen zu sein. Auf dem Boden, wenn ich nicht irre,
zum Theil im natürlichen Gestein, zog sich eine schmale Rinne
hin, die mit Platten gedeckt war und früher Wasser geführt haben
wird. Wie sich ihre Linie zu dem Zuge der alten Mauer verhalten hat, ist mir nicht klar geworden.

So lange die Arbeit dauerte, war das Einvernehmen mit den
Eigenthümern dieses Grundstückes ganz befriedigend. Aber als
sie sich ihrem Ende näherte, führte die Geldgier der Leute zu
langweiligem Streit. Bald sollte ich einem Granatbaum die Existenz unmöglich gemacht haben; er blühte aber und setzte nachher treffliche Früchte an. Bald sollte ich das Feld so verwüstet
haben, dass es gar nicht mehr beackert werden könnte; in Wahrheit aber hatten sie es sich bereits bequemer eingerichtet,
als es vor meinen Arbeiten beschaffen war. Dann sollte Herr
Bäuerle der *schēṭān* (»Satan«) sein, der den Frieden zwischen uns
gestört hätte, und statt seiner dachte sich der Schēch Chalîl Ahsên als Vermittler einzuschieben, wohl mit ehrlicher Miene, aber
mit noch zwei offenen Händen dazu! Und dabei war der stumpf-
sinnige Alte, obwohl er die Geldstücke gar nicht mehr unterscheiden konnte, der Hartnäckigste von allen. Als ich Fāṭme,
seine Frau, längst durch ein gutes Bachschîsch für die Benutzung ihres Hauses zur Niederlage meiner Geräthe entschädigt und befriedigt hatte, da fiel ihm ein, von mir noch in aller
Form die Miethe zu fordern, an die vorher keiner von uns beiden gedacht hatte. Aber die Söhne hatten bereits, als ich ihnen
zahlte, auf dem Deutschen Konsulat zu Protokoll gegeben, dass
nun keine Forderung mehr von ihrer Seite an mich erhoben werden könnte. Der Einfall des Alten kam daher zu spät.

V. Die Arbeiten auf dem östlichen Abhang des Südost-Hügels[1].

Im vorigen Abschnitt habe ich mitgetheilt, wie es gelang, die Fortsetzung zu dem zuerst entdeckten Mauerstück im Tyropöonthal und über dasselbe hinaus am Fusse des SW.-Hügels zu finden. Hier lasse ich die Beschreibung derjenigen Mauerreste folgen, welche ich oberhalb des Kidronthales und der Marienquelle, als nördliche Fortsetzung nach dem Ḥaram zu, unter dem Schutt entdeckt habe.

Zwischen den Punkten *A* und *B* auf Tafel IV machte mich Baurath Schick, als wir Ende März gemeinsam das Terrain der beabsichtigten Ausgrabungen durchschritten, auf Spuren von festem Mörtel und kleinen Mauersteinen aufmerksam, die am Rande des Weges zwischen niedrigem Unkraut hervorschauten. Nachdem mit jenem ersten Mauerstück, das ich p. 36 ff. besprochen habe, der feste Punkt gefunden worden war, von dem aus ich nach anderen Resten der alten Stadtumwallung forschen konnte, begann ich Anfang Mai die eben bezeichnete Stelle zu untersuchen. Der Abhang unterhalb des Weges war Eigenthum der Gemeinde Silwân, und ich erkundigte mich desshalb nach dem Schêch des Dorfes, um mit ihm Rücksprache zu nehmen. Bei dieser Gelegenheit war es nun, wo sich mir Chalil Ahsen als Oberhaupt des Dorfes vorstellte und durch ein Goldstück gar schnell gefügig wurde, wie ich schon auf p. 69 f. erzählt habe. Die offen sichtbaren Mauerspuren waren bald abgetragen; darunter kam in verschiedener Tiefe der Felsen zu Tage, dessen Abhang aber nicht mehr die natürliche Gestalt hatte, sondern stellenweise sehr stark durch Abspalten von Steinen verkleinert worden war. Unter dem Schutt stiessen die Arbeiter bei *A* auch auf die runde Öffnung einer in den Felsen gehauenen Cisterne, auf deren Untersuchung ich mich jedoch nicht einliess.

Ein wichtiger Erfolg dagegen ergab sich, als ich zwischen *B* und *C* die Erde abtragen liess; denn ich fand hinter derselben zweischichtiges Mauerwerk von 3,50 m Länge und 0,80 m Höhe.

[1] Hierzu Tafel IV und V.

Die Steine waren nur roh, jedoch zu einer ziemlich regelmässigen Form behauen. Mörtel fand sich nicht zwischen ihnen, doch kleine Steine und Staub, der kaum Kalk zu enthalten schien. Ich liess einige der grossen Steine an der auf der Ansicht des Mauerstückes *DE* bezeichneten Stelle herausnehmen, konnte aber die Dicke der Mauer von dieser Seite aus nicht feststellen. Eine Auflockerung des Weges ergab, dass auch unter ihm die geschichteten Steine sich fortsetzten. Ich beschloss daher auf dem Felde, das im Westen des Weges, etwa 1,50 m höher als derselbe, gelegen war, einen Schacht graben zu lassen, um von der anderen Seite her die Ausdehnung der Mauer kennen zu lernen.

Die Verhandlungen mit dem Eigenthümer waren rasch erledigt, und am 11. Mai wurde der Schacht *F* (Tafel IV; s. auch den Grundriss des Thurmes auf Tafel V) begonnen. In einer Tiefe von 1 m unter der Oberfläche des Feldes fanden die Arbeiter an dem Westende eine von O. nach W. streichende Mauer, die aus zwei Schichten von grossen, schönen Steinen bestand. Dieselben waren nicht gerändert, vielmehr ganz glatt gehauen und sorgfältig mit dem Zahnhammer bearbeitet. Die obere, etwas eingerückte Schicht war 0,46 m dick und 0,50 m hoch, die untere 0,52 m dick und 0,40 m hoch. Sie ruhten auf kleineren Steinen, wie der Durchschnitt *AB* auf Tafel V zeigt, und diese wieder auf stärkerem Mauerwerk, das sich durch den ganzen Schacht hindurchzuziehen schien und durchbrochen werden musste, um die Tiefe des Felsens zu erfahren. Dasselbe lag 1,80 m —2 m unter der Oberfläche; seine Schichtung ist auf dem Grundriss des Thurmes innerhalb des Schachtes *F* noch theilweise zu erkennen. Die Steine waren wohl nicht durch Mörtel verbunden gewesen; ihre Lagerung und Beschaffenheit entsprach denjenigen, welche ich unter dem Wege westlich von der alten Mauer *DE* (Tafel IV) gefunden hatte. Es darf daher wohl angenommen werden, dass das Mauerwerk in dem Schacht *F* die hinteren Lagen jener Mauer gebildet hat. Eine nähere Untersuchung ergab aber, dass die Steinschichten in dem Schacht *F* von dem Mauerwerk, das die letzte Unterlage jener oben erwähnten schön behauenen Quadern bildete, nicht nur verschieden, sondern auch durch eine dicke schwarze, ausserordentlich harte Cementschicht getrennt war. Dieser Bewurf zog von N. nach S. und wandte sich unter den grossen Steinen nach

W. (s. den Grundriss auf Tafel V), während er auf 0,84 m Tiefe mit allmähliger Rundung in eine horizontale Fläche überging (s. den Durchschnitt AB auf Tafel V). Er war gegen die von dem Schacht F durchgrabenen Steinschichten geworfen und kehrte seine dicht geglättete Fläche nach W. An dieser Seite wird er also ursprünglich keine Mauer vor sich gehabt haben; mithin ist das jetzt sich dort findende schlechte und unregelmässige Gemäuer jünger, als der Bewurf selbst und die Steinschichten, an denen er haftet. Die Dicke der letzteren, vorausgesetzt dass sie unter dem Wege hindurch mit der Mauer DE ohne Lücke zusammenhängen, beträgt dort bis zu dem steinharten Bewurf 7,50 m. Der Felsen wurde in dem Schacht F 3,56 m unter der Erdoberfläche angetroffen.

Ich forschte nun der Doppelschicht von glatt gehauenen Quadern nach, deren Rand von W. in den Schacht hineinragte. Bei G (Tafel IV) wandte sie sich in scharfer Ecke nach S. und lief in dieser Richtung 7,90 m bis H (Tafel IV). Hier bog sie wieder nach O. um, jedoch lag an dieser Seite oben nur noch ein Stein, unten zwei Steine (Durchschnitt CD und EF auf Tafel V). Ein anderer war von oben heruntergefallen und lag dicht daneben (Tafel V, L des Grundrisses und des Durchschnittes EF). Die grösseren Quadern waren meist auf kleinere, flache Steine gelegt, und diese ruhten auf einer tieferen Grundmauer. Die Aussenflächen der Quadern waren, abgesehen von fünf Ausnahmen, sämmtlich mit dem Zahnhammer bearbeitet. Sie lagen durchschnittlich nur 1 m unter der Oberfläche, während ihre Grundmauer in einer Tiefe von 2 m sich hinzog. Die Dicke der Quadern belief sich auf etwa 0,50 m, ihre Länge wechselte zwischen 1,30 m und 0,50 m, so dass einige geradezu die Gestalt von quadratischen Blöcken hatten. Von dem Mörtel, der sie verbunden hatte, waren noch einige Reste erhalten. Hinter ihnen befand sich derselbe Schutt, der sie bedeckte. So weit ich wenigstens von N. und von S. her in den durch die Quadern eingeschlossenen Raum eindrang, traf ich nichts als Schutt an.

Das Fundament untersuchte ich zuerst an der Südecke. Es sprang nach S. etwa 20 cm unter den Quaderschichten vor, ruhte in einer Dicke von 1,42 m auf dem Felsen OP (Grundriss und Durchschnitt CD auf Tafel V) und trug noch ein Stück dunklen Bewurfs, der sich auch an dem südwärts streichenden unansehnlichen Gemäuer nach *N* zu (s. ebendort) erhalten hatte. Der Felsen, oben und an den Seiten behauen, senkte sich in einzelnen Absätzen bis zu 2,70 m abwärts, wo eine zweite horizontale Stufe desselben begann, die vielleicht künstlich hergestellt ist. Denn es fällt auf, dass sie sich nicht nach dem Thale (ostwärts), sondern nach Westen, bergeinwärts, senkt (s. Durchschnitt *CD* auf Tafel V). Der Felsrand ragte nach dem Kidronthale um 2,10 m über die Grundfläche empor. Nach der W.-Seite der Quaderschicht bildete die Grundmauer einen breiteren Rand als im S. und N., nämlich 60 cm von *K* bis *M* (Tafel V), wie auch der Felsen hier eine geräumigere Unterlage bot.

Anders war das Fundament an der Nordecke beschaffen. Ein hier gegrabener Schacht (*J* auf Tafel IV) stiess auf den Felsboden in gleicher Tiefe, wie er unter der Südecke liegt, nämlich bei 1,43 m, oder bei 3,50 m unter der Erdoberfläche. Derselbe war zu einer stufenartigen Senkung von O. nach W. behauen und trug jetzt die Grundmauer, die vom Felsboden rampenartig in einem Winkel von 40° zu der Höhe der Quaderschicht aufstieg, von der sie sich mit ihrem unteren Ende etwa um 2 m entfernte. Die Steine waren ungleich, bald behauen, bald nicht behauen, und nur durch Erde, der sehr wenig oder gar kein Kalk beigemischt war, verbunden. Unter der Nordecke der Quaderschicht fand sich der ausserordentlich harte, schwarze Bewurf wieder, den ich bei Beschreibung des Schachtes *F* (Tafel IV) erwähnt habe. Seine senkrechte Fläche lief von O. nach W., seine glatte Seite war nach N. gewandt.

Der Schacht *K* (Tafel IV) bezeichnet die dritte Stelle, an der ich das Vorterrain dieses alten Baues untersuchte. In einer Tiefe von 5,40 m unter der Oberfläche stiessen die Arbeiter auf eine dunkle, feste Masse, die aus kleinen Steinen bestand, aber Kalk nicht zu enthalten schien. Aschen- und Kohlenreste waren um so deutlicher in derselben zu erkennen. Eine Eisenstange, die in den schwarzen Grund eingetrieben wurde, sass bei 0,80 m Tiefe fest. Nun liess ich vom Boden dieses Schachtes aus einen Gang von 2 m Länge in gerader Richtung gegen die oben aufgedeckte Quaderschicht öffnen. Am Nordrande desselben fand sich schwarzer Bewurf, der noch fest und gut erhalten war. An der Südseite dagegen trat 85 cm vom Eingang eine Felsecke hervor, deren eine Wand nach O., deren andere nach S. lief. Beide waren behauen und trugen eine doppelte Schicht von dunkelgrauem Bewurf. Im übrigen durchschnitt der Gang ein Mauerwerk von sehr unregelmässiger Schichtung, dessen Mörtel keinen Kalkgehalt aufwies. Es glich genau dem auf dem Grunde des Schachtes *J* gefundenen Gemäuer, doch habe ich ein schräges Ansteigen desselben hier nicht bemerkt. Das Ende des Ganges lag bereits unter der doppelten Quaderschicht; die sie tragende Grundmauer hatte hier also eine Dicke von ungefähr 4,20 m.

Ehe ich die Reste der alten Stadtmauer nach S. verfolge, füge ich hier dasjenige an, was sich in dem nördlich benachbarten Schachte *L* gefunden hat, da sich dadurch die Kenntniss des soeben beschriebenen alten Baues vervollständigt. An der Ostseite des Schachtes zeigte sich 2,50 m unter der Oberfläche ein Mauerrest von behauenen und regelmässig geschichteten, durch Mörtel verbundenen Steinen. Er war noch in einer Höhe von 1,70 m über dem Felsen erhalten, dieser lag hier also 4,20 m unter der Oberfläche. Nach S. setzte sich die Mauer in gerader Linie 1,83 m fort und wandte sich dann in einem kleinen Vorsprung einen halben Meter lang nach W. Hier brachten die Arbeiter wieder Stücke des harten, schwarzen Bewurfs zu Tage, auf den ich schon in dem Schachte *F* und unter der Nordecke *G* des alten Baues gestossen war. Eine genauere Untersuchung der noch anhaftenden Stücke ergab, dass sich der Bewurf an dieser Stelle 1 m — 1,20 m von O. nach W. fortsetzte und seine glatte Seite nach S. kehrte. Nach dieser Richtung hin hatte er also ursprünglich frei gelegen, während jetzt ein solches Mauerwerk, wie das in *J* und *K* gefundene, vor ihm lagerte. Man muss nun beachten, dass die glatten Seiten des unter *G* gefundenen Verputzes und des soeben erwähnten einander zugewandt sind, dass aber die glatte Seite der in dem Schacht *F* erhaltenen Reste nach W. sich kehren, und dass sich dort an seine senkrechte Fläche unten eine horizontale anschliesst. Dieser cementirte Boden und die drei gleichbeschaffenen Wände sind die Reste eines kleinen Wasserbehälters, der sich einst hier neben dem ältesten Mauerwerk befunden hat. Er ist zerstört, und sein Raum ist ausgefüllt worden, als man die Grundmauern für den Bau anlegte, von dem die doppelte Quaderschicht *GH* noch übrig ist. Damit ist der deutliche Beweis gegeben, dass die Reste bei *F* und *DE*, die, wie oben gesagt, sehr wahrscheinlich zusammengehören, aus einer früheren Zeit stammen, als ihre westlich angrenzende Umgebung.

Ich bemühte mich nun, zwischen diesen Funden oberhalb der Marienquelle und jenem zuerst (Ende April) entdeckten Mauerstück die Verbindung nachzuweisen. Die ersten Spuren fand ich wieder unterhalb des Weges. Von *A* (Tafel IV) an abwärts liess ich die Erde von dem felsigen Abhang entfernen, und nach kurzer Arbeit sah ich an zwei Stellen, bei *MN* und bei *O*, die gewünschten Zeichen vor meinen Augen liegen. Acht Steine, wie die Ansicht auf Tafel IV zeigt, lagen noch unverrückt auf dem behauenen Felsrande an ihrer alten Stelle, dicht aneinander gefügt und mit wenig Mörtel verbunden; vier von ihnen mit Randschlag und Buckel, wie ich solche am SW.-Hügel gefunden und im vorigen Abschnitt beschrieben habe. Der Stein *O* war ein völlig vereinsamter Zeuge, dass hier der Felsen einst die Mauer getragen hatte. Wäre er nicht so fest in eine Lücke des natürlichen Gesteins eingefügt gewesen, so würde er, gleich seinen freier liegenden Kameraden, längst weggeholt worden sein, um zu einem jüngeren Bau verwandt zu werden. Gewiss hatte man es zu mühsam gefunden, den kleinen Stein aus der Klemme herauszubrechen. So war er sitzen geblieben, um mich über die Richtung der Mauer am Abhange des Berges hinab zu belehren. Dieser trat südlich um einige Meter nach O. vor; es war fraglich, ob der Mauerlauf auch dieser Biegung gefolgt war, oder ob er sich in gerader Linie, also den jetzigen Weg kreuzend, fortgesetzt hatte. Um darüber Gewissheit zu erlangen, untersuchte ich zuerst, als die leichtere Arbeit, den Abhang des Felsens. Von *P* nach *Q* und darüber hinaus lief ein kleiner Kanal, 30 cm breit und 90 cm tief, der in das natürliche Gestein gehauen war. Oberhalb der Biegung des Weges, bei *R* auf Tafel IV, liess ich dann einen Graben ziehen, um die Gestalt und die Senkung des Felsens dort kennen zu lernen. Er lagerte 3,30 m tiefer, als der neben ihm laufende Weg, und bildete etwa einen vorspringenden rechten Winkel mit der Spitze nach SO.; seine Oberfläche senkte sich nach O. Er fiel nicht nur lothrecht ab, sondern mit schräger Neigung nach dem Innern des Berges, so dass also sein oberer Rand den unteren Fuss der Terrasse überragte. Die abschüssige Seite legte ich in einer Ausdehnung von 2,40 m abwärts frei. Im Schutt fand ich eine grosse Menge von Scherben, kleine irdene Fläschchen, Bruchstücke von Lampen, Asche und Kohlen. Eine solche Schuttmasse lagert überall am oberen Abhang des Berges zwischen der Marienquelle und der SO.-Ecke des Ḥaram. Die Fellachen pflegen die Scherben herauszugraben, um sie zu zerstossen, und aus dem rothen Mehl durch Verbindung mit Kalk und Cement den Cisternenverputz herzustellen.

An der Ostseite des Weges habe ich also unterhalb des Punktes O (Tafel IV) keine Spuren der alten Mauer mehr gefunden. Der Felsen war hier auch von Natur so abschüssig, dass er keine Mauer tragen konnte. Lag doch seine Fläche bei Q schon fast 3 m tiefer als in dem Wege am Rande des Berges! Auch der Graben bei R zeigte ebenfalls eine so stark geneigte Lagerung des natürlichen Gesteins, dass es zur Fundirung einer Mauer nicht geeignet erscheint. Ich habe daher auf den Feldern, die westlich vom Wege liegen, möglichst nahe am Rande, so weit es die dort stehenden Ölbäume gestatteten, noch an sechs Stellen in die Erde graben lassen, um die innere (westliche) Seite der alten Stadtmauer aufzufinden. Diese Versuche haben Folgendes ergeben.

Der Schacht S (Tafel IV) erreichte mit 3,60 m den unbehauenen Felsboden, der sich gelinde nach O. senkte. Es lag auf ihm eine 0,60 m hohe Schicht von rauhen Steinen, die auch durch Mörtel verbunden waren. An der westlichen Seite zeigten sich einige grössere Blöcke. Sie waren aber wohl nur an diese Stelle gefallen, wenigstens lagen sie ganz einzeln.

In dem Schachte T fand sich schon 1,80 m unter der Oberfläche eine von N. nach S. streichende Mauer, jedoch mit mehreren Lücken. Zu oberst lagen grosse, mit Mörtel verbundene Steine, auch zwei Platten, deren grössere 0,80 m breit und lang und 0,30 m hoch war. Die untere Schicht bestand aus kleineren Steinen, die auf dem unbehauenen Felsen ruhten. Der ganze Rest hatte eine Breite von 1,40 m und eine Höhe von 1,80 m, mithin befand sich der Felsen auch hier 3,60 m unter der Oberfläche. Ein anderer grosser Baustein ragte aus der westlichen Wand des Schachtes hervor. Als ich von hier aus einen kurzen Gang nach O. eintreiben liess, kamen merkwürdiger Weise auf seinem Boden Spuren eines rohen Gewölbes zum Vorschein und darunter ein in den Felsen gehauener Raum, dessen Breite von O. nach W. 1,10 m betrug. Seine Wände waren mit einer doppelten Lage von schwarzem Bewurf bedeckt, der an der Nordseite noch eine Fläche von 1,62 m Höhe bildete, während der Ostrand sich nicht über 1,25 m erhob. Der Raum schien mir eine kleine Cisterne gewesen zu sein.

Der Schacht U erreichte den Felsen mit 3,45 m. Derselbe trug ein Gemäuer aus unbehauenen Bruchsteinen, das einen halben Meter hoch war. Östlich von derselben bildete der Felsen auf eine Breite von 0,70 m noch eine mässig ebene Fläche, dann fiel er ziemlich steil nach dem Thale ab. Es verdient hervorgehoben zu werden, dass, abgesehen von einigen Aschenresten, die unmittelbar auf dem Felsen lagernde Erdschicht nicht eine graue, sondern eine röthliche Farbe hatte. Hier war also unter dem Schutt noch eine dünne Lage des rothen und fetten Lehms erhalten, den man sonst überall in Palästina auf dem Kalkstein findet, wo nicht Ruinen und andere verwitterte Massen denselben bedecken.

Die gleiche röthliche Erde fand ich auf dem Felsen im Schachte V, der an der Ostseite 3,70 m, aber an der Westseite nur 3,35 m tief war. In derselben Abschüssigkeit fällt der Felsen bis zu dem Punkte Q ausserhalb des Weges ab. Derselbe liegt 4,60 m tiefer als die Oberfläche des Feldes, auf dem der Schacht V verzeichnet ist. Der Höhenunterschied zwischen dem Boden jenes Schachtes und dem Felsen bei Q beträgt also 0,90 m. Da nun beide Stellen etwa 3 m von einander entfernt sind, so beträgt die Senkung des Felsens durchschnittlich 30 cm auf je einen Meter. Eine solche schiefe Ebene wird man wohl niemals als Grund eines Bauwerkes ausgesucht haben. Ein unverkennbarer Rest der alten Mauer war aber an der Westseite des Schachtes erhalten, aus dem eine regelmässige Schicht grosser Bausteine hervorschaute. Ich liess den Schutt zwischen V und W fortschaffen, so dass ihre ganze Breite von 2,60 m zu Tage kam. Dann wurde der Schacht W gegraben, so dass das Mauerstück von beiden Seiten sichtbar wurde. Auf dem horizontalen Felsen lag zunächst eine Schicht von kleineren Steinen, welche das Fundament für die grösseren bildeten. Beide Schichten zusammen hatten eine Höhe von 1,50 m. Das Gefüge derselben war auf der inneren Seite noch fester erhalten, als auf der gegenüberliegenden, die dem Kidronthale zugewandt war. Die Bearbeitung der Steine war jedoch nicht sorgfältig ausgeführt. Von dem Schachte W

aus wurde ein Stollen 2,90 m lang nach S. getrieben, stets dem Mauerrest folgend, bis die Arbeiter auf ein flaches Gewölbe stiessen, das quer von W. nach O. den Gang durchschnitt. Als es durchbrochen war, sah ich in einen Wasserbehälter hinab, den man etwa 2 m tief in den Felsen gehauen hatte. Seine Länge betrug 4 m, seine Breite nahm von 1,50 bis zu 2 m im O. allmählich zu. Das Gewölbe war fest und gut gemauert.

In dem Schachte X fand ich nur den nach O. abschüssigen Felsen, 2,85 m tief unter dem Boden. Der Graben YZ führte mich eben so wenig zu einer Entdeckung von Mauerresten. Der Felsen stand bei Y 2 m unter dem Boden an und war weiterhin, nach Z, zu zwei Stufen bearbeitet, die quer durch den Graben zogen. Die erste fiel um 0,40 m zur zweiten ab, diese war 0,49 m breit und endigte mit einer senkrecht gehauenen Felswand von 1,74 m Tiefe. Sie hatten eine Länge von 2,50 m. Östlich daneben ist noch die halbe Rundung einer Cisterne sichtbar, deren Boden aber schon einer um 5—6 m tieferen Terrasse angehört. An diese stösst im SO. ein Steinbruch (Tafel IV), zu welchem der Felsen in einer steilen Wand von ungefähr 12 m abstürzt. Die Reste eines Cisternenbewurfes, der noch an dem Gestein klebt, beweisen, dass dort die ursprüngliche Oberfläche vollständig verändert und zerstört worden ist. Nachgrabungen waren also in dieser Gegend vollkommen zwecklos; ich habe sie daher nicht weiter nach S. ausgedehnt.

Ich will nicht unterlassen, hier hinzuzufügen, was mir der alte Eigenthümer des Grundstücks, auf dem sich der Schacht X und der Graben YZ befinden, über die frühere Beschaffenheit dieser Gegend mitgetheilt hat. Er hatte einst in den Kriegen Ibrāhīm Pascha's als junger Mann sein Leben durch einen Sprung von der Mauer Jerusalems gerettet, konnte demnach also eine gute Spanne Zeit zurückdenken. Früher — so lautete seine Angabe — habe ein alter Kanal das Feld von der NW.-Ecke bis zur SO.-Ecke durchschnitten und zwei Brunnen, sowie einem Teiche, der an der Stelle des jetzigen Steinbruchs gelegen habe, Wasser zugeführt. Von den Cisternen waren die Spuren noch deutlich zu sehen, von dem Teiche dagegen war nichts mehr erhalten. Die Ausdehnung und Tiefe des Steinbruchs rühre daher, dass man vor zehn Jahren das Material zu den Umbauten auf dem Ḥaram von dort genommen habe.

Die Arbeiten am Abhange des SO.-Hügels, die ich bis jetzt in diesem Abschnitte beschrieben habe, gingen ohne jede Störung und in ganz gutem Einvernehmen mit den Besitzern von Statten. Während derselben traf ich eines Morgens den Schêch des oberen Dorfes, Aḥsên Zijâdi, zugleich Muchtär der Regierung (s. oben p. 115), der mir bei den Schachten und Gräben seinen Besuch abstatten wollte. Er war ein grosser und kräftiger Mann mit breiten Schultern; sein Gesicht trug die semitischen Züge etwas zu stark an sich, als dass es nach unserem Geschmack hätte schön genannt werden können; nur die Farbe seines Haares verrieth, dass er die Höhe des Lebens bereits erreicht hatte. Sein Benehmen war ruhig, freundlich und doch zurückhaltend; er sprach sehr gelassen, nur im Unwillen klangen seine Worte schärfer und feuriger. Ich hatte mich durchaus nicht danach gesehnt, seine Bekanntschaft zu machen; denn ich fürchtete einem Doppelgänger des Schêch's Chalîl Aḥsên zu begegnen. Aber darin hatte ich mich gänzlich geirrt. Wie verschieden waren diese beiden Fellachen von einander, sowohl in ihrem Äusseren als auch in ihrem Benehmen gegen mich! Aḥsên Zijâdi zeigte nichts von der eitlen Anmassung und habgierigen Aufdringlichkeit, mit der mich jener ohne Aufhören plagte. Niemals hat er auch nur ein Wort von Geld, von Bachschisch u. dgl. mir gegenüber geäussert. Er hatte ein nicht geringes Bewusstsein um das, was er war; aber er setzte voraus, dass der Franke das wisse. Ich zeigte ihm die alten Mauerreste, die am Abhang des Hügels blossgelegt waren, und fügte hinzu, was meiner Meinung nach davon zu halten sei. Er hatte ungleich mehr Verständniss dafür, als sein Nebenbuhler und Gegner im unteren Dorfe, Chalîl Aḥsên, über den er sich in geringschätziger Weise äusserte. Am Schluss seines kurzen Besuches lud er mich ein, an einem der nächsten Tage *ḳabl iḍ-ḍuhr*, »vor Mittag«, d. h. zwischen 10 und 11 Uhr, bei ihm zu essen.

An dem verabredeten Tage schickte er seinen Schwager, *maṣlaḥ derwîsch* mit Namen, um mir zu melden, dass alles bereit sei. Noch heute beobachten also in solchen Fällen die Fellachen dieselbe Sitte einer zweimaligen Aufforderung, die schon im Evangelium des Lukas Kap. 14, 16 f. erwähnt wird. Der Bote führte mich nach dem Hause des Schêch's, das in ziemlicher Höhe gerade der Marienquelle gegenüber lag. Dasselbe war

nicht anders gebaut, als die übrigen besseren Wohnhäuser des
Dorfes; es enthielt nur ein viereckiges Zimmer. Doch merkte
man an der inneren Einrichtung, dass sein Herr zu den Honora-
tioren des Ortes gehörte, wenn nicht gar der vornehmste von
allen Silwänern war. Der Boden bestand aus Gyps, die Wände
waren verputzt und gekalkt, und der Thür gegenüber öffnete
sich nach N. ein breites und hohes Bogenfenster. Das durch
dasselbe einströmende Licht machte den Raum vollkommen hell
und zeigte, dass dort alles sauber und reinlich gehalten war.
Stühle und Tische gab es freilich hier ebensowenig, wie bei meinem anderen Gastfreunde, dem Schëch Chalîl Ahsën; doch hatte
man mir und Herrn Bäuerle mit Hülfe von Teppichen und Kissen einen bequemen Sitz in der breiten Fensternische hergerichtet. An der einen Langseite des Gemaches lief eine niedrige, gemauerte Bank, auf der die Schätze des Hauses an Decken, Pol-
stern und Festgewändern zu einem hohen Lager aufgeschichtet
waren. An die andere Langseite lehnte sich eine zusammenhängende Reihe von eigenthümlichen, bauchförmigen Behältern, die
aus Lehm geformt und bis zu einer Höhe von ungefähr 1,50 m
unmittelbar an die Steinwand des Hauses angesetzt waren, von
der sie oben etwa 50—70 cm vortraten, während sie nach unten
schmäler wurden. Das Ganze sah aus wie ein verschlossener
oder, richtiger gesagt, unzugänglicher Wandschrank. Die obere
Fläche war durch hohe Ränder in mehrere Abtheilungen geschieden, denen unten über dem Boden eine gleiche Anzahl offener
Fächer in kleinerem Massstabe entsprachen. Es waren die Vor-
rathskammern des Hauses, *il-chābïje*, Plur. *chawābï* genannt, die
auch F. A. KLEIN in seinen vortrefflichen Mittheilungen über
Leben, Sitten und Gebräuche der Fellachen in Palästina[1] erwähnt. In der einen Abtheilung lag Weizen, in der anderen
Gerste, in einer dritten eine Art Mais (*dura*), in einer vierten
Linsen. Nach der Ernte werden die auf der Tenne gereinigten
Körner in die für sie bestimmte Abtheilung hineingeschüttet. In
ihrem unteren Boden, nämlich in der Decke jener kleinen offenen Fächer, die ich eben erwähnte, befindet sich ein Loch, das
mit Lumpen verstopft wird. Will die Hausfrau nun Weizen oder
Linsen holen, so stellt sie eine Schale in das betreffende Fach

1) Vgl. ZDPV. III. p. 114.

oder breitet ein Tuch auf dem Boden desselben aus, zieht die
Lumpen heraus, lässt so viel herauslaufen, als sie für den Haushalt nöthig hat, und stopft dann das Loch wieder zu. Neben der
Thür des Zimmers standen einige Wirthschaftsgeräthe, darunter
ein kleiner Sarkophag mit netten Verzierungen, der als Wasserbecken diente.

Der Schêch setzte sich mir schräg gegenüber auf dem Boden
nieder. Er sass anfangs auf einem schneeweissen Schaffell, das
er später einem dazu kommenden Freunde überliess. Seine Frau,
die mit keiner Nebenbuhlerin die Sorge für das Hauswesen zu
theilen hatte, nahm ihren Platz in einer etwas grösseren Entfernung und leitete von dort in sehr ruhiger, geräuschloser Weise
die Bewirthung. Die Speisen wurden draussen in dem eigentlichen Wohnraume der Familie bereitet; denn das Zimmer, in
dem wir uns aufhielten, war die sogenannte 'ôllîje, das Obergemach, das für den Empfang hoher Gäste bestimmt ist und wo
vertraute Unterhaltungen gepflogen werden. Die Bedienung besorgten zwei Töchter des Schêch's im Alter von zwölf bis vierzehn Jahren, nette, ja schöne Mädchen, die ihre Aufgabe mit viel
Geschick und Anstand lösten. Sie küssten meine Hand zur Begrüssung und reichten mir dann Kaffee und Cigaretten. Ich erhielt zur Auszeichnung vor Herrn Bäuerle eine grosse Tasse, wie
sie bei uns im Abendlande gebräuchlich sind. Falls die Mädchen
etwas sogleich wieder in Empfang nehmen wollten, blieben sie,
indem sie die linke Hand auf die Brust legten, vor mir stehen,
bis ich ihnen z. B. die Kaffeetasse zurückgab. Die Hauptgerichte
wurden auf einer grossen kupfernen Schale (ṣanîjî) aufgetragen,
und diese auf einen niedrigen Schemel vor uns hingestellt. In
vorsorglicher Rücksicht auf die Gewohnheit der Franken hatte
die Hausfrau einen Löffel (ma'laka) neben die Speisen gelegt.
Am Schluss des Frühstücks brachten die Töchter Handtuch,
Waschbecken mit Seife und einen Krug, aus dem sie Wasser
über unsere Hände gossen, die wir uns über dem Becken waschen
sollten. Da wir nicht mit den Fingern, sondern mit Hülfe der
Löffel gegessen hatten, wäre die Beobachtung dieser arabischen
Sitte allerdings für uns entbehrlich gewesen.

Wenn die Leser diese Schilderung mit dem Bericht über
mein Friedensmahl bei Chalîl Aḥsên vergleichen, so werden sie
erkennen, dass der Schêch Aḥsên Zijâdi mich als seinen Gast viel

ehrenvoller aufnahm und behandelte. Menschen sowohl wie
Sachen hatten ein sauberes und reinliches Aussehen; es machte
alles in diesem Hause einen angenehmen Eindruck der Ordnung
und Sorgfalt. Auch die Unterhaltung bewegte sich um höhere
Dinge. Der Schëch erzählte von seinem Verkehr mit Ch. Warren, berichtete von den Arbeiten, die er bei Jericho für den Archimandriten Antonin auszuführen habe, zeigte seine Waffen
und liess sich zuletzt über die politischen Verhältnisse des
Abendlandes belehren. Eine besondere Hochachtung bezeugte er
vor dem Deutschen Konsul, Freiherrn von Münchhausen. Dieser
hatte während des russisch-türkischen Krieges in Verwaltung
der russischen Konsulatsangelegenheiten eine regelmässige Zahlung an ihn zu besorgen gehabt, und die grosse Pünktlichkeit,
mit der allmonatlich die ihm gebührende Summe in seine Hände
gelangt war, hatte ihn von der Trefflichkeit der Geschäftsführung
des Deutschen Konsulates überzeugt. Als er einige Zeit nachher
mich im Johanniterhospiz besuchte, bewies er mir seine Gewandtheit, mit Europäern zu verkehren, aufs neue dadurch, dass er
sehr bald sich wieder verabschiedete, da er mich anderweitig beschäftigt sah. Er hat mir nie irgend eine Schwierigkeit in den
Weg gelegt.

Dennoch brachten die Arbeiten, die nördlich von dem
Schachte *F* (Tafel IV) stattfanden, wieder stürmische Tage. Der
Eigenthümer der beiden nächsten Felder hatte freilich sofort seine
Einwilligung zu den dortigen Ausgrabungen gegeben und war
selbst in meine Dienste getreten. Aber nun erschien sein angeblicher Onkel, das Haupt der Familie, nahm für sich das Eigenthumsrecht in Anspruch und verlangte Bachschisch. Hatte ich ihn an
einem Tage abgewiesen, so erschien er am folgenden wieder und
lärmte mehrmals so hartnäckig, dass ich ihn wiederholt durch
den Sabtije abführen liess. Die Fellachen hatten natürlich ihren
Spass an diesem immer gleichen und unfruchtbaren Gezänk; ja
wenn der Alte den Rücken wandte, so reckten sie sich aus den
Gräben in die Höhe und riefen mir zu, dass ich doch nicht einen
Para diesem Gierhals geben möchte. Er erhielt auch wirklich
nichts, trotzdem er an Zudringlichkeit selbst Chalîl Ahsën überbot. Eines Tages trat sein Sohn sogar auf mein Zimmer und forderte Bachschisch. Meine bestimmte Weigerung und der Befehl
zu gehen bewogen ihn auch bald, mich zu verlassen. Kaum war

er die Treppe hinunter, so kam der Alte sie herauf und äusserte
dasselbe, nur nachdrücklicher vorgetragene Verlangen. Vater
und Sohn liefen also mit vereinten Kräften Sturm auf ein Bachschisch! Ich liess den Alten an der Thür stehen und kümmerte
mich nicht um ihn. Als er aber Miene machte sich unaufgefor-
dert zu setzen, rief ich ihm zu: »Geh, ich habe keine Zeit mit
Dir zu sprechen!«

Lêsch (»Wesshalb«)? »Ich habe zu schreiben«.

Mā'alêsch! Māfīsch schughl 'alêji, ane bā'od hōn! »Das thut
nichts! Ich habe nichts zu thun, ich werde mich hier nieder-
setzen!«

Sogleich liess er sich auf den Boden nieder, kreuzte die
Beine und lehnte sich gegen meinen grossen Koffer. Da sprang
ich auf und machte ihm begreiflich, dass ich sofort einen Kawassen vom angrenzenden Deutschen Konsulat holen würde, um ihn
hinauswerfen zu lassen, wenn er nicht aus freien Stücken sich
entfernte. Er erhob sich und fragte: *Lêsch?* — O dieses »lêsch«
kann den geduldigsten Menschen zur Verzweiflung bringen! Ich
schob ihn mit mir zur Thür hinaus, schloss sie zu und schickte
mich an, nach dem Konsulat zu gehen. Da räumte er den Platz
und kam niemals wieder zu mir, weder in meine Wohnung noch
an die Stätte meiner Arbeiten.

Biddu bjōkul, »er will essen«, pflegen die Fellachen von
einem solchen Bachschisch begehrenden Manne zu sagen. Sie
haben mir oft diese Worte laut zugerufen, wenn jener Alte, *jis-*
hāk il-ghūl, mich anbettelte. Ich weiss nicht, ob sie ihn mit diesem Namen — »Isaak das Gespenst« — verspotten wollten, genug, sie nannten ihn so und ich habe ihn nie anders genannt.
Es ist merkwürdig, wie offen die Fellachen gegen ihresgleichen,
besonders ärmere gegen wohlhabende, jenen Vorwurf des »Es-
sens« erheben. Einerseits wird es seinen Grund darin haben,
dass der eine dem andern nichts gönnt, andererseits möchte ich
aber daraus, dass der Vorwurf, wenigstens so viel ich beobachtet
habe, niemals zurückgewiesen, sondern stets stumm ertragen
wurde, den Schluss ziehen, dass die Geldgier doch noch als etwas Hässliches, Unrechtes von ihnen betrachtet wird. Als bei
einer anderen Gelegenheit mehrere Eigenthümer sich wieder be-
mühten, Geld von mir zu erpressen, rief mir eine Fellachin, mit
der ich kurz vorher über den Ankauf eines Schmuckes (*kors* ge-

handelt hatte, vor allen Leuten zu: *hâdâ kullö bi'ûlû minschän bjökelü*, »das alles sagen sie, weil sie essen wollen«! Bei diesen Worten kam mir unwillkührlich Psalm 14, V. 4 in den Sinn, wo LUTHER übersetzt: »Will denn der Übelthäter keiner das merken, die mein Volk fressen, dass sie sich nähren«? Der hebräische Text hat dasselbe Wort, das die Fellachin gebrauchte, um die Geldgier der Silwäner zu bezeichnen (vgl. Matth. 23, 14). —

Meine Untersuchungen nördlich von dem bereits erwähnten Schachte *L* (Tafel IV) habe ich aufwärts bis zu dem ersten quer über den Rücken des Berges nach dem Mistthore führenden Weges ausgedehnt. In dem Schachte *d* (Tafel IV) stiess ich in einer Tiefe von 2,20 m auf eine gewölbte Mauer. Als ich sie öffnen liess, wurde ich gewahr, dass sie die Decke des Kanales bildete, der bei *a* (Tafel IV) beginnt, und dessen unterirdischer Lauf, so weit ich ihn erforscht habe, auf Tafel VIII eingetragen ist. Weder ein Mauerrest, noch auch der Felsen war in diesem Schacht zu finden. Jener Kanal mass bei *b*, wo ich später ebenfalls bei einer kleinen Ausgrabung auf seine Seitenwand stiess, von seinem gepflasterten Boden bis zur Höhe des Gewölbes 1,75 m. Er war anfangs ganz gemauert, nach 31 m trat am Grunde und an den Seiten der Felsen hervor, so dass nur die Decke aus gehauenen Steinen bestand. Bei 66 m Länge verschwand das natürliche Gestein wieder ganz. Nachdem ich 124 m vorgedrungen war, begann dunkle Erde den Boden zu bedecken. Das Gewölbe öffnete sich 7 m weiter zu einem viereckigen Schacht, der 2—3 m über unserem Standpunkt mit Felsplatten gedeckt war. Später, 132 m von *a* entfernt, ging die nordwestliche Richtung in eine fast genau westliche über, und diese behielt der Kanal bei bis zu der Stelle, wo ich wegen der fast den ganzen Raum füllenden Erde die Untersuchung aufgab. Dieser Punkt war 168 m von *a* entfernt.

Der Schacht *e* zeigte sehr bald, was ich in dem vorigen vergeblich gesucht hatte. Nur 2,05 m unter der Oberfläche kam am westlichen Rande ein schöner, vollständig glatt behauener Stein von 0,80 m Höhe zum Vorschein, der auf einer unteren Schicht von gleichen Quadern ruhte, die eine Höhe von 0,70 m hatten. Sie waren sämmtlich nicht gerändert, sondern ihre Aussenseite bildete eine ebene Fläche. Von der unteren Schicht wurden

so dass die drohendste Gefahr als beseitigt angesehen werden konnte. Jenes Lager von losem Geröll hatte im Senkrechten eine Mächtigkeit von 1 m, dann folgte ein ausserordentlich fester Grund, geschichtet aus kleinen und grossen Steinen, die durch guten Mörtel miteinander verbunden waren. Von den starken Schlägen, die die Arbeiter führen mussten, um denselben zu durchbrechen, erzitterten die lockeren Wände des schmalen Schachtes, und fast stets fiel etwas von ihrem Schutt herab. Die Fellachen klagten mir ihre Furcht, mit der sie in der grossen Tiefe unten die Arbeit verrichteten. Ich erhöhte ihren Lohn und suchte sie von meiner eigenen Furchtlosigkeit dadurch zu überzeugen, dass ich morgens und abends in den Schacht hinabfuhr, um täglich durch Eintreiben einer Eisenstange die Probe zu machen, ob nicht der feste Felsboden nahe sei. Ich muss offen gestehen, dass mir selbst sowohl beim Auf- und Niederfahren in den Schacht, als auch namentlich bei den Untersuchungen des Bodens durchaus nicht wohl zu Muthe war. Täglich stiess ich die Steine, die sich in den obern Theilen der Wände bis zum Hinunterfallen gelockert hatten, vor mir in den Schacht hinab, damit sie nicht etwa mir oder den Fellachen nachstürzten, und die Erschütterungen, welche das Eintreiben der Eisenstange in den loseren Schichten verursachte, liessen das Arbeiten unten auf dem Boden doch recht bedenklich erscheinen. Oft wurde ich von einem dichten Staubregen überschüttet, und mehr als einmal drückte ich mich in der unbehaglichen Erwartung an die Wand, dass nun die schweren Steine von oben auf mich herabfallen würden. Dazu kam, dass der Schacht, der gar nicht für eine solche Tiefe angelegt war, durch vorsichtiges und doch zugleich kurzsichtiges Verfahren der Arbeiter in seinem unteren Theile eine schiefe Richtung erhalten hatte. Auch war der Raum unten so schmal, dass stets nur zwei Menschen, entweder zwei Fellachen oder ich mit Bäuerle, sich dort bewegen konnten. Diese Umstände veranlassten mich am 5. Juli, die Untersuchungen an dieser Stelle zu schliessen. Die Tiefe des Schachtes betrug 12,40 m unter der Oberfläche des Ackers. Die Eisenstange drang noch auf 0,65 m durch die Mauerschicht, dann stand sie unbeweglich fest, wie es schien, auf Felsenboden.

Diese auffallende Tiefe des Felsens unter der jetzigen Oberfläche, verglichen mit seiner in dem Schacht *L* aufgefundenen

Höhenlage, fesselte meine Aufmerksamkeit in hohem Grade. Sie war eine vollständig neue Beobachtung über die ursprüngliche Gestalt des SO.-Hügels und bisher auf keiner Terrainkarte verzeichnet. Ich vermochte sie vorläufig nicht zu deuten und bemühte mich daher, in den letzten vier Wochen meines Aufenthaltes mir noch nach Möglichkeit Klarheit darüber zu verschaffen. In den beiden wenig später als der Schacht *e* begonnenen Grabungen *fg* und *h* war ebenfalls der Felsen nicht erreicht worden. Ich liess daher in den ersten Tagen des Juli den langen und breiteren Graben *iklm* (Tafel IV) in Angriff nehmen, um wenigstens noch an einer zweiten Stelle die Lage des Felsens unter dem Boden bestimmen zu können. Doch zunächst einige kurz berichtende Worte über die Schachte *fg* und *h* (Tafel IV).

In dem Schachte *fg* stiessen die Arbeiter schon in der geringen Tiefe von 1,25 m unter der Ackerfläche auf die feste Mauer, von der abwärts (nach S.) noch drei Schichten, aufwärts (nach N.) noch zwei Schichten gut behauener Steine erhalten waren. Jede Schicht hatte eine Höhe von 44 cm, die Länge der Steine wechselte zwischen 75 und 90 cm. Einige waren sorgfältig mit der Spitzhacke, andere mit einem breiten ungezahnten Eisen bearbeitet. Die Dicke der Mauer war verschieden; während sie oben nur 50 cm betrug, sprang eine untere Stufe nach *g* hin um 1,76 m vor, so dass die Mauer bis zu einer Höhe von 1,05 m über dem Fundament eine Dicke von 2,26 m hatte. Der hellgraue Mörtel, der die Steine der Vorderseite verband, war auch hier und da in einzelne Lücken an ihren Rändern hineingestrichen worden. Die Füllung und die Rückseite der Mauer bestand aus rohen, unbehauenen Steinen. Ich liess nach N. einen 4,70 m langen Gang wagerecht durch den Boden öffnen, fand aber an seiner Seite nichts als nur die Reste des Fundaments, auf dem der Wand *f* gegenüber die Quaderschichten ruhten. Jedoch war damit immerhin der Lauf der alten Mauer auf eine Länge von 6,20 m hier festgestellt worden. In der Wand *f* steckte eine roh behauene Platte von 1,15 m im Quadrat und 18 cm Dicke.

Der Schacht *h* lieferte kein positives Ergebniss von Belang. In einer Tiefe von 3—4 m lagen eine grosse Anzahl behauener Steine kreuz und quer übereinander, ohne irgend eine Spur von einer festen Schichtung. Sie waren sämmtlich so lose in dem Schutt gelagert, dass sie einer nach dem andern auf den Boden des Schachtes hinabfielen. Hier in die Tiefe zu graben, wäre also nur mit einer vollständigen Verschalung der Wände möglich gewesen. Dieser langwierigen Mühe wich ich aus und begann den Graben *iklm* in einer solchen Breite, dass er auf eine beträchtliche Tiefe hinab fortgesetzt werden konnte, ohne dass der Einsturz des durchschnittenen Schuttlagers zu befürchten gewesen wäre.

Von den Breitseiten *il* und *km* wurde nach der Mitte zu gegraben. Schon 1,60 m unter der Oberfläche fand sich im Westen eine Lage von grossen unbehauenen Steinen, die nach ihrer Form genau aneinander gepasst waren und nach O. einen ziemlich geradlinigen Rand bildeten. Sie waren nicht durch Mörtel verbunden, aber mit Fleiss zu gleichen Lagen übereinander geschichtet und füllten die ganze Breite des Grabens. Ein fester Bewurf zog sich nordwestlich unter dem Boden hin, er rührte wohl von einem Wasserbehälter oder eher noch von der Wand eines zerstörten Hauses her. Auch an der Ostseite *km* stiessen die Arbeiter 1,60 m unter dem Boden auf eine Schicht von unbehauenen Bruchsteinen, zwischen denen sich noch einige Reste von Mörtel erhalten hatten. Ihr östlicher Rand *u* (Tafel IV und Durchschnitt *in* auf Tafel IV) war von der Breitseite *km* 50—80 m entfernt. Vor ihm lagerte ein stark mit Thonscherben untermischter Schutt, wie er sich an dem Abhange des Berges von der Marienquelle unten bis zur Haram-Mauer oben überhaupt findet. Dieser liegt mit Bestimmtheit ausserhalb der alten Stadtmauer, und aus der Gleichartigkeit des Schuttes wird zu schliessen sein, dass das Gebiet ostwärts des Mauerrandes *u* auch nicht mehr zur Stadt gehört hat. Auf der anderen, westlichen Seite desselben habe ich solchen Schutt nicht gefunden, auch nicht in der Tiefe, die durch alle Zeiten vom Pflug und von der Hacke der Fellachen unberührt geblieben ist. In der übrigen Breite des Grabens fand ich nichts Bemerkenswerthes vor, ausser dass von der südlichen Seite her der Rand einer alten, jetzt mit Schutt angefüllten Cisterne in denselben hineinragte. Sie war von unregelmässiger Gestalt und in das Gemäuer, das bis auf den Felsen, wie gleich berichtet werden wird, hinunterreichte, später eingefügt worden. Die Steinschichten an der Westseite des Grabens, stellenweise vielleicht nur der Schutt, bildeten ihren Untergrund und die Stützen ihrer Wände. Sie hatte eine Höhe von nur 3 m und von W. nach O. einen Durchmesser von 2,80 m.

Es erwies sich nach den genannten Funden nicht lohnend, die anfängliche Breite des Grabens von 4 m in eine grössere Tiefe hinab fortzusetzen. Ich beschränkte dieselbe daher auf 2 m und änderte auch die Richtung des Grabens dahin, dass die Linie *in* seine nördliche Grenze bildete. Es zeigte sich nämlich an seinem Nordrande, etwa 2 m tief unter der Oberfläche, ein Mauerrest, der von N. her in den Graben vorsprang und sich bald in einer nicht sehr scharfen Ecke nach W. wandte. Um diesen nicht zu zerstören, liess ich vor seiner nach S. schauenden Seite in die Tiefe graben; dieselbe diente mir so zugleich als feste Wand des Grabens. Der Durchschnitt *in* auf Tafel IV stellt dar, was den Felsen, der endlich am 23. Juli in einer Tiefe von 12,90 m unter der Oberfläche gefunden wurde, bedeckte. Die beiden Mauern traten von W. und O. immer weiter in die Mitte des Grabens vor. Jene, die westliche, zeigte bis auf den Felsen hinab die gleiche Beschaffenheit, die ich oben vom Rande *il* bis zum Rande *s* vorfand. Ansehnliche Bruchsteine von der *mizzi*-Art waren fest und sorgfältig aufeinandergelegt, ohne durch Mörtel verbunden zu sein. Vorspringende Stufen liessen sich nicht unterscheiden, sondern die unteren Steine ragten immer um ein Geringes unter den oberen hervor. Übrigens bemerke ich, dass der Rand des Durchschnitts *nopq* auf Tafel IV nicht genau der ursprünglichen Schichtung entspricht, da diese mehrere Male von den Arbeitern aus Rücksichten der Bequemlichkeit zerstört wurde; er giebt daher die vorspringende Linie derselben nur im allgemeinen wieder. Diese Schicht von *mizzi*-Steinen setzte sich in ihren oberen Lagen auf eine mir nicht bekannt gewordene Entfernung unter der Erde nach N. fort; nach S. erstreckte sie sich überall in den Schutt hinein, so weit sie nicht durch die eingegrabene Cisterne zerstört worden war.

Auch die am Ostrande des Grabens aufgefundene Mauer trat nach der Mitte vor. Sie bestand ebenfalls aus Bruchsteinen, die jedoch nicht die Grösse und Festigkeit der im W. aufgeschichteten hatten. Die Verbindung zwischen der Stufe *u* und *t* war nicht mehr vollkommen erhalten. Behauene und unbehauene Steine lagen im Schutt ohne Ordnung und Zusammenhang. Dagegen bildete die Stufe *t* einen noch in fester Schichtung erhal-

tenen Absatz der Mauer, der senkrecht nach unten abfiel. Bei
dem Punkte *s* haftete noch der Mörtel zwischen den Steinen.
Etwas tiefer rückte die Mauer abermals in einer 1.70 m breiten
Stufe vor, jedoch war dieselbe bis auf den Felsen bei *r* hinab
nicht mehr so gut erhalten als die obere.

Der Durchschnitt *in* zeigt ferner die Nordwand des Grabens,
so weit sie zwischen den eben erwähnten Steinschichten freigelegt werden konnte. Ich beschreibe ihre Beschaffenheit, indem
ich von dem Felsboden zwischen *q* und *r* beginne. Derselbe war
15 cm hoch mit harter, röthlicher Erde bedeckt, auf der auch die
an beiden Seiten aufsteigenden Mauern ruhten. Hier also wiederum der rothe und fette, lehmartige Boden, den ich in den
Schachten *U* und *V* (Tafel IV) ebenfalls unmittelbar auf dem
natürlichen Gestein gefunden hatte (s. p. 146). Wie lange schon
mochte er vor dem Tageslicht verborgen gewesen sein? Der Felsen gehörte einem *mizzi*-Lager an und bot eine ziemlich glatte,
nicht bearbeitete Fläche, an der sich keine deutliche Senkung
nach irgend einer Seite hin bemerken liess. Die Nordwand bildete von der rothen, den Felsen bedeckenden Erde an aufwärts
zunächst eine Mauer, die aus mässig grossen, unbehauenen Steinen ohne Mörtelverbindung aufgebaut war. Dieselbe schien sich
hinter die von W. her vortretende Schicht *nopq* zu erstrecken,
trat aber in ihrer oberen Hälfte ziemlich bedeutend hinter die
Fläche des Durchstichs zurück, so dass die Erdmasse sie verdeckte. Ob sie sich auch nach O. hinter der Mauer *rstu* fortsetzte
oder ob sie sich vielmehr gegen deren Rand lehnte, war schwer
festzustellen, da beide Steinlagen sich nicht mehr scharf von einander abgrenzten. Man könnte daher für das Wahrscheinlichste
ansehen, dass sie ein nach W. sich erstreckender Anbau der
Mauer *rstu* gewesen ist. In dem Boden, den der allmählich zu
einem Schacht sich verengende Graben durchschnitt, lagen Steine
von mässiger Grösse, jedoch je tiefer, um so weniger; ferner
einige Thonscherben, die aber stark sandhaltig und daher sehr
schwer waren. In einer Tiefe von 11 m unter der Oberfläche war
die Erde auffallend feucht und klebrig; doch war es nicht eigent-
licher Thon. Das Erdlager, hinter welchem die zuletzt beschriebene Steinschicht nach einer Höhe von 6 m über dem Felsen
verschwand, wie ich schon oben andeutete, war von sehr eigen-
thümlicher Art. Thonscherben lagen neben rohem, weichen

Thon, an anderen Stellen lockerte die Hacke der Fellachen dunkelgraue, fast schwarze Erde auf, die sich vor dem gewöhnlichen Schutt durch grössere Festigkeit und Feinheit auszeichnete. Sie war von solcher Beschaffenheit, als ob sie ein Gärtner für seine Blumenbeete zurecht gemacht hätte. Dazwischen zogen sich, wie dunkle Bänder, braune und schwarze Streifen von Brandschutt hindurch, die der ganzen, 2,40 m—3,60 m dicken Schicht ein seltsam buntes Aussehen gaben. Über ihr lagerte bis zur Oberfläche des Ackers eine aus Geröll und Erde bestehende Masse, wie sie meist den Felsen auf der Stätte des alten Jerusalem bedeckt.

Der Punkt, an welchem ich hier das natürliche Gestein blossgelegt hatte, war von dem Schacht *e* über 30 m entfernt. Vergleicht man die an beiden Stellen erreichte Tiefe, so wird es wahrscheinlich, dass ich auch in dem Schacht *e* dem Felsen nahe gewesen bin, und dass die Eisenstange, die ich zuletzt in den Boden desselben eintrieb, wirklich gegen den Felsen gestossen ist. Derselbe würde dort also 13,05 m unter der heutigen Feldfläche liegen. Da diese sich von dem Graben *iklm* nach dem Schacht *e* hin senkt, so wird der Felsboden dort mindestens um 2 m tiefer sein als unter dem zuletzt beschriebenen Graben. In dem Schacht *L* (s. p. 143) dagegen stand das natürliche Gestein 4,20 m unter dem Boden an; der Schacht *e* ist nun 19 m nach N. entfernt, innerhalb dieses Masses ist also ein Höhenunterschied der ursprünglichen Bodengestalt von 8,85 m festgestellt worden.

Westlich von den Ruinen des alten Baues, die ich oben p. 141—144 beschrieben habe, liess ich noch zwei Gräben ziehen, deren Befund ich am passendsten zum Schluss dieses Abschnittes erwähne. In dem Durchstich *vw* (Tafel IV) trafen die Arbeiter auf eine festgebaute, aber aus ungleichen Steinen bestehende Mauer, die in gerader Linie gut 3 m von der doppelten Quaderschicht *GH* entfernt war und ungefähr 6 m tief unter der Oberfläche wie ein Wall quer den vorgezeichneten Lauf des Grabens durchschnitt. Ich begann nun die Untersuchung von *w* aus und musste, da der Felsboden unter den Füssen bald sich verlor, durch einen Schacht denselben zu erreichen suchen, wenn ich überhaupt von seiner Lage Kenntniss haben wollte. Ich fand ihn 8,75 m unter der Oberfläche, und zwar mit festem Bewurf überzogen. Theils durch Erweiterung der Wände des Schachtes, theils durch Anlegung einiger kurzen, seitwärts eingetriebenen Stollen

erkannte ich in diesem in den Felsen eingetieften Raume einen
kleinen Wasserbehälter, wohl eine alte Cisterne, deren östliche
Wand 2,52 m, deren nördliche Wand 3 m lang war. Die letztere
bestand ganz aus Felsen, der bis zu 4,25 m über den Boden emporragte. An der O.-Wand dagegen hatte das natürliche Gestein
nur die Höhe von 2,35 m; auf seinen oberen Rand war die Mauer
gesetzt worden, auf die ich zuerst, nämlich von O. aus, gestossen
war; sie hatte eine Dicke von 0,95 m, war aber nur in den unteren Schichten vor der Zerstörung bewahrt geblieben. Den Bewurf hatte man doppelt aufgetragen; unmittelbar auf dem Felsen lag ein Gemisch von Asche und Kalk, die obere Schicht
bestand aus Asche, Kalk und zerschlagenen Steinen. Das Ganze
war noch ausserordentlich fest und leistete der Hacke hartnäcki-
gen Widerstand. In dem Schutt fand ich Kohlen, Asche und ge-
brannte Kalksteine von der weichen Art des *nâri*, der die Eigenschaft hat, im Feuer nicht zu zerspringen, aber durch dasselbe
eine schwarze Farbe erhält, so dass man ihn auf den ersten flüch-
tigen Blick für eine poröse Kohle halten möchte. Einige Gewölbsteine, die auch in der Cisterne gefunden wurden, weisen darauf
hin, dass sie einst durch ein festes Gewölbe bedeckt war. Ungefähr in der Mitte der Nordseite öffnete sich ein schmaler Gang
(*aa*, Tafel IV), der nach einer Länge von 1,75 m in einen anderen
Raum, der ebenfalls als Cisterne gedient zu haben schien, führte
und sich von seiner unteren Weite, nämlich 95 cm, auf dem
Boden des Wasserbeckens bis zu 57 cm am oberen Rande desselben verengte.

In dem Graben *xy* zeigte sich 1,10 m unter der Oberfläche
eine gemauerte Stufe, der noch drei andere nach S. vorlagen. Sie
waren niedrig, auch von geringer Breite, und haben einst zu dem
östlich daneben sichtbaren Felsen hinabgeführt, über den die
letzte Stufe sich noch um 40 cm erhob. Nur mit einem schmalen
Rande schaute das natürliche Gestein unter dem Mauerwerk hervor; denn es war nach O. senkrecht abgeschnitten und zu einem
etwa 4 m tiefen Wasserbehälter ausgehauen worden, dessen ganzer Raum von S. nach N. 6 m in der Länge mass und ungefähr
in der Mitte durch eine Wand von ausgespartem Gestein und
Mauerwerk in zwei Theile geschieden wurde. Dieselbe wurde
wiederum in ihrer Mitte von einem 60 cm breiten und 1 m langen
Kanal durchschnitten, der sehr sorgfältig durch die ausgesparte

Felsbank hindurch gehauen und oben mit schweren Steinen fest gedeckt war. Wahrscheinlich ist dieselbe früher noch durch eine Mauer erhöht gewesen und hat sich bis zur gewölbten Decke ausgedehnt. Denn noch jetzt trug sie festes Mauerwerk bis zur Höhe eines halben Meters, und über die einstige Beschaffenheit der Decke des Wasserbehälters gab sowohl ein aus dem Felsen gehauenes Widerlager, das 1,40 m über den Decksteinen des Kanals aus der Westwand hervorragte, als auch eine grosse Anzahl sorgfältig zugerichteter Gewölbsteine, die in wirrem Durcheinander den Boden des Raumes bedeckten, ganz unzweifelhaften Aufschluss. Der Bewurf, der sich fast überall noch an dem Felsen erhalten hatte, gab ferner volle Gewissheit, dass ich es mit einer zerstörten und verschütteten Cisterne zu thun hatte. Er war in zwei Schichten aufgetragen worden, deren untere eine etwas dunklere Farbe als die obere hatte. Die Wände des nördlichen Theils der Cisterne zeigten manches Auffallende. In die westliche war eine Nische von 2,40 m Höhe und 1,40 m Breite eingehauen worden, deren innere Fläche ganz unregelmässig und zum Theil noch mit Bewurf bedeckt war. Die Nordwand bildete einige Ecken und wandte sich in einer Rundung nach O. Der Boden war unter Schutt und Steinen verborgen, eine Eisenstange, die ich eintreiben liess, stand freilich auf 1 m Tiefe fest, aber anscheinend nicht auf Felsen, sondern zwischen grossen und schweren Steinen. Von den Decksteinen des oben erwähnten Kanals mass ich bis auf den Felsengrund 1,53 m. Die Arbeit in diesem unterirdischen Raume war sehr mühsam und beschwerlich, namentlich kostete das Fortschaffen und Hinaufwinden der Steine sehr viel Zeit. Zur vollständigen Erforschung des nördlichen Endes der Cisterne hätte auch noch ein zweiter Schacht von oben angelegt werden müssen; allein da mir andere, interessantere Punkte der Ausgrabungen noch genug Arbeit bis zu meiner Abreise darboten, so stellte ich hier die weiteren Untersuchungen mit Ende Juni ein.

Vom anderen Ende des Grabens, von y aus (Tafel IV) hatte ich den Felsen bei cc gefunden, etwa 1 m unter der Oberfläche. In zwei unebenen, natürlichen Stufen stieg er nach N. um 1,10 m hinab, und hier lehnte sich eine Mauer an seinen schrägen Rand. Ich grub westlich vor dem Felsen und der Mauer hinab und kam nach 1,70 m auf festen, mit Bewurf bekleideten Boden. Nach

S. zu war bald eine in westlicher Richtung verlaufende Felswand gefunden, um so länger wurde meine Geduld auf die Probe gestellt, bis der nach N. angelegte Stollen gegen die parallele, ebenfalls westlich gerichtete Wand stiess. Der östliche Rand des Teiches — denn als das erkannte ich bald den Fund — bestand von *dd* an auf 2,15 m Länge aus Felsen, dann auf 5 m Länge aus einer Mauer, dann wieder aus Felsen bis *ee*. Die Gesammtausdehnung dieses Randes betrug 20,15 m. Der nördliche Rand von *ee* nach *ff* war 3,12 m lang. Den westlichen und südlichen Rand des Teiches habe ich nicht untersucht. Die Richtung ihrer Anfänge bei *dd* und *ff* lief jedoch den Seiten *eeff* und *ddee* genau parallel und danach habe ich sie auf Tafel IV konstruirt. Der Grund des Teiches wurde überall durch den Felsen gebildet. Der Bewurf war ziemlich stark zerstört; in der nordwestlichen Ecke, bei *ff*, hatte er sich am besten erhalten. Dort bestand er aus zwei Schichten; die untere war schwarz, aus Asche und Kalk gemischt, die obere war grau und enthielt sogenannte *nhâti*, zerstampfte oder zerschlagene Kalksteine. Die Ränder des Teiches waren nach unten ausgeschweift, sie verengten sich also nach oben etwas.

In den Schachten und Gräben von der Umgebung des alten Bau's *GH* an aufwärts (s. Tafel IV) wurde eine grosse Menge Scherben gefunden. Sie unterschieden sich von allen früher zu Tage geförderten durch ihre dunkelbraune Farbe, ihre geringe Dicke und ausserordentliche Leichtigkeit. Trotzdem ich einige sehr grosse Stücke in die Hände bekam, ist es mir doch nicht gelungen, noch ein Ganzes aus ihnen herzustellen. Mehrere gaben sich durch ihren schwarz gebrannten Boden als Kochgefässe zu erkennen. Das auf Tafel XI unter *A* abgebildete Bruchstück besteht aus einer steingutartigen grauen Masse und ist mit einer hellbronzegrünen Glasur überzogen. Es muss einem runden, mit Fuss und Hals versehenen kleinen Gefässe angehört haben, dessen Wände eine Dicke von 9—13 Millimeter hatten. Zwei Lampen, Tafel XI *B* aus hellziegelrothem Thon und Tafel XI *C* aus hellbraunem Thon, wurden in den westlich von *GH* (Tafel IV) gezogenen Gräben gefunden, die Lampe *D* (Tafel XI) auf dem höher gelegenen Felde in dem Schachte *fg*. Aus dem grossen Graben *iklm* kam der in seiner ganzen Länge erhaltene, nur vor dem kurzen Querarm abgebrochene dicke Griff eines alten

Thongefässes zu Tage, der auf Tafel XI mit *E* bezeichnet ist. Ich hatte schon ähnliche kürzere Stücke in ziemlicher Anzahl gefunden, aber immer noch war mir ihre Herkunft und Bestimmung räthselhaft geblieben, da ich einzelne Theile von irdenen Krügen in ihnen wegen ihrer Dicke und Schwere nicht vermuthet hatte. Überhaupt lagen in dem Schutt dieses Grabens neben leichten Scherben wieder Thonstücke von bedeutenderem Gewicht. Die mit einem Stempel versehenen Henkel *F, G, H* der Tafel XI habe ich ebenfalls aus dem Boden dieser oberen Felder erhalten. Ich werde ihre Inschriften in dem zweiten Abschnitt meiner Darstellung erklären und mit anderen gleicher Art, die schon bekannt geworden sind, vergleichen.

VI. Die Arbeiten auf dem westlichen Abhang des Südosthügels[1].

Ich beginne die Beschreibung dieser Arbeiten auf einem Felde, das zwischen der dritten und vierten Stufe des SO. Hügels gelegen ist (vgl. Tafel VIII) und in seiner nordöstlichen Ecke die Zahl 4 auf Tafel VIII aufweist. Dort liegt nämlich der Anfangspunkt des Grabens, der auf Tafel VI durch *A* bezeichnet ist. Das Feld war im N. und O. durch Mauern umgeben, am Südrande aber trat der Felsen unter dem Erdboden hervor und fiel etwa 2—3 m senkrecht ab. Die auf Tafel XII reproducirte Zeichnung des Herrn TH. SANDEL lässt erkennen, wie der Felsen unter dem SW.-Rande dieses Ackers theilweise senkrecht behauen, theilweise zur Anlage von Höhlen benutzt worden ist. Westlich von diesem Felde zieht in geringer Entfernung ein Weg vorbei, der in seiner unteren Strecke hauptsächlich nur den Zugang zu den Feldern an beiden Seiten vermittelt, und von dem Verkehr zwischen dem Dorfe Siloah und der Stadt nicht berührt wird. Der Eigenthümer war ein *haddschi*, ein Mekkapilger, von energieloser Gemüthsart, der meinen Anordnungen sich nicht zu widersetzen wagte. Aber einige Wochen später zeigte er eine so grosse Furchtsamkeit und zugleich ein so zudringliches Ver-

---

[1] Hierzu Tafel VI und VII.

langen, wegen seiner Ängstlichkeit besser bezahlt zu werden,
dass ich mich genöthigt sah, ihn mit der Entlassung aus meinem
Dienst zu überraschen. Er war der fleissige Beter, von dem ich
oben p. 64 gesprochen habe.

Der Boden des Feldes bot für das Graben nur geringe
Schwierigkeiten; er bestand aus lockerer Erde und nur an wenigen Stellen lagerte eine stärkere Schicht losen Gerölles auf dem
Felsen. Diesen traf ich von *A* bis *B* (Tafel VI) in einer Tiefe
von 0,80 m—1,60 m unter der Oberfläche an; er senkte sich im
allgemeinen nach W., nach dem verschütteten Lauf des Tyropöonthales zu und war grösstentheils behauen, entweder zu Stufen oder zu eingetieften schmalen Kanälen oder zu scharfkanti-
gen Einschnitten, die wohl durch die frühere Bebauung des Terrains veranlasst worden sind. Solche Felsränder sind durch
stärkere Linien auf der Tafel VI bezeichnet. Bei *C* fand ich einen
kleinen Wasserbehälter von 3,80 m Länge und 1,60 m Breite, der
auf 0,80 m Tiefe in den Felsen gehauen war. Eine einen halben
Meter weite Rinne hatte ihm einst von NW. das Wasser zugeführt. An dem Kreuzungspunkt der Gräben um *B* fanden die
Arbeiter auf einem Raume von 6 m den Felsen mit Mauerwerk
bedeckt, das von der Fundamentirung eines Gebäudes übrig geblieben zu sein schien. Ich suchte nach den verschiedenen Seiten hin über seine Ausdehnung und vor allen Dingen über seine
ursprüngliche Gestalt mich zu vergewissern, aber es ergab sich
keine regelmässige Form und kein sicherer Zusammenhang mit
anderen benachbarten Resten, z. B. mit dem Mauerstück bei *P*.
Im Westen zog ein schmaler, in den Felsen gehauener Kanal *DE*
unter den Steinen hin, der wahrscheinlich einer Cisterne, die
später unter dem Geröll bei *L* gefunden wurde, Wasser zugeführt hat. In der Mitte des südlichen Randes des Ackers hob
sich der Felsen in einzelnen Stufen, die durch eine schmale, mit
F bezeichnete Rinne unterbrochen waren, bis fast zu der Oberfläche, so dass die Erde ihn nur in einer Schicht von 0,20 m—
0,50 m bedeckte. In der vorspringenden, nach O. mehr abgerundeten Ecke trat das natürliche Gestein offen zu Tage, aber seine
alte Gestalt war gewaltsam durch Steinbrechen zerstört worden.
Die erhaltenen Ränder zeigten nach innen noch ziemlich genau
die Form eines Vierecks, als ob an dieser Stelle der Felsen zu
einer Art Warte oder zu einem kleinen Thurm behauen gewesen

wäre. Von seiner NO.-Ecke (G) begann ein in den Felsen gehauener Kanal von 56 cm Tiefe und nicht ganz 40 cm Breite, der in mehreren Windungen abwärts nach W. verlief. Seine Wände und seinen Boden bildete das nackte, unbekleidete Gestein; meist lagen noch die alten Decksteine über seinem sorgfältig gearbeiteten Laufe, soweit ich ihn blosslegen liess. Es kann kein Zweifel darüber sein, dass er von G aus Wasser a b g e f ü h r t hat, aber ich vermochte nicht mehr festzustellen, woher ihm dasselbe zugeflossen ist.

Von J bis K fiel der Felsen wiederum in einer Stufe bis zu 1,50 m unter der Oberfläche des Ackers. Jenseits eines schmalen Kanales (K) stiessen die Arbeiter auf ein mächtiges Lager von Schutt und Geröll, das sich bald als die Füllung einer zerstörten und verschütteten Cisterne zu erkennen gab. Der Felsen, der in dem Graben BM erreicht wurde, lag 0,30 m höher als das Mauerwerk um B, also 1,20 m unter der Oberfläche. Bei M war ein kleiner Teich, 0,90 m tief, in den Felsen gehauen; einige Stufen führten in seinen 1,60 m breiten Raum hinab. In seiner Nähe wurden dicht auf dem Felsen zwischen Steinschutt die Glieder einer alten Schmuckkette gefunden, die auf Tafel XI unter J abgebildet ist. — In dem nordwestlichen Arm des kreuzförmigen Grabens, BO bezeichnet, fanden sich neben dem Gemäuer P wieder einige Stufen und Einschnitte im Felsen, deren Zweck aber nicht mehr zu bestimmen war.

Der Graben RQ führte auf ein längeres zusammenhängendes Mauerstück SX, das 1 m breit war und sich um 1 m über dem Felsen erhob, der 1,50 m tief unter dem Erdboden lagerte. Die Steine waren nicht behauen und ohne Sorgfalt, aber doch ziemlich fest durch Mörtel miteinander verbunden. Ich verfolgte dasselbe nach N. bis zu der 2 m hohen Feldmauer, nach S. bis zu dem Punkte X, wo es an einige kleine Wasserbehälter stiess, sich aber jenseits derselben nicht mehr fortsetzte. Den verlorenen Steinen bei T schenkte ich keine weitere Beachtung, sondern wandte mich nun zur Untersuchung der Bassins zwischen U und V. Das erste hatte eine Länge von 1,90 m, war in den Felsen gehauen und mit dickem, festem Bewurf überzogen. An seiner nördlichen Wand mündete mit einer viereckigen, schräg liegenden Öffnung, die 0,40 m und 0,60 m mass, ein Kanal ein, der auf 2 m Länge ganz in Felsen ausgehauen und mit einer gewölb-

ten Decke versehen war. Seine innere Höhe, 0,75 m, machte es
mir möglich hineinzukriechen, aber über die Länge von 2 m hinaus war er ursprünglich oben offen gewesen und darum jetzt
vollständig verschüttet worden. Es fiel mir auf, dass ich in der
Nähe von R oder O ihn nicht angetroffen hatte; vielleicht setzte
er sich dort wieder unter dem Felsen fort. Das zweite Bassin
war etwas länger als das erste, jedoch schmäler, im übrigen in
derselben Weise angelegt. Ihr Boden befand sich etwa 2,50 m
unter der Oberfläche des Feldes, mit mässiger Neigung nach W.
Die in den Felsen gehauene Vertiefung setzt sich nämlich bis
zum Rande des Ackers (bei V) fort und war in der mittleren
Strecke noch mit Platten gedeckt. Diese kanalartige Verlängerung der Bassins liess keinen Zweifel darüber, dass die letzteren
erst nachträglich in die frühere Anlage eingebaut waren und
zwar dadurch, dass man den ursprünglichen, nicht mit Cement
bekleideten Kanal durch eingesetzte Mauern von 0,30—0,50 m
Dicke in einzelne unverbundene Behälter verwandelt und
diese zum Theil mit Bewurf sorgfältig wasserdicht gemacht hatte.
Anfangs hat der Kanal UV nur das Wasser weitergeleitet, was
durch den abschüssigen Kanal von W her zuströmte. Als man
aber das Bassin UX, vielleicht auch das untere anlegte, muss
man den Zulauf bei W verstopft haben; denn es scheint unmöglich, dass das obere kleine Bassin ausgereicht haben sollte, um
den Wasservorrath zu fassen, der, nach dem Gefälle und der
Weite des Kanales zu schliessen, mit grosser Gewalt von W her
eingefallen sein muss. Also auch hier wieder deutliche Spuren
einer späteren Veränderung der ursprünglichen Anlage!

Am Ende des soeben besprochenen alten Kanales (bei V) war
der Boden stark mit Wasser getränkt, fast schlammartig. In demselben wurden die Thongeschirre gefunden, die auf Tafel XI
unter P, Q, R abgebildet sind. Sie fielen mir auf durch ihre
grosse Leichtigkeit und durch ihre graue Farbe, die bei P etwas
rothen Schein hatte, bei Q ins Grünliche und bei R ins Gelbliche
hinüberspielte. Auch die mit S und T bezeichneten irdenen Gefässe auf Tafel XI kamen aus dem Schutt dieses Feldes zu Tage.
Von dem Geräth S ist der Kopf abgebrochen; es hat dunkelzie-
gelrothe Farbe und ist bedeutend schwerer als die vorher erwähnten. Dagegen ist die kleine Schaale T von feinerem, leich-
terem Thon und von matt ziegelrother Farbe.

Eine Fortsetzung des Kanales *UV* (Tafel VI) nach W. war nicht zu entdecken. Von dem schmalen, tiefer liegenden Ackerstücke aus, das das soeben beschriebene Feld von dem benachbarten Wege trennte, sah man die Steine der Feldmauer auf dem nackten Felsen liegen, der dem Punkte *V* gegenüber keine Spur von ehemaliger Behauung zeigte; und er hätte müssen durchbrochen oder wenigstens eingeschnitten sein, wenn jener Kanal einst nach W. in der oben beschriebenen Weise weitergeführt worden war. Entweder mag das Wasser unbedeckt über den Felsenabhang gefallen oder durch eine gemauerte, jetzt zerstörte Leitung aufgenommen worden sein. Hauptsächlich um das verschüttete Terrain kennen zu lernen, liess ich von einer behauenen Stelle des Felsenabhanges aus, die unterhalb und nahe der SW.-Ecke des untersuchten Ackers frei lag, einen Graben bis an den Weg ziehen, der vom Siloahteiche heraufführt. In den schrägen Abhang des Felsens war eine flache Nische (*ab* auf Tafel VI) mit senkrechter Rückwand eingehauen worden. Als die Erde auf eine Tiefe von 1,30 m fortgeschafft worden war, zeigte sich unter der Nische ein horizontaler Felsrand, der in gebogener Linie um 0,80—1,20 m von der senkrechten Rückwand vorsprang. In ihm befanden sich zwei runde, sorgfältig gearbeitete Löcher, deren Tiefe sich auf 31 cm und deren Durchmesser sich auf 48 cm belief, sie waren genau vor der Mitte der Nische angebracht. Der südliche Rand derselben war um die Hälfte (40 cm) schmäler als der nördliche, so dass der wagerecht abgeschnittene Felsen sich vor jenem in der entsprechenden Breite noch auf eine kurze Strecke fortsetzte. In die Rückwand der Nische waren einige kleine viereckige Löcher eingehauen, die vielleicht ein Gerüst von dünnen Balken haben stützen sollen; um einer Thonlampe Platz zu geben, erschienen sie mir von zu geringer Grösse. Westlich vor diesem horizontalen Rande, etwa 15 cm tiefer als derselbe, zog sich, an den Felsen gelehnt, eine aus rohen Steinen, ohne Mörtel aufgeschichtete Mauer hin. Sie ruhte auf dem Felsen, der nach W. in zwei natürlichen Stufen abfiel, so dass ihnen entsprechend die Höhe der Mauer von 1,10 m zu 1,90 m zunahm. Vor ihr war der Felsen an mehreren Stellen behauen; so nach S. hin zu einem steilen Abschnitt von 1 m Tiefe, an dem auch noch Reste alten Bewurfes sich erhalten hatten, nach N. und W. in schräger Fläche, auf welcher ebenfalls die Spuren eiserner

Werkzeuge zu bemerken waren. In der westlichen Hälfte des
Grabens fand sich eine zweite, 0,90 m dicke Mauer (cd auf Tafel VI), deren unregelmässig gestaltete Steine nur lose durch
schlechten Mörtel verbunden gewesen waren. Der Felsen, über
den sie sich 3,75 m hoch erhob, war zu ungleichen Stufen behauen, deren nördliche um 70 cm über die südliche emporragte.

In der Linie dieser Mauer liess ich etwa 18 m abwärts einen
ziemlich weiten Schacht anlegen und traf wirklich 1,50 m
unter dem Boden auf eine Mauerecke, die von N. hineinragte.
Die Steine waren in zwei Schichten erhalten. Die der oberen
waren sorgfältig behauen, hatten Randschlag und einen flachen
rauhen Buckel, waren durch grauen Mörtel verbunden und hatten eine Höhe von 0,50 m; die untere Schicht bestand aus
schlecht oder gar nicht behauenen Steinen, sie bildete das auf
dem Felsen ruhende Fundament des Baues, dessen ganze Höhe
sich auf 2,50 m belief. Vor dem nach S. gekehrten Rande der
Mauer ng (Tafel VI) senkte sich eine natürliche Stufe des Kalksteins von 3,80 m zu 5,80 m unter der Oberfläche. In die untere
Terrasse war ein 70 cm breiter Kanal getieft, dessen östliche
Wand 1 m hoch war, während der westliche Felsrand sich nur
wenige Centimeter über dem Boden erhob, aber durch eine jetzt
verfallene Schicht von ungleichen Steinen ursprünglich erhöht
gewesen zu sein schien. Das Gestein war stark zerrissene und
durchlöcherte *mizzi*.

Ich liess nun, um den Lauf der Mauer nach O. zu verfolgen,
von dem östlichen Rande des Schachtes aus unter Bretterstützen
einen Gang von *f* nach *g* anlegen. Derselbe führte nach 1,40 m
auf eine quer vorgelagerte Felswand, in der ich nach Wegräumung des Schuttes eine kleine Höhle entdeckte, deren Höhe
1 m, deren Tiefe 1,80 m betrug. Die Mauer erstreckte sich bis
auf 80 cm in dieselbe hinein, dann verlor sich ihre Spur völlig.
Bemerkenswerthe Gegenstände wurden nicht in der Höhle gefunden. Das Gestein war ebenfalls stark zerrissene *mizzi*.

Weiter nach O. begann ich den Graben *hi*, der mich über die
Ausdehnung der Mauer und über die Gestaltung des Terrains
aufklären sollte. Schon 60 cm unter dem Boden fand ich eine
scharfe Felskante, die die Linie *ng* der gefundenen Mauer genau
fortsetzte und 1,35 m tief senkrecht abfiel. Die Kante war auf
eine Länge von 3,20 m etwas nach O. geneigt, dann hob sich der

Felsen in der Stufe k um 60 cm, so dass seine Oberfläche nur 15—20 cm unter dem Boden des Ackers lag. Nach S. endete der Fuss der senkrechten Kante hk in einer horizontalen, wenig behauenen Terrasse; auf der N.-Seite fand ich hinter ihr einige Reste von Mosaikpflaster, dessen weisse Steine Vierecke von 2—3 cm bildeten.

Der Seitenarm des Grabens, der auf Tafel VI mit hl bezeichnet ist, wurde angelegt, um die Mauer ong von der Rückseite zu untersuchen. Daraus ergab sich, dass ihre untere Schicht 20 cm, ihre obere Schicht 50 cm breit war. Die Oberfläche des Felsens verlief 1 m lang horizontal und senkte sich dann in einer natürlichen Stufe um 1,60 m. Von der Kante m aus (Tafel VI) trat der Felsen nach SO. zurück und vereinigte sich mit der Wand der oben erwähnten kleinen Höhle. — Die unter L auf Tafel XI abgebildete Lampe wurde in dem Schacht ef gefunden.

Ein Blick auf den Situationsplan, den Tafel VI darbietet, lehrt, dass ein Zusammenhang der Mauerreste cd und ong möglich ist. Ich nahm aber Abstand davon, zwischen beiden nachgraben zu lassen, da meine Arbeiter an anderen Stellen reichlich beschäftigt waren, und ich bereits die Erfahrung gemacht hatte, dass es bei den einmal getroffenen Einrichtungen nicht wohl anging, mehr als vierzig Fellachen zu gleicher Zeit im Dienste zu haben, wenn eine genaue Aufsicht stattfinden und eine ordentliche Zucht unter den Leuten aufrecht erhalten werden sollte. Ende April, als ich das Graben auf dem Felde des $haddschi$ begann, war die Zahl der Arbeiter ziemlich rasch von fünfundzwanzig auf achtundvierzig gestiegen. Je dichter nun die Reihen der Fellachen an den Gräben wurden, desto lebhafter regte sich das Geschwätz und der Zank. Besonders wollte sich der Übermuth der $auläd$, der jungen Burschen, gar nicht bändigen lassen; sie bewiesen es auf die störendste Weise, dass auch der Fellach seine Flegeljahre hat. Herr Bäuerle verlor die Geduld, beschenkte einen jungen Bruder des Schēch's Chalīl Ahsēn und einen Sohn des Jūsef Selīmān mit derben Ohrfeigen und schickte sie fort. Einige trockene und recht heisse Tage zu Anfang Mai, in denen der sonst mit grosser Regelmässigkeit gegen Mittag sich erhebende und angenehme Kühlung fächelnde Westwind ausblieb, machten die Mühe des Begehens und Besichtigens der Gräben auf dem unebenen Terrain recht empfindlich. Da die Hitze in den folgenden Monaten im allgemeinen stets zunahm, so musste ich schon desshalb darauf bedacht sein, die Arbeit Bäuerle's eher zu vermindern als zu vermehren. Daher konnte ich die Untersuchungen auf diesem Felde nicht gut weiter ausdehnen, zumal da ich selbst seit den ersten Tagen des Mai durch einen mir völlig neuen Verkehr stark in Anspruch genommen wurde, nämlich durch den Handel mit Antiquitätenfälschern Jerusalems, über die ja schon einiges bei Gelegenheit der »Moabitica« bekannt geworden ist.

Da ich meine Ausgrabungen in aller Stille begonnen hatte, ohne besonderes Aufsehen zu erregen, so hatte mir in der ersten Zeit niemand, abgesehen von einigen Fellachen aus Silwân, einen beschriebenen Stein oder andere *antîkât* (»Alterthümer«) angeboten; man wusste eben nicht, dass ich da war. Diese angenehme Stille wurde zuerst durch einen Juden, Namens Chaim (Chajim), unterbrochen, der früher im Dienste des Herrn Baron von Ustinow in Jafa gestanden hatte und von ihm häufig zur Hülfeleistung bei seinen archäologischen Forschungen und zur Beschaffung von Antiquitäten überhaupt verwandt worden war. Vermöge seiner Klugheit und Geschicklichkeit hat er von seinem ehemaligen, für das alte und neue Palästina so lebhaft interessirten Herrn nicht nur einen ziemlich richtigen Blick für wichtige und werthvolle Reste aus dem Alterthum gelernt, sondern es auch in der Lesung und Kopirung von hebräischen Inschriften ziemlich weit gebracht, wie ich theils selbst zu beobachten Gelegenheit hatte, theils aus dem, was mir während des Verkehrs mit ihm entgegengebracht wurde, schliessen muss. Es war sein lebhafter Wunsch, als mein Diener angestellt zu werden; jedoch lehnte ich sein Anerbieten schon wegen der Unverschämtheit, mit der er es vortrug, rundweg ab. Er hat mir darauf mehrere Besitzer von solchen *antîkât* zugeführt, die unzweifelhaft echt und gut waren und durch seine Vermittlung ganz preiswürdig von mir gekauft wurden. Ich darf ihn daher nicht als einen durchaus gewissenlosen, habgierigen Fälscher bezeichnen, vielmehr hat er eine gewisse aufrichtige Liebhaberei und Leidenschaft für die Alterthümer seines Landes und betreibt deren Aufspürung als einen angenehmen Sport, zu dem ihm seine jetzige Beschäftigung als Führer eines Stellwagens zwischen Jafa und Jerusalem passende Gelegenheit bietet. Hätte ich von

Jerusalem aus, wie ich das anfangs beabsichtigte, verschiedene kleinere Forschungsreisen z. B. nach Gaza, Bēt-Dschibrīn oder Kaisarīje unternehmen können, so würde sich kaum ein geschickterer Diener und gewandterer Vermittler als Chaim haben finden lassen. Wer vorsichtig und streng gegen ihn ist, wird ohne Zweifel grossen Nutzen von ihm haben. Aber seine Verbindungen und seine Helfershelfer in Jerusalem waren damals höchst bedenklicher Art. So brachte er mich zu einem dortigen Goldschmied, um mir eine mit Inschrift versehene Granitsäule »aus Hesbān« zu zeigen, die schon an der Arbeit leicht als gefälscht zu erkennen war. Dagegen konnten die anderen Gegenstände, um derentwillen er mich dorthin geführt hatte, die Bruchstücke einer Statue »aus Sebasṭīje« und einer kupfernen kleinen Säule mit arabischen Schriftzügen »aus Kerak« echt sein, hatten aber geringen Werth. In lebhafte Erwartung versetzte er mich eines Morgens durch die Nachricht, dass mir Selīm il-Ḳarī, der durch seine zweifelhaften Verdienste um die sogen. »Moabitica« den Orientalisten des Abendlandes wohl bekannt geworden ist, eine Inschrift aus Sebasṭīje und eine weibliche Statue aus Silwān, deren Brüste mit Inschriften bedeckt seien, verkaufen und sogar vorher erst zeigen wolle. Ich freute mich ausserordentlich auf den Augenblick, wo ich diesen bösen Dieb und Betrüger, der der abendländischen Wissenschaft so viel Aufwand an Zeit und Kosten verursacht hat, persönlich kennen lernen würde, und vielleicht sogar einen Blick in seine Werkstatt werfen könnte. Aber leider erschien Chaim am folgenden Tage zu der verabredeten Stunde nicht, sondern meldete mir später, dass Selīm mich nicht in sein Haus hineinlassen wolle, da er jetzt erfahren habe, dass ich ein Deutscher und nicht, wie Chaim ihm gesagt haben wollte, ein Amerikaner sei; mit einem Deutschen wolle er sich überhaupt nicht einlassen. Die »Moabitica« scheinen also dem Selīm von den Deutschen mehr trübe Erfahrungen gebracht, als Vortheile verschafft zu haben! Wesshalb sollte er sonst wenigstens die Berührung mit einem Deutschen zu meiden suchen? Wie gesagt, ich hätte gern die Bekanntschaft dieser viel besprochenen Persönlichkeit gemacht und bedauere, dass ich um meiner Nationalität willen dieses Vergnügens beraubt worden bin.

Die Jerusalemer, welche Chaim mir wirklich zuführte, waren fast sämmtlich Araber griechischer Konfession, die alle

in guter Freundschaft mit einander standen, was sich freilich bei
dem engen Zusammenhalten der einzelnen Konfessionen in jener
Stadt unter Gleichstehenden leicht herausbildet und darum an
sich noch nichts Auffallendes ist — meist kleine Handwerker,
die nicht viel zu leben hatten und darum nach Geld verlang-
ten. Obgleich ich von Anfang an den Grundsatz befolgte, nur
nach geleistetem Dienst ihnen einen Bachschīsch zu geben, und
dieses sie offenbar verdross, so blieb der Verkehr dennoch eine
Zeit lang ungestört und äusserlich angesehen auch friedlich. In
Wahrheit aber standen sie und ich sehr bald auf dem Kriegsfuss,
insofern wir einander beständig hetzten und jagten. Chaim
und sie suchten mich zu jeder Tageszeit im Johanniterhospiz
auf, mit Vorliebe entweder am frühen Morgen, ehe ich zur Besichtigung der Arbeiten die Stadt verliess, oder am späten
Abend, nachdem mein Tagewerk gethan war. Wenn die Gassen
noch still waren oder das Dunkel der Nacht die einsamen Wan-
derer nicht mehr erkennen liess, dann hatte die rechte Stunde
für ihr geheimnissvolles Treiben geschlagen. Dasselbe wurde
stets mit der Furcht vor der türkischen Regierung begründet, die
auf jeden alterthümlichen Fund sofort Beschlag lege und daher
keinen Wind von dem Aufbewahrungsort der Schätze bekommen
dürfe. Diese lagen denn auch stets in dem äussersten Winkel
des letzten Gemachs einer Wohnung, unter allerlei Gerümpel
vergraben, und wurden mir bei dem ersten Besuch regelmässig
nur bei Lampenlicht gezeigt. Begegnete uns auf dem Hin- und
Rückwege eine Person, die vielleicht Argwohn schöpfen konnte,
so pflegte der eine wohl in recht lauten Worten mit dem Tischler
über die Anfertigung einer Thür zu reden, oder der andere bei
dem Schuster ein Paar Schuhe zu bestellen, während ich ersucht
wurde, mich in unverdächtiger Entfernung von der Gruppe zu
halten. Aber nicht selten übernahm auch ich die Rolle des Trei-
bers; ich suchte die Leute in ihrer Geheimnissthuerei zu überraschen, indem ich sofort auf die erste Nachricht von irgend
einer Entdeckung, gleichviel ob die Zeit mir passte oder nicht,
den angepriesenen Gegenstand zu sehen wünschte und sie aufforderte, mich augenblicklich zu ihm zu führen. Häufig kam
dann schon zu Tage, dass die Sache einen Haken hatte, oder
wenn sie mein Verlangen ohne Zögern erfüllten, so fand ich
allerdings dasjenige, wovon man mir gesagt hatte, z. B. eine In-

schrift, aber sie war entweder werthlos oder unlesbar. In letzterer Beziehung kennt man freilich in Jerusalem die Schwierigkeiten nicht, die ein gelernter Philologe zu empfinden pflegt. So wusste Chaim eine zweizeilige Inschrift, deren Buchstaben in hebräischer Quadratschrift auf das kleine Bruchstück einer dünnen Säule fast unmerklich eingegraben waren, fliessend vorzulesen; es sollte der Meilenzeiger an dem Wege zu einer der im A. T. erwähnten Freistädte sein, wo der unvorsätzliche Todtschläger eine sichere Zuflucht vor dem Bluträcher finden konnte (Deutr. 19, 1—13. Jos. 20). Ich erkannte damals und erkenne auch jetzt auf meinem Abklatsche nur einige Buchstaben, Chaim aber fand zu seinem langen Satz mindestens die doppelte Zahl von Zeichen auf der Säule, als die zwei Zeilen wirklich enthalten können.

Eine erstaunliche Geschicklichkeit zeigte diese Gesellschaft im Anfertigen von Kopien und Abklatschen. Die Leute gaben dieselben aber nicht gern heraus, da sie fürchteten, es werde ihnen dann die Aussicht auf den Verkauf des Steines verloren gehen. Doch habe ich mehrere interessante »specimina eruditionis« im Original von ihnen erlangt; eines derselben enthält sieben theils (!) himjaritische, theils (!) äthiopische Schriftzeichen, ein anderes sechsundsechzig althebräische Buchstaben, die freilich meist fehlerhaft, aber von geübter Hand geschrieben worden sind. Beide sollten Kopieen von Inschriften sein, die in der Nähe des Klosters Mâr Sâbâ entdeckt worden wären; die längere hebräische habe der die dortige Küche verwaltende Bruder an der Felswand einer Höhle gefunden und an Ort und Stelle abgezeichnet. Da dieser Mönch gewöhnlich am Sonnabend in die Stadt zu kommen pflegt, um Lebensmittel zu holen, so verlangte ich ihn zu sehen; aber nun vermochte niemand seiner habhaft zu werden! Als ich etwa vier Wochen später, am 23. Juli, während meines Aufenthaltes in Mâr Sâbâ mit Hülfe zweier deutscher Mönche des Klosters, die vor langen Jahren aus Siebenbürgen ausgezogen und vor der Welt in die Einsamkeit der »Wüste Juda« geflohen waren, den mir bezeichneten Bruder ausfindig machte und über jene Angelegenheit befragte, gerieth derselbe in keine geringe Aufregung und geberdete sich, als ob man ihn wegen einer Verletzung der strengen Klosterregel anklagen wollte. Wenn ich mich recht erinnere, so hatte er das Schreiben wieder

verlernt oder überhaupt nie gelernt; jedenfalls war dem alten
Mann sehr schwer begreiflich zu machen, um was es sich eigentlich handelte, und wahrscheinlich hatte *muchā'il il-ḥalebī* — so
hiess der Grieche, der mir zuerst von der Inschrift erzählte —
nur desshalb gerade d i e s e n harmlosen Mönch in die Geschichte
der Inschrift verwoben, weil er allein von den Brüdern das Kloster verlassen durfte, um die aufgezehrten Vorräthe allwöchent-
lich neu zu ergänzen. Seit dieser Lüge ging mir *muchā'il il-ḥalebī* geflissentlich aus dem Wege. Da ich einige andere seiner
Genossen schon früher abgeschüttelt hatte und auch Chaim seltener kam, so blieb von dieser Gesellschaft nur noch ein Schuh-
macher mit mir in Verkehr, wohl der klügste von ihnen allen. Er
wollte von einer Inschrift wissen, die an einem alten Felsengrabe
in Sindschil, ungefähr sieben Stunden nördlich von Jerusalem,
eingehauen sei, und brachte mir nach mehreren Tagen eine Kopie
und später einen Abklatsch derselben. Da die Entfernung zu gross
war, als dass ich durch einen raschen Ritt mich an Ort und Stelle
von dem Befunde hätte überzeugen können, so gab ich ihm auf,
den Stein nach Jerusalem zu schaffen und mir vorzulegen. Die
Schwierigkeiten schilderte er anfangs als unüberwindlich; doch
da er meine Unterstützung, um sie zu bewältigen, nicht zu gewinnen vermochte, so wurden sie von selbst allmählich geringer,
und eines Tages erschien er mit leuchtenden Augen in meiner
Wohnung und verkündigte mir, dass das kühne Wagniss glücklich gelungen sei und der Stein, freilich beim Aushauen etwas
verletzt, jetzt in seinem Hause liege. Ich nahm ihn dort in Augenschein und fand eine ausserordentlich sauber und sorgfältig
in harten *mizzi*-Stein eingehauene Inschrift von vier Zeilen mit
achtundzwanzig Buchstaben, die mit dem samaritanischen Alpha-
bet die meiste Ähnlichkeit hatten. Die Form der Zeichen und
namentlich einige wunderliche Ligaturen erregten allerdings sofort den Verdacht der Fälschung, während das übrige Aussehen
des Steins durchaus zu Gunsten der Echtheit sprach. Ich zahlte
dem Schuster eine Art Wartegeld, um mir das Vorkaufsrecht auf
den Stein zu sichern, und da ich später, nach meiner Rückkehr,
auf den Erwerb verzichtete, so habe ich diese Summe in seinen
Händen lassen müssen. Also doch ein Lehrgeld!

Noch einmal versuchte man mich mit einem Kunsterzeugniss
Moab's! Ein Schreiber auf dem Seräj schickte mir ein ziemlich

hohes, nicht sehr umfangreiches irdenes Gefäss, halb Krug,
halb Vase, das aus Moab herübergebracht worden sei. Die Arbeit war viel geschickter, feiner und geschmackvoller als an allen
moabitischen Töpferwaaren, die ich in Jerusalem und Berlin gesehen habe. War dieser Krug nun ein echtes Moabiticum?
Oder war er der Vorbote eines neuen Kunststils, der unter dieser
Firma ausgeboten werden soll? Denn mit den Proben des alten
hofft niemand mehr in Jerusalem ein Geschäft zu machen, sie
sind sämmtlich »Ladenhüter« geworden und werden wohl auch
diesen bescheidenen Platz verlieren, wenn es wirklich gelingen
sollte, den Schleier von jener noch immer nicht g a n z aufgeklärten Angelegenheit vollständig zu lüften. Da mir der Fundort des
erwähnten Gefässes nicht angegeben werden konnte und es
durchaus keine Merkmale der Echtheit an sich trug, so bot ich
ungefähr nur den Werth, den es als Töpferwaare haben mochte;
aber das entsprach den hochgespannten Erwartungen seines Besitzers nicht, und so zerschlug sich der Handel.

Diese Abenteuer im Antiquitätenhandel habe ich hauptsächlich desshalb hier eingeschoben, um zu zeigen, mit wie wenig
Musse ich mich während der Monate Mai bis Mitte Juli der Förderung meiner eigentlichen Aufgabe widmen konnte. Das ruhelose Umhereilen von einer Stätte zur andern drohte meine Kräfte
zu erschöpfen, und einige Wochen lang quälte mich die ernstliche Sorge, ob das böse syrische Fieber, dessen Anfänge sich
bemerklich machten, mich doch nicht endlich darniederwerfen
würde. Dass ich trotzdem glücklich darüber hinwegkam, habe
ich gewiss vornehmlich dem beständigen Temperaturwechsel zu
danken, da ich mehr als einmal täglich den fühlbar schlechten
Dunst in den Gassen und Häusern der Stadt mit der vortrefflichen reinen Luft in ihrer weiteren Umgebung zu vertauschen
Anlass hatte.

Ich wünschte lebhaft, auf dem Grundstück, das nördlich
an das Feld des *haddschi* (s. p. 164—167) grenzte und sich etwa
um 2 m über dasselbe erhob, meine Nachgrabungen fortsetzen zu
können, weil ich erwartete, dort noch deutlichere Spuren von
alten Bauten zu finden. Als ich mit dem Eigenthümer — *chalîl
abu dijâb* war sein Name — darüber Rücksprache nahm, machte
derselbe grosse Schwierigkeiten, weil er die untere, westliche
Hälfte des Ackers mit jungen Kohlpflanzen bestellt hatte. Ich

bot ihm eine Entschädigung an für alles, was meine Arbeiter ver-
derben würden, wandte alle Künste der Überredung auf, des-
gleichen Herr Bäuerle und der Sabtije, dessen Auftreten sich an
jenem Morgen zu ungewöhnlicher Lebhaftigkeit und fast theatra-
lischen Effekten steigerte. Aber alles schien vergeblich, die Verhandlungen stockten. Da brach ich das allgemeine rathlose
Schweigen durch den Vorschlag: *mnischrab schwaije*, »wir wollen
ein wenig rauchen«, und bot einem jeden von meinem Tabak und
meinen Cigaretten' an. Die blauen Rauchwolken und eine kurze
Unterhaltung über gleichgültige Dinge beruhigte die aufgeregten
Gemüther, beim nächsten Angriff war der Widerstand des Fellachen gebrochen, und ich erklärte mich bereit, die von dem Sabtije vorgeschlagene Entschädigungssumme zu zahlen. Sofort
hiess ich diesen und den Eigenthümer mit mir in die Stadt auf
das deutsche Konsulat gehen, wo der Dragoman desselben, Herr
Faḍlalläh Marüm, in liebenswürdigster Weise das kleine Geschäft erledigte, unser Übereinkommen zu Protokoll zu nehmen
und dasselbe dadurch fest zu machen.

Diesen Dienst habe ich der Freundlichkeit des Herrn Faḍlalläh mehr als einmal zu verdanken gehabt; die Unzuverlässig-
keit der Fellachen hinsichtlich getroffener Verabredungen liess es
häufig nothwendig erscheinen, sie durch eine solche Form an das
einmal gegebene Wort zu binden. Eine üble Erfahrung, die ich
an meinem zweifelhaften Freunde Jüsef Selïmän (s. oben p. 42 ff.
p. 67 f.) machte, veranlasste mich dazu, nach einem derartigen
Mittel zu suchen. Ich hatte nämlich Ende April auf einem ihm
gehörenden Felde, das an die nordöstliche Ecke des Ackers des
haddschi stiess, mit seiner Einwilligung zu graben begonnen. Da
ich aber für mehrere Antiquitäten die von ihm gewünschten
Preise nicht zahlte, ja sie überhaupt nicht kaufte, da ferner Herr
Bäuerle seinen ungezogenen Sohn mit Ohrfeigen gezüchtigt und
aus meinem Dienst entlassen hatte, so untersagte er in meiner
Abwesenheit die Fortsetzung der Arbeiten auf seinem Grundstück. Bei seiner mir wohlbekannten feindseligen Gesinnung
gegen mich wäre es vergebliche Mühe gewesen, ihn durch andere
Mittel als durch Gold umzustimmen, und darauf wollte ich mich
nicht einlassen, um nicht die übrigen Fellachen auf diesen Weg
der Gelderpressung aufmerksam zu machen. Obgleich die Ausgrabungen dort guten Erfolg versprachen, so blieb mir doch vor

der Hand nichts anderes übrig, als sie einzustellen, und leider erfüllte sich die Hoffnung nicht, dass ich sie nach einigen Wochen würde wieder aufnehmen können. Herr Krieger, Dragoman und Sekretär Sr. Exellenz Re'üf Pascha's, den ich damals um Rath fragte, auf welche Weise solchen Störungen in Zukunft am besten vorzubeugen sei, erklärte sich nun freundlichst bereit, über jedes zwischen mir und den Fellachen getroffene Übereinkommen auf dem Seraj einen kurzen Vertrag aufzusetzen, durch den sich die Fellachen gebunden erachten würden. Da aber Herr Faḍlallāh Marūm zu dem gleichen Zwecke seine Dienste anbot, so zog ich natürlich die Behörde des Deutschen Reiches einer fremden vor. Eine ganze Reihe solcher Verträge sind im Sommer 1881 auf der Kanzlei des Konsulates geschrieben worden; da die Verhandlungen vorher stets erledigt waren, so war das Geschäft selbst gar bald beendigt, und eigenthümlich war nur der Schlussakt, wenn die Namen der Kontrahenten unter das Schriftstück gesetzt werden sollten. Auf die Frage des Dragomans: »Kannst Du schreiben?« erfolgte regelmässig die wohl von einem verschämten Lächeln begleitete Antwort: »Nein!« Dann nahm Herr Faḍlallāh eine Hand des Fellachen, wischte etwas Tinte auf den Ballen ihres kleinen Fingers und drückte denselben zur Bekräftigung unter den von ihm geschriebenen Namen meines Kontrahenten. Sobald der Fellach den schwarzen Klex dem Vertrage hinzugefügt hatte, fühlte er sich durch diese symbolische Handlung an den Inhalt des Protokolls gebunden, wie unsereiner durch seine Unterschrift.

Von Chalīl Abu Dijāb hatte ich jedoch nicht mehr erlangt als die Erlaubniss, nur einen Graben (qr, Tafel VI) durch sein Feld ziehen zu dürfen. Ich liess diesen hauptsächlich aus dem Grunde unweit des nördlichen Randes anlegen, um zugleich Verbindungen aufzufinden, an die ich eventuell von der anderen Seite, von oben her, anknüpfen konnte. An dem östlichen Anfang stiessen die Arbeiter zunächst auf eine in den Felsen gehauene Cisterne, deren Mundloch sorgfältig durch einen Stein verschlossen war. Ihr Inneres hatte sich fast ganz mit Geröll und Erde angefüllt, in deren oberen Schichten sich eine Anzahl bunter und glasirter Scherben fanden. Zeichnung und Ausführung der Malerei glich genau den Mustern, die in neuerer Zeit durch die cyprischen Thonwaaren in grösserer Menge bekannt

geworden sind; doch waren die Stücke klein. Die Mauerreste
bei *s* und *t* waren unansehnlich, derjenige bei *u* bestand zum
Theil aus grösseren und gut behauenen, aber ungeänderten Steinen. Doch war an letzterer Stelle und noch mehr bei *t* und *s* das
ursprüngliche feste Lager stark zerstört; es schien auch, als ob
verschiedene Schichten neben einander auf dem Felsen ruhten.
Dieser war zwischen *s* und *r* zu mehreren in der Höhe und Breite
ganz ungleichen Stufen behauen, deren Tiefe unter der Oberfläche des Ackers im Durchschnitt zwischen 1 m und 3 m wechselte. Die einzigen Reste, deren Spuren weiter zu verfolgen sich
gelohnt hätte, waren die bei *t* gefundenen Mauertheile. Es lagen
dort mehrere Schichten nebeneinander, die weder aus demselben
Material hergestellt worden waren, noch auch zu derselben Zeit
entstanden sein konnten. Am festesten und schönsten war die
westliche Schicht; sie hatte gut behauene und ziemlich grosse,
sorgfältig gefügte Steine, von denen aber nur wenige in der alten
Lage sich erhalten hatten. Ich hätte den äusseren Rand dieses
Mauerwerks gern nach N. oder S. verfolgt, wenn nur nicht gerade an beiden Seiten die jungen Kohlpflanzen sich befunden
hätten. Ich verspürte keine Neigung, einen neuen Entschädi-
gungsvertrag zu schliessen, der mir ohne Zweifel viel theurer gekommen wäre als der erste. Daher stand ich von weiteren Untersuchungen auf diesem Felde ab.

An der Südseite des Grabens, etwa in der Mitte desselben,
war eine feste Wölbung blossgelegt worden. Ich liess sie durchbrechen und fand darunter eine viereckige, in den Felsen gehauene Cisterne, deren senkrechte Wände unterhalb des Gemäuers der Wölbung 1,55 m hoch waren, deren Länge sich auf
2,90 m bemass, deren Breite hingegen 2 m betrug. Das Gewölbe
war ziemlich hoch und leicht gespitzt; es hob sich bis zu 2,45 m
über den Boden des kleinen Behälters empor. Das Schöpfloch
in der südwestlichen Ecke war flüchtig mit rohen Steinen verschlossen worden, sonst aber gut erhalten. Es war dieses die
zweite künstlich überwölbte Cisterne, die ich vollständig unverletzt angefunden hatte. Sie stimmte in ihrer Anlage genau mit
der auf p. 147 erwähnten, neben dem Graben *VW*, Tafel IV,
entdeckten überein; die Steine des Gewölbes waren hier wie dort
fest gefügt, aber nur wenig behauen.

Es erübrigen noch zwei Felder, über die ich auf dem west-

lichen Abhang des SO.-Hügels nach S. zu meine Ausgrabungen
ausgedehnt habe. Tafel VII zeigt ihre Situation; sie stossen südlich und südöstlich an dasjenige Terrain, von dem oben auf p. 168 f.
die Rede war. Das westliche dieser beiden Felder grenzt an den
schmalen Weg, der von dem Siloahteich am Rande des SO.-Hü-
gels zur Stadt hinaufführt, dessen obere Fortsetzung den Lesern
schon von Tafel VI und deren Erläuterung her bekannt ist (s.
p. 164). An der SW.-Spitze des Dreiecks, das das genannte Feld
bildet, sickert das trübe, träge Bächlein der Stadtkloake über
den Weg, deren Inhalt von den Fellachen im Frühjahr und Sommer meistens zur Düngung ihrer Äcker verwandt wird. Falls die
dunkle Flüssigkeit nicht auf die Felder geleitet wird, so strömt
sie über Fels- und Schuttstufen bis zur *birket il-ḥamra* hinab
und tränkt den Erdboden, der sich im Laufe der Zeit vor der das
alte Tyropöonthal versperrenden Stadtmauer abgelagert hat. Obwohl die Fellachen den üblen Geruch verabscheuen und sicherlich aus diesem Grunde den Weg so wenig benutzen, so denkt
doch niemand daran, den Abfluss der Kloake zu regeln. Der
Fellach geht daran vorüber, rümpft wohl die Nase, denkt aber,
diese Verpestung der Luft sei nun einmal nicht zu ändern, und
fügt sich ohne Murren in das Unvermeidliche. Vor dem that-
sächlich Vorhandenen, mag es entstanden sein wie es will, beugt
sich der Muslim wie vor einer göttlichen Macht, im Kleinen wie
im Grossen; seine Eigenliebe hat erst starke Stösse nöthig, ehe
er sich zu der Mühe eines activen Widerstandes anstrengt.

Die Oberfläche des zweiten, östlicher gelegenen Feldes er-
hebt sich 3—4 m über das Niveau des westlichen. Die betref-
fende Grenze ist theilweise eine hohe, auf dem Felsen ruhende
Mauer, theilweise eine senkrecht abgehauene Felswand, deren
obere Kante bis zur Ebene des östlicheren Feldes hinaufreicht.
Die Fläche desselben ist nur wenig von NO. nach SW. geneigt;
nirgends ausser an den Rändern tritt der nackte Felsen aus dem
Boden hervor. Wiederum an der Ostseite ragt das natürliche
Gestein klippenartig hervor und fällt nach S. in einem steilen
Absturz ab. An seiner dem hier besprochenen Felde zugewandten
Seite war der natürliche Abhang des Felsens senkrecht be-
hauen, und aus seiner Mitte sprang ein ausgesparter, wie zu
einem Widerlager geformter Block nach W. vor. Ich vermu-
thete, dass er mit irgend einem Bauwerk in Verbindung gestan-

den habe, und liess desshalb in der Richtung auf ihn den Graben
AB (Tafel VII) anlegen. Die Fellachen fanden nichts als Schutt,
nirgends festen Boden; ich verwandelte daher den Graben allmählich in einen engeren senkrechten Schacht (*C*, Tafel VII),
um wenigstens zu erfahren, wie tief der Felsboden unterhalb der
sichtbaren Klippe liege. Nach vielen Schwierigkeiten wurde
derselbe endlich am 27. Mai in einer Tiefe von 8,55 m unter der
Oberfläche des Ackers erreicht. In dem unteren Schuttlager fanden sich viele Kohlen und andere Brandspuren vor; an der senkrechten Felswand aber haftete noch eine doppelte Schicht von
Bewurf, ein sicheres Zeichen, dass menschliche Hände doch
einst in dieser Tiefe mehrfach thätig gewesen waren.

Die Trägheit der Fellachen verzögerte die Gewissheit über
das, was die Alten hier in den Felsen gehauen hatten, lange
Zeit. In den unterirdischen Gängen, deren erster von O. nach
W., deren zweiter und dritter an der westlichen Felswand *DE*
entlang nach N. und nach S. angelegt wurde, fühlten sie sich
vor jeder Aufsicht geborgen und faullenzten nach Belieben. Ich
entliess die ersten und setzte andere an ihre Stelle; allein damit
war wenig geholfen, die zweiten machten es ebenso wie die ersten. Ich musste noch mehrere Male mit den Arbeitern wech-
seln, ehe ich wirklich lauter fleissige Leute dort zusammen hatte.
Dieser der Beobachtung entzogene Platz brachte sie fast alle in die
Versuchung zu faullenzen. Neu war mir, dass ich oder vielmehr
Herr Bäuerle die Fellachen hier als Öltrinker ertappte. Die unterirdischen Stollen wurden nämlich durch die gewöhnlichen,
oben offenen Thonlampen erleuchtet, beiläufig bemerkt, ein sehr
billiges und zugleich sehr praktisches Beleuchtungsmittel; die
kleinen Lampen wurden auf den Rand des Schuttes oder auf
einen Vorsprung des Gesteins gesetzt, und die Geschicklichkeit,
mit der die Fellachen sich ihrer bedienten, machte jede andere
umständlichere Vorrichtung überflüssig. Es fiel nun Herrn
Bäuerle auf, dass die Arbeiter in diesem Schacht eine ungewöhn-
liche Menge von Öl verbrauchten, und da er genügenden Grund
hatte zu vermuthen, dass sie aus der Kanne tränken, so liess
er das gute Olivenöl mit Petroleum (*kāz*) vermischen, um es ungeniessbar zu machen. Ohne Zweifel hatten die Fellachen den
Ölkrug arglos aufs neue an den Mund gesetzt; denn als ich am
andern Tage die Fortschritte ihrer Arbeit besichtigen wollte, be-

schwerten sie sich darüber, dass der »Chawâdsche Kutlub« — nämlich so, oder auch »Kultum«, pflegten sie Herrn »Gottlob« Bäuerle
zu nennen — das Öl durch einen Zusatz von *kâz* verdorben
habe; es wolle nun nicht mehr brennen. Da aber die Beleuch-
tung auch nicht um einen Schatten schlechter war als früher und
das Öl in dem gelinden Halbdunkel auch nicht anders aussah,
so fragte ich, woran denn die Mischung mit Petroleum zu erkennen sei. »O Herr, Du musst es trinken, es schmeckt so
schlecht!« antworteten die einfältigen Fellachen wie aus einem
Munde. Von da ab wurde in diesem Schachte nicht mehr Öl
verbraucht als in den übrigen.

In der zweiten Hälfte des Juni waren die unterirdischen
Gänge vollendet, durch die der Westrand des verschütteten Raumes und die Ecken E und D erforscht wurden. Die Länge der
Seite ED beträgt 15,05 m; in ihrer nördlichen Hälfte bildete sie
nicht eine ganz gerade Linie, sondern der Felsen ragte an einigen Stellen sackförmig in den Behälter hinein. Auch der Boden
war nicht ganz eben; im allgemeinen senkte er sich von E und
D nach der Mitte zu, bei D sogar in zwei schrägen Stufen, die
aber nicht künstlich gehauen waren, sondern von der natürlichen
Schichtung des Gesteins herzurühren schienen. Der Bewurf war
am besten in der NW.-Ecke bei E erhalten; er bestand aus zwei
Schichten, deren untere schwarz war und *kuṣrmill* [1] von den Fellachen genannt wurde, während die obere eine hellere Farbe
hatte und aus zerschlagenen Steinen (*nḫâti*) und aus Kalk (*schîd*)
zusammengesetzt war. Diese Bekleidung der Wände, die ich
überall, so weit ich sie erreicht habe, an ihnen vorfand, wenn
auch durchgehends mehr beschädigt, lässt es nicht zweifelhaft,
dass dieser Raum einst ein in den Felsen gehauener Teich gewesen ist. Seine Breite betrug in der Mitte von C aus gemessen
4,90 m. Die Höhe des Felsenrandes über dem Boden habe ich
an keinem Punkte erreicht; doch kann man aus der Höhe, in der
die Felswand bei C mit Bewurf bekleidet gewesen war, einen

---

[1] Ich gebe dieses Wort nur nach dem Gehör wieder; es ist bei den ge-
bildeteren Einwohnern Jerusalems so gut wie unbekannt, und ich konnte daher nicht mit Sicherheit feststellen, wie dasselbe geschrieben wird. Man versteht darunter eine Mischung aus Asche und Kalk oder nach der Erklärung,
die Baurath SCHICK in ZDPV. I, p. 239 gegeben hat, nur die Asche, die den
einen Bestandtheil der untersten Cementschicht bildet.

Schluss auf dieselbe machen. Sie trug nämlich bis zu 4,58 m über dem Boden des Teiches noch die Spuren der Cementschicht, die sie früher vollständig bedeckt hatte. Es ist doch sehr wahrscheinlich, dass der obere Rand des Bewurfs an dieser Seite des Wasserbeckens der Höhe des den Teich umgebenden Felslagers ungefähr entsprochen hat. Woher das Wasser einst zugeflossen ist, habe ich nicht mit Sicherheit feststellen können. Doch bemerkte ich unterhalb des wie ein Widerlager vorragenden Felsstückes (s. oben p. 180), in gleicher Ebene mit der Oberfläche des Ackers, ein rundes, offenbar künstlich gebohrtes Loch in dem natürlichen Gestein, das 20 cm breit und 10 cm hoch war; die Wurzel eines Baumes war von oben hindurchgewachsen, und an dieser tropfte noch zu Anfang Mai immer etwas Wasser in den Schacht hinunter. Die Öffnung erstreckte sich tief in den Felsen hinein und führte nach oben. Aber auf dem Rücken der Klippe, deren unterste Stufe sich um 1,20 m über die Oberfläche des Ackers erhob, war das andere Ende derselben nicht zu finden. Doch liegt oberhalb der NO.-Ecke des beschriebenen Teiches eine geräumige, auch heute Wasser haltende, in den Felsen gehauene Cisterne, und südlich daneben ragen die scharfen Kanten eines viereckigen Behälters, der in das natürliche Gestein getieft ist, noch über die Erde, die ihn fast ganz angefüllt hat, hervor. Ich vermuthe in demselben ein verschüttetes Wasserbassin. Vielleicht geht von seinem Boden der schmale, durch den Felsen gebohrte Kanal aus, dessen Mündung ich unterhalb des mehrfach genannten Widerlagers bemerkt habe; er kann aber auch sehr wohl mit der soeben erwähnten Cisterne in Verbindung stehen. Hat der Kanal wirklich dem verschütteten Teiche Wasser zugeführt, so muss dieses die nicht geringe Tiefe von 8 m hinuntergefallen sein, ehe es den Boden desselben erreicht hat. — Den nördlichen und südlichen Rand des Teiches, von D und E (Tafel VII) nach Osten, habe ich nur in den Ecken E und D untersucht; die Verbindungslinien nach der östlichen Felswand sind also fast ganz Construktion.

Der zweite Graben, den ich auf diesem Felde zog, war in der Linie FGH (Tafel VII) von N. nach S. vorgezeichnet, die hauptsächlichen Arbeiten erstreckten sich aber später in der Richtung von W. nach O. Bei F erreichte ich den Felsen etwa 2 m unter dem Boden; einige Schichten von rohen Steinen bedeckten ihn, die jedoch zu weiteren Nachforschungen nicht reizten. Bald aber stiessen die Arbeiter auf eine feste, den Graben quer durchschneidende Mauer. Um dieselbe ganz frei zu legen, wurde der Durchstich nach O. und W. erweitert und in der aus Tafel VII ersichtlichen Breite nach S. fortgesetzt. Dadurch kamen die vier Steinwände eines alten Gemaches in ihren Resten zum Vorschein. In der nördlichen Mauer war noch deutlich die Öffnung wahrzunehmen, durch die einst der Zugang in das Zimmer geführt hatte. Sie war 0,70 m breit, links im O. erhob sich die doppelte Schicht von gut behauenen Steinen noch 0,71 m über die Schwelle, rechts 0,67 m. Die Steine waren durch harten Mörtel verbunden und die Fugen ebenfalls mit demselben verstrichen. Das Zimmer bildete im Grundriss ein unregelmässiges Viereck, dessen Nordseite *ab* 3,93 m, dessen Ostseite *bd* 4,18 m mass, während die Südseite *cd* 3,97 m und die Westseite *ac* 3,56 m lang war. Die Wände waren in einer Höhe von 0,80—1,40 m erhalten. In der Mitte der Südwand *cd* befand sich zwischen zwei grösseren Steinen eine längliche Nische, die jetzt mit kleinen Steinen angefüllt war. Keinerlei Spuren gaben darüber Aufschluss, wie einst die Decke des Gemaches beschaffen gewesen sein mochte. Dagegen war an der SW.-Ecke ein alter Feuerheerd ganz unversehrt erhalten. In dem Boden des Zimmers, der durch eine feste Erdschicht gebildet wurde, befand sich ein rundes Loch von 1,28 m im Durchmesser. Die Wände und der Boden, dessen Linien der »Durchschnitt des Feuerheerdes« auf Tafel VII zeigt, waren mit Thon gefüttert, der in einer Dicke von 3—5 cm aufgetragen war und, an Ort und Stelle gebrannt, eine hochrothe Farbe erhalten hatte. Die flache Rundung des Heerdes war in den Felsen eingehauen; dieser lag hier 2,42 m unter der Oberfläche, während der Boden des Gemaches um 0,62 m höher war. Eine ziemliche Menge von Asche fand sich in der Tiefe des Heerdes, wo natürlich auch der den Felsen bekleidende Thon durch die Einwirkung des Feuers völlig schwarz gebrannt war. Die Dicke der Mauern, die dieses Gemach einfassten, war verschieden; die Nordwand hatte an einer Stelle nur noch einen Durchmesser von 33 cm, an den übrigen Seiten wechselte derselbe zwischen 70 und 80 cm. Die Südwand des Zimmers (*cd* auf Tafel VII) lehnte sich gegen eine behauene Felsbank, die in einer Tiefe von 1,15 m unter der Oberfläche des

Ackers sich hinzog und sowohl auf ihrem Rücken hier und da Mauerwerk trug, als auch vor ihrer senkrechten Südseite durch solches verdeckt war, wie die Zeichnung auf Tafel VII lehrt.

In dem westlichen Arme des Grabens *FGH*, der mit *J* bezeichnet ist, fanden sich einige unbedeutende Mauerreste von sehr loser Schichtung. Die gegenüber bei *b* vorspringende Ecke bestand nur noch aus einem einzigen auf dem Felsen lagernden Stein, der weitere Lauf der Mauer war zerstört. Dagegen traf ich auf dem Grunde des Durchstichs, welcher der Ecke *u* gegenüber beginnt und in die Enden *K*, *L* und *M* (Tafel VII) ausläuft, wiederum mehrere Spuren von zerstörten Wohnräumen. Vor der Westseite der sorgfältig und aus gutem Material hergestellten Mauer war der Boden mit weissem Mosaik gepflastert, das 1,60 m unter dem Boden lag. Daran schlossen sich einige grössere Steinplatten (Tafel VII *e*), die auf dem Felsen ruhten, der in einer Tiefe von 2,05 m angetroffen wurde. Von S. ragte der Rest einer aus kleinen, durch Mörtel verbundenen Steinen aufgebauten Mauer in den Graben hinein, die freilich noch in einer Höhe von 1,80 m auf dem Felsen erhalten war, aber erst in späterer Zeit in den ursprünglichen Bau hineingesetzt sein muss; denn sie stand zum Theil auf dem Mosaikboden, der sich zwischen *K* und *L* ausdehnte und von gleicher Beschaffenheit war wie der vorher erwähnte. Dagegen mag das Mauerstück bei *L* mit dem oben beschriebenen Gemache *abcd* in Zusammenhang gestanden haben; wenigstens läuft es genau in derselben Linie wie die Mauer *ab*. Doch ist derselbe jetzt nicht mehr nachzuweisen, da in dem letzten Seitenarm des Grabens nach *M* zu kein ihm entsprechender Stein auf dem Felsen zu finden war. Das Gemäuer bei *M*, nur aus zwei bis drei niedrigen Schichten bestehend, lehnte sich an eine etwas emporragende Felsstufe, war aber nichts anderes, als ein zerstörter Rest, dessen übrige Stücke verschwunden zu sein schienen. Ein Versuch, von *J* aus das Zugehörige aufzufinden, blieb erfolglos.

Auch den Mauerrand, der südlich von dem Gemach *abcd* den Graben *FGH* durchschnitt, untersuchte ich in westlicher Richtung bis *N*. Die Steine waren unmittelbar auf den Felsen gelegt, ihr Gefüge aber stark zerfallen, und schon bei *N* hörte die regelmässige Schichtung ganz auf. — In der südlichen Fortsetzung des Grabens *FGH* fand ich nur noch an einer Stelle, bei

O, eine lose unansehnliche Mauer, der ich nicht weiter nachspürte. In der Nähe der Ecke G hob sich der Felsen in zwei niedrigen Stufen von 2,50 m auf 2,25 m unter der Erdoberfläche, verlief dann eine Strecke lang ziemlich eben, bis er sich dann am Ende des Grabens bei H in scharfkantig gehauenen Stufen um 50 cm und mehr abwärts senkte. An dieser Ecke war auch die Oberfläche des Ackers ziemlich steil nach SW. geneigt. Die südlich angrenzenden Felder lagen um 2—3 m tiefer, und 2 m betrug hier auch der Höhenunterschied zwischen der oberen und unteren Felsenterrasse, deren Gestalt ich jedoch nicht genau untersucht habe.

Die reichste und interessanteste Ausbeute lieferte die östliche Erweiterung des Grabens zwischen den mit P und Q auf Tafel VII bezeichneten Punkten. Um die Klarheit der Darstellung zu erleichtern, scheide ich dasjenige, was in Folge meiner Ausgrabungen frei zu Tage lag, von dem, was unter diesen Bauresten entdeckt wurde. Von R nach S zog sich in gerader Linie und in der gleichen Breite von gut 70 cm eine theils aus dem Felsen, theils aus regelmässig behauenen Steinen hergerichtete Wand, die bei S ziemlich in geradem Winkel nach N. umbog. Westlich von S lief der Rücken der Felswand durchschnittlich 70 cm unter dem Boden, bei T war er um das Zweifache gesunken, und ebenso tief, also 1,40 m, lag der Punkt R unter der Oberfläche des Feldes. Diese Höhenunterschiede waren nicht durch künstliche Bearbeitung des Felsens erzielt worden, sondern durch die natürliche Lagerung des Gesteins bedingt. Was dieses an der gewünschten Höhe vermissen liess, das hatte man durch aufgelegtes Mauerwerk zu ersetzen gesucht. Letzteres war jedoch nur in geringen Resten erhalten, wie der Durchschnitt PQ erkennen lässt.

Nördlich von der Wand RS habe ich die Trümmer zweier Gemächer gefunden. Das mit den Buchstaben ghi bezeichnete war an allen übrigen Seiten, abgesehen von der südlichen, durch Steinmauern eingefasst, deren Gefüge aber, wie der Plan andeutet, zum Theil sich schon stark gelöst hatte. Doch ist vielleicht noch wahrscheinlicher, dass zwischen h und i ursprünglich eine Nische die westliche Wand des Zimmers unterbrochen hat, und dass deren Raum jetzt durch den Schutt der eingestürzten Mauern angefüllt ist. Der Boden war auffallend nahe unter der

Oberfläche, nämlich 1,70 m, oder 1 m niedriger als der Rücken
der Felswand bei *S*. Er bestand aus festem und vollständig er-
haltenem Mosaik, dessen Grundfarbe weiss war, die man aber
durch Bänder und Ecken von schwarzen und weissen Würfeln
in einfachen Mustern zu beleben gesucht hatte. Eine Probe desselben habe ich in der kleinen Sammlung des »Deutschen Palästina-Museums« in Jerusalem niedergelegt. Die Breite des Gemaches belief sich auf 2,80, seine Länge auf 4 m.

Von dem zweiten Gemach habe ich nur den südöstlichen
Winkel blossgelegt. Der Boden lag 2,50 m unter der Oberfläche,
bestand aus Felsen, war aber mit einer dicht gefallenen Masse
von Bausteinen bedeckt, so dass ich mir die sehr mühsame Arbeit, das Gemach ganz auszuräumen, sparte. An der östlichen
Seite lief eine 50 cm breite und 30 cm hohe Felsbank (*l*) hin, genau von derselben Art, wie man sie heute noch in syrischen
Häusern, die unmittelbar an und auf dem Felsen erbaut sind,
findet, und wie ich sie auch bei der Schilderung der Wohnungen
Chalil Ahsēn's und Ahsēn Zijādi's in Silwān erwähnt habe (vgl.
p. 71. p. 149). Die freigelegten Seitenmauern waren natürlich
hier ebensowenig, als in dem vorhin beschriebenen Raume *ghi*,
in ihrer ursprünglichen Höhe erhalten; es lässt sich daher auch
über die einstige Höhe der Zimmer nichts ausmachen. Die gemauerten Wände ragten jetzt nicht über den Rücken der Felswand bei *S* empor.

Ehe ich den Leser nun unter die eben beschriebenen Gemächer führe, muss ich über die südliche Front der Felswand *RS*
einiges bemerken (vgl. dazu den Durchschnitt *PQ* auf Tafel VII).
An ihrem westlichen Anfange war ihr Fuss durch Mauerwerk verdeckt, das in mehreren Schichten über und nebeneinander lag,
dessen Fortsetzungen und Abschluss nach *S*. ich nicht untersucht habe. Die Wand selbst war in ihrer ganzen Ausdehnung
bis zur Ecke *S* zu einer senkrechten Fläche behauen, auf der sich
noch an einer Stelle, nämlich bei *p* (s. Durchschnitt *PQ*) ein
Stück Bewurf erhalten hatte. Bei *m* war eine viereckige, flache
Vertiefung eingehauen, die auf mich den Eindruck des Unfertigen machte, als hätte dort eine Lichtöffnung angebracht werden
sollen. Vollständig durchbrochen war die Felswand an drei
Punkten bei *n*, bei *o* und bei *q*. Die Öffnung *n* hatte offenbar nur
dem Zwecke dienen sollen, Licht in den inneren Raum eindringen

zu lassen. Sie war durch einen kleinen, halbkreisförmigen Vorbau geschützt, der aus unbehauenen Steinen ohne Mörtel aufgeschichtet, aber noch ganz unverletzt erhalten war. Die innere Seite der Steine, also die Höhlung dieses Vorbaues, hatte man mit Kalk bestrichen, damit der Wiederschein des Lichtes um so greller in das unterirdische Gemach T fallen sollte. Kein Stück der halbrunden Schicht war gelockert oder verrückt; denn die weisse Tünche bildete noch eine lückenlos zusammenhängende Fläche. Dieser Vorbau ist auf dem Plane der Ausgrabungen, sowie auf dem Grundriss des unterirdischen Gemaches T im horizontalen Durchschnitt, auf dem Durchschnitt PQ im vertikalen Durchschnitt verzeichnet. — Die Öffnung o bildete den Zugang in ein altes Gemach, dessen Boden das natürliche Gestein, welches zum grössten Theil in gleichem Niveau mit der Schwelle der Thüröffnung nach innen sich ausdehnt, gebildet haben wird, dessen Raum aber jetzt fast ganz durch später eingesetztes Mauerwerk ausgefüllt ist. Die Thür war freilich verschwunden, aber an den Wänden des Durchbruchs waren noch eine Anzahl grosser und kleiner Löcher erhalten, in die ehemals Schloss und Riegel derselben hineingefasst haben (vgl. die Ansicht der östlichen Seite der Thüröffnung auf dem Durchschnitt UV, Tafel VII). An der westlichen Seite des Durchbruches waren oben und unten die Nuten, in denen der Zapfen der Thür, wahrscheinlich einer steinernen, sich bewegt hatte, zu sehen, und die Abschrägung der vorderen Kante an derselben Seite (s. Grundriss des unterirdischen Gemaches T) lehrt, dass man die Thür einst nach aussen (nach S.) aufgemacht hat. Die Höhe des Felsenthores betrug nicht ganz 2 m, die Weite reichlich 1,35 m. Der letzte Durchbruch der Felswand bei q sollte auch wohl nur für Luft und Licht Zutritt schaffen; er ist aber gegenwärtig durch den Einbau im Inneren des Gemaches fast ganz verschlossen.

Das Felsenthor o war jetzt, wie schon oben gesagt, verbaut, und zwar dadurch, dass in einer Höhe von 1,70 m über dem Boden desjenigen Gemaches, zu dem das Felsenthor ursprünglich hatte Einlass gewähren sollen, der Mosaikboden des oben schon behandelten Zimmers ghi hergestellt worden war. Man hatte eines stützenden Unterbaues für denselben bedurft; dieser war vom Felsboden an 1,30 m hoch aufwärts aus gutem

Material aufgeführt, und darüber war der eigentliche Boden des Gemaches *ghi* in horizontaler, 0,40 m dicker Schichtung gelegt worden. Man hatte also hier dieselbe, für Bauzwecke zugerichtete Felswand zwei Male, zu zwei verschiedenen Zeiten, benutzt, um einen Wohnraum hinter und über ihr anzulegen; der Boden des älteren lag 3,40 m, der des späteren 1,70 m unter der jetzigen Oberfläche des Ackers.

Durch eine schmale Lücke zwischen dem stützenden Unterbau des Mosaikbodens und der westlichen Wand des Felsenthores sah man in das unterirdische Gemach *T* hinab, das sein Licht sonst nur durch die viereckige, oben schon beschriebene Öffnung *n* erhielt. Als ich es entdeckte, war es zum Theil durch lockere Erde angefüllt. Eine ziemlich grosse Schlange hatte es sich zu ihrer geräumigen Wohnung auserkoren; aufgeschreckt durch das Geräusch der Arbeit und durch die hellen Sonnenstrahlen, die plötzlich zu ihr drangen, versuchte sie in eiliger Flucht der Zudringlichkeit der Menschen zu entkommen, aber die Fellachen gönnten ihr das Leben nicht. Nachdem alle Erde hinausgeschafft war, zeigte es sich, dass ungleiche, schräg und gerade abgehauene Stufen an den Wänden des Raumes bis auf den Grund hinabführten. Dieser lag 2,70 m unter der Schwelle des Felsenthores, oder 6,10 m unter der jetzigen Erdoberfläche. Die Wände waren mit feinem Bewurf überzogen, dessen bandartige Bemalung die ursprünglichen Farben noch deutlich erkennen liess, wenn auch die alte Frische und der alte Glanz unter der feuchten Erde etwas gelitten hatte. Die Decke des Gemaches bildete ein von W. gegen O. gemauertes halbes Gewölbe, dessen Spitze sich zum Theil gegen das natürliche Gestein, zum Theil gegen den Boden des Gemaches *ghi* lehnte, während die Lücken in der nördlichen Felswand durch senkrecht geschichtete Steine ausgefüllt waren. Die Stützung der Decke gegen die Untermauerung des bezeichneten Gemaches lehrt aufs deutlichste, dass sie ebenso wie jenes eine spätere Anlage ist, dass also auch die ursprüngliche Verbindung beider Räume, des oberen und des unteren, eine andere, wahrscheinlich eine offene, gewesen ist.

Die Beschaffenheit des am Fusse der Felswand *RS* aufgedeckten Grundes war verschieden. An zwei Stellen wurde der Felsen erreicht, sonst deckte ihn Gemäuer oder grössere Steinplatten. Gegenüber dem oben beschriebenen Gemache *k* fand sich wieder ein Stück Mosaikboden, das sich noch südwärts unter der Erde fortzusetzen schien. Weiter nach O. waren die Schichten des Mauerwerks stärker verfallen.

Der Eigenthümer dieses Grundstücks machte ein vorzügliches Geschäft durch meine Ausgrabungen. Nicht nur weil ich ihn als Arbeiter angestellt hatte und er nachher eine Vergütung für die gegebene Erlaubniss erhielt, sondern ich liess ihn einen unerwarteten Schatz in seinem Acker finden, nämlich die handlichen und sorgfältig zugerichteten Steine der alten Gebäude. Kaum war ihre Lage vermessen und zu Papier gebracht, als er sich von mir die Erlaubniss ausbat, die guten und noch brauchbaren Steine losbrechen und aus den Gräben auf die Oberfläche des Ackers schaffen zu dürfen. Ich konnte es ihm natürlich nicht verwehren, und spät Abends oder früh Morgens, ausser der Arbeitszeit, wurden die soeben aufgedeckten Häuserreste des alten Jerusalem vollends zerstört. Das schlechte Material blieb durcheinandergeworfen in dem Schutte liegen, das gute dagegen wurde zu Haufen neben den Gräben aufgeschichtet. Dann kamen Bauunternehmer oder Maurer aus der Stadt, die Steine wurden bald zu einem vortheilhaften Preise verkauft und darauf durch Esel an ihren neuen Bestimmungsort gebracht, nachdem die Hammer einiger Steinmetzen ihnen ein frisches Aussehen gegeben hatten. Das Feld war im Sommer 1881 weder mit Getreide, noch mit Gemüse bestellt, dennoch hat es seinem Eigenthümer wohl mehr Nutzen eingetragen als je zuvor.

Diesem finanziellen Interesse opfern die Bewohner Syriens, regierende wie regierte, sämmtliche Ruinen alter Gebäude, sobald sie nur bequem zu Tage liegen und die Steine nicht zu schwer sind. So haben es schon die Byzantiner gemacht, ihnen sind darin die Araber und die Kreuzfahrer gefolgt, und die Türken verfahren noch heute ebenso. Man darf sich daher nicht wundern, oft nur schlechte, lose Steine dort zu finden, wo man auf feste, stattliche Mauern glaubte stossen zu müssen. Nur dasjenige, das die Fellachen oder Städter mit ihren schwachen Werkzeugen nicht losbrechen können, lassen sie an seinem alten Platze. Ja, könnten die schönen Steine der ansehnlicheren Gebäude des heutigen Jerusalem ihre eigene Geschichte erzählen, wie viel mühsame Arbeiten, wie viel überflüssige Vermuthungen wären damit der Wissenschaft erspart! Wir wüssten dann die

Stätten, auf denen die Prachtbauten der alten Stadt sich erhoben haben, mit voller Gewissheit!

Das langgestreckte, wie ein spitzwinkliges Dreieck geformte Feld, das zwischen dem soeben besprochenen Grundstück und dem schon oben p. 180 berührten Wege vom Siloahteiche zur Stadt Jerusalem sich ausdehnt, war das anmuthigste Stück Landes, auf das mich meine Arbeiten geführt haben. Auf allen Seiten durch hohe und breite Mauern oder durch steile Felswände umschlossen, erweckte es das Gefühl vollkommener Abgeschiedenheit und Verborgenheit. Dasselbe war aber durchaus traulicher und erquickender Art; denn der ganze Platz, besonders die obere Hälfte, war mit kräftig gewachsenen Ölbäumen und mächtigen Granatbüschen besetzt, die den raschen Überblick über das Feld selbst von oben her erschwerten. Gerade während ich dort arbeiten liess, entfalteten Ölbäume und Granaten die eigenthümlichen Reize ihrer Blüthezeit, jene durch einen leichten, angenehmen Duft, diese durch das prachtvolle, unvergleichliche Roth ihrer Blüthen die Sinne erfreuend. Wie oft habe ich unter Mittag den Schatten des breitesten und dichtesten Granatbusches zu einem kurzen Schlaf aufgesucht! Wie schön war es, wenn beim Erwachen der erste Blick des geöffneten Auges durch die herrlichen Blüthen gefesselt wurde! Solche Farben hat nur der Süden und der Osten! Ich vermochte dann das Auge nicht wieder zum Schlafe zu schliessen oder abzuwenden; ich konnte mich nicht satt sehen an dem stolzen Schmuck, den der breite Granatenstrauch in seiner Blüthezeit angelegt hatte.

Was ich dort unter der Erde fand, hat mich weniger befriedigt. Bei der Anlage der Gräben ging ich von der senkrecht behauenen Felswand aus, die schon oben p. 180 als Abhang des höher gelegenen, östlichen Feldes besprochen wurde. Wie der Plan auf Tafel VII zeigt, bildet sie in der Länge keine ganz gerade Fläche; eine solche ist vielmehr nur zwischen den Punkten *W* und *X*, sowie theilweise zwischen den Punkten *Y* und *Z* vorhanden. Auf diesen beiden Strecken waren auch kleine Nischen oder Löcher in die Felswand gehauen, von denen einige die Grösse hatten, dass eine Lampe hineingestellt werden konnte. Daraus schloss ich, dass dort vielleicht einst ein Wohnraum gegen die von der Natur dargebotene Mauer gelehnt worden wäre.

und liess die Gräben von den drei zapfenartig vorragenden Felsenecken W, X und Y beginnen.

In der That schloss sich bei W eine leidlich erhaltene Mauer an den kleinen Felsenvorsprung, dessen nördliche Seite in gerader Linie fortsetzend. Ihr Grund ruhte ebenfalls auf dem Felsen, der in der geringen Tiefe von etwa 80 cm unter dem Boden stand. Südlich von dem Mauerrande lag ein unbehauener Stein gegen den andern, mehr geworfen oder gefallen als mit Fleiss geschichtet; die ganze unordentliche Masse war dazu von den Wurzeln der nahestehenden Bäume durchwachsen. So liess sich bis zum Endpunkt r des Grabens kein Hinweis auf einen Rand oder auf eine bestimmte Richtung des Gemäuers auffinden. In der oberen Hälfte aber war dieser Untergrund durch einen einfachen, aus weissen Würfeln bestehenden Mosaikboden verdeckt, der die Vermuthung, dass der Raum einst zu einer menschlichen Wohnung hergerichtet gewesen ist, nur bestätigen kann. Das Pflaster lag so nah unter der Oberfläche, dass der leichte, die Erde eigentlich nur aufreissende Pflug der Fellachen soeben über dasselbe hingegangen sein muss. Ein Rest der gleichen Mosaik fand sich auch nördlich von dem mit X bezeichneten Vorsprunge, also innerhalb des für das vermuthete alte Gemach in Anspruch zu nehmenden Raumes.

Nicht anders war der Befund bei s. Nahe unter der Oberfläche begann das dichte Lager der rohen Steine, das den Arbeitern ziemlich starken Widerstand leistete, obwohl kein Mörtel es zusammenhielt. Aber eine Fortsetzung des bei W gefundenen Mauerrandes zeigte sich nicht, ebensowenig wie der Graben von W nach r eine regelmässige Schichtung aufwies, die man mit den festen, aber freilich auch nur niedrigen Resten um X hätte in Verbindung bringen können. Dort dehnte sich unter dem Felsenvorsprung nach W. und O. eine kleine Höhle von geringer Höhe aus, die durch das vorgesetzte Gemäuer nicht ausgefüllt worden war. Der südliche Rand desselben trug noch festen Verputz, und in einer Ecke war ein Rest von Mosaikpflaster in der gleichen, schon oben beschriebenen Art erhalten. Eine andere ebenfalls mit Bewurf bekleidete Wandecke fand sich bei v, aber von dem weitern Lauf der Mauern war alles zerstört. Stärker und fester war die bei w quer durch den Graben streichende Schicht. Vor ihr lag eine ansehnliche, schwere Platte, die unmittelbar den

Felsen bedeckte, der sich hier etwa 1,30 m unter dem Boden des
Feldes hinzog. Auf der Strecke von w bis x ragte wieder die
scharfe Ecke eines solchen flachen Steines in den Graben, auch
bei dem Punkte x selbst wurde ein Paar von ähnlicher Beschaffenheit aufgedeckt. Aber alle diese Reste blieben für mich ziemlich werthlos, da sich gar kein Zusammenhang zwischen ihnen
ergeben wollte. Die Richtungen der Mauerkanten stimmten niemals überein; je mehr blossgelegt wurden, desto wirrer wurde
das Bild, das ich mir nach den ersten Funden von der einstigen
Bebauung dieses Platzes entworfen hatte. Was konnte es nützen,
das Gemäuer bei y ostwärts zu verfolgen, da zwischen v und w
alles wüst durcheinander lag? Die breiten Steine bei z hatten
eine Dicke von 40 cm, aber sie waren übereinander gestürzt, nicht
geschichtet; von wo waren sie herabgefallen? Dieselbe Unklar-
heit erwuchs mir, als ich von Y aus den Boden nach W. hin untersuchte. Zunächst eine regelmässige Mauer, die an den Felsenvorsprung sich lehnte. Bald hörten ihre Schichten auf, und
von N. ragte eine kleine cementirte und mit Stufen versehene
Grube in die Richtung ihres Laufes hinein. Dann zogen zwei
parallele Mauern in geringer Entfernung nebeneinander von S.
nach N. (bb und cc auf Tafel VII). Die weitere Strecke des Grabens von cc nach dd zeigte dasselbe Gewirr von Steinen, das ich
schon zur Genüge beschrieben habe. Von Interesse war nur das
Ergebniss, dass der in die Tiefe gegrabene Schacht dd über die
Lagerung des Felsens lieferte. Erst 7,50 m unter der Oberfläche
wurde das natürliche Gestein erreicht, eine Schicht der grauen
mizzi, während die zu Tage stehende Felswand $WXYZ$, sowie
auch der Felsen auf dem höheren, östlich angrenzenden Felde
einem *meleki*-Lager angehörte. Der von dem Schachte dd durchschnittene Boden bestand aus mehreren Schutt- und Geröll-
schichten von wechselnder Festigkeit. Nachdem ich den tiefen
Fall des felsigen Untergrundes an dieser Stelle kennen gelernt
hatte, setzte ich den Graben ee, in dem ein schlechtes Mauerstück gefunden worden war, nicht weiter fort.

Das Einzige, was auf diesem Felde einen sicheren Zusammenhang darbot, war ein alter, auf beiden Seiten gemauerter und
ursprünglich durch Decksteine verschlossener Kanal, der auf
Tafel VII die Buchstaben tu trägt. Seine Breite schwankte zwischen 40 und 50 cm. sein Gefälle auf der ganzen Strecke von t

bis *u*, d. h. auf 35 m Länge, betrug 4,50 m; die Tiefe der Sohle des Kanals unter der Oberfläche bemass sich je nach der Gestaltung der letzteren verschieden, am oberen Ende auf 2 m, am unteren Ende etwa auf 1 m. Woher er kommt, habe ich nicht festgestellt; bei *u* war er zerstört, seine gemauerte Einfassung war abgebrochen, offenbar um für die Wände des Gemaches *ff* Platz zu schaffen, dessen Anlage also für jünger zu halten ist, als die des erwähnten Kanals. Jenes Gemach *ff* hatte von O. her seinen Eingang gehabt, den grössten Theil seines Bodens aber nahm die Öffnung einer Cisterne ein, die sich auch noch unterhalb der westlichen Mauer fortsetzte. Eine Rinne in der SO.-Ecke (*ii* auf Tafel VII) hat wahrscheinlich einst das Wasser in den Behälter geführt, doch war sie jetzt von O. her verbaut. Um die Decke der Cisterne herzustellen, hatte man dieselbe durch zwei Bogen überspannt, von denen der eine noch vollständig erhalten war und auf Tafel VII mit *hh* bezeichnet ist. Von dem anderen waren nur die beiden Widerlager an der westlichen und östlichen Wand der Cisterne übrig geblieben. Der Durchschnitt *AaBb* auf Tafel VII zeigt das erste derselben und lässt auch erkennen, dass die drei länglichen Öffnungen, welche zwischen den beiden Bogen und den Rändern des Behälters frei geblieben waren, einst mit Platten zugedeckt gewesen sind. Diese lagen jetzt entweder in dem Schutt, der die Cisterne anfüllte, oder waren fortgeschleppt worden; nur zwischen *hh* und dem Nordrande befanden sie sich noch fest in der alten Lage. Die Westmauer des Gemaches *ff* war auf die Weise über die Cisterne hinübergeführt worden, dass man von S. aus bis *hh* den Raum durch einen Bogen überspannt hatte, dessen Steine der Durchschnitt *AaBb* ebenfalls aufweist. Daraus ergiebt sich zugleich, dass das Gemach *ff* später gebaut worden sein muss, als die Cisterne angelegt wurde. Denn dieser eben erwähnte Bogen wäre wohl überflüssig gewesen, wenn der südliche der beiden zur Deckung der Cisterne aufgeführten Bogen noch tragfähig oder unversehrt gewesen wäre. Die Tiefe der Cisterne betrug 4,80 m; der Boden des Feldes lag aber noch 1,40 m über ihrem Rande. Da die Sohle des Kanals *tu* in der Nähe nur 1,10 m unter der Oberfläche verlief, so ist es sehr wohl möglich, dass derselbe ursprünglich sein Wasser an die Cisterne abgegeben hat.

An das Gemach *ff* schloss sich nun nach SO. eine Reihe von

Mauern an, deren Lauf sich in geringer Tiefe unter der Oberfläche noch ziemlich genau feststellen liess. An der mit *kk* bezeichneten Stätte hat sicherlich ein Thor sich erhoben; aber die übrigen Reste gaben doch kein klares Bild von der ursprünglichen Anlage dieses alten Hauses, und da das Mauerwerk unansehnlich war, so beschloss ich, mir die Mühe weiterer Nachforschungen zu sparen. Zwischen diesen Wänden wurde die mit Schriftzeichen versehene Lampe gefunden, die auf Tafel XI unter *M* abgebildet ist. Noch drei andere Bruchstücke einer Lampe mit ganz ähnlichen Buchstaben kamen dort zu Tage.

Der Grund des Grabens von *kk* bis *ll* bestand auf der grösseren Strecke aus unregelmässigem Mauerwerk von derselben Art, wie ich es schon in den oberen Gräben dieses Feldes gefunden hatte. Weiterhin wurde der Felsen blossgelegt, der in einigen schrägen Stufen nach O. abfiel und mit einer etwas höheren, vorspringenden Wand des natürlichen Gesteins eine kleine Höhle unter der Feldmauer bildete. Seine Oberfläche war unbehauen, auch anscheinend nie bebaut gewesen.

Die hohe Felswand, die dieses Feld im O. begrenzte, wendet sich bei *Z* in einer scharfen, gut behauenen Ecke einwärts. Verlängert man diese ihre Richtung nach O., so trifft man gerade auf die von W. nach O. streichende Felswand *RS* (Tafel VII). Von *Z* bis *S* scheint also das natürliche Gestein in einer geraden Linien behauen worden zu sein; nur wird man sich den Rücken dieser Feldwand auch auf der ganzen Strecke mit einer ähnlichen stufenartigen Senkung nach W. zu denken haben, wie sie der Durchschnitt *PQ* für den oberen Theil derselben zeigt.

Neben dem Vorsprunge *Z* schaute ein harter Mörtelrand aus dem Boden hervor; eine kurze Untersuchung ergab, dass er von dem röthlichen, sehr harten Bewurf eines kleinen länglichen Bassins herrührte, das im O. von der ausgehöhlten Felswand, im W. von Mauerwerk eingefasst wurde. Seine Tiefe betrug 3,50 m.

* * *

Hiermit habe ich über alle Arbeiten Bericht erstattet, die ich vom 28. März bis zum 12. August 1881 im Süden von Jerusalem habe ausführen lassen. Einige kleinere Nachgrabungen habe ich auch im Norden der Stadt unternommen, wie ich schon im »Rechenschaftsbericht über das Vereinsjahr 1881« kurz erwähnt habe[1]. Doch da dieselben weder mit dem eben Berichteten, noch auch unter sich zusammenhängen, so ziehe ich es vor, sie hier überhaupt bei Seite zu lassen und von ihnen in Verbindung mit mehreren anderen Gegenständen zu reden, die ich als weitere Ausbeute meiner Reise im sechsten Bande der Palästina-Zeitschrift mittheilen werde.

Mein Bericht ist umfangreicher geworden, als ich es selbst zuerst in Aussicht genommen hatte. Zu dieser Ausführlichkeit habe ich mich durch zwei Gründe veranlasst gefunden: Da ich ausser Herrn Bäuerle und den Fellachen der einzige bin, der alle Funde, offene wie verdeckte, gesehen, sowie mit Sorgfalt untersucht hat, und dann alle Gräben wieder zugeworfen worden sind, so muss mein Bericht mit den beigegebenen Plänen auch dem Besucher der Arbeitsstätten selbst die jetzt nicht mehr zugängliche Anschauung der aufgefundenen Reste vollständig ersetzen. Da ferner die Fellachen an vielen Stellen die aufgedeckten Mauern sofort abtrugen und nach meiner Abreise gewiss noch mehr abgetragen haben, ehe sie den Boden ihrer Felder wieder ebneten, so habe ich mich bemüht, meine Beschreibung so genau einzurichten, dass sie an die Stelle dessen zu treten vermag, was von den Überresten der alten Stadt Jerusalem durch meine Ausgrabungen aufs neue der Zerstörung überliefert wurde.

Wenn ich heute auf die Arbeiten des Sommers 1881 zurückblicke, so überwiegt das Gefühl der Freude und des Genusses, die ich durch sie selbst und durch alles, was mit ihnen in Verbindung stand, gehabt habe. Während der neunzehn bis zwanzig Wochen, die zwischen dem ersten und letzten »Spatenstich« vergingen, habe ich freilich, offen gesagt, mehr die Anstrengung und Last der Arbeit empfunden; ich wünschte die Zeit nach Möglichkeit auszunutzen, und wenn ich zusammenrechne, dass im ganzen neunzehn Schachte geteuft und zweiundzwanzig Gräben gezogen worden sind, so glaube ich sagen zu können, dass ich mit den langsamen Fellachen doch schnell vorwärts gekommen bin. Ohne Frage hat dazu die energische und unermüdliche Aufsicht Bäuerle's viel beigetragen. Dadurch, dass ich an Ort und Stelle nur beobachtete, aufzeichnete und sammelte, alles Ordnen und Verarbeiten aber erst nach zurückgelegter Reise

1 ZDPV. V, p. IV.

vornahm, habe ich auch selbst meine Kraft ungetheilt auf die
rasche Förderung der Ausgrabungen verwenden können.

Der mannichfachen Unterstützung, der ich mich von Seiten
unserer Landsleute zu erfreuen hatte, habe ich schon in dem
ersten Abschnitte meines Berichtes gedacht. Es machte mir stets
Freude, wenn sie aus der Stadt herabkamen, um die Fortschritte
meiner Ausgrabungen in Augenschein zu nehmen. Auch andere
Einwohner Jerusalems, besonders solche, die dem »Deutschen
Vereine zur Erforschung Palästina's« als Mitglieder angehören,
haben mich wiederholt bei meinen Arbeiten aufgesucht. Selbst
Seine Excellenz Re'üf Rascha erwies mir eines Tages die Ehre
seines Besuches. Vom Rücken bis zum Fusse des Hügels zeigte
ich ihm alle wichtigen Gräben und führte ihn, seinem Wunsche
gemäss, mehr als einmal in die engen Gänge hinein. Mit leb-
haftem Interesse liess er sich von mir die Lage der alten Davidsburg, der *ḳal'at en-nebi dā'ūd*, auseinandersetzen und war verwundert zu sehen, wie weit die Stadt sich einst nach Süden
hin ausgedehnt habe. Inzwischen hatte mein früherer Arbeiter
Ibrāhīm, der noch immer wegen der Verschüttung seines Steinbruchs entschädigt zu werden hoffte (vgl. p. 57. p. 106 f.), sich
dem Gefolge des Pascha angeschlossen und bat den mir beigegebenen Sabtīje, seine Sache doch dem Gouverneur vorzutragen,
wenn dieser an der betreffenden Stelle vorübergehen würde.
»Was soll der Pascha mit Deinem Steinhaufen machen?« beschied
ihn der Sabtīje und hiess ihn gehen. Traurig und zögernd schlich
Ibrāhīm dem Zuge bis zur Siloahquelle nach, von wo Se. Excellenz nach der Stadt zurückkehrte. Gewiss wollte Re'üf Pascha
durch diesen Besuch hauptsächlich seiner amtlichen Pflicht genügen; er that es aber in einer so liebenswürdigen Weise, dass
ich darin einen neuen Beweis seiner geraden und freundlichen
Gesinnung erkennen musste, die er während der Dauer meiner
Arbeiten niemals gegen mich verleugnet hat, und ich darf
diesen Theil meines Berichtes nicht schliessen, ohne dass ich den
Ausdruck des lebhaftesten Dankes hinzufüge für die wohlwollende Auslegung jenes Telegrammes der hohen Pforte, das seit
dem 12. April die einzige Legitimation für meine Ausgrabungen
war und bis zum Schluss derselben geblieben ist. Denn als von
Konstantinopel im Juli die Anfrage bei dem Gouverneur eintraf,
ob die Eigenthümer der auf meiner nachträglich eingesandten

Terrainskizze bezeichneten Grundstücke gegen die Ausführung der beabsichtigten Arbeiten nichts einzuwenden hätten, war ich bereits darauf bedacht, meine Ausgrabungen zu schliessen, und konnte an die Deutsche Botschaft in Konstantinopel die Bitte richten, die Verhandlungen über Erwirkung eines Fermans für dieses Mal ruhen zu lassen.

B. Ergebnisse.

(Vgl. hierzu besonders Tafel VIII—XI.)

I. Die südliche Mauer des alten Jerusalem.

Für die Bestimmung des Laufes der Mauer, die nach Süden die Grenze des alten Jerusalem gebildet hat, bieten sich zwei Mittel, die freilich zuletzt mit einander verbunden werden müssen, nämlich die genaue Untersuchung des Felsenbodens, der die alte Mauer getragen hat, und die Deutung der schriftlichen Nachrichten, die uns über ihren Lauf vorliegen. Das erstgenannte Mittel kann für die hier in Betracht kommende Mauerstrecke fast ohne irgend eine Schranke angewandt werden, da im Süden der heutigen Stadt ausser der Gebäudegruppe um Nebi Dâ'ûd sich im ganzen nicht mehr als sieben Häuser erheben, von denen aber nur zwei so weit an den Abhang des Berges hinausgerückt sind, dass sie diesen Untersuchungen als ein Hinderniss entgegenstehen. Ausserdem sieht sich derjenige, welcher dort Ausgrabungen veranstalten will, bisweilen veranlasst, das Aufreissen der schmalen Wege oder das Unterwühlen und Beschädigen der Bäume zu vermeiden, um nicht in störende Streitigkeiten mit den Behörden oder mit den Eigenthümern des Bodens verwickelt zu werden. Diese letzteren Schranken hindern jedoch die Erforschung nicht gerade in empfindlicher Weise. Das an zweiter Stelle erwähnte Mittel hat man in früherer Zeit ausschliesslich angewandt, ohne von der ursprünglichen Gestaltung des Untergrundes eine Kenntniss zu haben, und daraus

erklären sich die mancherlei Abweichungen, die hinsichtlich des
Laufes der südlichen Stadtmauer auf den Plänen des alten Jerusalem hervortreten.

Die Beschaffenheit des Terrains im Süden der heutigen
Stadtgrenze erleichtert nun die Bestimmung des alten Mauerlaufs
nach einer Seite hin in sehr willkommener Weise. Wir wissen,
dass im O. das Kidronthal, im (W. und) S. das Hinnomthal die
tiefen Schluchten waren, über welche sich, wie über natürliche,
freilich trockene Festungsgräben, die Mauern Jerusalems erhoben haben. Unmittelbar südlich von der SO.-Ecke des heutigen
Ḥaram esch-Scherîf wird der Abhang des Berges nach dem Kidronthal viel steiler, als im O. des alten Tempelplatzes. Dieser
Unterschied ist selbst bei der gegenwärtigen Verschüttung des
Terrains für den Augenschein, ohne alle Messungen, deutlich
wahrnehmbar, er muss aber vor derselben zu einer Zeit, wo die
Sohle des Kidronbettes noch frei von Schutt war und desshalb,
wie die Forschungen Warren's ergeben haben[1], eine etwas
westlicher gelegene Linie beschrieb, viel stärker in die Augen
gefallen sein. Dieser jähe Abhang ist der ganzen Langseite des
SO.-Hügels, soweit sie dem Dorfe Silwân gegenüberliegt, eigenthümlich. Da auf seine schräge, ja bisweilen senkrechte Fläche
keine Mauer gebaut werden konnte, so lässt sich die Linie,
über welche hinaus der alte Mauerlauf nicht angesetzt werden darf, an dem W.-Rande des Kidronthales
ziemlich sicher bestimmen, sobald man mehrere Stellen unter
dem Schutt gefunden hat, wo die horizontale Rückenfläche des
Berges und die vertikale Seitenfläche desselben zusammenstos-
sen. Am südlichen Rande des SW.-Hügels kommt man mit
dieser Beobachtung freilich nicht ganz so weit, da der Abhang
desselben weniger steil zum Hinnomthale sich neigt, als der SO.-
Hügel zum Kidronthal abfällt. Aber es giebt auch dort senkrechte Abstürze des Felsens, die noch jetzt als natürliche
Bastionen ausschliesslich geeignet erscheinen, künstliche
Festungswerke zu tragen, nicht aber durch gemauerte Boll-
werke eingeschlossen und geschützt zu werden. Daher vermag auch oberhalb des Hinnomthales schon die genaue Verge-
genwärtigung der ursprünglichen Gestalt des Terrains werthvolle

---

[1] Recovery of Jerusalem (London 1871), p. 136.

Winke darüber zu geben, welche Punkte bei dem Ansatz des alten Mauerlaufes auszuschliessen sind.

Viel schwieriger ist es dagegen, die Punkte zu bestimmen, die der Mauerlauf einwärts, nach dem Rücken des Berges zu, nicht überschritten haben wird. In dieser Beziehung muss man auf die Wasserbehälter achten, die an allen menschlichen Niederlassungen Palästina's in dem Boden angelegt zu werden pflegen, namentlich auf die Cisternen. Es liegt schon in der Natur der Sache, dass die Bewohner einer befestigten Stadt ihre Cisternen innerhalb der Mauern anlegen, neben ihren Wohnhäusern, an einem Orte, den sie leicht erreichen können, nicht etwa ausserhalb der Stadtmauer, so dass sie stets den Umweg durch das Thor machen müssten, so oft sie Wasser schöpfen wollten. Schon desshalb wird man die Reste der alten Mauer stets ausserhalb des Cisternengebietes suchen. Dieses Merkmal erhält aber für Jerusalem noch seine besondere Bedeutung durch verschiedene geschichtliche Zeugnisse. Die kurze, aber bestimmte Angabe des zuverlässigen STRABO (XVI. 2, 40) meldet, dass Jerusalem eine felsige, wohlverwahrte Festung gewesen sei und innerhalb seiner Mauern einen grossen Reichthum an Wasser gehabt habe, während ausserhalb derselben alles dürr und trocken gewesen sei. Ähnlich lautet die Mittheilung, die EUSEBIUS in der Praeparatio evangelica (9, 35) nach TIMOCHARES giebt, nämlich, dass in der Stadt genug Wasser fliesse, um selbst Gärten damit zu befruchten, während ringsum auf eine Entfernung von 40 Stadien kein Wasser zu finden sei. Damit stimmt auch überein, dass bei den Belagerungen Jerusalems stets nur der Hunger, aber nicht Wassermangel, als die Plage der Einwohner hervorgehoben wird. Was die Einschliessung durch Nebukadnezar anlangt, so lesen wir in Kön. II. 25, 3, dass der Hunger in der Stadt überhand genommen und das Landvolk kein Brod mehr gehabt habe. Als Antiochus Sidetes, der Bruder Demetrius' II., im Jahre 134 gegen Jerusalem zog, sah er sich anfangs durch Wassermangel in seinen Unternehmungen gehindert, bis ein starker Regen zur Zeit des untergehenden Siebengestirns ihn und das Heer aus der Noth befreite; aber die in der Stadt Eingeschlossenen hatten später mit Hungersnoth zu kämpfen (JOSEPHUS, Antiq. XIII. 8, 2). Interessant ist ferner eine Stelle aus der grossen Rede, durch welche JOSEPHUS seine Volks- und

Glaubensgenossen zur Übergabe der Stadt an die Römer bewegen
will (Bellum jud. V. 9, 4). Dass die Belagerer draussen Wasser
haben, dass ihnen die vorher versiegten Quellen — es war Mitte
Sommer — in reichlichem Masse fliessen, bezeichnet er als ein
Wunder, das sich schon einmal, nämlich bei der Einschliessung
der Stadt durch Nebukadnezar, zugetragen habe und jetzt die
Juden darüber belehren könne, dass die Gottheit aus dem Heiligthum geflohen und auf die Seite der Feinde getreten sei. Daraus ist zu schliessen, dass nach dem gewöhnlichen Laufe der
Dinge um diese Zeit ausserhalb der Mauern kein Wasser zu finden war. Es müssen also nur innerhalb derselben ausgiebige
Anstalten für Wasserversorgung vorhanden gewesen sein. Besonders genau schildert WILHELM VON TYRUS die Zustände, die
bei der Belagerung Jerusalems durch die Kreuzfahrer im Jahre
1099 ausserhalb und innerhalb der Mauern geherrscht haben.
Da sich aus seiner Darstellung zugleich ergiebt, dass dieses zweite
Merkmal für die Auffindung der alten Stadtmauern nur beschränkte Geltung beanspruchen kann, so wird es von Nutzen
sein, die einschlagenden Sätze mitzutheilen [1].

(VIII, 4) »Der Ort, an dem die Stadt liegt, ist dürr und
wasserarm, hat auch gar keine Bäche, Quellen oder Flüsse, so
dass die Einwohner nur Regenwasser gebrauchen . . . . Ausserdem hatten die Städter, da die Ankunft der Unsrigen vorher bekannt geworden war, die Öffnungen der Quellen und Cisternen,
die sich in der Umgebung der Stadt befanden, bis auf fünf oder
sechs Meilen Entfernung verstopft, damit das Volk vor Durst er-
schlaffen und die Belagerung der Stadt aufgeben müsste . . . .
Die aber innerhalb der Mauern wohnten, sammelten ausser dem
vorhandenen Überfluss an Regenwasser das Quellwasser, das von
entfernteren Gegenden hergeleitet und durch Aquädukte in die
Stadt geführt worden war, in zwei dem Tempel benachbarte
Teiche von sehr grosser Ausdehnung« . . . (VIII, 7) »Inzwischen
wurde das Heer durch den heftigsten Durst gequält. Denn die
der Stadt benachbarte Gegend ist, wie schon oben bemerkt, dürr
und wasserarm und besitzt weder Bäche noch Quellen, noch
Brunnen lebendigen Wassers, ausser in weiter Ferne. Aber auch
alle diese hatte man, sobald man von unserem Anmarsch gehört

1. Nach REINAUD, Recueil des hist. des croisades I. Vgl. auch RAUMER,
Palästina [4], p. 332 ff.

hatte, durch hineingeworfenen Staub und andere anwendbare
Mittel verstopft, damit die Gegend für eine andauernde Belagerung um so ungeeigneter würde. Ferner hatte man Cisternen
und Sammelbecken für das Regenwasser zerstört, so dass sie das
Wasser nicht halten konnten, oder boshafter Weise verdeckt, damit nicht an ihnen die Mangel Leidenden und das durstende
Volk eine Abhülfe fänden. Doch gab es viele Bürger aus Beth-
lehem und gläubige Leute, die bei der Prophetenstadt Thekoa
wohnten, in dem Heere; unter deren Führung begab sich das
Volk zu den Quellen, die vier oder fünf Meilen von der Belagerung entfernt waren . . . Aber auch die Siloahquelle in der Nähe
der Stadt . . . konnte dem leidenden Volke nicht genügen, da sie
einerseits nicht beständig floss, andererseits zu gewissen Zeiten
unschmackhaftes Wasser lieferte . . . . Bei dieser Belagerung
schien die Beschwerde des argen Durstes das Volk nicht weniger
zu ermüden, als es vor Antiochia durch Mangel an Lebensmitteln
aufgerieben worden war . . . (VIII, 24) Nachdem die Unsrigen
die Stadt erobert hatten, fand man in ihr grosse Vorräthe an
Wasser, dessen Mangel den Belagernden so empfindlich gewesen war«.

Diese Schilderung des quälenden Wassermangels, den das
Kreuzfahrerheer zu ertragen hatte, bestätigt wohl im allgemeinen
den Sachverhalt, dass man in Jerusalem hinreichende Anstalten
zur Wasserversorgung besass, während solche ausserhalb der
Mauern nicht in gleichem Masse vorhanden waren, sagt aber zugleich ausdrücklich, dass es Cisternen und Sammelbecken für
Regenwasser auch dort gegeben habe; denn man hatte sie ja vor
dem Anmarsch des christlichen Heeres zerstört oder verdeckt.
Darum scheint es sehr unsicher zu sein, nach dem Vorkommen
von Cisternen und anderen Wasserbehältern die Ausdehnung der
ehemaligen Stadt oder, was dasselbe sagen will, den verschütteten Mauerlauf bestimmen zu wollen. Allerdings ist dieses Merkmal für die Abgrenzung des Stadtbezirkes nach N. zu durchaus
unzuverlässig. Dort finden sich Cisternen, Teiche, Wasserleitun-
gen in nicht geringer Menge weit über die Linie hinaus, bis zu
welcher sich überhaupt die Stadt ausgedehnt haben kann. Anders aber auf der Südseite. Teiche, Cisternen und dgl. sind hier
nur auf den einzelnen Terrassen der beiden Höhen möglich, die
Abhänge dagegen bieten gar keinen Platz für solche Anlagen.

Da nun die Mauerreste sich immer unmittelbar über dem Abhang finden, und da, wie ich weiter unten erwähnen werde, die natürliche oder behauene Felswand oft die gebaute Mauer ersetzt hat, so bezeichnen auf der Südseite der Absturz des Bergrückens und der alte Mauerlauf sowohl die Grenze der Wasseranlagen, als auch der städtischen Häuser.

Diese beiden Merkmale, die Ausdehnung des Cisternengebietes und der Rand des Bergrückens über den Wasserbetten im O. und S., sind an Ort und Stelle meine Führer gewesen, und durch sie habe ich mich auch in der Ergänzung der noch nicht nachgewiesenen Strecken des Mauerlaufs leiten lassen, die ich auf Tafel VIII durch punktirte Linien angedeutet habe. Über die Bestimmung der Reste und zu den von mir gezogenen Verbindungslinien bemerke ich folgendes:

Den sichersten Punkt des alten Mauerlaufs oberhalb des Kidronthales stellen ohne Zweifel die beiden auf Tafel VIII mit G bezeichneten Reste dar. Sie entsprechen der »Steinschicht NM« und dem »Mauersteine O« auf Tafel IV. Freilich sind einige Steine aus der untersten Schicht der Mauer alles, was gegenwärtig noch übrig geblieben ist. Dennoch wird jeder, der an Ort und Stelle sie gesehen hat, nichts anderes in ihnen erkennen, als einen Rest der alten Stadtmauer. Ihr Fundament ist eine geebnete Felsstufe, die nach beiden Seiten, nach N. und nach S., wieder ansteigt, so dass diese Steine noch mit dazu gedient haben, die Ungleichheiten und Lücken des natürlichen Gesteins auszufüllen und eine ebene Grundfläche für die zusammenhängenden Mauerschichten herzustellen. Östlich vor diesen Mauerresten fällt das Terrain steil ab; die einzelnen Stufen des Gesenkes sind freilich nicht mehr zu erkennen, da sie durch herabgefallene Erde und Schutt in eine schräge Fläche verwandelt sind. Trotzdem gleicht der Abhang noch heute einer steilen natürlichen Böschung, deren Fuss etwa 45 m unter den erwähnten Mauerresten liegt. Über dieselben hinaus kann man daher den Mauerlauf nicht ansetzen, ebensowenig aber auch weiter einwärts nach W. zu; denn gerade hinter dem Mauerstein O habe ich einen an die Mauer oder in die Mauer hinein gebauten Wasserbehälter nachgewiesen (s. p. 145 f.), dessen Ostrand von O genau 2,60 m entfernt ist. Dieses Mass entspricht der Dicke der Mauer, die ich zwischen den beiden Schachten V und W gefunden habe

(vgl. Tafel IV). Endlich zeigt die kunstgerechte Behauung der
Steine, die die Ansichten auf Tafel IV darstellen, dass diese
Reste die Linie der Mauerfront nach O. bezeichnen.

Suchen wir zunächst abwärts, in südlicher Richtung, die
Grenze des alten Jerusalem weiter zu ziehen! Schon oben auf
p. 144 ff. habe ich aus der Beschaffenheit des Terrains gefolgert,
dass sich die Mauer südlich von O (Tafel IV) ausserhalb des
gegenwärtigen Weges nicht fortgesetzt haben kann, und dazu
stimmt, dass ich die nächsten Reste derselben im Westen des
Weges, in den Schachten U und VW, gefunden habe. Unterhalb G (Tafel VIII), oder genauer unterhalb des Mauersteins O
(Tafel IV) muss also die Mauer eine kleine Biegung oder eine
Ecke nach W. beschrieben haben, um in die Linie der Reste bei
H (Tafel VIII) überzugehen. Ob diese uns ebenfalls die unverletzte Mauerfront erhalten haben, erscheint unsicher; doch
spricht dafür, dass in den Schachten U und V (Tafel IV) die
rothe Naturerde den Felsen vor den Steinschichten, d. h.
im O. derselben, bedeckte, die sich wohl nicht gefunden haben
würde, wenn auf diese Stelle Bausteine gelegt und später wieder
weggebrochen worden wären (vgl. p. 146 f.).

Auf einer ziemlich langen Strecke südlich von H habe ich
leider keine Spuren der alten Stadtmauer nachweisen können.
Die mehrfach gebrochene Linie von H bis K (Tafel VIII) ist da-
her lediglich vermuthet, auf Grund folgender Umstände. In dem
Schacht X (Tafel IV) habe ich keinerlei Baureste gefunden.
Hätte sich die Mauer von H (Tafel VIII) in gerader Linie fortgesetzt, so hätte ich dort nothwendig auf ihre Reste stossen müssen. Da nun der Felsboden im Schachte X schon stark nach O.
sich neigt und seine Senkung bis R (Tafel IV), d. h. auf eine
Entfernung von 4 m, 2,45 m beträgt, also 0,61 m auf je einen
Meter, so ist anzunehmen, dass eine so schräge Neigung des
Felsens schon ausserhalb der Stadtmauer lag. Daher habe ich auch
hier wieder den Lauf derselben um einige Meter nach W. eingerückt und ihre Linie innerhalb des Weges durch das mit dem
Buchstaben J (Tafel VIII) versehene Feld gezogen. Ist die auf
p. 147 mitgetheilte Aussage des alten Eigenthümers dieses
Grundstücks — er hiess Chalil Abu Djäb — richtig, dass einst
ein Kanal das Feld von NW. nach SO. durchschnitten habe, so
darf der Mauerlauf nicht zu weit nach W. gelegt werden. Auch

wird er sich bald, wie ich aus den neben und in dem heutigen Steinbruch (vgl. Tafel IV und p. 147) vorhandenen Cisternenresten schliesse, wieder nach SO. gewandt haben, also den heutigen Steinbruch der Länge nach durchschneidend. Nicht nur ältere Bewohner des Dorfes Silwân wussten von Mauerresten, die früher aus dem südlichen Abhang dieses Feldes hervorgeschaut hätten, sondern auch der Besitzer des Steinbruchs, der mehrfach erwähnte Ibrâhim (p. 57, p. 106 f., p. 197), wollte grosse behauene Bausteine an dieser Stelle gefunden haben, ehe der Felsen ausgebrochen worden sei. Ferner bestätigte mir CLERMONT-GANNEAU, damals Vicekonsul der französischen Republik in Jafa, während seines Aufenthaltes in Jerusalem, dass er sich erinnere, dort früher Reste der alten Stadtmauer wahrgenommen zu haben. Selbstverständlich können ja alle diese Angaben den Nachweis an Ort und Stelle nicht ersetzen; aber sie haben für uns jetzt einen gewissen Werth erlangt, weil, soweit der Steinbruch reicht, überhaupt gegenwärtig nichts mehr von alten Mauerresten nachzuweisen ist.

Man könnte daran denken, die Felsstufen bei J, von denen ich p. 147 gesprochen habe, in den Mauerlauf hineinzuziehen, indem man sie als ein aus dem natürlichen Gestein gewonnenes Wehr auffasst oder als ein aus dem Felsen gehauenes Fundament für die Steinschichten. Denn dass die Erbauer der Ringmauern des alten Jerusalem die Stufen und Abhänge des Felsens in die Befestigungslinie, soviel es anging, aufgenommen haben, macht eine genaue Betrachtung der heutigen Bodengestalt durchaus wahrscheinlich. Die eigenthümlich senkrecht abgeschnittenen Felslehnen unter und neben den jetzigen Gebäuden der früheren Gobat'schen Schule in der Nähe von Nebi Dâ'ud können kaum anders verstanden werden, als dass sie das Fundament und den unteren Theil der vertikalen Mauerfläche gebildet oder vielleicht an einigen Stellen die Mauer geradezu ersetzt haben. Denn vor ihnen — nach aussen hin — fällt der Berg so steil ab, dass dort für ein Bauwerk sich schlechterdings kein Platz bietet, und wenige Meter hinter ihnen beginnt das Cisternengebiet. Wenn wir demnach wohl erwarten können, dass an geeigneten Stellen eine behauene oder von Natur senkrechte Felswand die Linie der gebauten Stadtmauer aufnimmt und fortsetzt, so wird doch der Mauerlauf östlich von dem Felsen bei J zu ziehen sein, wenn nicht mehrere grosse Cisternen, deren Reste sich in der Nähe vorfinden (s. Tafel VIII und Tafel IV), ausserhalb desselben zu liegen kommen sollen.

Nördlich und oberhalb des auf p. 30 erwähnten und auf den Tafeln I und VIII angemerkten Hauses einer spanischen Judenfamilie tritt unter dem Schutt der Rand einer Felsterrasse hervor, der auf Tafel VIII mit M XIX, d. i. Messstelle XIX, und der Höhenangabe 657,81 m bezeichnet ist. Sie hat zum grössten Theil ihre natürliche Gestalt verloren, da aus ihr die Steine zum Bau des benachbarten Hauses gebrochen wurden. Bei dieser Gelegenheit ist auch ein alter Wasserbehälter (Tafel VIII, »C z«, d. i. »Cisterne zerstört«) vernichtet worden. Die erhaltenen Ränder waren mit dickem weissen Bewurf bekleidet, der aus Kalk und Sand zusammengesetzt und in drei Schichten aufgetragen worden war. Die einzige noch erhaltene Seite misst 6 m; vielleicht weist diese Ausdehnung, sowie die viereckige Form der Anlage eher auf einen Teich als auf eine Cisterne hin. Da nun eine kurze Strecke nach O. von diesem zerstörten Wasserbehälter aus der Felsen sich sehr steil zum Kidronthale senkt, so ziehe ich die Linie der Mauer zwischen diesem alten Bassin und dem Abhange.

Die nächste unzweifelhafte Spur der Stadtgrenze ist jenes kleine Mauerstück, das ich p. 36 ff. ausführlich besprochen habe (Tafel VIII, K; Tafel I, k). Wie schon oben gesagt, verdanken wir seine Erhaltung wohl nur dem Umstande, dass es zwischen zwei Felsstufen von geringer Höhe eingeklemmt ist. Wenn auch die Mauerfront wahrscheinlich verschwunden ist, so vermögen wir doch die Richtung, in der dieselbe zog, noch unzweifelhaft aus dem übrig gebliebenen Reste zu bestimmen. Verlängern wir dieselbe nach N., so ergiebt sie mit der von O. her nach dem Obigen gezogenen Linie die auf Tafel VIII zwischen den Punkten J und K angenommene Ecke. Zu beiden Seiten des Mauerstückes K springt der Felsen nach O. vor, und zwar in verschiedener Höhe. Nach S. hin ist dieselbe nicht bedeutend, dagegen erhebt sich der nördliche Vorsprung wie eine starke natürliche Bastion etwa 3 Meter über den mit K bezeichneten Mauerrest, so dass sich die Vermuthung aufdrängt, derselbe sei als natürliches Fundament eines Thurmes für die Befestigungslinie verwerthet worden.

Wie sich die Mauer von K nach L fortgesetzt hat, darüber fehlen alle Andeutungen. Die Strecke ist zum Theil als Bauplatz für die Werkstätte eines Gerbers benutzt worden (vgl. oben p. 38). Durch meine Nachgrabungen an dem östlichen Abhang des SW.-Hügels (s. p. 127—138) hat sich aber ergeben, dass der Damm, welcher gegenwärtig die *birket il-ḥamrā* (den unteren Siloahteich) gegen das Kidronthal absperrt, nichts anderes ist als ein Stück der alten Stadtmauer. Die Leser wollen sich bei Betrachtung der Tafel VIII nur vergegenwärtigen, dass das südwestliche Ende der Strecke LM in dem angrenzenden Felde verborgen liegt, während der grössere Theil derselben auf der einen Seite etwa 3 m hoch frei aus dem Boden des Siloahteiches emporragt, auf der anderen Seite dagegen völlig verschüttet ist und den festen Grund des Weges bildet, der am Rande des Kidronthales hinführt. Denkt man sich nun die östliche Front der Mauer LM gemäss der in der Nähe des Punktes M gefundenen Dicke von etwa 4,25 m nach N. resp. NO. zu fortgesetzt, so trifft diese Linie nicht das Mauerstück K, sondern läuft östlich vor demselben vorbei. Vielleicht hat der Felsvorsprung, der jetzt das kleine Haus des Gerbers aus der Stadt trägt, früher ebenfalls einen nach dem Thale zu ausladenden Thurm getragen, oder es hat die Mauer, im Anschluss an seine Form, dort wenigstens einen Winkel gebildet [1]).

Bei M bog die Mauer ziemlich in rechtem Winkel nach SO. um und endete bei N. Sie begrenzte und überragte den Teich, auf dessen Füllung nun der sog. Jesaiasbaum gewachsen ist. Diese Ecke hatte keine unmittelbare Verbindung mit den den SW.-Hügel krönenden Mauertheilen. Vielmehr dient das kleine, dem Punkte N südwestlich gegenüberliegende Mauerstück zum Beweis, dass die um den SW.-Hügel ziehende Mauer der Strecke MN gegenüber und parallel lief. Den schmalen Weg zwischen den beiden nachgewiesenen Resten fasse ich als Zugang zu einem einwärts gelegenen alten Thore auf, wie ich bereits oben p. 137 ausgesprochen habe. Die

---

1) Unter dieser Südspitze des SO.-Hügels zieht der durch den Felsen gehauene Gang oder »Kanal«, von dem Schick in seinem Berichte ZDPV. V, p. 5 redet. Er beginnt neben dem Wege, der zur Siloahquelle führt, unweit des Punktes L (Tafel VIII), läuft von W. nach O. und öffnet sich unter dem Hause des Gerbers.

Steinschichten bei *O* setzen sich bis unter den Weg fort (p. 136).
Die östliche Ecke der Mauer zwischen *O* und *P* (Tafel VIII) ist
der Kreuzungspunkt der beiden in der Richtung der Reste *O*
und *P* gezogenen Linien. Mit *P* sind nämlich die übereinanderge-
worfenen Steinschichten bezeichnet, die ich auf p. 138 besprochen
und aus dem Einsturz der alten Mauer zu erklären versucht habe.
Die Verlängerung der durch sie angedeuteten Linie nach SW.
trifft auf einige Felsstufen (*Q*, Tafel VIII), die in rechtem
Winkel gegen einander gekehrt sind und auf dem Wege offen zu
Tage liegen. Vielleicht erhob sich über ihnen wiederum eine
Mauerecke.

Auf Tafel VIII habe ich auch den weiteren Lauf der Stadtgrenze am Rande des SW.-Hügels durch eine punktirte Linie
anzudeuten gewagt. Dieselbe macht aber durchaus keine Ansprüche auf zuverlässige Richtigkeit, sondern stellt nur meine
Vermuthung über die Abgrenzung des Stadtbezirkes nach dieser
Seite hin dar und mag als ein Fingerzeig für künftige Nachgrabungen aufgefasst werden. Sie hat sich mir aus einer genauen
Beobachtung der gegenwärtigen Oberfläche des Bergrandes ergeben und ist nach denselben Merkmalen gezogen, die ich oben
schon für den Lauf der Mauer am SO.-Hügel angewandt habe,
d. h. vor dem Cisternengebiet und am Rande des steilen Abfal-
les zum Hinnomthale.

Von *Q* aus beschreibt die Linie zunächst einige Ecken, ehe
sie den steilen Abhang *R* (Tafel VIII) erreicht. Ich habe sie so
gezogen, weil ich es für wahrscheinlich halte, dass die beiden auf
Tafel VIII zwischen *Q* und *R* verzeichneten Höhlen innerhalb
der Mauer gelegen haben. Die östliche derselben ist noch vollständig erhalten; vor dem offenen Eingang wölbt sich ein weiter
gemauerter Bogen, der sich an die Felswand lehnt. Die zweite
ist in ihrem westlichen Theile verschüttet; vor ihr haften noch
einige Reste von Mörtel und Gemäuer auf dem Felsen, die eine
nordwestliche Richtung des ehemaligen Bauwerks andeuten. Der
mit *R* bezeichnete Abhang ist auffallend steil und sehr schwer zu
erklimmen. Namentlich wenn man die gesammte Lagerung der
Gesteinsschichten von der südlich gegenüberliegenden Höhe
oberhalb des Hinnomthales überblickt, so ist der Eindruck sehr
deutlich, dass dieser Abhang vorzüglich dazu geeignet war, um
eine feste und unzugängliche Mauer darauf aufzuführen. Weder

unterhalb noch oberhalb desselben bietet sich eine andere Stufe
des Gesenkes, die in gleicher Weise so steil und hoch aus der
niedrigeren Terrasse sich erhöbe und die Festigkeit eines Boll-
werkes vermehren könnte. Die Kopffläche der Klippen ist an
einigen Stellen behauen und bildet besonders an den höheren
Punkten einige breitere Absätze, auf denen noch Reste von Mörtel und kleinen Steinen lagern, die beweisen, dass dieser Abhang
einst Mauerwerk getragen hat. Das Cisternengebiet, soweit es
sich ohne Nachgrabungen bestimmen lässt, beginnt freilich
erst eine nicht ganz geringe Strecke hinter der angenommenen
Linie. Was zwischen R und S liegt, ist vollständig verschüttetes
Terrain, aus dem nirgends der Felsen hervorschaut. Die mit S
bezeichnete Stelle ist bis nach T, der bekannten Felsentreppe
in der Ecke des zur ehemals Gobat'schen Schule gehörenden
Gartens, der einzige Punkt, an welchem das natürliche Gestein
wieder zu Tage tritt. Wenn auch, wie ich offen gestehe, der Lauf
der alten Mauer jenseits T mir im einzelnen nicht klar geworden
ist, so trage ich doch kein Bedenken anzunehmen, dass die senkrechten Felswände unter den gegenwärtigen Schulgebäuden die
SW.-Ecke der einstigen Stadtgrenze darstellen, und lasse daher
die von mir vermuthete Linie der Südmauer des israelitischen
Jerusalem gegen die schon erwähnte Treppe auslaufen.

Ich führe den Leser zu dem Punkte G zurück, von dem aus
ich den Lauf der Ringmauer nach S. und dann nach W. hin verfolgt habe, und wende mich nun von G nach N. Die Reste bei
G zeigen die Front der alten Mauer. Verlängert man ihre Linie
nach N., so kommt dieselbe etwa um 1 m ausserhalb des Mauerstückes E (Tafel VIII; vgl. Tafel IV DE) zu liegen. Es bestätigt
sich dadurch, was schon der Augenschein lehrt, nämlich dass die
vordere Lage dieser Schichten uns nicht mehr erhalten ist. Ferner
zeigt ein Blick auf den entsprechenden Punkt der Tafel IV, dass
sogar das natürliche Gestein in den Spitzen A und B über die
verlängerte Linie der Mauerfunde MN und O (Tafel IV) nach O.
hinaustritt. Diese Spitzen liegen nun höher als jene Mauerfunde;
sie können daher nicht als Fundamente der Mauer in Betracht
kommen, sondern da diese sich wahrscheinlich seitwärts an sie
gelehnt und sie eingeschlossen hat, so scheint hier ein ziemlich
breiter, ausladender Vorsprung der Ringmauer nach O. hin angenommen werden zu müssen. Oberhalb E dagegen muss sie

wieder um mehrere Meter zurückgetreten sein, was ich aus folgenden Umständen schliesse. Ich habe an zwei Punkten, nämlich bei *D* und *B* (Tafel VIII), die Rückseite der Mauer aufgedeckt, und die dadurch gebotenen Linien laufen genau in derselben Richtung. Bei *B* habe ich aber auch die Vorderseite der Mauer, zugleich die Dicke derselben festgestellt. Da die Rückseiten bei *B* und *D* sich entsprechen, so darf man hinsichtlich der Vorderseiten das Gleiche annehmen. Danach habe ich den Mauerlauf zwischen *E* und *B* entworfen, zugleich mit Berücksichtigung des bei *C* (Tafel VIII; vgl. Tafel IV, *e*) gefundenen Stückes, das ebenfalls die Front der alten Mauer darstellt.

Die nördlichste Spur der Stadtgrenze, die ich erreicht habe, ist der Ostrand der stufenartig nach W. sich verbreiternden Steinschicht *A* (Tafel VIII; vgl. Tafel IV, Graben *iklm* und Durchschnitt *in*). Der Schutt, der ausserhalb desselben lagert, ist von demjenigen, der sich sonst innerhalb des alten Stadtbezirkes findet, ganz verschieden, aber von gleicher Beschaffenheit wie die Masse, welche die niemals in das Gebiet der Stadt eingeschlossen gewesenen Abhänge des Kidronthales bedeckt (vgl. p. 157). Dieses Merkmal ist ein sicherer Beweis dafür, dass wir in *A* einen Rest der alten Ringmauer erkennen dürfen.

Dieser Punkt ist von den durch die Nachgrabungen WARREN's 1867 entdeckten Stücken der ehemaligen Stadtmauer, die von der SO.-Ecke des Haram esch-Scherif ausgehen (s. Tafel VIII), noch etwa 90 m entfernt. Wie diese Lücke zu ergänzen ist, darüber zweifle ich zu sehr, als dass ich etwa eine gerade Linie zwischen den beiden Endpunkten ziehen möchte. Meine Ausgrabungen haben gelehrt, dass der Schutt in einer Mächtigkeit von 12—13 m den Felsen bei *A* bedeckt. Wie der Untergrund nördlich von *A* beschaffen ist, ob er sich und wo er sich wieder hebt, ist noch ganz ungewiss, und da der von *A* bis *P* dem Kidronthale entlang angesetzte Mauerlauf in vielen Stücken völlig gesichert, in den übrigen Stücken aber sehr wahrscheinlich ist, so will ich das Sichere oder doch Wahrscheinliche nicht mit einer willkürlichen, auf keine Untersuchung gegründeten Zugabe verbinden. Die von *P* bis *T* am Rande des SW.-Hügels von mir gezogene Linie ist freilich auch lediglich Vermuthung, aber doch eine solche, die sich auf gewisse Merkmale des Terrains stützt und von mir nicht ohne eine vorhergehende Untersuchung desselben entworfen worden ist. Sie will also, wie ich hier nochmals hervorhebe, durchaus nicht so zuverlässig genau sein wie die Linie von *A* bis *P*.

Die von mir gefundenen Mauerreste zeigen nicht die gleiche Beschaffenheit. Sowohl die Steine, die man zu ihnen verwandt hat, als auch die Art, wie man dieselben auf einander geschichtet hat, also ihr Material und ihre Bauart sind ungleich. Die Unterschiede sind folgende:

1. Die Steine sind zu ziemlich regelmässigen Blöcken, jedoch ohne kunstvolle Bearbeitung irgend einer Fläche, behauen und nicht durch Mörtel verbunden worden (Tafel IV, Mauerstück *DE*).

2. Die Steine haben einen ziemlich breiten, gleichmässig ausgeführten Randschlag und einen wenig gewölbten, nach allen vier Seiten scharf abgegrenzten, die Form der Quader in verjüngtem Massstabe darstellenden Buckel (vgl. die Steinschicht *NM* und den Mauerstein *O* auf Tafel IV). Sie sind wahrscheinlich durch Mörtel verbunden gewesen.

3. Die Steine haben ebenfalls Randschlag; jedoch ist derselbe von ungleicher Breite. Die Buckel sind von ganz verschiedener Höhe und Form, so dass man fast auf eine beabsichtigte Unregelmässigkeit schliessen könnte (vgl. Vorderansicht der Mauer *AB* auf Tafel III). Die Steine sind wahrscheinlich durch Mörtel verbunden gewesen.

4. Der Randschlag ist sorgfältig und gleichmässig ausgeführt; die durch ihn eingerahmte Fläche des Steins bildet keinen Buckel, sondern ist mit gröberen und kräftigeren Schlägen roh geebnet und erhebt sich nur wenig, aber in scharfen Ecken über die Tiefe des Randschlages. Die Steine scheinen durch Mörtel verbunden gewesen zu sein.

5. Die Steine sind nicht an den Fugen gerändert, sondern zu einer glatten Fläche sorgfältig behauen und durch eine ziemlich dicke Lage von festem Mörtel verbunden. Das Vorhandensein des Mörtels ist in diesem Fall ausserordentlich leicht festzustellen, er fällt dem Beschauer als eine kräftige weissliche Linie zwischen den grauen Steinen in die Augen. Anders liegt die Sache bei dem unter 2, 3 und 4 bezeichneten Gemäuer. Zweifellos sicher habe ich an diesen Stücken nur an wenigen Stellen die Existenz von Mörtel feststellen können (s. z. B. oben

p. 138). Das mochte damit zusammenhängen, dass die Bedingungen zur Erhaltung desselben durchaus ungünstig waren; denn die Steinschichten liegen vollständig von der Erde verdeckt und sind daher in hohem Grade der Feuchtigkeit ausgesetzt oder, wenn sie weniger tief von der Oberfläche entfernt sind, von Wurzeln durchwachsen. Was sich zwischen den Steinen noch fand, schien mir nach sorgfältiger Untersuchung, auch nach dem Urtheile sachkundiger Personen, nicht einfache Schutttheile, sondern Mörtelreste zu sein. Jedenfalls war aber das Bindemittel nur in einer sehr dünnen Schicht aufgetragen und das Verfahren also ein anderes gewesen, als in dem zuletzt erwähnten Falle.

6. Die Steine sind roh und flüchtig behauen, ähnlich den unter 1. angeführten, von denen sie aber durchweg an Umfang übertroffen werden, und sind durch Mörtel verbunden.

7. Unbehauene Bruchsteine bilden die Stirnseite der Mauerschicht; sie sind durch Mörtel verbunden.

Dieser Unterschied in der Bauart der Mauern Jerusalems wird auch in einer Nachricht erwähnt, die uns EUSEBIUS in seiner Schrift Praeparatio evang. 9, 36 aufbewahrt hat: Ὁ δὲ τῆς Συρίας σχοινομέτρησιν γράψας ἐν τῇ πρώτῃ φησὶ κεῖσθαι Ἱεροσόλυμα ἐπὶ μετεώρου τε καὶ τραχέος τόπου, ᾠκοδομῆσθαι δὲ τινα μὲν μέρη τοῦ τείχους ἀπὸ λίθου ξεστοῦ, τὰ δὲ πλείονα ἀπὸ χάλικος. «Der Verfasser der Aufnahme Syriens sagt im 1. Buche, dass Jerusalem auf einem hohen und felsigen Orte liege, dass einige Theile seiner Mauer aus behauenen (geglätteten) Steinen, die meisten Theile aber aus Feldsteinen (Bruchsteinen) gebaut worden seien«. Diese Mittheilung ist besonders desshalb wichtig, weil sie uns belehrt, dass durchaus nicht die ganze Front der Stadtmauer aus behauenen, etwa an den Fugen geränderten Steinen hergestellt worden sei. Vielmehr hat sie grösstentheils aus entweder gar nicht oder doch nur roh behauenen Steinen — das Wort χάλιξ bezeichnet hier sicherlich beides — bestanden. Also ein Mauerwerk, wie das bei *A* und *H* (Tafel VIII) gefundene, kann sehr wohl die Aussenseite der Ringmauer gebildet haben (vgl. die genaueren Angaben über diese Reste p. 157, p. 146).

Ein weiterer Unterschied lässt sich an der untersten Schicht der Mauerreste beobachten. Im allgemeinen ruht dieselbe entweder auf dem natürlichen Gestein, oder auf einem im Schutt

aufgeführten Fundament. Der letztere Fall ist mir bei dem
Stück C (Tafel VIII; vgl. Tafel IV, e) entgegengetreten, und
aus meinem Berichte p. 154 geht hervor, dass das doppelte Fundament dort eine Höhe von 2,20 m erreicht. Aber auch wenn der
Felsen als feste Grundlage sich darbot, so ist in zweifach verschiedener Art die Mauer darauf erbaut worden. Entweder hat
man die der eigentlichen Mauer angehörenden Steine, sei es nun,
dass man mit oder ohne Mörtel baute, unmittelbar auf die von
Natur oder durch Kunst geebnete Felsstufe gelegt, oder man
stellte erst aus kleinerem Material eine in Mörtel gebettete Unterlage her, auf der dann der eigentliche Mauerbau aufgeführt
wurde. In den meisten Fällen wird man genöthigt gewesen sein,
durch dieses Mittel eine ebene Fläche auf dem natürlichen Gestein zu bereiten, die den schweren Mauerbau tragen konnte.

Endlich mache ich auf die verschiedene Art und Weise aufmerksam, wie die Füllung und die Rückseite der Mauer hergestellt worden ist. Ich mache drei Fälle namhaft:

a. Die inneren Schichten der Mauer wie auch ihre Rückseite bestehen aus roh behauenen, aber regelmässig gestalteten
Steinen von ziemlich gleicher Grösse, die nicht durch Mörtel verbunden sind. Diese Bauart gehört zu Nr. 1 auf p. 212.

b. Die inneren Schichten der Mauer wie auch ihre Rückseite
bestehen aus roh behauenen, aber regelmässig gestalteten Steinen von verschiedenem Umfang, die durch Mörtel verbunden
sind. Trifft dieser Fall mit dem unter Nr. 6, p. 212 erwähnten
zusammen, so sind Vorderseite und Rückseite von gleicher Beschaffenheit.

c. Die inneren Schichten und die Rückseite der Mauer bestehen aus unbehauenen Steinen von ungleicher Grösse, die
durch Mörtel verbunden sind. Diese Art wird selbstverständlich
stets in dem unter Nr. 7, p. 213 erwähnten Falle angetroffen.

Es frägt sich zunächst, ob namentlich die p. 212 f. unter 1
bis 7 angeführten Unterschiede getrennten Bauzeiten zugeschrieben werden müssen. Offenbar sondert sich die unter 1 erwähnte
Bauart (vgl. oben a) als die älteste von allen übrigen ab. Bauten
aus roh behauenen Blöcken ohne Mörtel weisen überall an den
Gestaden des östlichen Mittelmeeres in ein hohes Alterthum zurück. Auch Dr. Schliemann hat an der Küste Kleinasiens und
in Griechenland die Beobachtung gemacht, dass die ältesten noch

vorhandenen Baudenkmäler der von ihm untersuchten Gegenden
stets aus roh behauenen Steinen ohne Anwendung von Mörtel
hergestellt worden sind [1]. Solchen Resten stellen sichalle übrigen, bei denen man Mörtel gebraucht hat, als die jüngeren gegenüber [2]. Diese nach der Zeit ihrer Entstehung unter einander
zu ordnen, ist begreiflicher Weise viel schwieriger, zum Theil
unmöglich. Es ist allerdings mühsamer und kostspieliger, die
ganze Fläche des Steins glatt zu hauen (vgl. oben Nr. 5), als nur
die Ränder sorgfältig auszumeisseln und den übrigen Theil der
Aussenseite mit wenigen Hammerschlägen fertig zu stellen. Aber
muss das eine nothwendig früher und das andere nothwendig
später sein? Und Mauern nach der unter 6 und 7 (p. 213) beschriebenen Art wird man zu allen Zeiten, sobald man überhaupt
angefangen hatte, mit Mörtel zu bauen, aufgeführt haben. Galt
es eine rasche Vollendung des Werkes oder standen geringe Mittel zur Verfügung, so wählte man eine jener einfacheren Bauarten, zu denen nur flüchtig behauene Steine oder rohe Bruchsteine
verwandt wurden. In diesen Fällen bietet die Technik der Arbeit kein Mittel der Datirung.

Eher wird man die Unterschiede der unter 2, 3 und 4 (p. 212)
beschriebenen ornamentalen Bearbeitung für eine zeitliche Ordnung verwerthen können. Freilich wiederum nicht an und für
sich — denn an welchen Merkmalen soll man erkennen, ob man
etwa zuerst viereckige, der Form des Steins entsprechende Buckel
(Nr. 2) zurichtete, ob dann solche von ganz unregelmässiger Gestalt (Nr. 3) üblich wurden und ob man zuletzt die Bossirung des
Steins in der Gestalt einer schlichten, nur wenig erhabenen
Fläche (Nr. 4) liebte? — sondern durch Vergleichung mit solchen Bauten, die unzweifelhaft rein und echt phönicisch sind.
Denn es ist ja eine bekannte und ausgemachte Sache, dass sich
die Israeliten von phönicischen Werkmeistern in der Kunst,
Steine zu behauen und zu grösseren Bauten zusammenzufügen,
haben unterweisen lassen. E. RENAN hat nun in seinem prachtvollen
Werke Mission de Phénicie echt phönicische Baudenkmäler, die
noch nicht von griechischem Einflusse berührt worden sind, namentlich auf der Insel Ruäd und am Nahr el-'Amrit, auf der

---

1) Mündliche Mittheilung des Herrn Dr. SCHLIEMANN im September
1882.   2) Vgl. jedoch unten p. 234 f.

Stätte des alten Marathus, nachgewiesen [1]. Die alte Mauer am
Süd- und Westrande der Insel Ruád besteht aus viereckigen
Blöcken von 3 m Höhe und 4 oder 5 m Länge. Sie sind bald ohne
alle Kunst, ja mit auffallender Nachlässigkeit, bald dagegen
mit ausserordentlicher Sorgfalt übereinandergelegt. Die Schichten sind bisweilen regelmässig, so dass kleinere Steine die
Lücken schliessen und eine vollkommene Verbindung herstellen, bisweilen sind die Blöcke ohne strenge Ordnung übereinandergelegt, wenn auch die Unterlagen stets eine horizontale Linie
bilden. Mörtel findet sich zwischen den Steinen nicht. Die
Schichten, von denen an einigen Stellen noch fünf oder sechs
übereinanderliegen, ruhen auf dem behauenen Felsen. Die Ab-
bildung dieser alten Mauerreste (Pl. II) lehrt, dass weder ein
Buckel noch eine über den vertieften Rand sich erhebende geebnete Fläche die Steine ziert. Ohne dass ihre Seiten sorgfältig
geglättet wären, hat man ihnen die Form, wie sie aus dem Steinbruch kamen, gelassen und danach die Schichtung einzurichten
gesucht. Anders ist die Behandlung des Materials, die uns an
dem alten Mausoleum *burdsch il-bezzāk* im Süden des Trümmer-
feldes neben dem Nahr el-ʿAmrīt entgegentritt. In den unteren
Lagen erblicken wir Steine mit Randschlag und unregelmässiger
Bossirung, deren Umrisse aber n i e v o n d e r G e s t a l t des
S t e i n e s a b w e i c h e n, während die oberen Schichten nur
e b e n e, gut behauene Steine, ohne Randschlag und viereckigen
Buckel, enthalten. Mag nun diese Verschiedenheit daher rühren, dass das Bauwerk nur halb vollendet ist, oder mag sie darauf beruhen, dass die unteren, geränderten Steine aus einem
noch älteren Gebäude herübergenommen wurden, jedenfalls beweist sie, dass die Phönicier schon in der Zeit, wo ihre Kunst
ausser der ersten Anregung von Ägypten aus noch keinen fremden Einfluss erfahren hatte, zweierlei Weisen kannten und übten,
die Bausteine zu bearbeiten, nämlich die Glättung ihrer ganzen
Aussenfläche und die Bossirung. Mörtel ist auch hier nicht verwandt worden.

Die Bossirung ist nun so vollzogen, dass die vorspringende
Fläche die Form des Steines in kleinerem Massstabe wiedergiebt,

---

1) Mission de Phénicie (Paris 1864), p. 39, p. 80 ff., p. 99 ff. Dazu Planches (Paris 1874) II. XIV. XV. XVI.

dass sie nicht eine buckelartige Wölbung, sondern eine nur wenig
oder gar nicht nach der Mitte zu ansteigende Erhebung bildet,
bei kleineren Steinen den Eindruck einer Rundung aber dennoch dadurch hervorruft, dass sie nicht scharfe, sondern stumpfe
Ränder hat. Die vorspringende Fläche hat die Eigenthümlichkeit, dass auf ihre Glättung keine Sorgfalt verwandt worden ist;
sie ist rauh, aber ohne dass scharfe Spitzen oder dicke Knollen
aus ihr hervortreten.

Solche Steine sind nun in den Resten enthalten, die ich oben
unter Nr. 2 ins Auge gefasst hatte. Neben den geränderten und
mässig bossirten Steinen, wie ich sie eben beschrieben habe,
liegen in dem Mauerstück *NM* (Tafel IV) auch solche, die glatt
behauen sind. Auffallend ist nur, dass diese Steine, die sonst
ganz und gar den Charakter altphönicischer Arbeit an sich tragen, durch Mörtel verbunden gewesen zu sein scheinen. Wiederholte Untersuchungen (vgl. p. 212) haben mich nicht zu überzeugen vermocht, dass derselbe hier je ganz gefehlt hat, wenn
auch seine Spuren gegenwärtig nur noch sehr gering sind.

Ganz anders ist nun die Bossirung der unter 3 (p. 212) zusammengefassten Steine. Die Unregelmässigkeit ist für sie cha-
rakteristisch, besonders die starke Unebenheit des bald mehr,
bald weniger stark gerundeten vorspringenden Buckels. Hier
endet er in einigen scharfen Spitzen, dort in einem breiten
Knollen; bald nähert er sich der Form des Steines, bald weicht
er von derselben ab. Die auf Tafel III wiedergegebene Zeichnung des Mauerstückes *AB* wird der Phantasie der Leser Hülfe
leisten. Wer diese Steine betrachtet, bemerkt die glatten Ränder der Fugen sehr wenig; das Auge wird ganz durch die Man-
nichfaltigkeit der Buckel in angenehmer Weise gefesselt. — Die
Mauer *LM* (Tafel III; Tafel VIII, *O*) zeigte im allgemeinen die
gleiche Behandlung des Materials, doch waren die runden
Buckel trotz ihrer verschiedenen Höhe von gleichmässigeren
Formen. Solche Buckelquader sind mir aus altphönicischen
Bauten nicht bekannt; daher glaube ich sie einer besondern und
zwar späteren Periode zuweisen zu sollen.

Wieder anders sind die unter 4 p. 212 kurz bezeichneten Steine
behauen. Der Randschlag ist auch hier vorhanden, aber die gewölbte oder mehr nur scheinbar runde Bossirung ist geschwun-
den. Die erhabene Fläche giebt genau die Form des ganzen

Steines wieder und ist völlig eben, wenn auch nicht sehr glatt behauen. Sie ist selbst wieder von einem schmalen Rande eingefasst, so dass die Einrahmung der erhabenen Fläche des Steines eine doppelte ist, eine äussere durch den Randschlag, welcher die Fugen begrenzt und zugleich als Rahmen des ganzen Steins aufgefasst werden kann, daneben eine innere durch einen sorgfältig gearbeiteten, das erhabene und rauher gelassene Viereck umschreibenden Streifen, der in [gleicher Ebene mit der erhabenen Fläche liegt, also für diese den engeren Rahmen bildet. Der innere Rahmen tritt etwa um 2 cm gegen den äusseren hervor, beide heben sich in scharfen Ecken und scharfen Rändern gegen einander ab. In dieser Art behauene Steine habe ich nur wenige gefunden, und zwar in den oberen, schon etwas gelockerten Schichten der Ringmauer, die in dem Schacht F (Tafel III) zu Tage kam. Sie gleichen am meisten einer Anzahl von Steinen in dem südlichen Theil der Umfassungsmauer des Ḥaram in Jerusalem, sowie denen am Ḥaram in Hebron, nur dass diese sorgfältiger zugerichtet worden sind. Das Muster der Arbeit ist jedoch dasselbe.

Auf die besondere Eigenthümlichkeit dieser Steine hat schon der Graf MELCHIOR DE VOGÜÉ in dem Prachtwerke »Le temple de Jérusalem« (Paris 1864) hingewiesen [1]) und sie aus der Zeit des

---

1) S. p. 4 ff. Wie mir scheint, hebt er mit vollem Recht den Unterschied zwischen diesen Steinen und den gewöhnlichen Buckelquadern hervor. Er spricht sich in folgenden Worten darüber aus: »Le grand appareil du Temple est donc à refends (Randschlag) et ciselures (jener innere, sorgfältig gemeisselte Rahmen der erhabenen Fläche), et non à bossage comme on l'a généralement dit. Le refend est un simple motif de décoration; le bossage est, à proprement parler, un moyen rapide et économique d'appareiller un mur, en laissant tout le champ de la pierre et en ne layant que les bords. Ce procédé a été employé de tout temps par les Grecs, les Romains, les gothiques, les Arabes, les Florentins, — jamais par les Égyptiens. Il a surtout été appliqué aux constructions qui devaient avoir un aspect sévère et offrir à l'esprit une idée de force et de résistance, tellesque soubassements, murs de soutènement, d'enceinte ou de fortifications. Parmi les édifices grecs où il se rencontre, je citerai particulièrement le soubassement du temple d'Agrigente, celui du monument choragique de Lysicrate, et les murs de la ville de Messène. Le bossage est devenu plus tard un ornement, mais sans perdre son caractère principal qui est une forte saillie; le refend n'a jamais été qu'un ornement, son caractère principal est son peu de profondeur«. Die innere Ränderung ist eine künstlerische Verschönerung des älteren und einfacheren Bausteins, den

Herodes datirt. Doch darf man, glaube ich, die Steine vom Ḥaram in Hebron und die von dem südlichen Theil der Umfassungsmauer des Ḥaram in Jerusalem nicht ohne jeden Vorbehalt zusammenstellen. Es befinden sich einige Steine östlich neben dem zweifachen Thor, die denen vom Ḥaram in Hebron auffallend gleichen. Aber von der grossen Menge derer, die am Ḥaram in Jerusalem die unteren sichtbaren Schichten namentlich der SW.- und der SO.-Ecke bilden, unterscheiden sie sich dadurch, dass der Randschlag nicht so breit und namentlich nicht so tief ausgeführt ist, die erhabene Fläche also nicht so stark hervortritt. Die Mauern des Ḥaram in Hebron sind noch nicht sicher datirt. Die hier in Betracht genommenen Steine vom Ḥaram in Jerusalem gehören nun den oberen Lagen derjenigen sichtbaren Schichten an, welche DE VOGÜÉ der Zeit des Herodes zuschreibt; sie würden daher in eine noch jüngere Zeit zu verlegen sein.

Es erübrigen die unter Nr. 5 auf p. 212f. genannten Steine. Ihre glatte Behauung ist so sorgfältig durchgeführt, dass sie sich von der schon bei den Phöniciern üblichen (p. 216 f.) wohl unterscheidet. Dennoch wage ich nicht, aus der Art der Bearbeitung einen Schluss auf ihr Alter zu ziehen, mache jedoch schon hier darauf aufmerksam, dass das Mauerstück (B und C Tafel VIII), in dem sie vorkommen, auf Schutt ruht, es sich daher nicht um einen sehr alten Bau handeln kann. Die Herkunft des Materials ist freilich damit noch nicht entschieden, wenn es auch gelingen sollte, den Bau annähernd zu datiren.

In den aufgedeckten Mauerresten — dahin fasse ich das Ergebniss der obigen Erörterungen zusammen — liegt uns also Material vor, das vier oder vielleicht auch fünf verschiedenen Zeiten angehört. Das beweist deutlich, dass oft an den Mauern gebaut oder geflickt worden ist. Ebenso lehrt die Füllung und die Beschaffenheit der Rückseite derselben (s. p. 214), dass die von mir gefundenen Reste verschiedenen Bauperioden angehören. Nur an einer Stelle, nämlich bei E Tafel VIII, besteht das Mauerwerk durchweg aus den gleichen roh behauenen, aber ziemlich regelmässigen, viereckigen Blöcken ohne Mörtel. Meistens sind die inneren Lagen aus ähnlichen oder besser zugerich-

ich oben p. 212 unter Nr. 2 beschrieben habe. Dabei sind die mehr abgerundeten Ecken und Ränder in scharfe verwandelt worden.

teten Steinen hergestellt und mit Mörtel geschichtet, so bei *D, H, K, LM, N* (Tafel VIII) ; ja bei *O* fanden sich breite und gut behauene Blöcke hinter den geränderten Steinen der Aussenseite. Hingegen war die Füllung und Rückseite der Mauerstücke *A* und *B* (Tafel VIII) aus unbehauenem, schlechtem Material unter reichlicher Anwendung eines losen Mörtels gebaut. Das sind Anzeichen, die auch nach RENAN's Beobachtungen uns nicht in die Zeit phönicischer Bauten hinaufweisen [1]. Hingegen wird aus der Art und Weise, wie die Mauer auf den Felsen aufgesetzt worden ist, nichts für einen jüngeren Ursprung gefolgert werden können. Schon die Phönicier scheinen je nach Bedürfniss bald unmittelbar auf dem Felsen gebaut, bald erst ein Fundament aus kleineren Steinen und Mörtel hergestellt zu haben [2].

Das soeben Ausgeführte betrifft nur das Material, die einzelnen Steine. Lässt sich nun etwas Bestimmtes über die Zeit sagen, in welcher die aufgefundenen Mauerreste gebaut worden sind?

Ich erinnere hier nur kurz daran und werde im folgenden Abschnitt die genaueren Nachweise geben, dass auf dem SO.-Hügel und zwar innerhalb des Gebiets meiner Ausgrabungen die Zionsburg der Jebusiter und die Davidstadt gestanden haben. Da die Bestimmung der Mauerstücke *A*, *B* und *C* aufs engste mit der Frage über Zion zusammenhängt, so werde ich dieselbe ebenso wie die Reste bei *E* hier ausscheiden, und behandle zunächst die Funde von *G* an abwärts.

Für diesen Mauerlauf kommen folgende Nachrichten des A. T. in Betracht.

Sam. II. 5, 9: »David wohnte in der Burg und nannte sie Davidstadt; und David baute [sie LXX] rings um den Millo und einwärts«. Statt »einwärts« בַּיְתָה haben LXX (ed. rom.) »sein Haus« בֵּיתֹה gelesen. Letzteres ist entschieden verständlicher; doch da wir es hier nur mit den Ringmauern zu thun haben, so können wir über diese Differenz hinwegsehen.

Kön. I. 9, 15: »Und dieses sind die Frohnen, die der König Salomo auflegte zu bauen das Haus Jahve's und sein Haus und den Millo [um die Umwallung der Davidstadt herzustellen LXX] und die Mauer Jerusalems«. Dieser Zusatz der LXX wird bestä-

---

1) Mission de Phénicie, p. 47 ff., p. 164 ff.
2) RENAN, Mission de Phénicie, Pl. II. LXVIII.

tigt durch den masoretischen Text in Kön. I. 11, 27: »Das ist
der Grund, wesshalb Jerobeam seine Hand gegen den König Salomo erhob: Als Salomo den Millo baute und die Lücke der
Davidstadt verschloss, da machte er Jerobeam zum Aufseher« etc. Ausserdem meldet die griechische Übersetzung in
Kön. III (I). 3 (zu Anfang): »Salomo . . . erbaute die Akra [1])
und ihre Schutzwehren«.

Chron. II. 32, 5: »Hiskia baute die ganze verfallene
Mauer und die Thürme (LXX) und draussen die andere Mauer
und befestigte den Millo an der Davidstadt«.

Chron. II. 33, 14: »Manasse baute eine äussere Mauer an
der Davidstadt, westlich vom Gihon, im Thal und in der Richtung des Weges zum Fischthore und führte sie herum bis zum
Ophel und machte sie sehr hoch«.

Endlich die ausführliche Beschreibung des Mauerbaus bei
NEHEM. c. 3, 15—27, vom Quellthore an bis zur Ophelmauer.

Also David hat schon Befestigungen auf dieser Höhe angelegt. Salomo hat sie vollendet — »er verschloss die Lücke
der Davidstadt« — und baute die Mauer Jerusalems, d. h. der
eigentlichen Stadt, die wir nur auf der westlichen Höhe suchen
können, gegenüber der Davidstadt auf der östlichen Höhe. Ferner hat Hiskia die Davidstadt befestigt. Leider ist nun die
Angabe über den Mauerbau des Manasse schwer verständlich,
trotzdem sie genaue Bezeichnungen der Lokalität enthält. Der
Endpunkt seiner Mauer ist der Ophel, der Anfangspunkt muss
südlich gelegen sein, da es sich um eine äussere, also doch der
Stadt Jerusalem abgewandte Befestigung des alten Königssitzes
handelt. Die Worte »westlich vom Gihon im Thal« enthalten gewiss zwei Bestimmungen, von denen die letztere »im Thal« sich
nur auf das verschüttete Tyropöonthal beziehen kann, da im Kidronthale niemals Mauern gebaut worden sind. Sie als nähere
Bestimmung zu Gihon aufzufassen, erscheint sinnlos, da ein Gihon
in entgegengesetzter Lage, etwa »auf der Höhe«, nicht angenommen werden kann und »Gihon« ja viel zu bekannt in Jerusalem
war, als dass man seinen Ort hätte angeben müssen. Der Zusatz
»westlich von Gihon« ist besonders schwer zu deuten. Die Chro-

1) Nach dem Sprachgebrauch der LXX in den Büchern Samuelis und
Könige ist Akra identisch mit Millo.

nik berechtigt durch ihren Ausdruck in II. 32, 30 : »Oberer Ausfluss (oder Quelle) des Gihon« als Gegensatz einen »unteren Ausfluss des Gihon« anzunehmen ; jener würde der heutigen Marienquelle im Kidronthal, dieser der Mündung des durch den Felsen
gehauenen sog. Siloahkanals, der heutigen Siloahquelle, entsprechen [1]. Die fragliche Angabe auf die Marienquelle zu beziehen, empfiehlt sich nicht; man würde dann eher ein »oberhalb
des Gihon« erwarten, und vollends auffallend wäre der Zusatz
»im Thal«, da eine Mauer »westlich vom Gihon« überall nur auf
der Höhe stehen kann, wenigstens im Verhältniss zu jener
Quelle. Es bleibt also die Beziehung auf den unteren Ausfluss
des Gihon übrig, der jetzt Siloahquelle genannt wird. Aber auch
von diesem Punkt aus ist eine »äussere Mauer an der Davidstadt«,
die »westlich vom Gihon« gelegen habe, streng genommen nicht
unterzubringen. Westlich von der Siloahquelle ist wohl ein Thal
vorhanden gewesen, aber dort lässt sich nicht der Anfang einer
»äusseren Mauer an der Davidstadt« ansetzen. Man kann folgende Auskunft vorschlagen : Wenn am Ophel der Endpunkt
der Mauer ist, so sollen die Worte »westlich vom Gihon, im
Thal« wahrscheinlich den Anfangspunkt derselben bezeichnen.
Eine »äussere Mauer an der Davidstadt« kann aber ein Thal nur
dort berühren, wo das Tyropöonthal in das Bett des Kidron ein-
mündet. Folglich muss der Bau des Manasse in der Gegend des
Mauerrestes *LM* (Tafel VIII) begonnen und am Westrand des
Kidronthales hinauf bis zum Ophel sich erstreckt haben. Die
Angabe »westlich vom Gihon« (d. i. der Siloahquelle) will aber
auch hier nicht passen, da jener Anfang der Mauer »im Thal«
vielmehr südlich von diesem Punkt gelegen ist [2].

Mithin ist die Deutung gerade derjenigen Nachricht, die topographische Angaben enthält, zweifelhaft. Alle übrigen, die
von dem Mauerbau der Davidstadt durch die alten Könige Jerusalem's handeln, erwähnen entweder nur den Millo, dessen Ort
nicht genau bekannt ist, oder melden, dass die Umwallung der
Davidstadt vollendet worden sei, ohne hinzuzufügen, welche
Punkte diese Mauer berührt, wie weit sie sich ausgedehnt habe.
Vielleicht hat sich der Mauerbau des Manasse zu den früheren

---

1) Vgl. meinen Aufsatz über die Siloahinschrift in ZDMG. XXXVI
(1882), p. 746 f.   2) Eine andere Deutung s. in Abschnitt II, p. 252 f.

Befestigungen in folgender Weise verhalten. Die Davidstadt war der erste, von Mauern rings umgebene Ort neben der Stadt der Jebusiter. Dann schloss Salomo auch diese durch Festungswerke ein. Unter dessen Nachfolgern scheint noch immer die Davidstadt ein besonderes Bollwerk gebildet zu haben, bis allmählich, durch Ausdehnung und Verstärkung namentlich der Stadtumwallung und zuletzt durch die Aufführung der äusseren Mauer Manasse's an der Davidstadt, eine Verbindung zwischen beiden festen Plätzen hergestellt wurde.

Der Neubau der Mauern, den Nehemia im fünften Jahrhundert vornahm und selbst beschrieben hat (Neh. 3, 1ff. vgl 2, 13—15), lässt deutlich erkennen, dass die nachexilische Stadt nur eine Festung gebildet hat. Nehemia hat aber die »zerbrochene Mauer« Jerusalem's wieder aufgeführt (2, 13). Was in dieser Beziehung die Pietät verlangte, bot zugleich Vortheile für eine raschere Vollendung des Baus. Also dürfen wir den Mauerlauf des Nehemia auch für die Zeit der letzten Könige Juda's vor dem Exil annehmen.

Für die uns beschäftigende Strecke der alten Stadtgrenze kommt nun der Abschnitt Neh. 3, 15—24 in Betracht. Ich beginne mit dem Sicheren. Zwei Punkte, nach denen in V. 15 (Ende) und V. 16 der Mauerlauf bezeichnet ist, gehören zu der Davidstadt und weisen uns also auf den SO.-Hügel, nämlich »die Stufen, die von der Davidstadt herabführen« und »die Gräber David's«[1]. Ferner steht fest, dass der in V. 27 genannte Ophel ein südöstlich vom Tempel gelegener Stadttheil oder Hügel war (Josephus, Bell. jud. V. 4, 2). Folglich geht Nehemia in seinem Bericht von S. nach N. am Ostrande des SO.-Hügels hinauf. Er redet von einer Mauer, die dort in Trümmern gelegen hat und von ihm wieder hergestellt worden ist, wo die von mir geleiteten Ausgrabungen mehrere Mauerreste nachgewiesen haben. Demnach wird der auf Tafel VIII eingetragene Mauerlauf, soweit er unzweifelhaft dem felsigen Rande des Hügels, d. h. der von der Natur selbst für die Anlage von Befestigungen gewiesenen Linie folgt, nämlich von E bis K,

1) Vgl. die musterhafte Auseinandersetzung Klaiber's in seinem Aufsatz Zion, Davidstadt und die Akra innerhalb des alten Jerusalem ZDPV. III, p. 204 ff.

mit der von Nehemia wiederhergestellten Stadtumwallung zusammenfallen.

Das Quellthor (NEH. 3, 15) ist gemäss der Reihenfolge, die der Bericht NEHEMIA's innehält, an der Südspitze des SO.-Hügels zu suchen, da es in die unmittelbare Nähe der Stufen, die von der Davidstadt in das Thal hinabführen, verlegt und zwar vor ihnen genannt wird. KLAIBER hat, wie mir scheint mit vollem Recht, darauf hingewiesen, dass die Worte des NEHEMIA: »Ich ging hinüber zum Quellthor« (2, 14), mit denen er die Fortsetzung seines Weges von W. her beschreibt, vom Übergang über das Tyropöonthal verstanden werden müssen, und daraus gefolgert, dass das Quellthor, an der Ostseite des Thales, am SW.-Rande des Hügels der Davidstadt gestanden habe[1]. Es wird also neben dem Punkte L (Tafel VIII) anzusetzen sein. NEHEMIA berichtet nun 3, 15, dass Sallum, der Sohn Kol-Hose, der Herr des Bezirkes von Mizpa, das Quellthor und die Mauer des Teiches der Leitung (חֹומַת בְּרֵכַת הַשֶּׁלַח) und (die Strecke) bis zu den von der Davidstadt herabführenden Stufen gebaut habe. Die letztere muss sich nothwendig in nördlicher Richtung an das Quellthor bei L angelehnt und mag den Mauerrest K (Tafel VIII) noch mit eingeschlossen haben. Für die »Mauer des Teiches der Leitung« ist nach dieser Seite hin kein Raum, vielmehr verlangt der Wortlaut dieser Benennung, »Mauer des Teiches der Leitung«, genau eine solche Situation, wie sie uns das Stück LM (Tafel VIII) darbietet, mag man nun in der heutigen *birket il-ḥamrā* oder in dem verschütteten Teiche unter dem Jesaiasbaum jenen von NEHEMIA gemeinten Wasserbehälter erkennen (vgl. Abschnitt IV, die Umgebung der Siloahquelle). KLAIBER will freilich die in NEH. 3, 15 angegebene Reihenfolge der drei Theile des neugebauten Mauerlaufs auch für die topographische Fixirung beobachtet wissen und demnach die »Mauer des Teichs der Leitung« zwischen das Quellthor und das den Stufen der Davidstadt benachbarte Mauerstück ansetzen[2]. Das lässt sich jedoch mit der Beschaffenheit des Terrains nicht in Einklang bringen, da neben dem Quellthore, vorausgesetzt, dass dasselbe richtig bestimmt ist, keine anderen Teiche existiren oder existirt haben, als die beiden oben vorläufig angenommenen. Die Strecke

1) A. a. O. p. 203f.　　2) A. a. O. p. 204 ff.

LM ist auch der einzige Rest einer Mauer, der mir in dem Ausgang des Tyropöonthales entgegengetreten ist. Soweit ich die dortige Schuttablagerung untersucht habe, halte ich es nicht für wahrscheinlich, dass unter ihr noch andere Mauerstücke nördlich von *LM*, etwa ganz in der Nähe der heutigen Siloahquelle verborgen sind. NEHEMIA nennt, indem er den Anfang von V. 15 in ganz gleicher Weise wie die beiden vorhergehenden Verse gestaltet, zuerst das neugebaute Thor und trägt dann die anstossenden Mauerstrecken nach.

Ich füge hier eine Vermuthung über die Lage des Mistthores hinzu. Hat der schmale Weg zwischen *N* und *O* (Tafel VIII) wirklich zu einem Stadteingang geführt (vgl. p. 137), so kann dort nach NEH. 2, 13 f. 3, 14 f. kein anderes Thor verschüttet liegen als das alte Mistthor. Man hat dasselbe bisher bedeutend weiter am SW.-Hügel hinaufgesetzt und sich auch wohl darauf berufen, dass es nach NEH. 3, 13 nur 1000 Ellen vom Thalthore entfernt gewesen sei. Aber dieses Mass bezeichnet dort durchaus nicht den Abstand zwischen beiden genannten Thoren, sondern giebt nur an, welche und eine wie lange Strecke des zwischen beiden Punkten gelegenen Mauerlaufs von Hanun und den Bewohnern Sanoah's gebaut worden sei. Mistthor und Quellthor rücken dann freilich sehr nahe aneinander, aber mit gutem Grund. Denn das Quellthor war der Durchlass, der aus der Davidstadt sich nach dem Kidronthale öffnete, nachdem man die abwärts führenden Stufen hinabgestiegen war, während das Mistthor den Ausgang der SO.-Ecke der eigentlichen Stadt Jerusalem in ihrer ältesten Umgrenzung bildete. Beide Thore sind auch in der späteren Zeit erhalten worden, da das Tyropöonthal sie trennte und ihre Vereinigung zu einem Hauptausgange unmöglich machte. Noch heute endigen die beiden vorwiegend benutzten, aus der Stadt südwärts ins Kidronthal führenden Wege am Ostrand des SO.-Hügels und am Ostrand des SW.-Hügels genau oder ungefähr an der Stelle dieser alten Stadtthore. Der abendländische Name »Mistthor« hat die alte Benennung bewahrt, sie auch für denselben Weg festgehalten, nur dass sie mit der Stadtgrenze um ein Bedeutendes den Berg hinaufgerückt worden ist. Der Name Quellthor hingegen ist verloren gegangen.

Die innerhalb der Stadtmauer gelegenen, NEH. 3, 15

und 16 genannten Punkte des SO.-Hügels sollen im Abschnitt II besprochen werden. Nur die nördliche Strecke des von mir nachgewiesenen Mauerlaufs zwischen *A* und *D* (Tafel VIII) muss hier noch mit dem Bericht des NEHEMIA verglichen werden. In V. 19 bis V. 25 desselben tritt als eine besonders wichtige, zu topographischer Fixirung geeignete Stelle »der Winkel« הַמִּקְצֹעַ V. 19. 20. 24 f.) hervor. Da in V. 24 das Wort »Ecke« daneben gebraucht wird und eine Doublette im Text nicht vorhanden zu sein scheint, so wird man zu der schon von GESENIUS vorgeschlagenen Unterscheidung greifen, dass der erste Ausdruck eine nach innen zurücktretende, der zweite eine nach aussen vorspringende Biegung der Mauer bezeichnet[1]. Denkt man sich nun die von CH. WARREN 1867—1869 nachgewiesenen Mauern am Abhang des Ophel[2] mit dem Punkt *A* (Tafel VIII) durch eine gerade Linie verbunden, so ergeben sich nicht so stark zurücktretende oder vorspringende Biegungen, dass sie vor allen anderen Ecken und Winkeln der Mauer zu topographischen Merkmalen geeignet erscheinen. Ferner bedeckt dort ein 12—13 m mächtiges Schuttlager den Felsen. Das wird schwerlich schon zur Zeit des Nehemia so gewesen sein. Vielmehr ist zu vermuthen, dass die Ringmauer ebenso wie weiter abwärts sich am Rande der horizontalen Rückenfläche des Berges hingezogen, nicht aber diese Senkung des Terrains durchschnitten habe. Nun findet sich westlich von *B* (Tafel VIII) das natürliche Gestein in einer Tiefe von nur 50 cm unter der jetzigen Oberfläche oder 694 m über dem Meere, also in einer Höhe, die das Niveau des Felsens unter *D* und *E* noch um 8 m etwa überragt. Nach jener Richtung hin wird man sich daher die Randlinie des kleinen Plateaus und auch die Fortsetzung des alten Mauerlaufs an der Davidstadt zu denken haben. Damit wäre eine stark in die Augen fallende Biegung der Mauer gegeben, die zu einem topographischen Anhaltspunkt der Beschreibung sich eignete. Wie die Umwallung dann die Höhe des Ophel erreicht hat, muss ebenso wie die dargelegte Vermuthung durch künftige Forschungen entschieden werden. Ich halte es daher jetzt noch für vergebliche Mühe, auf die einzelnen, in NEH. 3, 19—24 genannten

---

1) Thesaurus unter קָצַע und מִקְצֹעַ.
2) Recovery of Jerusalem (London 1874), p. 294 ff.

Punkte näher einzugehen und bemerke nur, dass der Leser über die ursprüngliche Gestaltung des Terrains Genaueres in dem folgenden Abschnitte finden wird.

Die Angaben des NEHEMIA über den Mauerlauf an der Davidstadt und weiter südlich lassen sich also im ganzen von der durch die neugefundenen Reste dargebotenen Linie verstehen. Dieselbe muss nun weiter an den Aussagen des JOSEPHUS (Bell. jud. V. 4, 1 ff.) erprobt werden. »Von den drei Mauern war die alte wegen der Schluchten und des dieselben überragenden Hügels, auf dem sie hergestellt worden war, schwer einzunehmen. Ausser der günstigen örtlichen Lage war sie doch auch stark gebaut worden, da sowohl David als auch Salomo, ausserdem aber die späteren Könige eifrig an' dem Werke arbeiten liessen. Sie begann auf der Nordseite von dem Hippikusthurm, erstreckte sich bis zum Xystus, berührte dann das Rathhaus und endigte an der westlichen Tempelhalle. Auf der anderen, der Westseite, hingegen begann sie von demselben Thurm, erstreckte sich über den Platz Bethso bis zum Essenerthor, kehrte dann ihre Front bis über die Siloahquelle hinaus nach Süden, wandte von dort ihre Front nach Osten bis zum Teiche Salomo's, zog an der Stätte des Ophel vorüber und lehnte sich an die östliche Tempelhalle«. Die Funde bestätigen vollkommen die Nachricht des JOSEPHUS, dass die Südseite der Mauer sich (nach Osten) über die Siloahquelle hinaus erstreckt habe; denn die südliche Ecke der Mauer unterhalb O (Tafel VIII) liegt etwas östlicher als der Ausgang des Felsentunnels. Neu ist in diesem Zusammenhang die Bestimmung des Mauerlaufs nach dem Teiche Salomo's. Während der Bericht des NEHEMIA sich wenigstens nicht direkt darüber ausspricht, ob die Siloahquelle innerhalb oder ausserhalb der alten Stadtgrenze gelegen habe, entscheidet eine andere Stelle des JOSEPHUS diese Frage zweifellos im ersteren Sinne. Indem er nämlich in der Geschichte der Belagerung Jerusalem's die Besetzung der Stadt durch die Parteiführer der Juden beschreibt, nennt er die Siloahquelle als einen Ort, der in den Händen des Simon gewesen sei (Bell. jud. V. 6, 1); folglich war dieselbe von der Mauer eingeschlossen. Dieser Angabe entspricht das Mauerstück *LM* (Tafel VIII); zugleich ist die Richtung desselben so beschaffen, dass es schon mit zu dem Theile der Umwallung gerechnet werden muss, der nach JOSEPHUS seine Front nach O. kehrte. Die

Wendung der Mauer zwischen *O* und *M* (Tafel VIII) stimmt also ebenfalls mit der Beschreibung des JOSEPHUS überein.

Wie lange hat nun dieser Theil der Mauern Jerusalem's gestanden, und wer hat zuletzt an ihm bauen lassen?

Die Zerstörung durch die Römer unter Titus hat ohne Zweifel auch unser Mauerstück getroffen. JOSEPHUS schildert sie in folgenden Worten: »Cäsar befahl, die ganze Stadt und den Tempel niederzulegen (κατασκάπτειν), aber die Thürme Phasael, Hippikus und Mariamne, die die anderen überragten, sowie die auf der Westseite die Stadt umgebende Mauer stehen zu lassen ... Die gesammte übrige Umwallung der Stadt machten die Zerstörer derartig dem Boden gleich, dass die Besucher es nicht einmal für glaublich halten konnten, dass der Ort je bewohnt (!) gewesen war« (Bell. jud. VII. 1, 1). Die starke Übertreibung, der der Geschichtschreiber sich schuldig macht, liegt auf der Hand. Aber derjenige Stadttheil, der erhalten blieb und auch bewohnt wurde[1], lag weit von der südöstlichen Ringmauer entfernt; diese ist also sicherlich von den Römern zerbrochen worden. Doch wir wissen nicht, bis zu welchem Grade. Welche Strecken bei dem geplanten Neubau Jerusalems, der das Signal zum jüdischen Aufstand gegen Hadrian gewesen zu sein scheint, zuerst in Angriff genommen wurden, ist ebenfalls völlig unbekannt. Die Stadt gerieth vorübergehend in die Hände Bar Kochba's, scheint aber keine hervorragende Rolle in den Kriegsunternehmungen gespielt zu haben. Nach dem Ende dieses schrecklichen Vernichtungskampfes gegen die Juden in Palästina ward sie auf kaiserlichen Befehl als eine römische Kolonie mit dem Namen Aelia Capitolina neu gebaut und mit Ringmauern umgeben. Diese Stadt in dem durch diese Mauern begrenzten Umfange haben die ersten christlichen Pilger und gleichzeitigen Kirchenväter bis zum fünften Jahrhundert in ihren Schriften vor Augen gehabt. Leider aber sind ihre Angaben nicht so genau, dass wir danach den Lauf der südlichen Mauer der Aelia Capitolina festzustellen vermöchten.

Aus der Versicherung des EUSEBIUS, er habe mit seinen ei-

[1] Vgl. die Deutung der Stelle Sacharja 14, 2, dass nur die Hälfte der Einwohner von Jerusalem in das Exil geführt werden sollte, auf die Zerstörung im Jahre 70 bei EUSEBIUS, Demonstr. ev. 6, 18 (ed. GAISFORD p. 573f.)

genen Augen gesehen, dass der Berg Sion, einst die Stätte so
grosser Offenbarungen, vom Pflug der Ochsen berührt und als
Saatfeld benutzt werde[1]), könnte man geneigt sein zu folgern,
dass der südliche oder wenigstens südöstliche Theil des alten
Stadtgebietes zu seiner Zeit nicht innerhalb der Ringmauern gelegen habe. Doch ist es recht gut denkbar, dass damals auch
Ackerflächen von den Mauern mit umfasst wurden, ja die Worte
des gleichzeitigen PILGERS VON BORDEAUX über den Sion erwähnen solche, wie es dem Zusammenhange nach scheint, innerhalb
der Stadtgrenze. Indem er nämlich von der Gegend der Siloahteiche aus den Sion (SW.-Hügel) hinansteigt, trifft er eine »Mauer
Sion's«, d. i. denjenigen Theil der Stadtmauer, die den Sion ein-
schloss, und nennt innerhalb derselben den Ort des Davidischen Palastes, sowie die Ackerfelder, an der Stätte der früheren
Synagogen. Da er ausserhalb dieser Mauer den Berg Sion
hinangestiegen zu sein scheint, so schliesst man, dass dieselbe
nicht am äusseren Abhange desselben, den die leichte Linie auf
Tafel VIII verfolgt, sondern auf seinem Rücken gestanden hat[2].
Damit lässt sich nicht gut vereinigen, dass er im Vorhergehenden eine Mauer im Thale neben dem Siloahteich erwähnt und
von einem zweiten Wasserbehälter redet, der »draussen« liege,

---

1) Demonstatio evang. 8, 3 bei Besprechung der Weissagungen in Micha
3, 9 ff. und Matth. 27, 25. Er scheint den Namen Sion noch von dem östlichen
Höhenzug zu verstehen, da er mit ihm eine Anspielung auf den Tempel verbindet. Ähnlich CYRILL. von Alexandrien ed. PUSEY I, p. 656 zu Micha 3, 12
und CYRILL von Jerusalem, Katech. 16, 9.

2) »Item exeunti Hierusalem, ut ascendas Sion, in parte sinistra et deor-
sum in valle, juxta murum, est piscina, que dicitur Siloa et habet quadripor-
ticum, et alia piscina grandis foras . . . . . . Ex eadem ascenditur Sion et
paret, ubi fuit domus Caiphe sacerdotis, et columna adhuc ibi est, in qua Chri-
stum flagellis ceciderunt. Intus autem, intra murum Sion, paret locus, ubi palatium habuit David. Ex septem synagogis, que illic fuerant, una
tantum remansit; relique autem arantur et seminantur, sicut Isaias propheta
dixit«. Itinera hierosolymitana et descriptiones terrae sanctae belli sacris an-
teriora ed. TITUS TOBLER et AUGUSTUS MOLINIER I (Genevae 1879) p. 17 f.
Auch der Anfang dieser Stelle »Item exeunti Hierusalem ut ascendas Sion«
scheint sagen zu wollen, dass der Pilger nun den Bezirk der Stadtmauern verlässt; vgl. dazu den ähnlich lautenden Eingang des bald folgenden Abschnittes: »Item Hierusalem eunti ad portam, que est contra orientem, ut ascenda-
tur in montem Oliveti, vallis, que dicitur Josaphat«, der den Leser ohne Zweifel aus der Stadt ins Freie führt.

so dass man sich die Mauer zwischen den beiden Teichen zu denken versucht. Hat sich nämlich die Mauer quer über den Rücken des Sion gezogen, so ist sie schwerlich bis in den Ausgang des Thales zu dem Siloahteich hinabgestiegen. Gerade die ältesten Zeugen über den Umfang des neuen, des römischen Jerusalem, geben uns also ungenügenden Aufschluss. Ich werde jedoch weiter unten von anderen Nachrichten aus diese Angaben nochmals zu beleuchten suchen (s. p. 233).

Die dem Eucherius, Bischof von Lyon († 440), beigelegte Schrift meldet, der Berg Sion werde jetzt von der Mauer eingeschlossen, während er einst nur ihr benachbart gewesen sei, und weiss auch von der Siloahquelle zu berichten, dass sie am östlichen steilen Abhang des Sion (des SW.-Hügels) innerhalb der Mauern und am Fusse des Hügels sich befinde[1]. Die Angaben dieser Schrift, die sich nicht auf eigne Anschauung, sondern nur auf Erzählungen und Lektüre gründet, und deren Echtheit bezweifelt wird, stimmen überein mit den Berichten des Theodosius (520—530) und des Antoninus von Placentia (a. 570), die wahrscheinlich beide an Ort und Stelle gewesen sind. Auch sie liefern die Nachricht, dass die Siloahquelle innerhalb der Mauern liege[2]. Aber der letztere bezeichnet diese Situation als etwas Neues, da er sagt, die Quelle sei jetzt (modo) in die Stadt eingeschlossen, weil die Kaiserin Eudokia (seit 421 Gemahlin des

---

1) Die beiden Stellen lauten nach der schon citirten Ausgabe von Tobler und Molinier: »Situs ipse urbis pene in orbem circumactus, non parvo murorum ambitu, quo etiam montem Sion, quondam vicinum, jam intra se recipit, qui, a meridie positus, pro arce urbi supereminet«. »Ab ea fronte montis Sion, que prerupta rupe orientalem plagam spectat, infra muros atque radicibus collis fons Siloa prorumpit«. Die MSS. lesen »intra muros«, und danach habe ich oben die Worte wiedergegeben. Wesshalb »infra muros« in den Text gesetzt worden ist, vermag ich nicht einzusehen.

2) Theodosius de situ terrae sanctae im ächten Text etc. herausgegeben von Dr. J. Gildemeister (Bonn 1882), p. 20: »Piscina Siloe a loco, ubi missus est Hieremias propheta in lacum, habet passus numero c, quae piscina intra murum est«. Antoninus nach der Ausgabe von Tobler und Molinier p. 105, c. XXV: »Fons Siloa modo intra civitatem inclusa est, quia Eudocia, imperatrix ipsa, addidit muros in civitate«. Zu vergleichen ist der Anfang des vorhergehenden C. XXIV: »Exinde venimus ad arcum, ubi antiqua porta fuit civitatis. In ipso loco sunt aque putride, in quas missus est Jeremias propheta. Ab arcu illo descendentes ad fontem Siloam per gradus multos, vidimus basilicam volubilem, subtus de qua surgit Siloe«.

Kaisers Theodosius II) in Jerusalem neue Mauern gebaut habe.
Auch Theodosius ist nach den Bauten der Eudokia in der heiligen Stadt gewesen, wie aus § 46 der Ausgabe von Gildemeister hervorgeht [1]), und wahrscheinlich ist auch, dass die gleichlautenden topographischen Angaben bei Eucherius ebenfalls schon auf die durch Eudokia veranlassten Neuerungen Bezug nehmen [2]).

Die späteren Nachrichten in dem Itinerarium des Mönches Bernardus, in der anonymen Schrift »Qualiter sita est Civitas Jerusalem« und, um noch einen Gewährsmann aus der Zeit der Kreuzfahrer selbst hinzuzufügen, bei Wilhelm von Tyrus setzen sämmtlich den Siloahteich ausserhalb der Stadtmauern an. Der Mönch Bernard erwähnt denselben gelegentlich des Ausflugs auf den Ölberg und nach Bethanien als im Thal Josaphat liegend, das niemals in den Pilgerschriften zum Stadtgebiet gerechnet wird [3]). [In der kurzen Beschreibung der heiligen Stadt »Qualiter sita est Civitas Jerusalem« heisst es ausdrücklich: »Ausserhalb des Thores von Jerusalem liegt gegen Süden in der Nähe der Berg Sion, wo die heilige Maria aus der Welt wanderte . . . Von dort ebenfalls nach Süden liegt nicht weit der Schwimmteich Siloe« [4]). [Dasselbe ergiebt die oben p. 202 f. mitgetheilte Schilderung der Belagerung Jerusalem's durch die Kreuzfahrer aus dem Geschichtswerke des Wilhelm von Tyrus. Bernardus schrieb etwa um 870, der Anonymus vor dem Jahre 1096, Wilhelm von Tyrus redet um 1185 von der Ausdehnung der Stadt, die die Kreuzfahrer bei ihrer Ankunft vorfanden.

Diese Durchmusterung der vorhandenen Beschreibungen Jerusalem's vom vierten bis zum 12. Jahrhundert nach Chr. hat uns mit voller Bestimmtheit über eine Erweiterung des Stadtgebietes belehrt, die im fünften Jahrhundert durch die Kaiserin Eu-

---

1) »Sanctus Stephanus foras portam Galilaeae lapidatus est, ibi et ecclesia eius est, quam fabricavit domina Eudocia, uxor Theodosii imperatoris«.

2) Die Mittheilungen des Evagrius, hist. eccles. I, 22, und des Nikephorus Kallistus, hist. eccl. 14, 50, über die Bauten der Eudokia sind topographisch nicht zu verwerthen.

3) Itinera hierosolymitana etc. ed. T. Tobler et Aug. Molinier p. 317.

4) Ebend. p. 348 f. »Extra portam Jerusalem contra meridiem prope est mons Syon, ubi sancte Maria de mundo migravit. Inde non longe est Acheldemac, hoc est ager sanguinis. Inde etiam ad meridiem non longe est natatoria Siloe«.

dokia bewirkt worden ist. Es beziehen sich die Angaben freilich stets nur auf einen Punkt, der in den von uns besprochenen Mauerlauf fällt, nämlich auf den Siloahteich. Von einer Mauer am Ostrande des alten Zion ist nirgends die Rede. Wir sind daher nicht berechtigt, die vorliegenden Angaben so zu deuten, als ob selbstverständlich auch der SO.-Hügel wieder in den Stadtbezirk hineingezogen worden sei. Das Interesse der Christen haftete wegen ihrer Heiligthümer vorwiegend oder ausschliesslich am SW.-Hügel, und dass Befestigungen, die diesen schützen sollten, mit Benutzung alter Mauerreste bis an den Siloahteich ausgedehnt wurden, um das Tyropöonthal abzusperren und die Wasseranlagen bei Siloah der Stadt zu sichern, lässt der ziemlich gestreckte Abfall des SW.-Hügels nach O. als ganz begreiflich erscheinen. Diese Umstände legen es nahe, dass wir uns den Mauerbau der Eudokia als von W. über S. nach O. vorrückend denken, nicht aber von O. über S. nach W., d. h. nicht von der Stätte des einstigen Tempels am Ostrande des alten Zion entlang. Bestimmtes über die Ausdehnung desselben ist jedoch wegen der Dürftigkeit der einschlagenden Angaben nicht auszusagen.

Die Verschiedenheit der Berichte einerseits des EUCHERIUS, THEODOSIUS und ANTONINUS, andererseits des BERNARDUS, des Anonymus und WILHELM'S VON TYRUS wird sich hauptsächlich durch die Verheerungen, die die Perser unter Chosroës im J. 614 in Jerusalem anrichteten, erklären lassen. Damals muss die Mauer der Eudokia zerstört worden und nach der Verdrängung der Perser eine neue Abgrenzung der Stadt vorgenommen worden sein, durch die der Teich Siloah ausserhalb der Thore zu liegen kam. Denn die Übergabe Jerusalems an Omar im J. 636 geschah nach kurzer Belagerung durch Vertrag; damals werden die Grenzen der Stadt nicht verändert worden sein. Während sich demnach die fraglichen Berichte und die geschichtlichen Ereignisse seit dem fünften Jahrhundert wohl zusammenordnen lassen, gelangen wir, was die vorhergehende Zeit betrifft, nicht zu voller Klarheit. ANTONINUS erwähnt (s. Note 2 auf p. 230) ein altes Stadtthor oberhalb des Siloahteiches, mithin auch oberhalb der neuen, von Eudokia aufgeführten Mauer. Er scheint also noch Reste einer engeren, die Siloahquelle ausschliessenden Umwallung vorgefunden zu haben. Dazu kommt, dass seine Worte im 25. Cap mit Bestimmtheit einen geringeren Umfang der Stadt gerade nach S. hin vor der Bauthätigkeit der Eudokia voraussetzen. Wie reimt sich das zu den Angaben des PILGERS VON BORDEAUX, der die Mauer in der Nähe des Siloahteiches und, wie es scheint, zwischen diesem und einem weiter draussen befindlichen Wasserbassin ansetzt? Meint er in jenem Zusammenhang vielleicht nur einen von der früheren Umwallung stehen gebliebenen Rest, etwa jenes das Thal absperrende Mauerstück, das auch heute noch vorhanden ist (LM Tafel VIII), und gelangt er in seiner Beschreibung wirklich erst mit den Worten »intus autem, intra murum Sion« (vgl. Note 2 auf p. 229) an die damalige Stadtmauer zurück? Da wir von einem Mauerbau in Jerusalem zwischen Constantin und der Eudokia nichts wissen, so müssen wir annehmen, dass der PILGER VON BORDEAUX eben den geringeren Umfang der Stadt vorgefunden hat, den ANTONINUS für die Zeit vor der Eudokia voraussetzt. Daher meine ich die letztere Frage bejahen zu sollen und verstehe seinen Bericht dahin, dass damals (333 nach Chr.) die Stadtmauer den südlichen Theil des SW.-Hügels, also auch den Siloahteich und den SO.-Hügel ausgeschlossen hat.

Fassen wir das Ergebniss zusammen! Seit Jerusalem eine römische Kolonie wurde, ist noch zwei Male eine Veränderung der südlichen Stadtgrenze vorgenommen worden. Die Ringmauer der Aelia Capitolina des Hadrian zog quer über den Rücken des SW.-Hügels, nicht am Rande seines Plateaus oberhalb des Hinnomthales, während die Kaiserin Eudokia bemüht war, die alten Mauern Jerusalems im S. wieder herzustellen, und diese Absicht auch in einem nicht genau zu bestimmenden Umfange ausgeführt hat. Nach der Zerstörung der Stadt durch die Perser wird man im siebenten Jahrhundert sich begnügt haben, die kürzere Mauerstrecke des Hadrian, deren Reste wahrscheinlich ANTONIN um 570 noch gesehen hat, wiederherzustellen. Seit der Zeit hat niemals wieder eine Mauer die südlichen Höhen des alten Jerusalem umschlossen.

Es hat sich uns demnach ein sehr, sehr langer Zeitraum ergeben, innerhalb dessen überhaupt an der uns beschäftigenden Mauerstrecke gebaut worden ist — von David und Salomo, den ersten judäischen Volkskönigen, bis auf die schwärmerische Kaiserin des oströmischen Reiches, eine weite Spanne von fast auderthalb Jahrtausenden — und nur ungern mache ich mich an die Aufgabe, die oben p. 212 ff. aufgezählten Unterschiede in dem Material und der Bauart der aufgefundenen Reste bestimmten Zeiten zuzuweisen. So lange über die Herkunft so wichtiger Prachtbauten, wie z. B. des Haram in Hebron — um von anderen bekannten Streitfragen ganz zu schweigen — noch kein Einverständniss erzielt ist, muss die Bestimmung viel einfacherer Anlagen, wie der Stadtmauern Jerusalem's, erst recht gewagt erscheinen. Besonders aber wird ein sicheres Vorgehen in dieser Beziehung hier, wie überall in Syrien, dadurch erschwert, dass man stets das alte Material zu jüngeren Bauten neu verwendet hat.

Zunächst betone ich, dass die Mauern Jerusalem's Profanbauten sind. Sie sind nicht mit jener Sorgfalt und jener Gleichmässigkeit hergestellt, die an den alten Schichten des Haram esch-Scherif bewundert wird. Das hat schon Ch. Warren 1868 und 1869 an der sogenannten Ophelmauer beobachtet[1]. Er fand dort rohe Steine, gut behauene Bruchsteine, geränderte und einfache Quadern neben und über einander. Es würde voreilig sein, allein um deswillen einen langen Abstand zwischen den Bauzeiten z. B. der SO.-Ecke des Haram und der Ophelmauer annehmen zu wollen, weil dort geränderte Quadern, hier nicht einmal überall viereckige Steine verwandt worden sind. Die Heiligthümer der Götter hat man im Alterthum stets mit grösserer Mühe und Kunst hergestellt als profane Bauten, zumal wenn sich mit diesen letzteren nicht das persönliche Interesse eines Herrschers verband, was offenbar bei den Mauern Jerusalem's nicht anzunehmen ist, während man es z. B. bei dem Palastbau des Salomo in Rechnung bringen muss.

Die mörtellos geschichteten Blöcke bei E (Tafel VIII) stelle ich hier einstweilen für den folgenden Abschnitt zurück und wende mich sofort zu den p. 212 unter Nr. 2—4 aufgezählten Bauarten. Wie ich dort gesagt habe, muss ich es nach meinen Untersuchungen für wahrscheinlich halten, dass man zu ihrer Aufführung Mörtel, wenn auch nur in ganz dünnen Lagen, verwandt hat. Diese Eigenthümlichkeit fasse ich nicht an und für sich als ein Zeichen später Herkunft auf. Schon die alten Phö-

[1] Recovery of Jerusalem (London 1871), p. 292 ff.

nicier kannten die Bereitung des Mörtels, haben sich seiner aber nicht regelmässig bei ihren Bauten bedient. Starke, aus besonders grossen Steinen hergestellte Mauern und ganz massive Bauwerke scheint man ohne Mörtel aufgeführt zu haben. Beispiele in Jerusalem bieten dafür die Mauern des Haram und der sogenannte Davidsthurm am Jafathor, der alte Phasael des Herodes[1]. Soll man desshalb alle Mörtelbauten in Jerusalem etwa für jünger halten als die Zeit Herodes des Grossen? Niemand, meine ich, wird diesen kühnen Schluss sich aneignen wollen. Das richtige Urtheil wird sein, dass man schon früh, um die Festigkeit des Werkes zu erhöhen, zu solchen Mauern, die aus weniger grossen Steinen gefügt wurden, die sich senkrecht erhoben[2] und nicht in besonderer Dicke aufgeführt wurden, den Mörtelverband benutzte. Diese Umstände treffen sämmtlich an den Stellen zu, wo ich die unter Nr. 2—4 auf p. 212 aufgezählten Bauarten gefunden habe. Eine solche sparsame Verwendung des Mörtels betrachte ich daher nicht als einen neuen Beweis, dass die Mauer in relativ jüngerer Zeit gebaut worden ist, vorausgesetzt, dass nicht andere Anzeichen dafür sprechen.

Die unter Nr. 2, p. 212 bezeichneten Steine (G Tafel VIII) gleichen, wie ich schon auf p. 215 hervorgehoben habe, dem Material, das uns in alten, echt phönicischen Denkmälern begegnet. Es fällt freilich auf, dass in der Steinschicht NM (Tafel IV) neben den geränderten Steinen vier rauh geebnete liegen. Ihre Bearbeitung ist jedoch völlig verschieden von den sorgfältig geglätteten Steinen, die ich p. 212 unter Nr. 5 beschrieben habe; wir finden dieselbe Behandlung des Materials auch schon an den ältesten Denkmälern Phöniciens. Die Zurichtung der einzelnen Steine weist uns also weit zurück. Der Mauerlauf wird hier, wie die Beschaffenheit des felsigen Untergrundes lehrt, nie verlegt, etwa ein- oder ausgerückt worden sein. Da wir nun so alte Steine in der untersten Schicht finden, so wird man diesen Rest auf die erste Anlage der Befestigung des SO.-Hügels,

---

1) Für letzteres Beispiel vgl. SCHICK, der Davidsthurm in Jerusalem ZDPV. I, p. 226 ff.

2) Die Lagen an der SO.-Ecke des Haram sind böschungsartig von unten nach oben eingerückt, WARREN in Recovery of Jerusalem p. 297 und dazu seine Zeichnung Nr. 7.

also auf die Werkleute David's und Salomo's zurückführen dürfen. Glaubt man aber, von dieser Zeit die ausschliessliche Verwendung völlig gleichmässigen Materials erwarten zu müssen, so werden jene rauh geebneten Steine als Beweis gelten, dass in zwei verschiedenen Perioden an dieser Schicht gebaut worden ist, etwa bei der ersten Anlage und bei der Wiederherstellung durch Nehemia. Doch halte ich es nicht für wahrscheinlich, dass die Zerstörung durch Nebukadnezar sich bis auf die untersten Lagen ausgedehnt hat, so dass auch diese ergänzt werden mussten. Man kann die Verschiedenheit des Materiales auch aus der geringeren Sorgfalt des Mauerbaues erklären.

Zu dieser Mauerfront gehört die unter b p. 214 beschriebene Füllung und Rückseite. Letztere habe ich von dem Schachte T (Tafel IV) aus erreicht, also hinter dem soeben mitbesprochenen Mauerstein O. Die gleiche Beschaffenheit zeigte die Rückseite der Mauer, die ich von L (Tafel IV) aus untersucht habe (= D Tafel VIII), und das Mauerstück K (Tafel VIII = k Tafel I), dessen vordere Schichten wahrscheinlich zerstört worden sind. Bei D (Tafel VIII) habe ich die Stirnseite der Mauer nicht nachgewiesen, mich jedoch davon überzeugt, dass die mittleren Partieen derselben ebenfalls aus roh behauenen, aber regelmässig gestalteten, durch Mörtel verbundenen Steinen bestanden. Seiner Lage nach muss nun dieses Mauerstück auch unzweifelhaft zu den ersten Befestigungen des SO.-Hügels gehören, da es an den wichtigsten Punkt der ganzen Höhe stösst (s. unten p. 247 f.). Von dem Rest K lässt sich wenigstens so viel mit Bestimmtheit sagen, dass eine den SO.-Hügel einschliessende Mauer weder weiter nach aussen, noch weiter nach innen gestanden, sondern gerade seinen Ort berührt haben muss. Da nun die Könige von Jerusalem bereits vor dem Exil die Umwallung des SO.-Hügels vollendet haben, so kann auch dieser Rest auf ihre Bauthätigkeit zurückgeführt werden. Jedenfalls stellt das kleine Mauerstück bei K (Tafel VIII) die älteste Grundlage des Stadtwalles dar, an der, wie sie zwischen zwei Felsstufen eingeklemmt ist, keine Zerstörung gerüttelt haben wird. Man könnte vielleicht Bedenken tragen, die Schichten bei D (Tafel VIII) in ein so hohes Alterthum hinaufzurücken, da sie sich noch 1,70m hoch über dem Felsen erhalten haben, und desshalb sie lieber der Restauration unter Nehemia im fünften Jahrhundert zuschreiben. Jedenfalls stammt das Bauwerk aus einer Zeit, und ich glaube nicht, dass Nebukadnezar's Krieger gerade gegen diese Theile der Mauer besonders gewüthet haben. Das Zerstörungswerk hat wohl stets hauptsächlich die nördliche Umwallung und die leicht zugänglichen Orte der anderen Seiten, wie z. B. den Ausgang des Tyropöonthales betroffen, um eine offene Stadt aus der Festung zu machen. An den übrigen Stellen haben die Mauern Jerusalem's gewiss ebenso sehr, wenn nicht mehr, durch allmähliches Abtragen und Fortschleppen des Baumaterials gelitten, als unter der Gewalt der siegreichen Eroberer.

Material nach der unter 3 und 4 p. 212 beschriebenen Art findet sich im S., am Ausgang des verschütteten Tyropöonthales. Das ist nun die Stelle, wo, wie wir aus den oben p. 230 f. angeführten geschichtlichen Zeugnissen mit Bestimmtheit wissen, bis in das fünfte Jahrhundert nach Chr. an der Mauer des alten Jerusalem's gebessert worden ist. Die unteren Schichten des Stückes LM (Tafel VIII) gehören, da wir durch Vergleichung der Angaben des Josephus mit denen des Nehemia die Existenz einer Mauer an dieser Stelle bis in die Zeiten der jüdischen Könige zurückverfolgen können (vgl. p. 223), ohne Zweifel der ersten Anlage des südlichen Stadtwalles an. Wenn nicht schon Salomo die Festungswerke Jerusalem's mit denen der Davidstadt verbunden hat, so gewiss seine Nachfolger bis auf Manasse herab (vgl. p. 221 ff.). Denn fest geschlossen ist schon zur Zeit der Könige die Ringmauer an dieser Stelle gewesen. Hier war es ja, wo Nehemia bei seinem nächtlichen Ritt um Jerusalem von seinem Thier steigen und zu Fuss weiter gehen musste, weil die Trümmer der Mauer den Weg vollkommen versperrten (Neh. 2, 13 f.). Hier ist auch der Punkt, wo wir mit Sicherheit der Beschreibung des Mauerbaus bei Neh. 3, 13—15 zu folgen vermögen, zumal wenn ich oben p. 225 die Lage des Mistthores richtig bestimmt habe. Dieses selbst ist damals von Malchia, dem Sohne Rechab's, dem Obersten des Bezirks von Beth-Hakkerem, eine nach W. anstossende Strecke von 100 Ellen durch Hanun und die Bewohner von Sanoah wieder hergestellt worden (V. 13 f.). Die nördliche Fortsetzung bis zu den »Stufen, die von der Stadt Davids herabgehen«, sammt dem Quellthore, also etwa von M bis K (Tafel VIII), baute Kol-Hose, der Oberste des Bezirks von Mizpa. Wir können daher erwarten, noch Spuren gerade von diesen Ar-

beiten vozufinden. Die Steine, die am Wege, z. B. unter den
Zweigen des sog. Jesaiasbaumes, liegen und unter der Erde gefunden wurden, gehören zum Theil der Form Nr. 2 (p. 212), wenige der Form Nr. 4 an, und die bei *N* und *O* (Tafel VIII) aufgedeckten nähern sich der Form Nr. 3, d. h. sie haben gerundete
Buckel von ungleicher Höhe, aber doch von regelmässigerer
Gestalt als die zu dem Mauerstück *AB* auf Tafel III gehörenden
(vgl. p. 217). Die innere, der *birket il-ḥamrā* zugekehrte Seite
der Strecke *LM* besteht aus kleinen, stark verwitterten Steinen,
deren Fugen mit Mörtel verstrichen sind und die noch Spuren
von Randschlag und Buckel in der Art zeigen, wie sie bei *N* und
O sich findet. Dagegen war die Strecke von *C* bis *D* (Tafel III,
die ebenfalls die Rückseite der Mauer *LM* bildet, aus ungleichen, mässig glatt behauenen Steinen hergestellt. Die nach dem
Kidronthal gewandte Front habe ich in der Tiefe nicht genügend
untersuchen können, weil die Wand sich nicht vollständig von
dem dick aufgetragenen und sehr hart gewordenen Mörtel befreien liess. Endlich liegt bei *P* (Tafel VIII) noch ein wirrer
Haufen übereinandergestürzter Steine, die sich von dem übrigen
b e h a u e n e n Material durch ihre geringere Grösse und durch
die Beschaffenheit ihrer ungeränderten Seitenflächen unterscheiden, insofern dieselben sich vor den altphönicischen Steinen dieser Gattung (s. p. 216 f.) durch eine grössere Glätte auszeichnen,
ohne die der Art Nr. 5 (p. 212) zu erreichen [1]. Diese halte ich
für das jüngste Material, dem ich an den Mauerruinen Jerusalem's begegnet bin. Sie lassen sich sammt dem etwas schlechte-
ren Material der Strecke von *C* bis *D* (Tafel III) mit den Steinen
vergleichen, die über die grossen Quadern neben dem Bâb il-
Mughâribi am Ḥaram esch-Scherîf gelegt sind [2], und mögen
v o m B a u d e r E u d o k i a h e r r ü h r e n. Dagegen bin ich geneigt, die in ungleicher Höhe gerundeten Buckelquadern (*N* und
O Tafel VIII) als eine Eigenthümlichkeit der Restauration des
NEHEMIA anzusehen. Doch kann dagegen geltend gemacht werden, dass sie sich schon in den untersten Lagen der Mauer *O* vorfinden, die doch wohl, wenn NEHEMIA die a l t e M a u e r l i n i e

---

1) Ich habe sie auf p. 212 nicht mit aufgezählt, weil sie eigentlich ausserhalb des Bereichs meiner genaueren Untersuchungen fallen.

2) Vgl. DE VOGÜÉ, Le Temple de Jerusalem, Pl. III und p. 6 f.

wieder hergestellt hat, über seine Zeit hinaufreichen. Übrigens ruhen die grossen Steine bei *O* nicht unmittelbar auf dem Felsen, sondern auf einem aus Mörtel und kleinen Steinen bereiteten Fundament, wie es uns auch bei *H* (Tafel VIII) begegnet. Leider lässt sich das seltsam gestaltete Steinmetzzeichen, das auf Tafel III wiedergegeben ist, nicht zur Bestimmung des Restes *O* (Tafel VIII = *LM* Tafel III) verwerthen. Die wenig zahlreichen Steine der Art Nr. 4, die kurz auf p. 212 und ausführlich auf p. 217 ff. beschrieben worden sind, habe ich in den obersten, zum Theil verrückten Schichten der durch den Schacht *F* (Tafel III) aufgedeckten Mauer gefunden. Man darf sie nicht etwa desshalb, weil sie oben liegen, auf den byzantinischen Bau der Kaiserin Eudokia zurückführen. Ihre Bearbeitung erinnert an einzelne Steine der Südmauer des Ḥaram, wenn sie auch einfacher ausgeführt ist, und da die dort befindlichen noch jünger als die Zeit Herodes des Grossen zu sein scheinen (p. 219), so müsste das gleiche Alter für die ähnlichen, in der Stadtmauer liegenden in Anschlag gebracht werden, obgleich uns für damals eine Ausbesserung dieser Stelle der Stadtmauer nicht ausdrücklich bezeugt ist. Die Füllung und die Rückseite aller dieser Reste von *LM* bis *O* sind in der unter b p. 214 bezeichneten Weise hergestellt, und zwar lagen namentlich hinter der Front von *N* und *O* dicht gefügt sehr schöne und breite Steine.

Räthselhaft erscheint mir das Mauerstück *AB* Tafel III (= *U* Tafel VIII), nicht sowohl hinsichtlich seines Zweckes, als vielmehr wegen seiner Bauart. Da, wie ich schon oben hervorgehoben habe (p. 223), Jerusalem und die Davidstadt ursprünglich zwei nach einander entstandene, selbständige Festungen gewesen sind, so kann uns der Rest einer Mauer, die den SW.-Hügel auch nach O. abschliesst, nicht auffallen. Auch habe ich die Vermuthung ausgesprochen, dass sich die Bemühungen der Eudokia, die alte Umwallung der Stadt wiederherzustellen, vorzugsweise auf den SW.-Hügel beschränkt haben mögen, da dieser durch seine Heiligthümer eine besondere Wichtigkeit für die Christen erlangt hatte. Es ist nun das Mauerstück *U* (Tafel VIII) in der That nicht der einzige Rest, der von einem am Ostrande des SW.-Hügels ziehenden Walle herzurühren scheint. Auf Tafel VIII habe ich zwischen dem *burdsch il-kibrît* an der heutigen Südmauer der Stadt und dem Baureste *U* zwei solche Über-

bleibsel verzeichnet. Das erste geht in südöstlicher Richtung von
den Grundlagen des genannten Thurmes aus und besteht aus gut
behauenen, geränderten Steinen mit ziemlich flachem Buckel,
deren Front nach W. gekehrt ist. Das zweite liegt stark verschüttet auf einer tieferen Terrasse und zieht sich von O. nach
W. Dass sie oder eins derselben mit dem Mauerstück U zusam-
mengehangen haben, ist nicht anzunehmen, da die Bauart des
oberen wie des unteren, freilich stärker verfallenen Restes eine
ganz verschiedene und auch die Frontwendung — bei U gegen
O. — gerade entgegengesetzt ist. Das Material des Stückes U —
so viel lässt die allerdings nur skizzenartige Darstellung auf Tafel
III erkennen — ist ziemlich bunt zusammengesetzt. Es überwiegt die unter 3 aufgezählte Art, sie verleiht dem Ganzen sein
originelles Aussehen. Daneben finden sich andere, der Quader-
form mehr entsprechende Buckel und glatte Steine der Art, die
ich als das jüngste Material der Mauertrümmer Jerusalem's bezeichnet habe (p. 238). Die Füllung bestand aus ziemlich grossen, aber lockerer als bei N und O aneinandergefügten Blöcken
(vgl. b p. 214). Das Fundament wird dort, wo der Felsen abfällt, aus einer sehr festen Cementmasse gebildet, die sich aber
von der bei O gefundenen, aus kleinen Steinen und Mörtel bestehenden wesentlich unterscheidet. Alle diese Merkmale nöthigen, das Bauwerk in eine späte Zeit zu setzen. In welche, vermag ich aber nicht zu entscheiden.

Das Mauerstück H (Tafel VIII) unterscheidet sich von den
bisher zur Sprache gekommenen dadurch, dass die erhaltene
Vorderseite auch aus roh behauenen Steinen besteht. Es vereinigen sich also bei ihm die p. 213 Nr. 6 und p. 214 unter b aufgeführten Merkmale. Schon oben p. 215 ist bemerkt worden, dass
diese Beschaffenheit eines Mauerwerks an sich kein Mittel zur
Datirung darbiete. Hier aber mache ich darauf aufmerksam,
dass derjenige Herrscher Jerusalems, der die Front des Walles
aus geränderten oder wenigstens zu e i n e r rauhen Fläche regelmässig behauenen Steinen hat aufführen lassen, schwerlich 12 m
davon entfernt nur roh zugerichtete kleinere Blöcke verwenden
liess. Die Bauart deutet darauf hin, dass man Eile hatte oder
auch wenig Mittel besass. Zwei solcher Fälle lassen sich aus
dem A. T. anführen. Der Prophet Jesaia sagt in der wahrscheinlich zur Zeit der Invasion Sargon's (711 v. Chr.) gehaltenen

Rede [1]) Kap. 22 (9. 10): »Ihr sahet, dass die Risse der Davidstadt viel waren, und sammeltet die Wasser des unteren Teichs
und zähltet die Häuser Jerusalem's ab und brachet sie nieder, um
die Mauer zu befestigen«. Es ist doch ein Zeichen grosser Eile,
wenn Hiskia Häuser in der Stadt abtragen lässt, um dadurch
Baumaterial für Ausbesserung der Mauern zu gewinnen. Und
etwa dreihundert Jahre später wird auch Nehemia die Herstellung der alten Stadtmauer möglichst beschleunigt haben, zumal
da er mit manchen Schwierigkeiten, wie Mittellosigkeit der Bewohner und Anfeindungen von aussen, zu kämpfen hatte. Gewiss ist noch öfter, als wir wissen, in solchen Nothzeiten an den
Mauern Jerusalems gebaut worden, und die angeführten Beispiele
lassen sich nicht auf einen bestimmten Punkt beziehen. Der
fragliche Rest *H* (Tafel VIII) kann aus einer jener Zeiten herrühren, kann aber auch viel später sein, bis in die Zeit des letzten Mauerbaus vor der Zerstörung der Stadt durch die Römer
hinab. Er ruht ebenso wie die Steine bei *O* auf einer gemauerten Unterlage.

Die unter 5 und 7 (p. 212 f.) erwähnte Bauart tritt uns in
den Resten *A*, *B* und *C* (Tafel VIII) entgegen. Ihre Anlage
hängt aber aufs engste mit der ursprünglichen Terraingestaltung
zusammen, die im folgenden Abschnitt zur Sprache kommen
muss, und wird daher besser in dem dortigen Zusammenhange
beurtheilt.

II. Zion und die Davidstadt.

Zion hiess der feste Platz der Jebusiter, durch dessen Eroberung David die Herrschaft über diesen kanaanitischen Stamm
und sein Land gewann. Er baute und befestigte ihn aufs neue
und gab ihm den Namen »Davidsburg«, oder, wie wir nach
LUTHER zu sagen pflegen, Davidstadt. Mit dieser Bezeichnung
haben die Israeliten die Residenz und die Festung ihres grossen
Volkskönigs benannt oder wenigstens noch gekannt, so lange
Jerusalem eine jüdische Stadt war. Auch der Name Zion blieb
ihnen geläufig, aber in anderem Sinne. Sie verstanden darunter

1) Vgl. T. K. CHEYNE, The prophecies of Isaiah (London 1880), p. 125.

entweder den Berg, auf dem der Tempel, die Wohnung Jahve's,
stand (Ps. 74, 2. 132, 13), oder im religiösen Sprachgebrauch namentlich der Propheten galt Zion als gleichbedeutend mit Jerusalem (Jes. 1, 9. 27. 3, 16. 17 etc.).

Die Davidstadt, Salomo's Palast und der Tempel waren nun
so zu einander gelegen, dass man von dem ersten Ort zum zweiten und von dem zweiten zum dritten hinaufging. Diese Situation bieten nur die Terrassen, die von der Stätte des alten Tempels, dem feststehenden Punkte, nach S. abfallen. Wir müssen
also den Palast Salomo's und die Davidstadt ebenso wie den
Tempel im O. der alten Stadt suchen. Genauer orientiren uns
die Angaben des Nehemia über den Mauerbau (K. 3, 15—26)
und über den feierlichen Umzug des ersten Dankchores zur Ein-
weihung der Mauern (K. 12, 31—37). In beiden Beschreibungen
begegnen uns die Stationen Mistthor, Quellthor, Stufen der Davidstadt und Wasserthor. Das Wasserthor lag an der SO.-Seite
des alten Tempelbezirks, hier endete der Umzug des ersten Dank-
chors, und da der zweite Dankchor, der am Wachtthore beim
Tempel stehen blieb (12, 39 f.), das Ephraimthor (12, 39) berührte
und dieses durch die nördliche Mauer ins Freie führte, so er-
sehen wir klar, dass der zweite Dankchor (12, 38 f.) von Westen
über Norden dem Tempelplatze im O. sich näherte, hingegen
der erste (12, 31 f. 37) von Westen über Süden den Tempelplatz im O. betreten hat. Damit ist zugleich die Richtung, in
welcher Nehemia den Mauerbau beschreibt, zweifellos festgestellt und ein neuer Beweis für die Lage des »Teichs der Leitung«
(בְּרֵכַת הַשֶּׁלַח) im S. der Stadt gewonnen. Wichtig ist nun für unseren Zweck die Erwähnung »der Stufen, die von der Davidstadt
herabgehen« (K. 3, 15). Sie lehrt uns ganz deutlich, dass man
vom Quellthor im S. (L Tafel VIII; s. p. 224) den Hügel in
nördlicher Richtung auf den Tempelplatz zu hinansteigen musste,
um zur Davidstadt zu gelangen, dem südlichsten und niedrigsten
der oben genannten drei Punkte. Die Davidstadt hat also, niedriger als der Tempel und niedriger als Salomo's Palast, auf dem
Gebiet der uns beschäftigenden Ausgrabungen gestanden[1].

---

1) Vgl. die ausführliche Erörterung dieser topographischen Frage durch
Klaiber: Zion, Davidstadt und die Akra innerhalb des alten Jerusalem. Erster Artikel. ZDPV. III, p. 189 ff. Zweiter Artikel IV, p. 18 ff.

»Die Stufen, die von der Davidstadt herabgehen«, waren in den lebenden Felsen gehauen — daraus bestand und besteht ja heute noch der Boden, über den man hinabsteigen musste. Sie haben nach NEH. 12, 37 nahe an der östlich den Berg umfassenden Mauer gelegen; denn der Ausdruck »Stufen der Davidstadt« wird dort durch den anderen »Aufstieg der Mauer« erklärt. Wo nun die damalige Oberfläche des Felsens unweit der Mauer sich bis auf heute erhalten hat, dort wird man auch noch Spuren der eingehauenen Stufen erwarten können. Der geübte Scharfblick des Baurath SCHICK hat sie zuerst, so viel mir bekannt ist, bemerkt und bereits 1876 in seinen Plan von Jerusalem[1] aufgenommen. Nämlich an der mit M XXI (= Messstelle XXI) bezeichneten und zu 648,34 m Höhe angegebenen Stelle auf Taf. VIII finden sich, quer über den Weg laufend, 3 bis 4 in den Felsboden gehauene, stark ausgetretene und fast ganz schon zu einer schrägen Fläche geebnete Stufen. Ihre Lage und ihre Richtung entspricht vollkommen dem, was wir aus dem A. T. über die »Stufen der Davidstadt« erfahren. Es ist mir gelungen, auch noch an zwei anderen Stellen Treppenspuren aufzufinden. So unmittelbar östlich neben M XVI drei Stufen über der Erde, zwei bis drei Stufen unter der Erde, die letzteren freilich ungleich hoch und gar nicht ausgetreten (vgl. p. 27 f.), ferner südlich von M I (686, 20 m) zwei offenbar seit alter Zeit hergerichtete Stufen. Danach hätte sich der alte Treppenweg vom Fusse des Hügels aus (bei L Tafel VIII), bis auf den Kamm desselben hinaufgewunden und sich auf dieser Höhe in nördlicher Richtung, stets der Mauer parallel und nahe, fortgesetzt. Da die natürliche Oberfläche des Felsens nur an sehr wenigen Punkten nicht verletzt ist, so ist das fast völlige Verschwinden dieses Treppenweges nicht zu verwundern.

Wie hoch darf man nun die »Davidsburg« auf diesem Hügel hinaufrücken? Betreffs der Lage ihrer Vorgängerin, nämlich der jebusitischen Zionsburg, wissen wir aus Sam. II, 5, 6, dass sie von grosser natürlicher Festigkeit gewesen sein muss. Die Jebusiter verlassen sich auf ihre Unzugänglichkeit und spotten

---

[1] Karten und Pläne zur Topographie des alten Jerusalem. Bearbeitet und herausgegeben von Dr. CARL ZIMMERMANN (Basel 1876), Tafel IV, Nr. XVI.

über den Angriffsversuch David's: »Du wirst hier nicht herein-
kommen! Lahme und Blinde werden Dich zurücktreiben«. Von
O. und von S. her fällt die Unzugänglichkeit des SO.-Hügels
trotz der Verschüttung seiner Abhänge noch heute jedem Besucher in die Augen. Ebenso wird es im W. gewesen sein, wo
jetzt freilich der Einschnitt des Tyropöonthales fast vollständig
durch Schutt angefüllt ist. Die zwei Stellen, an denen ich die
Tiefe des ursprünglichen Felsbodens nach dieser Seite hin festgestellt habe, zeigen eine starke plötzliche Senkung. Von M XII
(670, 28 m) bis zu dem Felsen gerade unter M XIII[1]) fällt der
Hügel in zwei steilen Terrassen um 11,30 m. Von M VI 682,17 m
(entspricht dem Punkte G auf Tafel VI) bis zu dem Felsen unter
der Mauer ng (Tafel VI) beträgt der Höhenunterschied 11,05 m.
Dazu kommen weiter aufwärts die Messungen W. Wilson's; der
auf Tafel VIII mit »Felsen 694 m« bezeichnete Punkt ist um
7 m höher als die nächste, von W. Wilson untersuchte Stelle im
Tyropöonthal aufwärts. Wo aber ist im N. die Schlucht, die den
Feinden den Zugang zur Zionsburg verwehrte? Hier steigt das Terrain allmählich und in niedrigen Terrassen an, nirgends tritt ein
scharfer Rand des natürlichen Gesteins zu Tage. Die Zionsburg
muss, so scheint es, wenn sie auf dieser Höhe gestanden hat,
nach N. zu frei und offen dagelegen haben. Aber dieser Schein
trügt! Hoher Schutt verbirgt jetzt dem Auge die abfallenden
und wieder ansteigenden Felsstufen, umfangreiche Steinschichten
füllen gegenwärtig wohl schon seit lange eine nicht unbeträcht-
liche Senkung des Terrains. Wie ich auf p. 160 mitgetheilt habe,
ist zwischen den Punkten A und D (Tafel VIII) eine mindestens
30 m. wahrscheinlich aber etwa 50 m breite Mulde eingeschnitten, deren Sohle 8,85 m unter dem bei D die alte Mauer tragenden Felsen liegt oder 681,63 m über dem Spiegel des mittellän-
dischen Meeres. Das ergiebt also gegen den mit »Felsen 694 m«
bezeichneten Punkt auf Tafel VIII, der höchsten Erhebung des
Felsens, die sich westlich von A, B und C feststellen lässt, einen
Unterschied von 12,37 m. Vergleichen wir nun die Meereshöhe
des entdeckten Einschnittes, 681,63 m, einerseits mit dem Ni-

---

1) Bei M XIII und M XVIII ist die Erdoberfläche, an allen anderen mit
M bezeichneten Punkten stets der Felsen gemessen worden. Derselbe liegt
unter M XIII 7,50 m, unter M XVIII 3,50 m.

veau des verschütteten Tyropöonthales unter der SW.-Ecke des
Ḥaram, 2290 engl. Fuss oder 698 m, andererseits mit dem Bett
der Marienquelle, 2087 engl. Fuss oder 636,11 m, so erhalten wir
eine von NW. nach SO. abfallende Skala von 698 m zu 681,63 m
und zu 636,11 m, oder wenn wir das erstgenannte Mass uns als
0,00 m denken, von 0,00 m zu — 16,37 m und — 61,89 m. Daraus ergiebt sich die Möglichkeit, ja wenn man die von WARREN
auf seinem Plan 19 gezeichneten Felskonturen betrachtet, darf
man sagen, die Wahrscheinlichkeit, dass ursprünglich eine
das Tyropöonthal mit dem Kidronthal verbindende
Schlucht den jetzt als eine compakte Masse erscheinenden SO.-Hügel durchschnitten hat. Dann
haben wir eine nach allen Seiten hin völlig von der Umgebung
abgetrennte Höhe anzunehmen, vortrefflich zur Anlage eines
Bollwerks geschaffen, wie es jenes spottende Wort der Jebusiter
verlangt, und über diese vermuthete Schlucht nach N. hinaus
darf die Davidstadt nicht angesetzt werden.

Der aufmerksame Leser wird in dem eben Gesagten leicht
unterscheiden, was durch Untersuchungen festgestellt und was nur
vermuthet ist. Da hier alles auf die Masse ankommt, so will ich
über die Art und Weise, wie ich dieselben erlangt habe, Rechen-
schaft geben. Alle mit M etc. auf Tafel VIII bezeichneten
Punkte habe ich mit Hülfe des Architekten TH. SANDEL in Jerusalem selbst sorgfältig gemessen. Da die nächstgelegenen, durch
W. WILSON eingemeisselten Höhenmarken verschüttet oder überhaupt verschwunden waren, so gingen wir von dem auf W. WIL-
SON's grossen Plan der Stadt und ihrer nächsten Umgebung (Ordnance Survey of Jerusalem) mit 2258 bezeichneten Punkt in dem
vom Siloahteich am westlichen Rande des SO.-Hügels aufwärts
führenden Wege aus und haben von dort bis zum äussersten
Rande des Hügels stets, mit den zwei auf p. 244, Note 1 angemerkten Ausnahmen, die Oberfläche des anstehenden Felsens
gemessen. Die übrigen auf Tafel VIII eingetragenen Höhenan-
gaben sind nach W. WILSON's Messungen in Meter umgerechnet
worden, und meine Messungen von der Oberfläche des Bodens
aus habe ich wiederum mit WILSON's Angaben der Meereshöhe
kombinirt.

Werden weitere Untersuchungen den angenommenen, Ty-
ropöon- und Kidronthal verbindenden Einschnitt bestätigen, so

ist die südlich davon gelegene Höhe die einzige in dem Umkreis
des alten Jerusalem, die auf allen Seiten von Schluchten umgeben war und nach keiner Seite hin mit den benachbarten Höhen
zusammenhing — eine natürliche Bergfeste, wie sie kaum besser
gefunden werden kann. Diese vollständige Isolirung war aber
nicht der einzige Vorzug, der sie zu einer Zwingburg des umlie-
genden Gebietes empfahl. Die Quelle an ihrem östlichen Fusse
im Kidronthal vermag allein in der nächsten Umgebung von 5
bis 7 Kilometer das ganze Jahr hindurch lebendiges Wasser den
Bewohnern zu spenden; für eine Ansiedelung auf den benachbarten Höhen haftet also an ihr die Bedingung einer sicheren und
angenehmen Existenz. Ging ihre freie Benutzung den Anwoh-
nern verloren, so war das Beste, der ursprüngliche Reiz, ihrer
Niederlassung genommen. Der Machthaber, der die Quelle
beherrschte, war auf die Dauer der einzig gesicherte Herr des
Gebiets. Nun liegt auf der Hand, dass ausschliesslich von der
eben besprochenen Höhe aus der Zugang zur Quelle bewacht und
verwehrt werden kann. Ein Angriff auf dieselbe konnte von den
ursprünglichen Felsterrassen leicht zurückgeschlagen, die zum
Schöpfen Herankommenden durch hinabgewälzte Steine leicht
zurückgetrieben werden. Es entspricht also vollkommen den
Terrainverhältnissen, ja es scheint durch dieselben gefordert zu
werden, dass die ersten, uns aus der Geschichte bekannten Herren der Landschaft, die Jebusiter, auf der Höhe oberhalb der
Marienquelle ihren festen Sitz einrichteten, sowie ferner dass
David an diesem Orte seinen entscheidenden Sieg erfocht,
durch den er sich die kanaanitische Enklave zwischen dem südlichen Judäa und den nördlichen, um Ephraim geschaarten Stäm-
men unterwarf.

Noch die jetzigen Zustände Palästina's bieten uns Parallelen
dazu, dass die militärische Besetzung von Quellen als die Ge-
währ für die Unterwürfigkeit eines Landstriches angesehen wird.
So hüten türkische Soldaten die Quellen bei Palmyra mitten in dem Gebiet der ʿanazi-Beduinen, um der türkischen Regierung ein gewisses Mass von Autorität über diese »Herren der
Wüste« zu sichern[1]. Wie in alter Zeit neue Eindringlinge in
das Gebiet des Ḥauran stets die wasserreichen Orte zu erobern

---

[1] Vgl. EBERS-GUTHE, Palästina in Bild und Wort I, p. 454.

und durch Burgen in ihrem Besitz[1] zu erhalten suchten, so ist
auch in den letzten Jahrzehnten das Verfahren der Türken,
durch das sie ihre Macht über die fruchtbaren Strecken des Ḥau-
rān mit Erfolg auszudehnen gesucht haben, kein anderes gewesen, als dass sie sich der von der Natur mit Wasser ausgestatte-
ten Punkte bemächtigten. Sowohl für die Fellachen als auch für
die Beduinen sind sie die Bedingungen des Daseins, für letztere
zugleich die von Alters her vertrauten Lager- und Versamm-
lungsstätten.

Hiermit habe ich die Bedeutung des Hügels oberhalb der
Marienquelle, wie sie den ältesten Bewohnern der Gegend sich
aufdrängte, ins Licht gestellt. Es ergiebt sich daraus, dass kein
Punkt desselben so wichtig war, als die auf Tafel VIII mit E bezeichnete Stelle, weil sie den Zugang zur Quelle beherrscht. Es
ist daher zu vermuthen, dass sie die ersten Befestigungen getragen hat, und damit ist ein besonderes Interesse für die dort entdeckten Baureste gerechtfertigt. Vergegenwärtigen wir uns kurz
den Befund!

Das aus viereckigen, roh behauenen Blöcken hergestellte
Mauerstück DE (Tafel IV = E Tafel VIII) ist von O. nach W.
in einer Breite von 7,50 m erhalten geblieben. Hier bezeichnet
eine dicke schwarze Cementschicht, die sich auch horizontal auf
dem Felsboden fortsetzt, das ursprüngliche Ende dieses Mauerwerks. Dieselbe Cementbekleidung habe ich auch unter G (Tafel IV) und an der Südwand der Mauer des Schachtes L (Tafel IV) gefunden. Da die glatten Seiten dieser drei Cementreste
nach einem gemeinsamen Mittelpunkt einander zugekehrt sind,
so kann' man in ihnen nur die Überbleibsel der Wände eines
kleinen Wasserbehälters erkennen (vgl. p. 140 f. 142. 143 f.). Seine
Länge ist nicht mehr festzustellen, seine Breite von N. nach S.
hat etwa 2 m betragen. Vergleicht man nun die oben p. 210 versuchte Rekonstruktion der Front des Mauerlaufs von G bis D
(Tafel VIII), so ergiebt sich das Mass von 8,50 m als die zu vermu-
thende ursprüngliche Dicke des mörtellosen Mauerwerks. Dasselbe überschreitet aber die sonst von mir beobachtete Stärke der
Umwallung, die Schwankungen zwischen 2,17 m (p. 137), 2,26 m

1) S. J. G. WETZSTEIN, Reisebericht über Ḥauran und die Trachonen
(Berlin 1860) p. 35 ff. p. 114 ff.

(p. 156), 2,60 m (p. 204) und 4,25 m (p. 208) zeigt, um ein Bedeutendes. Ich erkenne daher in diesem Mauerstück den Rest eines alten Thurmes, dessen Lage man sich in folgender Weise zu denken hat. Nach O. und N. erhoben sich die Steinschichten frei auf dem natürlichen Gestein. Nach S. dagegen lehnten sie sich an eine ansteigende Felsterrasse (*B* Tafel IV und dazu p. 210), deren ursprüngliche Gestalt auf der Ost- und Südseite nicht mehr erhalten ist. Wohl aber kann die stufenartige Bearbeitung des Felsens, die ich neben *H* (Tafel IV) angetroffen habe und auf Tafel V (»Grundriss des Thurmes« und »Durchschnitt *CD*«) näher dargestellt ist (vgl. p. 141 f.), sowie die behauene Felsecke, die ich von dem Schachte *K* (Tafel IV) aus erreicht habe, damit zusammenhängen, dass man eine natürliche Erhöhung des Gesteins für das beabsichtigte Bollwerk verwerthete und ihre Seiten senkrecht abschnitt. Dann würden also die erwähnten Felsränder als die südwestlichen Grenzlinien der alten Befestigung in Betracht kommen. Neben der NW.-Ecke lag jener kleine, gegenwärtig fast ganz zerstörte Wasserbehälter, dazu bestimmt, die von dem Thurme herab Kämpfenden mit seinem Inhalte zu erfrischen. Über die einstige Höhe des Bollwerks fehlt jede Andeutung.

Die Bauart dieses ältesten Bestandtheiles der hier gefundenen Überreste weist uns nach den oben p. 212 ff. besprochenen Merkmalen in entlegene Zeiten zurück. Die mörtellose Schichtung der Quadern in der Umfassungsmauer des Ḥaram und im Davidsthurm[1] trägt einen völlig anderen Charakter. An beiden Orten sind die Steine bedeutend grösser und auch besser behauen, wie es sich für Prachtbauten geziemt. Hier aber handelt es sich um eine Anlage, die lediglich mit Rücksicht auf das praktische Bedürfniss ausgeführt ist. Dass man für dieselbe keinen Mörtel verwandt hat, ist darum völlig anders zu beurtheilen, als in jenen beiden Fällen (vgl. p. 234 f.). Daher erachte ich es für sehr wahrscheinlich, dass uns in diesen ältesten Bestandtheilen noch Reste der frühesten Befestigungen des Hügels vorliegen. Ob sie nun wirklich auf die Zionsburg der Jebusiter zurückgehen, oder ob sie von den Bauten des Königs David an

---

[1] Vgl. Schick, Der Davidsthurm in Jerusalem in ZDPV. I, p. 234, und dazu Tafel III, 2.

dieser Stelle herrühren, ist ebensowenig mit Gründen zu entscheiden wie die andere Frage, welche Stellung sie im Ganzen
der Zionsburg und der Davidstadt eingenommen haben.

Über die Ausdehnung der Zionsburg fehlen uns alle Nachrichten. Hinsichtlich der Davidstadt steht so viel fest, dass sie
eine Erweiterung der Zionsburg war. Selbst die spärlichen Nachrichten, die das A. T. über sie giebt, lassen doch erkennen, dass
oft und lange an ihr gebaut worden ist. David's Arbeiten
scheint Salomo insofern beendigt zu haben, als er die Umwallung derselben vollendete (Kön. I. 11, 27 und 9, 15 LXX; s.
p. 220 f.). Ferner werden Bauten des Hiskia und Manasse
an der Davidstadt erwähnt (Chron. II. 32, 5. Jes. 22, 9—11.
Chron. II. 33, 14). Bis zur Mitte des zweiten Jahrhunderts v.
Chr. erfahren wir über diese Stätte des alten Jerusalem nichts.
Man sollte denken, das selbständige kleine Bollwerk habe mit
der Zeit seine Bedeutung ganz verloren. Durch den sogenannten
Siloahkanal war das Wasser des Gihon (der Marienquelle) längst
an den westlichen Fuss des Berges und in das von den Mauern
umschlossene Stadtgebiet hineingeleitet worden. Man konnte
jetzt den Zugang zur Marienquelle von aussen einfach verram-
meln, sie für belagernde Feinde völlig unsichtbar machen und in
Sicherheit am »untern Ausfluss des Gihon« dennoch ihr Wasser schöpfen (vgl. p. 222). Jerusalem war selbst in eine starke
Festung verwandelt und die Davidstadt in den Bezirk derselben
eingeschlossen worden, dieses allmählich ausgebaute Ganze leistete jetzt denselben Dienst, um dessentwillen das erste Bollwerk
des Ortes, die Zionsburg und die nachherige Davidstadt, errichtet worden war. Es sind auch ganz eigenthümliche Verhältnisse in Jerusalem, die die Davidstadt noch einmal in das Licht
der Geschichte rücken. Nämlich nach der siegreichen Nieder-
werfung des Königs von Ägypten, Ptolemaeus Philometor, be-
mächtigt sich Antiochus Epiphanes im Jahre 167 der Stadt Jerusalem, lässt ihre Mauern niederreissen, dagegen »die Davidstadt
mit einer grossen und« starken Mauer, mit festen Thürmen« auf-
bauen, »und sie wurde ihnen (den Syrern) zur Akra«, d. i. zur
Burg [1]). Von hier aus behaupten nun die Feldherren des Antio-

---

1) Makkab. I. 1, 33 des griechischen Textes. Josephus gebraucht in
seinem Bericht über die Ereignisse nur die Ausdrücke Akra und Akropolis

chus ihre Zwingherrschaft über die Stadt Jerusalem, bis endlich
der Makkabäer Simon im Jahre 141 nach langer Belagerung die
verhassten Fremden aus der »Davidstadt«, der »Akra« vertrieb
(Makkab. I. 13, 49—52. 14, 36 f.). Nun waren die Juden wieder
die alleinigen Herren in der Stadt, sie hatten jetzt dieselbe nur
gegen von aussen kommende Feinde zu vertheidigen. Die Wichtigkeit, die die Davidstadt für die Syrer gehabt hatte, konnten
ihr die Makkabäer nicht beilegen; sie hatten auf die Wehrhaftig-
keit der Ringmauern Jerusalem's überhaupt zu achten.

Die Berichte stimmen nun darüber, was nach dem Jahre 141
vor Chr. aus der Davidstadt oder Akra geworden ist, nicht überein. Das erste Makkabäerbuch meldet in Kap. 14, 36 f., dass
Simon jüdische Männer dort habe wohnen und die Akra zur
Sicherheit des Landes und der Stadt habe befestigen lassen. Dem
steht entgegen, was Josephus Antiquit. XIII. 6, 6 erzählt. Nach
der Eroberung der Akra machte sie Simon dem Boden gleich,
damit sie künftig den Feinden, die sie einnehmen würden, nicht
mehr ein Stützpunkt sein könnte. Dann aber schien es ihm das
Richtigste zu sein, auch die Höhe, die sie getragen hatte, zu zerstören, damit das Heiligthum höher wäre. Er berief die Volks-
versammlung, erinnerte die Menge an das, was sie von der Besatzung und den jüdischen Überläufern gelitten hätten und was
sie leiden würden, wenn noch einmal ein Fremder durch eine
dort postirte Besatzung die Herrschaft an sich reissen würde, und
gewann sie für seinen Plan. Dann machten sich alle an das
Werk und arbeiteten drei Jahre lang Tag und Nacht ohne Unterbrechung, bis die Höhe verschwunden und in eine mit der Umgebung ebene Fläche verwandelt worden war. Nach der Schlei-
fung der Akra und nach der Abtragung ihrer Höhe ragte nun das
Heiligthum frei über die benachbarten Punkte hervor. Hiernach
hat Simon die Akra und ihre hoch liegende Stätte völlig vernichten lassen, um für die Zukunft eine Wiederholung solcher Be-
drängniss, wie sie die Stadt und das Heiligthum von den Syrern
erfahren hatte, ganz unmöglich zu machen. Der Tempelbezirk
sollte nun die ganze Umgebung wie ein festes und hohes Bollwerk beherrschen. Diese Nachricht, die von Josephus im Bel-

(Antiquit. XII. 5, 4. 6, 2). Vgl. auch Klaiber in ZDPV. IV, p. 18 ff. und
Spiess, Das Jerusalem des Josephus (Berlin 1881) p. 32 ff.

lum jud. I. 2, 2 und V. 4, 1 kurz wiederholt wird, tritt so bestimmt bei ihm auf, dass sie um der entgegenstehenden Angabe des ersten Makkabäerbuches willen eine Verwerfung mir nicht zu verdienen scheint. Vielleicht haben beide Mittheilungen ihr Recht und zwar so, dass Simon zuerst dieses Bollwerk in der Stadt zu erhalten dachte, dann es aber für besser hielt, es ganz zu vernichten, weil es ihm und den Juden doch nichts nützen konnte, ja dem zur Zeit der Makkabäer ausgeführten Plan, den Tempelbezirk zu einer selbständigen Festung zu machen (Makkab. I. 4, 60 f.), nur hinderlich war.

Wenn wir also der Nachricht des JOSEPHUS Glauben schenken, so ist die Davidstadt um das Jahr 140 v. Chr., wenigstens so weit sie von den Syrern zur »Akra« ausgebaut war, völlig durch die Juden zerstört worden, und auch der Felsboden, der sie trug, hat damals eine bedeutende Veränderung erfahren. JOSEPHUS giebt weiter in seiner kurzen Beschreibung Jerusalem's Bell. jud. V. 4, 1 darüber Auskunft, wozu die abgetragene Steinmasse verwandt worden sei. Dem zweiten Hügel, Akra genannt, der die untere Stadt trug, gegenüber »lag ein dritter Hügel, von Natur niedriger als die Akra und früher durch eine andere breite Schlucht getrennt; später jedoch füllten die Hasmonäer zur Zeit ihrer Regierung das Thal aus, da sie die Stadt mit dem Tempel verbinden wollten, und machten die Höhe der Akra künstlich niedriger, damit das Heiligthum (der Tempelbezirk) auch diese überrage«. Diese Nachricht passt vortrefflich zu der verschütteten Mulde, die ich in ihrem Ausgange nach dem Tyropöonthal zu nachgewiesen habe, die wahrscheinlich aber einst den ganzen, jetzt zu einer Höhe verbundenen SO.-Hügel durchschnitten hat. Hier ist demnach das »Hasmonäerthal«, wie einige Forscher sich ausgedrückt haben, zu suchen[1].

Die Richtung dieses verschütteten Thales bezeichnet wahrscheinlich der unterirdische Kanal, der auf Tafel VIII eingetragen ist, in der Nähe von *E* beginnt und in westlicher Richtung sich dem *burdsch il-kibrit* an der heutigen Stadtmauer zuwendet. Es ist derselbe Kanal, den TOBLER in seiner Topographie von Jerusalem I, p. 93—95 beschrieben hat. Er trennt ihn p. 90 ff. von der Stadtkloake, die sich gegenwärtig in geringer

[1] Vgl. den zweiten Artikel von KLAIBER in ZDPV. IV, p. 28 ff., wo die Angaben des JOSEPHUS ausführlicher besprochen sind.

Entfernung südlich vom Mistthore öffnet, unmittelbar neben dem
zum Jesaiasbaum führenden Wege. Aber mit Unrecht; denn es
leidet gar keinen Zweifel, dass der jetzige Ausfluss der Stadtkloake gewaltsam geöffnet worden ist. Man hat den Kanal an
dieser Stelle abgehauen, und in Folge dessen ist seine Fortsetzung nach O. hin über den Rücken des SO.-Hügels trocken
gelegt und theilweise stark verfallen. Die Strecke, die ich untersucht oder durchkrochen und danach in die Karte eingetragen
habe, misst 168 m. Der kurzen Beschreibung, die ich schon p. 153
gegeben habe, füge ich zum Verständniss der Zeichnung hinzu,
dass von dem Punkte a an der Kanal durch den Felsen gehauen
ist, so dass nur die Decke durch Mauerwerk gebildet wird, dass
bei b der Felsen einige Male an der südwestlichen Seite ver-
schwindet und wieder hervortritt, bis von c an der Kanal wieder
wie zu Anfang völlig gemauert ist. Auf der letzten Strecke ist
der Boden immer höher von dicht gelagerter Erde bedeckt, und
der lichte Raum des Kanals fast ganz verschüttet. Es würde interessant sein festzustellen, nach welcher Seite hin die Felsterrasse, durch die der Kanal zwischen a und c gelegt ist, ansteht,
ob nach NO. oder nach SW. Damit würde zugleich die Frage über
die Fortsetzung des Einschnitts nach W. entschieden sein. Da
der Kanal stellenweis mitten im Schuttlager aufgebaut ist, so
wird er nach der Ausfüllung des Thales, vielleicht auch gleichzeitig mit derselben, um diesen von der Natur dargebotenen Ab-
leitungsweg offen zu halten, angelegt worden sein. Wahrscheinlich wenigstens hat man damals noch um die lockere Beschaffenheit des Untergrundes Bescheid gewusst.

Sucht man sich nun, gestützt einerseits auf die mit »Felsen
694 m« bezeichnete Erhöhung, andererseits auf die nach dem
Lauf des eben besprochenen Kanals zu erschliessende Fortsetzung der nördlich von D (Tafel VIII) eingeschnittenen Mulde,
die Gestalt des alten Zionhügels vorzustellen, so erscheint der
Ausdruck, mit dem Josephus dieselbe kennzeichnet, vollständig
berechtigt und zutreffend. Er nennt nämlich Bell. jud. V. 4, 1
den zweiten Hügel, der die untere Stadt trug, ἀμφίκυρτος, »an
beiden Seiten abgerundet« oder, von der Gestalt des Mondes im
ersten und letzten Viertel verstanden, »halbmondförmig«. Der
Rücken des Hügels kehrt sich nach Osten, die beiden gekrümmten Enden im N. und S. würden gegen W. auslaufen.

Es ist aus dem Obigen unschwer zu schliessen, welche Strecke besonders untersucht werden muss, um die vielbesprochene Streitfrage über die Akra zu entscheiden. Die neugebaute Zwingburg der Syrer kehrte sich natürlich nicht nach aussen, nach dem Kidronthale oder besonders nach der Marienquelle zu — auf diese Punkte war die Absicht der Syrer nicht in erster Linie gerichtet — sondern sie kehrte sich gegen die Stadt und gegen den Tempelberg. Auf dem letzteren Orte hatten sich die Juden festgesetzt und verschanzt (Makkab. I. 4, 60); die Besatzung der Akra aber konnte beständig die Arbeiten der Juden auf dem heiligen Platze stören (Makkab. I. 4, 41), besonders aber überfielen und tödteten die Syrer von ihrer Burg aus diejenigen, welche auf den Tempelplatz hinaufgehen wollten, um dort zu opfern (JOSEPHUS, Antiquit. XII. 9, 3). Die Akra muss also besonders einen zum Heiligthum hinaufführenden Weg beherrscht haben, und für diesen bietet schon allein die nachgewiesene Einsenkung des Terrains den geeigneten Ort. Die Befestigungen der Akra werden also hauptsächlich nach N. und NW., vielleicht auch nach W. sich gewandt haben, folglich muss ihre Stätte auf der nördlichen oder nordwestlichen Spitze des alten Zionhügels gesucht werden. Schon darum ist nicht daran zu denken, dass die bei E vorgefundenen Reste zu dem von den Syrern aufgeführten Bollwerk gehört haben. Von diesem Platze kann auch dasjenige nicht verstanden werden, was JOSEPHUS über die Abtragung des die Akra tragenden Felsens berichtet; denn sowohl unter den Resten E (Tafel VIII), als auch in ihrer Umgebung, namentlich zwischen x und y auf Tafel IV, habe ich den Felsen mit seiner natürlichen unverletzten, nicht bearbeiteten Oberfläche vorgefunden. Diese Umstände weisen darauf hin, dass in der Gegend von E, oberhalb der Marienquelle, die Syrer wahrscheinlich überhaupt keine Bauten aufgeführt haben.

Hier lässt sich die oben zurückgestellte Besprechung der Mauerstücke A, B und C passend in den Zusammenhang einfügen. Da die Fundamente der Reste B und C in einem Schuttlager aufgeführt worden sind, so drängt sich von vornherein die Vermuthung auf, dass sie nicht der ältesten Ringmauer, sei es der Davidstadt oder der Stadt Jerusalem, angehören. Diese wird schwerlich in die dort so breite Mulde hinabgestiegen sein und sie in gerader, nach N. gerichteter Linie bis zu der gegenüber-

liegenden Anschwellung des Felsens durchschnitten haben. Die
Gestalt dieser letzteren ist durch Ch. Warren's Untersuchungen[1]) bekannt geworden. Ihr Rand erstreckt sich nicht in südlicher Richtung dem Lauf des Kidronthales entlang, sondern
scheint sich vielmehr nach S. und W. abzurunden. Von *E* aus
setzt sich der hohe Rand des alten Zionhügels nicht, wie man
aus den entdeckten Mauerresten zunächst schliessen sollte, nach
N. fort, sondern biegt nach NW. um. Daraus ergiebt sich, dass
die Nordmauer des alten Zionhügels und die Südmauer des alten
Ophelhügels[2]), wenn sie ursprünglich dem Felsrande der Höhen
folgten, beide eine Einbiegung nach W. gebildet und sogar ihre
Front auf eine kurze Strecke, freilich in schräger Linie, einander
zugekehrt haben müssen. Diese Annahme entspricht nun den
Merkmalen, die sich aus der unsere Strecke betreffenden Beschreibung des Mauerbaus bei Nehemia 3, 19—29 ergeben. Dort
findet sich eine solche Anzahl von Namen und danach abgetheil-
ter Baustrecken, dass man sie auf die Ausdehnung einer ziemlich
geraden Linie etwa von *D* (Tafel VIII) an bis zur SO.-Ecke des
heutigen Tempelbezirks kaum unterbringen kann. Man vergleiche doch nur die viel geringere Zahl der für die Strecke von
M bis *D* Tafel VIII genannten Namen in Neh. 3, 15—18. Eine
längere Linie des Mauerlaufs lässt sich aber nur dadurch gewinnen, dass man verschiedene Krümmungen annimmt. Diese werden durch den wiederholt vorkommenden Ausdruck »Winkel«
הַמִּקְצֹעַ (V. 19 f. V. 24 f.; vgl. p. 226) ausdrücklich gefordert.
Auch die Worte in V. 19 »gegenüber dem Aufgange zur Rüst-
kammer am Winkel«, wie in V. 25 »gegenüber dem Winkel«
scheinen mir nur dann verständlich zu werden, wenn man den
Lauf der Mauer sich dergestalt gebogen denkt, dass ihre Front-
seiten, wenn auch nur auf eine kurze Strecke und in schräger
Richtung, einander zugekehrt waren. Solche Biegungen des
Mauerlaufs würden sich aber ergeben, wenn derselbe von *D* ab
(Tafel VIII), dem Rande des Bergrückens folgend, einwärts nach
W. sich zog, an einer geeigneten, vielleicht engeren Stelle des
Einschnitts auf den Rand des nördlicheren Hügels hinüberge-

---

1) Vgl. Recovery of Jerusalem p. 292 ff. und dazu Warren's Plan 19.

2) Ich verstehe unter Opfel nur diejenige Erhöhung des Felsens, über
deren Rücken die heutige Südgrenze des Haram esch-Scherif gezogen ist.

führt war und dann längs desselben sich in nördlicher Richtung bis in die Nähe des Tempels fortsetzte. Ist nun etwa von diesem vermutheten Lauf der älteren Stadtgrenze die in Chron. II. 33, 14 mitgetheilte Nachricht über den Mauerbau des Manasse zu verstehen, deren auf p. 221 f. versuchte Deutung noch als ungenügend empfunden wurde? Ist der »Gihon« doch die Marienquelle, und ist der Ausdruck »westlich vom Gihon, im Thal« von der Schlucht zu verstehen, die vielleicht vom Tyropöonthal aus zu der Marienquelle am Kidronthale hinabführte? Ich begnüge mich damit, diese Frage hier aufzuwerfen. Zu ihrer Beantwortung sind noch weitere Untersuchungen des Bodens nothwendig.

Aber darin wird jeder Leser mir zustimmen, dass die Mauerreste B und C unmöglich von der ältesten Umwallung herrühren können, da sie auf dem Schutt gebaut worden sind und unter C in der Tiefe sich noch anderes, offenbar viel älteres Mauerwerk gefunden hat (vgl. p. 155). Sie setzen die Verschüttung der Mulde bereits voraus. Wie schon oben gesagt, glaube ich diese Veränderung des Terrains nach JOSEPHUS, Antiq. XIII. 6, 6, dem Makkabäer Simon zuschreiben zu müssen. Da er auch die Mauern Jerusalem's ausgebessert hat, wie Makkab. I. 14, 37 ausdrücklich gesagt wird, so ist die Annahme unvermeidlich, dass er die von ihm ausgefüllte Mulde durch Aufführung einer neuen Mauer in den umwallten Stadtbezirk hineingezogen hat, es würde ja sonst eine Lücke in der Ringmauer der Stadt dort angenommen werden müssen. Daher erkenne ich in den Resten B und C Überbleibsel des von dem Makkabäer Simon angeordneten Mauerbaus. Die eigenthümliche Behandlung des Materials, die nur bei B und C, hier aber in gleicher Weise sich findet (vgl. Nr. 5, p. 212), wird dieser Zeit angehören, ebenso die starke Verwendung des Mörtels, dessen sorgfältig gestrichene Linien sich fast wie ein Ornament zwischen den glatten Steinflächen ausnehmen. Die stärkere Fundamentirung war durch den losen Baugrund geboten. Die grossen glatten Steine haben der Mauerfront gewiss ein stattliches Aussehen gegeben, aber Füllung und Rückseite stehen an Festigkeit und Schönheit sehr hinter den bisher besprochenen Mauerresten zurück (vgl. p. 156). Sie sind mehr zu c als zu b p. 214 zu ordnen. Das Mauerstück A endlich hat wohl das vor seinen Nachbaren voraus, dass es unmittelbar von dem Felsen sich erhebt, aber Material und Schichtung zeigt eine rasche, flüchtige Arbeitsweise. Soweit ich die östliche Front des Gemäuers untersucht habe, fehlte ihm auch das stattliche Kleid der kunstgerecht behauenen Quadern; doch ist es möglich, dass in der Tiefe unter dem jetzigen Wege noch einige erhalten sind. Es verdankt seine Entstehung wahrscheinlich derselben Zeit wie die Reste B und C. Dafür spricht die Ähnlichkeit in Füllung und Rückseite mit jenen, die tiefe Verschüttung, in der es aufgebaut worden ist, namentlich aber der Umstand, dass es seiner Lage nach die Fortsetzung der Linie sein muss, die durch die Reste B und C zweifellos für den späteren Lauf der Ringmauer an dieser Seite gegeben wird (vgl. p. 211). — Woher das in der Tiefe unter C gefundene Mauerwerk stammt, vermag ich nicht zu sagen. Jedenfalls gehört es nicht zu einer alten Stadtmauer, die etwa die verschüttete Vorgängerin von BC gewesen wäre. Denn sowohl das Material als auch die Bauart entsprechen durchaus nicht dem, was sonst an den ältesten Mauerresten von mir beobachtet worden ist.

Mit diesen Bauten der Makkabäer an der Ringmauer Jerusalem's scheint mir nun auch die doppelte Quaderschicht F (Tafel VIII = HG Tafel IV; vgl. dazu Tafel V) zusammenzuhängen. Aus meinem Bericht p. 141 ff. geht hervor, dass durch die Herstellung ihres aus Erde und Steinen gebauten Fundamentes die ursprüngliche Gestalt eines alten Thurmes, wie ich sie auf p. 248 zu rekonstruiren versucht habe, verdeckt worden ist. Der neue Bau — darüber lassen die gefundenen Reste keinen Zweifel zu — ist wiederum ein Thurm gewesen, von dem ausser den Fundamenten die Westseite in ihrer ganzen Länge (7,90 m), von den Süd- und Nordseiten nur die westlichen Ecken erhalten sind, sowohl jene als auch diese nur in zwei Steinlagen. Im W. steigt das Fundament vom Felsen in schräger Böschung auf, im S. und N. ist sehr einfaches Mauerwerk auf den Felsen gelegt und so eine gleiche Ebene für die eigentlichen Wände des Thurmes hergestellt worden. Er scheint nicht massiv gewesen zu sein, man müsste sonst die Füllung von aussen, vom Wege her, so weit weggebrochen haben, dass gerade nur die von mir gefundenen westlichen Schichten übrig geblieben wären. Im O. hat vielleicht ein Theil des alten Thurmes als Ergänzung, oder, wenn er zerstört war, haben seine Reste als Grundlage des neuen Baues ge-

dient. Da er sich nach O. wahrscheinlich ebensoweit erstreckt
hat als sein Vorgänger, so würden wir als seine Dicke etwa das
Mass von 12 m anzunehmen haben. Die Art des Unter- und
Oberbaues schliesst in gleicher Weise den Gedanken aus, dass
dieser zweite Thurm aus sehr alter Zeit herrührt. Alle sonst gefundenen Fundamente, die man mit Sicherheit oder Wahrscheinlichkeit in die Zeit der jüdischen Könige hinaufrücken kann,
zeigen eine viel grössere Sorgfalt in der Herstellung. Schon
darum ist die Vermuthung zurückzuweisen, dass die Quaderschichten von der Erweiterung herrühren könnten, die König
David mit der Zionsburg der Jebusiter vorgenommen hat. Sie
ist aber auch desshalb unzulässig, weil die zu *F* (Tafel VIII) verwandten Steine zu der Art Nr. 5, p. 212 gehören, die ich in keinem der ältesten Bauwerke, sondern nur in den Resten *B* und *C*
vorgefunden habe. Die Zeichnungen auf Tafel V lassen ferner
erkennen, dass in der unteren Lage Steine von ungleicher Grösse
und Art ziemlich bunt durcheinander verwandt worden sind, um
für die zweite Lage eine horizontale Fläche zu erhalten. Nimmt
man hinzu, dass die Quadern auch durch Mörtel von nicht
sehr fester Beschaffenheit verbunden gewesen sind, so scheinen mir eine ganze Reihe von Umständen vorhanden zu sein, die
für eine jüngere Entstehung dieses Bauwerks sprechen. Es darf
eher eine spätere, aber keinenfalls eine frühere Zeit, als die der
Makkabäer, ins Auge gefasst werden.

Von den übrigen Gebäuden und Anlagen, die zur Davidstadt
im A. T. gerechnet werden, habe ich nichts mit Sicherheit nachzuweisen vermocht. Als solche kommen ausser den »Stufen, die
von der Davidstadt herabgehen«, überhaupt in Betracht: der
Millo, das Haus David's, die Gräber David's und seiner Nachkommen, der »Kunstteich« (הַבְּרֵכָה הָעֲשׂוּיָה), das Haus der Helden. Selbst die Abgrenzung des Gebietes, auf dem man sie ansetzen soll, erscheint zweifelhaft. Einerseits hält man für das
Natürliche, den ganzen SO.-Hügel bis zu der oben p. 243 ff. besprochenen Nordgrenze als das Terrain der Davidstadt zu betrachten. Andererseits lässt sich aus dem Ausdruck »Stufen, die
von der Davidstadt herabgehen« folgern, dass diese nur den oberen, mehr in einer Ebene liegenden Rücken des Hügels bedeckt
hat. Diese letztere Auffassung hat eine gewisse Stütze in der
Bodengestalt. Die vierte Terrasse nämlich (s. Tafel VIII) tritt

als ein besonders hoher und steiler Abfall in dem Gesenke des
Hügels hervor. Während die mit M VII bezeichnete Felsplatte,
deren klippenartiges Hervorragen schon oben p. 180 erwähnt
wurde, gegen die nächsten höher liegenden Punkte (M IV, M V
und M VI) nur um 4 bis 6 m sinkt, überragt sie den mit M XVI
bezeichneten Felsen um 16,83 m. Beide Stellen, sowohl M VII
als auch M XVI, zeigen das natürliche Gestein unverletzt, wir
haben also in ihnen noch die ursprünglichen Höhenver-
hältnisse vor uns. Nach S. fällt die mit M VII bezeichnete
Erhebung jäh und tief ab; wie eine steil aufgerichtete Warte beherrscht sie die niedrigeren Seiten und unteren Terrassen des
Hügels[1]. Diese Terrasse kann daher vielleicht die Südgrenze
des bewohnten Bezirkes der Davidstadt gebildet haben. Die Umwallung derselben, die Salomo vollendete, hat aber gewiss alle
Terrassen des SO.-Hügels eingeschlossen. Die Gräber David's sind wohl tiefer anzusetzen als die vierte Terrasse, wenigstens lehrt die aus NEH. 3, 15—17 ersichtliche Reihenfolge, dass
sie in die Felswände der unteren Bergstufen eingehauen gewesen
sind. Spuren einer solchen Bearbeitung des natürlichen Gesteins,
wie sie mit der Anlage von Grabkammern verbunden zu sein
pflegt, bemerkt man jedoch auch auf der vierten Terrasse selbst.
Über die Stätte des Millo wage ich mich nicht eher zu äussern,
als bis die Untersuchung des ganzen SO.-Hügels vollendet ist.
Dann lässt sich auch vielleicht entscheiden, ob die griechische
Übersetzung dieses Wortes durch Akra in gewissen Büchern des
A. T. (s. p. 221, Note 1) topographischen Werth hat. Über das
Haus David's besitzen wir eine werthvolle Notiz in NEH. 12,
37. Dort wird der Zug des ersten Dankchores, der auf den bekannten »Stufen« der Davidstadt, oder dem Aufstieg der Mauer,
seinen Weg über den SO.-Hügel nahm, noch durch den Zusatz
näher bestimmt, dass er »oberhalb des Hauses David's« gegangen sei. Diese kurze Angabe, verglichen mit der Beschaffenheit
des Terrains, lehrt uns, auf welcher Seite des alten Zion David
sein Wohnhaus gebaut hat. Abgesehen von der fraglichen Erhebung der NW.-Spitze, die nach JOSEPHUS (s. p. 250 f.) selbst den
Tempelbezirk beherrscht hat, ist der Rücken des Hügels in der

---

[1] Diese Höhe tritt auch auf guten Photographien des SO.-Hügels deutlich hervor.

oberen Gegend etwas von O. nach W. geneigt. So bezeichnet
z. B. der Felsen unter *E* (Tafel VIII) die Höhe des kleinen Plateau's, die demnach hier nahe am Ostrande liegt. Nun hat sich
dort, wo heute der Weg oberhalb des Kidronthales hinführt, in
alten Zeiten die Mauer erhoben, wenigstens von *D* bis *J* (Tafel
VIII); dort kann also der erste Dankchor des NEHEMIA nicht
gezogen sein, sein Weg muss westlicher gelegen haben. Die eben
angezogene Stelle des NEHEMIA lehrt uns aber auch, dass »der
Aufstieg der Mauer« (vielleicht richtiger »zur Mauer«) sich in der
Höhe hielt. Wir dürfen ihn daher ebensowenig für den unteren
Theil des Hügels etwa über die hier breiter werdenden Terrassen
des östlichen Gesenkes ziehen, sondern müssen annehmen, dass
er von M XXI aus eine nordwestliche Richtung eingeschlagen
und dann etwa in der Mitte der beiden heutigen Wege sich fortgesetzt hat. Der Raum zwischen dieser Linie und der alten
Mauer wird nun nach O. hin bald sehr schmal und hat auch
nicht bedeutend oder gar nicht tiefer gelegen als der angenommene Lauf des Weges. Es lässt sich also an der Ostseite das
Haus David's nach den von NEHEMIA angegebenen Merkmalen
nicht gut unterbringen. Diese passen aber vorzüglich für die
Westseite. Hier dehnen sich breitere Terrassen in genügender
Tiefe unter der mittleren Höhe des Plateau's aus, so dass von dem
dort oben angelegten Wege gesagt werden konnte, er laufe »oberhalb« der westlich benachbarten Häuser. Zur Veranschaulichung
des Gesagten wird das Bild der Tafel IX willkommene Dienste
thun. Die in der Mitte befindliche, durch einen Steinhaufen ge-
krönte Felsplatte entspricht dem Punkte M VI auf Tafel VIII
(= *G* Tafel VI); sie ist die höchste Erhebung dieser Terrasse,
muss aber früher noch höher gewesen sein, wie aus der Beschaffenheit ihrer Oberfläche, die ich auf p. 165 f. kurz beschrieben
habe, hervorgeht. Einige Meter südwestlich von derselben,
d. h. auf dem mittleren Vordergrunde der Zeichnung, ist der
Felsen nur etwa 20 cm hoch mit Erde bedeckt (s. Tafel VI. *ki*
und p. 169 f.). Der Höhenunterschied zwischen beiden Stellen
beträgt jetzt etwa 5 m und kann früher nicht geringer, sondern
nur grösser gewesen sein. Da haben wir zwei aneinanderstos-
sende Felsstufen, deren untere ihrer Lage nach recht gut das
Haus David's getragen haben könnte. Solche Verhältnisse wiederholen sich auf der westlichen Abdachung des Hügels mehr-

fach, so unterhalb der Stellen M VII und M XII, nur dass uns
der letztere Punkt für das Haus David's zu tief hinabweist.
Ich hege daher keinerlei Zweifel, dass das Haus David's
auf einer der westlichen Stufen des alten Zionhügels gestanden hat. Als Nehemia schrieb (440 vor Chr.)
muss es noch vorhanden gewesen sein; es ist daher sehr gut
möglich, dass von seinen Grundmauern noch Reste unter dem
Schutte verborgen sind. Der »Kunstteich« und »das Haus
der Helden« müssen nach Neh. 3, 16 an solchen Stellen sich
befunden haben, die dem alten Mauerlauf von K bis G nahe oder
doch gegenüber lagen. Nach der a. a. O. gegebenen Aufzählung
kommen wir mit dem »Haus der Helden« ungefähr in die Gegend der Mauerreste H und G, der »Kunstteich« aber könnte von
dem verschütteten Teiche westlich von M VII (Tafel VIII, T t)
verstanden werden, wenn nicht an einen östlicher gelegenen Behälter zu denken ist, von dem dann freilich noch keine sichere
Spur nachgewiesen wäre (doch vgl. p. 262 f.).

Erst dann wird es an der Zeit sein, einen vollständigen Versuch zur Rekonstruktion der Davidstadt zu machen, wenn ihr
ganzes ehemaliges Gebiet, namentlich auch der Abhang nach
dem Tyropöonthale, gleichmässig durchforscht ist. Die verschiedenen Funde, die ich noch auf dem alten Zionhügel gemacht habe, sofort darauf hin zu prüfen, ob sie mit der Geschichte der Davidstadt zusammenhängen, könnte den Schein
erwecken, als wollte ich diese Erklärung derselben als die
nächstliegende bezeichnen. Da ich aber selbst durchaus nicht
dieser Ansicht bin, so ziehe ich es vor, unter dem allgemeinen
Titel des folgenden Abschnittes alles Übrige zusammenzustellen,
was, abgesehen von den Arbeiten am Ausfluss des Siloahkanals,
durch meine Untersuchungen auf dem SO.-Hügel an das Licht
gekommen ist.

III. Anlagen und Bauten auf dem Südosthügel.

Durch die Ausgrabungen des Sommers 1881 ist der unum-
stössliche Beweis geliefert, dass der SO.-Hügel bis an seinen
Fuss neben den Siloahteichen bebaut gewesen ist. Da er, wie
oben ausgeführt wurde (p. 233), seit dem 7. Jahrhundert niemals wieder durch eine Mauer in den Stadtbezirk aufgenommen
worden ist, so werden die Spuren einer ehemaligen Bewohnung
grösstentheils aus einer früheren Zeit herrühren. Endgültig ist
durch die nachgewiesenen Überbleibsel von Anlagen und Bauten
auf diesen Terrassen die Ansicht derjenigen widerlegt, die die
südliche Mauer des alten Jerusalem so bestimmten, dass ein
grosser Theil des SO.-Hügels überhaupt ausserhalb derselben zu
liegen kam. Der ganze Umfang des Hügels hat zum ursprünglichen Stadtgebiet gehört, wie es in den vorhergehenden Ab-
schnitten schon aus anderen Gründen nachgewiesen worden ist.

Ich stelle zunächst diejenigen auf dem Rücken des Hügels
befindlichen Anlagen zusammen, die zur Sammlung oder Leitung von Wasser dienen sollten, und handle zuerst von den gefundenen Teichen. Die beiden kleinen Behälter, die ich auf
dem Felde des spanischen Juden gefunden habe (vgl. Tafel I),
kommen für die Topographie Jerusalem's nicht in Betracht. Sie
sind zu klein, um je für den öffentlichen Gebrauch bestimmt gewesen zu sein; wahrscheinlich haben sie zu Privathäusern gehört
und als Badebassins gedient. Wir wissen ja aus dem Talmud,
Traktat Mikwaoth, dass zur Erfüllung der gesetzlichen Vorschriften über Reinigungen in jüdischen Häusern Badevorrichtungen
vorhanden waren. Wie schon oben auf p. 32 ff. hervorgehoben
wurde, sind die Behälter in einem Schuttlager angelegt worden,
das zahlreiche Brandspuren enthält; sie gehen also nicht auf die
älteste Bauzeit zurück, wo der nackte Felsen der von der Natur gegebene Baugrund war. Auch bin ich geneigt, den rothen Cement,
der ihre inneren Wände bekleidete, der Gewohnheit einer jüngeren Zeit zuzuschreiben, wie ich hier nur vorläufig bemerke
und im folgenden Abschnitt weiter ausführen werde. Die gewaltsame Zerstörung des westlichen Behälters durch eine ihn
quer durchschneidende Mauer zeigt jedoch, dass noch nach ihrer

Anlage und Benutzung an diesem Orte gebaut worden ist. Auch die mit einem Stempel versehene Scherbe, die in der Nähe unter zerbrochenem Hausgeräth (p. 34) gefunden wurde und auf Tafel X unter A abgebildet ist[1]), verräth durch ihre offenbar lateinischen Buchstaben ihre relativ junge Herkunft; denn lateinische Stempel können wir frühestens im ersten Jahrhundert vor Chr. Geburt in Jerusalem erwarten. Der Thon ist blassroth, die $2\frac{1}{2}$ cm dicke Platte hat ein ziemlich bedeutendes Gewicht. Die Zeichen, in denen ich LXFRE erkenne, vermag ich nicht zu deuten. Vielleicht gelingt es einem mit solchen Alterthümern vertrauteren Auge, die Inschrift des Stempels zu lesen[2]). Aus dem Schutt des in Rede stehenden Feldes lasen meine Arbeiter auch die auf Tafel X unter B abgebildete Scherbe auf. Sie besteht aus sehr feinem, leichten, hochrothen Thon; die Linien, die den Kopf eines Vogels darstellen, sind aber nur roh und ohne alle Kunst eingekratzt.

Die beiden grössseren Teiche, die ich auf dem Rücken des Hügels entdeckt habe, sind von solchem Umfange, dass sie ohne Zweifel für den öffentlichen Gebrauch bestimmt waren. Der obere, westlich von E Tafel VIII eingetragene, hat eine Länge von 20,15 m, eine Breite von 3,12 m (vgl. p. 162 f.), während der untere, zur Seite von M VII (Tafel VIII) verzeichnete, 15,05 m lang und 4,90 m breit ist (vgl. p. 182). Betreffs ihrer lässt sich wohl die Frage aufwerfen, ob sie etwa im A. T. oder von Josephus erwähnt werden. Ich habe schon oben p. 260 die Vermuthung ausgesprochen, dass der letztere dem »Kunstteich« bei Neh. 3, 16 entsprechen kann. Dieser darf nach der dort angeführten Reihenfolge — Stufen der Davidstadt, Gräber David's, Kunstteich, Haus der Helden — nicht höher auf dem SO.-

1) Ich bemerke, dass die auf Tafel X und XI dargestellten Gegenstände zum Theil von dem Herrn Architekten Theodor Sandel in Jerusalem selbst, zum Theil von einem Schüler der hiesigen Kunstakademie nach den Originalen gezeichnet worden sind.

2) Ich erinnere mich, ein ganz ähnliches Bruchstück, das ebenfalls in Palästina gefunden wurde, unter den Abbildungen eines dies Land behandelnden Buches gesehen zu haben, aber leider ist es mir trotz längeren Suchens nicht gelungen, dieses Gegenstücks zu dem von mir gefundenen Stempel wieder ansichtig zu werden. Eine Übersicht der einschlägigen Literatur s. bei M. Ch. Descemet, Inscriptions doliaires latines p. XXI ff. in Bibliothèque des écoles franç. d'Athènes et de Rome XV. Paris 1880.

Hügel angesetzt werden. Es kann nur in Frage kommen, ob der auf p. 207 besprochene, jetzt zerstörte Wasserbehälter, falls er einst wirklich ein Teich gewesen ist, nicht näheren Anspruch auf jenen Namen hat. Er würde der Stadtmauer näher gelegen haben und von ihr aus sichtbar gewesen sein, während der unterhalb M VII (Tafel VIII) befindliche durch die hohe Felswand nach O. hin gänzlich verdeckt ist und sich deshalb zur Abtheilung der Mauerstrecke weniger gut eignet, als jenes jetzt zerstörte Bassin bei M XIX. Die Wasserbehälter haben ausserdem verschiedenen Bewurf, der östliche weissen, der westliche schwarzen, und rühren desshalb wahrscheinlich nicht aus derselben Zeit her. Da diese Frage am passendsten im letzten Abschnitt erörtert wird, so bemerke ich hier nur, dass der Name »künstlicher Teich«, הַבְּרֵכָה הָעֲשׂוּיָה, darauf hindeutet, dass man in ihm die älteste Anlage dieser Art auf dem Boden der Davidstadt und in Jerusalem überhaupt zu erkennen hat. Das Wort בְּרֵכָה bedeutet ebensowenig wie das arabische *birke* einen künstlich angelegten Teich, sondern jede Ansammlung von stehendem Wasser, also mehr Pfuhl; selbst eine kleine Pfütze wird noch heute von den Arabern so genannt. Der Zusatz הָעֲשׂוּיָה, der »gemachte«, zeigt aber deutlich, dass wir es in diesem Fall nicht mit einem natürlichen Bassin zu thun haben. Da es später in Jerusalem eine ganze Anzahl künstlicher Teiche gab, so hat der Name »gemachter Teich« nur dann einen Sinn, wenn man den ersten seiner Art so nannte. Lässt sich nun einer von den soeben besprochenen beiden Wasserbehältern als der ältere erweisen, so wird dieser am ehesten für den »Kunstteich« zu halten sein.

Der zweite, westlich von *E* gelegene Behälter ist vielleicht der Salomoteich des JOSEPHUS, den wir aus seiner Beschreibung der alten Mauer kennen gelernt haben (p. 227). Der Teich Salomo's (Bell. jud. V. 4, 2) ist dort der letzte zur Bestimmung des Mauerlaufs gewählte Anhaltspunkt, ehe die Stätte des Ophel erwähnt wird. Also muss er südlich von derselben, auch südlich von der p. 316 ff. besprochenen Mulde gelegen haben und wird ohne Zweifel innerhalb der Stadtmauer anzusetzen sein. Allen diesen Forderungen entspricht jener Teich durchaus. An seinen Wänden fand ich zwei Schichten von Bewurf, eine untere schwarze und eine obere graue (p. 163).

Von den übrigen im A. T. vorkommenden Benennungen für

Teiche lässt sich keine andere hierherziehen. Über die ברכת
השלח und die ברכת המלך werde ich weiter unten zu sprechen
haben. Für den oberen und unteren Teich (Jes. 7, 3. 36, 2.
Kön. II. 18, 17. — Jes. 22, 9) fehlen uns direkte und indirekte
topographische Angaben. Die in Jes. 22, 11 besprochene
Änderung weist uns jedenfalls nicht auf den Rücken des SO.-
Hügels hinauf. Die bei Josephus noch genannten Wasserbehälter, der Struthionteich, der Amygdalonteich und Schlangenteich
haben in der nördlichen Stadtgegend gelegen und kommen daher
hier auch nicht in Betracht[1]).

Cisternen waren in Menge auf dem SO.-Hügel angelegt,
ein neuer Beweis, dass derselbe stark bewohnt gewesen ist. Alle,
die ich während meiner Arbeiten dort bemerkt habe, sind auf den
Tafeln, besonders auf der Übersichtskarte eingetragen worden.
Ich unterscheide folgende Arten[2]):

1) Solche, die ganz im Felsen ausgehauen sind. Ihre Form
lässt sich nur dann leicht erkennen, wenn sie zerstört sind, z. B.
durch Steinbrechen. Ich habe nur runde Cisternen dieser Art
gesehen (vgl. Tafel I. IV). Der Mörtel, den man auf die Felsenwände gestrichen hat, ist von ausgezeichneter Dauerhaftigkeit.
Selbst wenn das natürliche Gestein an der einen Seite schon
gänzlich abgebrochen war, so war doch bisweilen fast die ganze
Cementbekleidung in ihrer ursprünglichen Form stehen geblieben und hielt die Schuttablagerung im Innern der Cisterne noch
fest zusammen. Unverletzte Cisternen dieser Art liefern auch
jetzt noch Wasser; doch ist dasselbe schmutzig und ungeniessbar
und wird daher nur zum Begiessen der Pflanzen gebraucht.

2) Solche, deren unterer Theil in den Felsen gehauen, deren
oberer Theil aber durch Mauerwerk vollendet worden ist. Soviel
ich beobachtet habe, hatten alle zu dieser Gattung gehörigen
eine eckige, meist eine viereckige Grundform. Die Wände
waren in der Regel senkrecht, nur die auf Tafel I verzeichnete
(vgl. p. 28 f.) macht eine Ausnahme. Den Verschluss dieser Cisternen hatte stets ein Gewölbe gebildet, das auf verschiedene

---

1) Vgl. F. Spiess, Das Jerusalem des Josephus (Berlin 1881), pp. 69.
104. 109.

2) Vgl. Ausführlicheres darüber bei Schick, Die Wasserversorgung der
Stadt Jerusalem in ZDPV. I, p. 135 ff.

Weise hergestellt war. Sorgfältig behauene Gewölbesteine fand ich in den Cisternen zwischen *v* und *w* bei *x* (Tafel IV), sowie in der »unterirdischen Cisterne« der Tafel I. Dagegen nur roh zugerichtet waren die Steine, die zur Überwölbung der Behälter neben *T* und *W* (Tafel IV), sowie neben der Mauer *t* (Tafel VI) verwandt waren. Allein die beiden letzteren zeigten ein höher geschwungenes Gewölbe, ja bei der auf Tafel VI eingetragenen war eine leichte Spitzung des Gewölbes nicht zu verkennen (vgl. p. 179). Daraus ergiebt sich, dass diese hier unter einer Rubrik zusammengefassten Cisternen sehr verschiedenen Zeiten angehören, wenigstens was ihre Überwölbung anlangt, während ihre erste Anlage viel älter als diese sein kann. Da die Kunst zu wölben nach der gewöhnlichen Annahme durch die Römer in Palästina eingeführt worden ist, der Spitzbogen aber erst von den Sarazenen und Kreuzfahrern gebaut wurde, so muss das Gewölbe der Cisterne neben *t* (Tafel VI) bis in den Anfang des Mittelalters hinabgerückt werden; und wahrscheinlich ebenso das über die Cisterne bei *W* (Tafel IV) gespannte, da sie in ihrer Anlage genau mit der ersteren übereinstimmt, nur dass der Spitzbogen nicht so scharf hervortritt.

3) Solche, die im Schutt aufgemauert sind. Dahin gehört die halb zerstörte Cisterne zur Seite des Grabens *iklm* (Tafel IV; vgl. p. 157), ein schlechtes Machwerk, sowie die in dem Durchschnitt *Aa Bb* auf Tafel VII dargestellte, auch das kleine neben *Z* Tafel VII eingetragene Bassin (vgl. p. 200 f.). Die festen Wände der auf p. 194 näher beschriebenen Cisterne, ihr durch flache Tragbögen und Platten hergestellter Verschluss, sowie endlich der Umstand, dass sie schon vor dem Bau des Gemaches *ff* verletzt gewesen sein muss, sind Zeichen eines gewissen Alters. Vielleicht liefert uns die spätere Besprechung der angrenzenden Mauerreste zugleich ein indirektes Datum für die Anlage der Cisterne. Die flach gespannten Bogen sichern ihr ohne Zweifel ein höheres Alter als den am Ende von Nr. 2 erwähnten.

Einige Male finden wir die Cisternen in unmittelbarer Nähe des Mauerlaufs, so auf Tafel IV bei *T* und *W* (vgl. Tafel VIII). Das kann nicht auffallen, sondern erscheint bei näherer Überlegung ganz begreiflich. Sowohl bei Festungswerken des Alterthums als auch des Mittelalters begegnen wir fast ausnahmslos Wasserbehältern neben der Mauer. Als Beispiele nenne ich die

mächtigen Cisternen neben und unter den vier Ringmauern von
Kal'at el-Karn, dem Montfort der Deutschherren nördlich von
Akko[1], sowie die Cisterne innerhalb des alten Phaselthurmes
in Jerusalem[2]. Der alte Wasserbehälter, dessen Reste ich unterhalb des Weges zwischen den Mauerstücken *E* und *G* Tafel
VIII, neben dem Punkte *A* Tafel IV (vgl. p. 139), gefunden
habe[3], hat genau dieselbe Lage: unter der Stadtmauer, vielleicht auch einst unter oder neben dem Thurme, der sich hier
erhoben hat. Man kämpfte ja in alten Zeiten von der Mauer
herab, daher musste man vor allen Dingen das unentbehrliche
Wasser in der Nähe haben. — Eigenthümlich ist die Gestalt der
Cisterne bei *x* auf Tafel IV (vgl. p. 161 f.). Ich halte es für
wahrscheinlich, dass sie mal zu anderen Zwecken gedient hat.
Doch da ich ihren nördlichen Theil nicht vollständig untersucht
habe, so kann ich nichts Genaueres darüber angeben.

Zusammenhängende Leitungen, sowohl Zuführungs- als
auch Abführungskanäle, habe ich nicht gefunden. Die einzelnen
Stücke, die auf Tafel I (vgl. p. 35 f.), Tafel IV *PQ* (p. 144), Tafel VI *DE*, *GH*, *UV*, *W* (pp. 165. 166. 167 f.) und Tafel VII
"Alter Kanal" (p. 193 f.) eingetragen sind, zeigen ein dreifaches
Gefälle, nach S., nach W. und nach O. Der durch den Felsen
gehauene Kanal *W* (Tafel VI) lässt ausserdem darüber keinen
Zweifel, dass auf der Höhe des Hügels grössere Wasservorräthe
vorhanden gewesen sind, die von dort nach der tieferen Terrasse
abgelassen werden konnten. Vermuthlich sind die beiden grossen
Teiche nicht nur durch Regenwasser gespeist, sondern ihr Inhalt ist von höher gelegenen Theilen der Stadt ihnen zugeführt
worden, etwa von der Stätte des Tempels aus, wo ja seit Salomo
eine Menge Wasser für den Kultus zur Verfügung gestanden
haben muss. Die Entdeckung solcher Leitungen wird sich durch
fortgesetzte Ausgrabungen schon von selbst ergeben; nach ihnen
zu suchen ist mühsam und langweilig. — Über den auf p. 251 f.

1) Vgl. EBERS und GUTHE, Palästina in Bild und Wort II, p. 88 f.
2) Vgl. SCHICK, Der Davidsthurm in Jerusalem in ZDPV. I, p. 236 mit
Tafel I und II.
3) Auf W. WILSON's Plan von Jerusalem (Ordnance Survey 1864/65) ist
an dieser Stelle ein Grab ("tomb") eingetragen. Ich habe keine Spur desselben entdecken können. Wahrscheinlich ist die auf p. 145 von mir erwähnte
Cisterne gemeint.

besprochenen Abflusskanal trage ich hier nach, dass ein anderes
Stück desselben am westlichen Abhang des Kidronthales sich
erhalten hat. Es zieht in schräger Richtung steil abwärts und
muss eine gute Strecke unterhalb der Marienquelle seinen Ausfluss gehabt haben; jedoch ist das Ende zerstört und der erhaltene Raum sehr stark verschüttet, so dass man nur eben noch
hindurchkriechen kann.

. Weiter lenke ich die Aufmerksamkeit der Leser auf die B e -
arbeitung des natürlichen Gesteins, insofern sie
mit der Bebauung des Terrains zusammenhängt.
Sie tritt ausserordentlich häufig auf und ist der beste Beweis für
die Bedeutung dieses Hügels gerade in der ältesten Zeit. Von
den Stufen, die sich auf dem Rücken des Hügels an einzelnen
Stellen erhalten haben, habe ich schon oben p. 243 geredet.
Ausserdem finden sich senkrecht abgeschnittene Wände, die jetzt
zum Theil verschüttet sind, oder rechtwinkelige, eine eingetiefte
Fläche umschliessende Kanten, die man mit einem in das Gestein eingehauenen Rahmen vergleichen könnte. Sie sind Reste
von Gemächern, entweder Wohnungen, Magazinen oder Grabkammern, deren Felsenwände nach und nach bis auf den letzten
noch heute sichtbaren Rand für Bausteine abgebrochen worden
sind. Man bemerkt sie hauptsächlich auf der Höhe der vierten
und fünften Terrasse (Tafel VIII). Oder es sind die von Natur unebenen Terrassen in scharfkantige Stufen verwandelt worden,
zwischen denen man eine schmälere oder breitere Bank des natürlichen Gesteins hat stehen lassen. Diese diente, falls sie mit der
Vertheidigungslinie zusammenfiel, vielleicht als eine natürliche
Ergänzung der Mauer (vgl. p. 206 zu *J* Tafel VIII), oder wurde
in die Anlage von Gebäuden, als Fundament, als Mauerstück,
als Treppenstufe, hineingezogen. Endlich sind auch noch Fel-
sengemächer mit Thüren und Lichtöffnungen in ziemlich unver-
sehrtem Zustande vorhanden.

Zu diesen letzteren rechne ich den halb zerstörten Raum,
dessen Untersuchung ich auf p. 40—42 mitgetheilt habe [1]), namentlich aber die beiden Gemächer unter M VI (Tafel VIII),
deren Fronten in der Mitte des Bildes auf Tafel IX sichtbar sind.
Sie stossen ziemlich in rechtem Winkel aneinander. Die erstere,

---

1) Unterhalb von M III auf Tafel VIII durch »Höhle« bezeichnet.

mit geradlinigen Öffnungen, schaut nach S. und hat zwei Thore
von gleicher Höhe, nämlich 1,90 m, aber von verschiedener Breite.
Das eine misst 0,88 m, das andere 1,60 m. Zwei Stufen führen
um 70 cm und 40 cm zur vollen Tiefe der Höhle hinab. An ihren
Wänden ist ausser kleinen viereckigen Löchern, in denen vielleicht die Thonlampen ihren Platz fanden [1], nichts zu bemerken.
Das breitere Thor ist übrigens jetzt zugemauert. Die andere
Höhle öffnet sich nach W. und hatte ebenfalls zwei Eingänge, die
ursprünglich durch einen ausgesparten Pfeiler getrennt waren,
der jetzt aber ebenso wie ein Stück der SW.-Wand weggehauen
ist. Die Thore sind 1,70 m hoch und jedes war 0,82 m breit;
drei Stufen führen auf den Boden des Felsengemaches hinab.
Eine dritte, südlich angrenzende Höhle ist gegenwärtig zerstört.
Sie hat sich ebenfalls nach W. hin geöffnet, ihr Boden ist tiefer,
ihre Decke niedriger als die des soeben beschriebenen Gemaches. Ein Steinwall schliesst den offenen Raum jetzt bis zu einer
gewissen Höhe ab. Vielleicht zerfiel derselbe ursprünglich in
zwei übereinander liegende Höhlen, wie einige erhaltene Kanten
an der Rückwand anzudeuten scheinen. Die Bearbeitung des
Felsens ist jedoch hier schlechter und roher ausgeführt worden
als an den ersten beiden Räumen. Wie das Bild zeigt, ist der
ganze Abhang der Terrasse nach S. senkrecht behauen, der obere
Rand aber zerstört. Ich halte es für wahrscheinlich, dass er einst
die Rückwand noch anderer Felsgemächer gebildet hat.

Das kleine überwölbte Gebäude mehr im Vordergrunde des
Bildes [2] liefert uns ein Beispiel dazu, wie man durch einen Vorbau einen Felsenraum in ein bewohnbares Gemach verwandelt
hat. Wenn man durch die Thür unter das gegen den Felsen ge-
lehnte, etwa 2 m breite Gewölbe getreten ist, so verwundert man
sich über die Grösse des inneren Raumes; derselbe erstreckt sich
nämlich noch 2,80 m tief nordwärts in den Felsen hinein und ist
künstlich ausgehauen. Der Vorbau stammt aus jüngerer Zeit, die
Grotte aber ist alt. Für eine solche Benutzung natürlicher oder
künstlicher Grotten beim Bau von Wohnhäusern findet man fast
in jedem Hause des Dorfes Silwan ein Seitenstück. Wichtig
aber ist, dass ich an zwei Stellen des SO.-Hügels unter dem

1) Vgl. Ebers und Guthe, Palästina in Bild und Wort II, p. 143.
2) Es entspricht der »Felsenkammer mit Vorbau« auf Tafel VI.

Schutt solche Reste gefunden habe, die diese Verbindung von Felswänden oder Felsenräumen mit Mauerwerk auch für die alte Zeit beweisen, nämlich auf dem Tafel VII gezeichneten Ausgrabungsgebiet.

Wie man aus dem Durchschnitt *PQ* Tafel VII und aus meinem Bericht p. 186 ff. ersieht, haben wir eine aus dem lebenden Felsen gewonnene Felswand (*RS*) vor uns, die mit Thür und Fenster ganz wie die Front eines Hauses versehen ist. Ihr östliches Ende bei *S* steht fest, ihr westliches bei *Z* ist Vermuthung. Selbstverständlich hat das Felsenthor auch in ein Gemach geführt, dessen Ostwand wiederum durch den Winkel bei *S* feststeht, dessen westlicher Raum aber durch spätere Einbauten bis zur Unkenntlichkeit entstellt ist. Zu ihm hat ohne Zweifel der Raum *T* als Souterrain gehört. Die sorgfältige Bemalung seines feinen Bewurfs lässt schliessen, dass die ganze Anlage eine gewisse Bedeutung gehabt hat und nicht das Eigenthum eines armen Mannes gewesen ist. Welchem Zweck der Raum *T* hat dienen sollen, muss dahingestellt bleiben. Er liegt wohl zu tief, als dass man ihn für ein Badezimmer halten könnte; auch würde man erwarten, irgend eine Einrichtung für den Zufluss und Abfluss des Wassers in ihm vorzufinden. Dass wir aber in der Behauung des Felsens eine alte Arbeit vor uns haben, folgt mit Nothwendigkeit aus dem Umstande, dass der spätere Einbau die Felswand nur zur Hälfte benutzt hat. Der neue Boden ist um 1,70 m höher gelegen als der alte, auf den das Felsenthor führte, und versperrt den ursprünglichen Eingang. Das Mosaik des jüngeren Gemaches mag aus der griechischen oder römischen Zeit stammen, vom dritten vorchristlichen bis zum zweiten nachchristlichen Jahrhundert. Später wird man kaum noch Wohnhäuser auf dieser Terrasse gebaut haben, es müsste sonst angenommen werden, dass die um die Siloahquelle gruppirten Heiligthümer mit ihren Annexen sich bis zu dieser Höhe ausgedehnt hätten. Die ursprüngliche Anlage, um derentwillen der Felsen bearbeitet wurde, weist uns aber gewiss in die Zeiten der ersten Bebauung des SO.-Hügels zurück; denn es ist nicht wahrscheinlich, dass eine vorgerücktere Baukunst sich immer noch mit der Herrichtung höhlenartiger Wohnräume beschäftigt haben sollte. Die späteren Gemächer wurden höher gelegt, entweder weil man luftiger und freier wohnen wollte, oder weil schon die Verschüttung des natürlichen Untergrundes so zugenommen hatte, dass der Boden der Zimmer höher gelegt werden musste, eine Änderung, die noch heute in den entlegeneren Theilen der Stadt Jerusalem gar nicht selten aus demselben Grunde vorgenommen werden muss.

In ähnlicher Weise ist die Bebauung des dreieckig gestalteten Feldes auf Tafel VII zu denken. Den Abhang der oberen, östlich angrenzenden Terrasse hat man zu der senkrechten, freilich nicht überall völlig ebenen Fläche $WXYZ$ behauen, um damit die Rückwand — nicht, wie oben, die Front — für Wohnräume zu gewinnen. Wenigstens die Flächen sowohl zwischen W und X, als auch zwischen Y und Z sind auf keine andere Weise zu deuten. Die zapfenartigen und geradlinig abgeschnittenen Vorsprünge der Felswand bezeichnen die Punkte, wo die westwärts über die Breite der Terrasse sich erstreckenden Mauern gegen das natürliche Gestein grenzten. Einige Reste derselben habe ich bei W, X und Y auch nachgewiesen. Ihr Alter wird nicht weit zurückreichen; denn weder das Material noch die Arbeit zeugt von Sorgfalt, und das Mosaikpflaster, das sich in der Nähe von W und X gefunden hat, liegt so dicht unter der Oberfläche, dass es nothwendig von den jüngsten Anlagen in dieser Gegend herrühren muss. Die Bearbeitung des Felsens wird hingegen viel älter sein, und die Trümmer der Gebäude, die einst an die unzerstörbare Wand sich lehnten, bedecken jetzt die vorliegende Terrasse; sie bilden heute das wüste Durcheinander von Steinen und zergehendem Mörtel, das ich in meinem Bericht p. 192 f. erwähnt habe.

Aus den soeben entworfenen Zügen kann man sich nun ein Bild der ältesten Bebauung des SO.-Hügels — ich meine zur Zeit David's und seiner Nachfolger — zusammensetzen. Das Gewöhnliche war, dass eine oder mehrere Wände des Hauses dem Boden, auf dem man ging und stand, dem Felsen, abgewonnen wurden. Es erhob sich also nicht frei auf seinem Grunde, sondern lehnte sich entweder gegen den Abhang der höheren Terrasse oder war selbst, in verschiedenem Masse, ein Stück des Bodens, der es trug. Das Aussehen des bebauten Hügels muss also ein höchst eigenthümliches, jedenfalls kein freundliches, gewesen sein. Von solchen Anlagen ist auch der alttestamentliche Ausdruck בַּיִת »Haus«, aber sicherlich nicht בָּנָה »bauen« zu verstehen. Mit dem letzteren ist stets ein Aufschichten und Verbinden von Steinen gemeint, und die Bauthätigkeit, die dem König David und seinen Nachkommen rühmend beigelegt wird, nur darauf zu beziehen. Aber gerade desshalb tritt sie uns als etwas Ungewöhnliches und Neues neben der sonst herrschenden Art und Weise, sich ein Haus (בַּיִת) einzurichten, entgegen, und wir begreifen nun die volle Bedeutung solcher Nachrichten, die uns von dem Bau z. B. einer Stadt durch einen König Israel's oder Juda's melden. Freistehende, überwiegend oder ausschliesslich aus behauenen Steinen hergestellte Wohnhäuser werden demnach die grösste Bewunderung der alten Israeliten erregt haben, und die bis dahin ihnen selbst nicht vertraute Kunst der phönicischen Bauleute wird aufs höchste von ihnen angestaunt worden sein. Dass diese von David und Salomo zur Errichtung nicht bloss des Tempels, sondern auch ihrer Wohnhäuser herbeigerufen werden, ist doch nur unter der Voraussetzung verständlich, dass die Israeliten die Kunst, grössere Gebäude aufzuführen, bis dahin nicht geübt hatten. Ihre Fertigkeit, sich Wohnungen einzurichten, sowie auch ihre Ansprüche an eine solche werden sich nicht über das bei den kanaanitischen Bergbewohnern gewöhnliche Mass erhoben haben. Diese sind ihre ersten Lehrmeister in der Befriedigung der Bedürfnisse des sesshaften Lebens, vor allem in der Herstellung einer gegen Wind und Wetter schützenden Wohnung, gewesen. Als Vorbild derselben erscheint die natürliche Höhle, das Haus, das die Natur selbst den Bewohnern dieses Gebirges in freigebigem Masse darbot. Nahm eine Familie von einer solchen Besitz, so suchte man wohl zunächst ihren Raum zu erweitern und demselben eine regelmässige Gestalt zu geben. Dann unternahm man es auch, sich in der massiven Felswand durch eigene Arbeit ein solches Gemach zu schaffen. Damit erst war der Anlass gegeben, gewisse Regeln für die Form der Zugänge und Öffnungen auszubilden. Ebenso früh kann man aber auch schon den anderen Weg betreten haben, nämlich eine natürliche oder künstliche Anshöhlung des Felsens durch einen Vorbau, der gewiss anfangs in der einfachsten Weise aus Steinen geschichtet wurde, abzuschliessen und sich dadurch eine geschützte Wohnung herzustellen. Die ersten schon mehr der eigentlichen Baukunst sich nähernden Versuche mögen mit der Aufführung von Befestigungswerken verbunden gewesen sein, die den Jebusitern ja nicht mehr fremd war. Aber eine eigentliche Baukunst im strengeren Sinne des Wortes wird vor der Thätigkeit der phönicischen Meister in Jerusalem nicht ausgeübt worden sein. Ich gründe diese Ansicht einerseits auf die Thatsache, dass David und Salomo jene Fremden zur Ausführung ihrer Pläne nöthig hatten, andererseits auf die soeben dargestellte ausgedehnte und mannichfaltige Bearbeitung des Felsens.

Solchen, die Gelegenheit haben, an Ort und Stelle sich das Bild von der alten Bebauung des SO.-Hügels zu vergegenwärtigen, empfehle ich, zur weiteren Vervollständigung desselben einen Gang durch das Dorf Silwan zu unternehmen. Dort sieht man alle im Obigen von mir erwähnten Fälle vor sich. Auf der einen Seite treibt eine Familie in einer natürlichen, vielleicht in alten Zeiten mal erweiterten Höhle ihr Wesen. Das auf der anderen Seite gelegene Haus macht in seiner freistehenden Front einen ganz leidlichen Eindruck, bei genauerer Beobachtung aber entdecken wir, dass seine übrigen Wände zum grössten Theil einer im Gestein ausgehauenen Grotte angehören. Nur wenige Gebäude stehen völlig frei auf dem Felsengrunde; sie werden von den angesehenen Familien, besonders den Schéch's, bewohnt und sind erst in neuester Zeit gebaut. Die Breite der stets sich windenden Gassen verändert sich oft, nicht selten führen sie über recht ungleiche Felsenstufen auf- und abwärts. Ich meine nicht, dass das Aussehen des Dorfes Silwán sich mit dem Bilde der alten Bebauung des SO.-Hügels deckt, es soll nur als eine lehrreiche Anleitung dazu betrachtet werden. Die andere Gestaltung des SO.-Hügels, namentlich aber die grössere Bedeutung eines Königssitzes legt die Unterschiede nahe.

Haben nun die Kanaaniter des Gebirges und nach ihnen die Israeliten sich auf diese Weise ihre ältesten Wohnungen hergestellt, so ist damit ausgeschlossen, dass dem Steinbau etwa eine Periode des Holzbaus vorhergegangen ist. Dieser Satz gilt nicht nur für die nächste Umgebung Jerusalem's, die wohl niemals eigentlich bewaldet gewesen ist, sondern scheint vielmehr für ein ziemlich weites Gebiet sich als richtig zu erweisen. J. G. WETZSTEIN fand auf der östlichen und südlichen Abdachung des Haurân zahlreiche verödete Ortschaften, deren eine Art nur Troglodyten-Wohnungen umfasste. »Diese Ortschaften können aus dem grauesten Alterthum stammen«. Die dortigen Anlagen müssen jedoch im Durchschnitt geräumiger sein als die bei Jerusalem erhaltenen, denn WETZSTEIN unterscheidet Vorbau, Haupthöhle und drei innere Höhlen bei jeder Wohnung [1]. Auf das gleiche Verhältniss weist das Urtheil hin, das E. RENAN über die phönicische Baukunst gefällt hat: »Le principe de l'architecture phénicienne est le roc taillé, non la colonne, comme chez les Grecs. Le mur remplace ensuite le roc taillé, sans en perdre totalement le caractère . . . La pierre pour eux (les Phéniciens) est toujours plus ou moins le roc, la matière indeterminée« [2].

Welchem Zweck die in die Felswand gehauene Nische *ab* (Tafel VI) hat dienen sollen, ist mir unklar geblieben (vgl. p. 168). Hängt ihre Anlage mit den vor ihr gefundenen Mauerresten zusammen? Wozu hat man jene zwei Löcher so sorgfältig ausgehauen? Sollten sie etwa Plätze für Wasserkrüge mit einem spitz gerundeten Fusse gewesen sein? Da ich auf dem Boden der auf Tafel I verzeichneten unterirdischen Cisterne eine ähnliche Vertiefung gefunden habe und diese wohl zu einem festen Standort für solche Krüge bestimmt gewesen ist, so bietet sich für die letztere Frage wenigstens eine gewisse Parallele. Dann müsste man aber zugleich daran denken, dass die Nische zur Rückwand eines Hauses gehört hat. Darüber geben jedoch die vorgefundenen Mauerreste keinen klaren Aufschluss.

Die in dem Graben *ef* (Tafel VI; vgl. Tafel VIII) und Umgebung gefundenen Steinschichten hatten kein unansehnliches Äussere, und es kann als ein Zeichen des Alters angesehen werden, dass sie die Richtung der Felswand *hk* fortzusetzen scheinen. Ihre geringe Dicke (20—50 cm, p. 170) schliesst die Möglichkeit aus, dass sie Reste der Ringmauer sind, die David und Salomo um die Davidstadt bauten. Nach den Nachrichten des A. T. (p. 249) ist ja der Sitz David's r i n g s u m durch eine Mauer umschlossen gewesen; wir können also Reste derselben auch im W. erwarten, und die Steinlager bei *u* Tafel VI (vgl. Tafel VIII) lassen sich schon eher in diesem Sinne verstehen. Da ich aber meine Untersuchungen an jener Stelle nicht ausdehnen konnte

---

1) Vgl. J. G. WETZSTEIN, Reisebericht über Ḥaurân und die Trachonen (Berlin 1860) p. 42 ff.

2) E. RENAN, Mission de Phénicie, pp. 822. 824.

(vgl. p. 179), so muss die Deutung jenes Mauerrestes einstweilen
unterbleiben. Auch halte ich es doch für wahrscheinlich, dass
die Umwallung der Davidstadt im W. auf einer tieferen Terrasse
des Hügels sich erhoben hat. Die Mauer *ong* Tafel VI (vgl. Tafel VIII) wird wohl einem theilweise gegen, theilweise auf dem
Felsen gebauten Wohnhause angehört haben, dessen Alter, wenn
man es nach der unter *L* auf Tafel XI abgebildeten Lampe bestimmen darf, nicht hoch hinaufreicht; denn diese gehört nach
ihrer Form offenbar zu den Erzeugnissen der griechischen Zeit.
Doch beweist dieses Hausgeräth, falls es nicht durch Zufall hierher gekommen ist, nur für die letzte Benutzung der Räume, nicht
für die Zeit ihrer Erbauung. Es bleibt daher die Möglichkeit
eines höheren Alters offen.

Die auf dem Felde des *haddschi* Tafel VI gefundenen Mauern
sind so sehr zerstört, dass sich kein Zusammenhang hineinbrin-
gen lässt. Auch die späteren Einbauten in den Kanal *UV* (Tafel VI) lassen sich keiner bestimmten Zeit zuweisen. Die unter
J auf Tafel XI abgebildeten Glieder einer Schmuckkette habe ich
auf p. 166 lediglich desshalb alt genannt, weil sie zwischen Geröll unmittelbar auf dem Felsen gefunden wurde, und weil sie
den gegenwärtig bei den Fellachinnen üblichen Schmuckketten
nicht ähnlich ist. Ihr Metall ist werthlos; es enthält nach der
Analyse, die ich der Güte des Herrn Professor Dr. WEDDING
verdanke, in 100 Theilen 78,38 Kupfer, 20,03 Zink, 1,48 Blei
und ausserdem eine geringe Menge von Zinn. Die stark ver-
schmutzten Glieder erhielten nach der Reinigung einen hellgel-
ben Glanz.

Die jüngeren an die Felswand *RS* (Tafel VII) angelehnten
Bauten rühren, nach dem erhaltenen Mosaikpflaster zu urtheilen,
aus der griechischen oder römischen Periode der Geschichte Palästina's her (vgl. pp. 185. 187). Die Mauern des Gemaches *abcd*
erinnern durch die Behandlung des Materials und durch die Mör-
telverwendung lebhaft an die Reste *B* und *C* der Stadtmauer
(p. 255), wenn auch die Steine einen viel geringeren Umfang
haben. Diese Merkmale würden also nach dem oben Gesagten
auf die Makkabäerzeit hinweisen. Feuerheerde gleich dem dort
gefundenen und auf Tafel VII im Durchschnitt dargestellten
finden sich noch heute nicht nur in arabischen, sondern auch von
Europäern gebauten Häusern, z. B. in einem Nebengebäude der

englischen Mädchenschule in Nazareth, die die »Female Education
Society« durch einen deutschen Architekten aus Ḥaifā hat aufführen lassen. Sie werden also ein alter Gebrauch des Landes sein.

Da sich unter den Mauerresten des dreieckigen Feldes (Tafel VII) auch Mosaikboden gefunden hat, so kommt für ihre Datirung ebenfalls die griechische oder römische Zeit in Betracht.
Ausserdem wurde die auf Tafel XI unter *M* abgebildete Lampe
dort zu Tage gefördert (vgl. p. 195). Ihre Form ist griechisch;
daher erwartet man auch zunächst, griechische Schriftzeichen zu
finden. Aber der Versuch, vermittelst dieses Schlüssels die Inschrift zu lesen, scheitert namentlich an dem dritten Zeichen,
das in der zweiten Hälfte der Inschrift nochmals wiederkehrt, sowie an dem fünften, das vielleicht als eine Verbindung zweier
Buchstaben aufzufassen ist. Das dritte Zeichen kann man für ein
umgekehrtes ⱳ, für ein verschobenes Є oder auch für ein umgekehrtes Ѱ halten, das in älteren griechischen Alphabeten für ψ oder für χ
gebraucht wird[1], nur mit der, soviel mir bekannt ist, dort nicht
belegbaren Abweichung, dass der Buchstabe auf der Lampe eine
rundere Form hat. Derselbe hat noch mehr Ähnlichkeit mit dem
für das hebräische ח gebrauchte Zeichen, das sich auf den von
J. G. WETZSTEIN, WADDINGTON und DE VOGÜÉ im Lande Ruḥbe
und in der Ḥarra entdeckten und von J. HALÉVY entzifferten semitischen Inschriften findet[2]. Aber diesem Schriftsystem wollen
sich wieder andere Zeichen der Lampe nicht fügen. Dem Verdacht der Fälschung, der sich desshalb aufdrängt, widerspricht
jedoch die Art ihrer Findung (vgl. p. 195), und, was mehr oder
ausschliesslich ins Gewicht fällt, ihr Aussehen durchaus. Die
drei anderen Bruchstücke, die an derselben Stelle zu Tage kamen, rühren von drei verschiedenen Lampen her und sind ebenfalls mit Buchstaben versehen, deren Charakter ein ähnlicher ist,
von denen jedoch nur einer sich auf der abgebildeten Lampe wiederfindet, nämlich an der vierten und an der letzten Stelle. Die

---

1) Vgl. A. KIRCHHOFF, Studien zur Geschichte des griechischen Alpha-
bets[3] (Berlin 1877).

2) Vgl. J. G. WETZSTEIN, Reisebericht etc., Inschriftenbeilage. DE VO-
GÜÉ, Syrie centrale Inscriptions sémitiques II 1877. JOSEPH HALÉVY, Le
déchiffrement des inscriptions du Safa in ZDMG. XXXII (1878), p. 167 ff.
mit zwei Tafeln.

letzten Buchstaben der Lampe können **HΛIΑ** gelesen werden.
Eine mir auf Grund dessen vorgeschlagene Legende τοῦ ἁγίου
Ἠλία ist allerdings nur gerathen und mit dem soeben besprochenen, zweimal vorkommenden Zeichen nicht in Einklang zu bringen. Ich gestehe daher offen, dass ich mit der Lampe nichts an-
zufangen weiss und sie desshalb auch nicht für die Bestimmung
der Mauerreste, zwischen denen sie gefunden wurde, verwerthen kann (vgl. oben p. 265).

Über das Mauerstück, von dessen Auffindung ich p. 33 geredet habe (s. Tafel I, Mauer C), lässt sich nur soviel sagen, dass
es wahrscheinlich einer frühen Bebauungsperiode des Hügels angehört; es ruht auf dem Felsen und ist offenbar älter als die kleinen in seiner Nähe befindlichen Bassins (vgl. p. 34). Auch die
westlich von dem Mauerstück *A* (Tafel VIII) aufgedeckte Steinschicht (vgl. Tafel IV) ist offenbar eine absichtliche Anlage.
Wahrscheinlich hängt sie mit der Ausfüllung der dort von mir
aufgefundenen Einsenkung zusammen. Ob sie noch zu andern
Zwecken, ausser zur Ebnung des Terrains, hat dienen sollen,
etwa zur Fundamentirung von Gebäuden, kann nur durch neue
Untersuchungen entschieden werden. Auch die oben p. 159 f.
beschriebene eigenthümliche Art des Bodens ist wohl aus der
künstlichen Aufschüttung desselben zu erklären.

Theils in dem Graben *iklm*, theils in den Schachten *gf* und
h (Tafel IV) wurden mehrere Henkel von Thongefässen gefunden, nämlich die auf Tafel XI unter *E*, *F*, *G* und *H* abgebildeten. Der erste (Massstab 1:5) kann eine Vorstellung geben von
der bedeutenden Grösse und Stärke, in der man sich die zerbro-
chenen irdenen Geschirre zu denken hat. Die übrigen zeichnen
sich durch einen griechischen Stempel aus und sind, soviel ich
weiss, nach ihrem **Fundorte** eine neue Erscheinung unter den
Henkelinschriften auf griechischen Thongefässen, von denen
durch die einschlagenden Arbeiten von STEPHANI, THIERSCH,
FRANZ, BECKER und DUMONT gegenwärtig schon eine grosse Anzahl bekannt geworden sind [1]). Ich stelle hierzu sogleich die

---

1) Benutzt habe ich: P. BECKER, Über die im südlichen Russland gefundenen Henkelinschriften auf griechischen Thongefässen in Mélanges
Gréco-Romains tirés du bulletin historico-philologique de l'Académie Impé-
riale des sciences de St. Pétersbourg I (1854), p. 416—521. Über eine Samm-

unter *N* und *O* auf Tafel XI wiedergegebenen Henkel, die angeblich von meinen Arbeitern am westlichen Abhange der fünften Terrasse des SO.-Hügels gefunden worden sind. Bei vier Exemplaren ist die Lesung leicht und sicher, nämlich bei *G*: Ἐπὶ Ἀρχιλαΐδα Ἀρταμιτίου, bei *N*: Ἐπὶ Ἀρχιλαΐδα Πανάμου, bei *F*: Ἐπὶ Ἀριστοδάμου, und bei *O*: Βρομίου. Bei *H* scheint der Stempel drei Zeilen enthalten zu haben. Von der ersten sind deutlich nur die Buchstaben Ἐπὶ Σ, von der zweiten nur ϲ υ, von der dritten Ὑακινθι; letzteres ergänzt sich leicht zu dem Monatsnamen Ὑακινθίου.

Vier von diesen Inschriften beginnen mit der Präposition ἐπί, an die sich ein Personenname schliesst. Es herrscht jetzt kein Zweifel mehr darüber, dass damit der Name des Magistrats bezeichnet werden soll, unter dessen Kontrole und Amtsdauer das betreffende Gefäss angefertigt wurde. Die Stempel dokumentiren in erster Linie die staatliche Aufsicht, die über die Fabrikation der für den Handel bestimmten Thongefässe geübt wurde. Man konnte also an denselben erkennen, aus welcher Heimath die irdene Waare, die man kaufen wollte, stammte. Wir haben es nämlich nicht mit Gefässen zu thun, die in Jerulem, an ihrem Fundorte, hergestellt waren. sondern mit Thonwaaren, die seit dem vierten oder fünften Jahrhundert vor Christi Geburt an den Küsten des Mittelmeeres ein bekannter Handelsartikel waren. Die Zahl der jetzt gesammelten und veröffentlichten Henkelinschriften ist schon sehr gross — allein aus Rhodos stammende mehr als 1200 — und ihre verschiedenen Fundorte, Alexandrien, Sicilien, Südrussland, Athen, Jerusalem, beweisen die weite Verbreitung dieser Amphoren. Während man anfangs

lung unedirter Henkelinschriften aus dem südlichen Russland in Jahrbüchern für klassische Philologie, Supplementband IV, p. 453 ff. Über eine zweite Sammlung unedirter Henkelinschriften etc. ebendort V, p. 447 ff. (separat Leipzig 1869). Über eine dritte Sammlung etc. Leipzig 1878 (aus Supplementband V der Jahrb. f. kl. Philol.). — L. STEPHANI, Parerga archaeologica in Mélanges Gréco-Romains etc. II (1859) Nr. XX, p. 7 ff. Nr. XXIII, p. 206 ff. — FRANZ in Corpus Inscr. graec. III. — A. DUMONT, Inscriptions céramiques de Grèce in Archives des missions scientifiques et littéraires. Deuxième série, T. VI. Paris 1871. p. 1 ff. Dort findet man auch Abbildungen vollständiger Amphoren und einer grossen Anzahl Stempel sowie p. 34 ff. eine umfassende Bibliographie über diesen Gegenstand.

schwankte, ob das Ursprungszeugniss der Stempel den Amphoren oder den darin versandten Waaren gelte und ob die Namen von den Handelsherren, die jene Waaren versandten, oder von den Töpfereibesitzern zu verstehen wären, haben später einige mit vollständigeren Angaben versehene Henkel oder Henkelpaare gezeigt, dass die Stempel den Ursprung der Krüge selbst legitimiren sollen, und dass sie im Falle der grössten Ausführlichkeit den Namen des die Kontrole ausübenden Magistrats, den Monat seiner Amtsführung, das Staatswappen und den Namen des Fabrikanten, bisweilen auch mit dem persönlichen Zeichen des Magistrats oder des Fabrikanten, enthalten [1]. Die vollständigste der auf Tafel XI mitgetheilten Inschriften ist die unter N dargestellte; sie bietet den Namen des Magistrats, den Namen des Monats, Πάναμος, während dessen er die Aufsicht über die Thonwaarenfabrikation führte, und als Emblem den Helm. Letzterer wird von P. Becker nach einigen Beispielen als Merkmal der in Thasos angefertigten Thongefässe aufgeführt, zwar nicht als Staatswappen, sondern als persönliches Zeichen der Magistrate oder Fabrikanten. Exemplare, deren Inschriften nach ἐπί den Namen des Magistrates nennen, sind, soviel ich sehe, bisher noch nicht in grösserer Zahl für Thasos nachgewiesen worden. Der am Schluss stehende Monatsname Πάναμος ist auf rhodischen Henkeln sehr häufig [2], ausserdem auch für Aetolien, Naupactus, Gela, Agrigent und Heraclea bekannt. Ob aus diesem Grunde die thasische Abstammung des Stempels zu bezweifeln und derselbe Rhodus zuzuweisen ist, überlasse ich Sachkundigen zur Entscheidung. Der Name Ἀρχιλαῖδας hat sich auch sonst auf Henkelinschriften gefunden [3]. Die Deklination des Wortes ist dorisch. Auf der unteren Fläche des Henkels bemerkt man noch eine Fabrikmarke, bestehend in einem aus einem viereckigen Stempel hervortretenden **B**.

Die Inschriften der Henkel *G* und *H* werden in der Form genau übereingestimmt haben, jedoch vermag ich den Eigennamen des Magistrats, der auf *H* der Präposition ἐπί folgt, nicht

---

1) Stephani in Mélanges Gréco-Romains II, p. 207 f. P. Becker, Über eine zweite Sammlung etc. p. 514. Über eine dritte Sammlung etc. p. 36.

2) Becker, Über eine dritte Sammlung etc. p. 39: 127 mal.

3) S. Corp. Inscr. Gr. Index.

herzustellen. Auf der ersten begegnet uns derselbe Eigenname
wie auf Henkel *N*, dagegen ein anderer Monatsname, nämlich
Ἀρταμιτίου. Dieser ist für Rhodus schon 93 mal nachgewiesen,
ausserdem für Corcyraea und Creta[1]. Der Monatsname Ὑακίν-
θιος ist für Rhodus 100 mal nachgewiesen, auch z. B. für Thera.
Der Henkel *F* giebt nur die Präposition mit dem Namen des Magistrats: ἐπὶ Ἀριστοδάμου, der ebenfalls schon aus Rhodus bekannt ist[2], vor demselben ein mir undeutliches Emblem. Am
kürzesten ist die Inschrift auf dem Henkel *O*: neben dem
Namen Βρομίου, der als Besitz anzeigender Genitivus aufzufassen
und von dem Fabrikanten zu verstehen ist, finden sich nur zwei
Palmenzweige. Auch dieser Stempel ist bereits aus Rhodus bekannt[3]. Nehmen wir hinzu, dass nach DUMONT's Untersuchungen die rhodischen Krüge aus hellrothem, ins Gelbliche hinüber-
spielenden Thon gemacht zu werden pflegten[4], so darf es, da
sämmtliche besprochenen Henkel aus einem solchen Material bestehen, als ziemlich sicher bezeichnet werden, dass sie alle von
rhodischen Töpferwaaren herstammen. Das Abzeichen des Hel-
mes auf dem Henkel *N* darf schwerlich als Gegeninstanz für
Thasos, angeführt werden; die Congruenz eines rein persönlichen
Abzeichens scheint mir ein schwacher Grund für die Bestimmung der Herkunft einer Amphore zu sein.

Aus der Form der Buchstaben lässt sich annähernd das
Alter der Krüge, zu denen die Henkel gehört haben, bestimmen.
Das sichelförmige Sigma (C) findet sich ebensowenig wie das
eckige (⊏), auch nicht das runde Є statt E. Einmal (Fig. *G*)
begegnet uns das ältere Pi (Γ), sonst jedoch die neuere Form Π.

---

1) S. BECKER a. a. O. und Corp. inscr. graec. Auch die gleiche Verbindung von Eigennamen und Monatsnamen in Corp. Inscr. graec. III, p. VIII
(für Rhodus), nr. 163, 5645, 5659.

2) Corp. Inscr. graec. III, p. VII. nr. 116 ff. Die Form des Namens ist
ebenfalls dorisch.

3) BECKER in Mél. gréco-rom. I, p. 424, nr. 41. CIGr. IV, nr. 8518 I,
nr. 54. IV, nr. 28. Ein denselben Namen und dasselbe Emblem in grösseren
und regelmässigeren Formen enthaltender Henkel liegt unter anderen ge-
stempelten Henkeln (13) und Ziegeln (3) auf dem hiesigen Museum für Völker-
kunde. Sie sind vom Ufer des Don nach Leipzig gekommen.

4) DUMONT a. a. O. p. 8 und Tafel II. BECKER will dieses Merkmal ein-
schränken a. a. O. p. 41.

Darnach wird man sie für das vierte bis zweite Jahrhundert v. Chr.
ansetzen dürfen. Sie bezeugen also für diese Zeit einen Han-
delsverkehr mit Thonwaaren wahrscheinlich zwischen Rhodus
und Jerusalem und liefern für den Schutt, in dem sie gefunden
worden sind, im günstigsten Falle das Datum, dass er während
der griechischen Zeit sich aufgehäuft hat, wie ich aus anderen
Gründen schon p. 251 dargethan habe.

Das auf Tafel XI unter *A* abgebildete Bruchstück eines
runden Gefässes ist zwischen den Thonwaaren eine fremdartige
Erscheinung. Die Masse, glasirtes Steingut (p. 163), deutet
nicht auf griechischen Ursprung, wohl aber haben Ägypter und
Assyrer in derselben gearbeitet [1]. Zur Zeichnung des Musters
habe ich keine genaue Parallele gefunden. Am ersten liesse sich
die kleine, anscheinend aus einer ähnlichen Masse bestehende,
aber anders gefärbte Vase vergleichen, die in der Recovery of
Jerusalem p. 480 dargestellt ist. Ein vollständiges Exemplar erhielt Cpt. WARREN von dem französischen Konsul (Durighello)
in Ṣaidā, Bruchstücke derselben Art wurden bei WARREN'S Ausgrabungen und bei den Arbeiten im Muristan gefunden. Aber
weder in der Form noch im Muster ist volle Übereinstimmung.
Auch ein von RENAN's Expedition bei Um el-ʿAwamīd gefunde-
nes Stück [2] zeigt auf den ersten Blick eine gewisse Verwandt-
schaft. Doch bilden dort ebenso wie bei dem soeben erwähnten
Beispiel übereinanderliegende Blätter, nicht von einander getrennte Ellipsen das Ornament. Nach GREVILLE J. CHESTER
diente die oben beschriebene Vase zur Aufbewahrung von Queck-
silber [3]. RENAN hat keine Erklärung für den Fund bei Um el-
ʿAwamīd gegeben [4], und ich muss sie für dieses Stück auch
schuldig bleiben.

Die Lampen *B*, *C* und *D* (vgl. p. 163) gehören trotz ihrer
Unterschiede in der Form doch ohne Ausnahme dem griechischen
Style an. Die alte kanaanitische, phoenicische und auch israe-
litische Form der Lampen (*sirādsch*) war oben offen, glich also

1) Vgl. S. BIRCH, History of ancient pottery (London 1873), p. 33, 47,
54, 89 f.

2) RENAN, Mission de Phénicie, Planches (Paris 1874), Pl. LI, F.

3) Recovery of Jerusalem, p. 479 ff.

4) RENAN, Mission de Phénicie (Paris 1864), p. 707.

einfach einem runden Boden mit aufrecht gebogenem Rande, an
dem eine oder mehrere Lippen für den Docht ausgeschweift
waren. Bruchstücke solcher Lampen habe ich in dem Schutt
oberhalb des Kidronthales in grosser Menge gefunden, leider
keine einzige, die unverletzt war. Ein grosses, schweres Exemplar dieser Art ist als Geschenk des Grafen Caboga de Cerva,
weil. österreichisch-ungarischen Konsuls in Jerusalem, in meinen
Besitz übergegangen; es war von ihm am Berge Tantur in der
Nähe des Rahelgrabes ausgegraben worden. Eine ähnlich gestaltete Lampe fand Dr. C. LANDBERG in einem völlig unverletzten phönicischen Grabe bei Saidā[1]. Darnach ist also anzunehmen, dass sich bei den Fellachen und Arbeitern die alte einheimische Form der Lampen bis auf den heutigen Tag erhalten hat
— ein neues Beispiel für die schon oft gemachte Wahrnehmung,
dass gerade das Leben der Fellachen mit seiner gesammten Aus-
stattung für eine richtige Anschauung von den alten Zuständen
des Landes überaus lehrreich ist.

Figur *K* (Tafel XI) ist wiederum ein Thonstempel mit Buchstaben. Obwohl die Ränder theilweise abgestossen sind, so scheinen doch nicht mehr Zeichen auf der Fläche gestanden zu haben. Die Farbe des Thones ist ein frisches, volles Roth; die
Masse ist grob und körnig. Ich gestehe, dass ich die Buchstaben
nicht zu lesen vermag. Das Stück wurde auf dem Felde des Ju-
sef Seliman gefunden, auf dem ich, wie oben p. 177 f. gesagt,
nur wenige Tage graben konnte. Ebendaselbst kam auch eine
grosse, bis auf den fehlenden Boden gut erhaltene Schale aus
ähnlich rothem Thon zu Tage, mit einem Durchmesser von fast
40 cm und vier starken Henkeln am Rande. Ich habe sie in der
Sammlung des »Deutschen Palästina-Museums« zurückgelassen.
Es liess sich keine Spur eines Stempels oder einer Marke an ihr
entdecken.

Die Bruchstücke von Thongefässen, die unter *P, Q* und *R*
(Tafel XI) abgebildet worden sind, zeichnen sich vor allen übrigen gefundenen durch ihr geringes Gewicht und durch ihre
trotz kleiner Unterschiede doch im allgemeinen graue Farbe aus
(vgl. p. 167). Nach diesen letzteren Merkmalen möchte ich sie

---

[1] Vgl. EBERS und GUTHE, Palästina in Bild und Wort II, p. 62. Nach
einer schriftlichen Mittheilung des Herrn Dr. LANDBERG.

nicht für einheimische Waare halten; auch die Form der Reste hat nichts Besonderes, in dem man eine phönicische oder kanaanitische Eigenthümlichkeit erkennen könnte. Die rothe Farbe der unter *S* und *T* dargestellten Stücke ist lebhafter, als man sie bei dem jetzt üblichen einheimischen Thon findet; vielleicht sind sie römischen Ursprungs. Figur *T* ist eine unverletzte, niedliche kleine Schaale. Die Gegenstände befinden sich sämmtlich im »Deutschen Palästina-Museum« in Jerusalem. Freilich ist meine Bekanntschaft mit alten Thonwaaren so gering, dass ich mir kein sicheres Urtheil über die Funde dieser Art zutrauen kann. Doch scheint mir soviel gewiss, dass das bis jetzt in Jerusalem zu Tage geförderte Material an Zahl und namentlich an Beschaffenheit für eine feste Ordnung und Bestimmung noch völlig ungeeignet ist.

Die Münzen endlich, die in dem Schutt des SO.-Hügels, namentlich zwischen der zweiten und dritten Terrasse, gefunden wurden, sind entweder arabische oder spätjüdische. Die meisten sind allerdings so verrostet und verschmutzt, dass ihre Bestimmung ganz unmöglich ist. Die arabischen Stücke können uns nichts Wissenswerthes über die alte Bebauung des Hügels lehren. Von den spätjüdischen lässt sich eines mit voller Gewissheit als Münze Agrippa's I. erkennen. Ob sie, wie die übrigen bekannt gewordenen[1], auch aus dem sechsten Jahre dieses Fürsten stammt, bleibt unsicher, da das betreffende Zeichen verwischt ist.

Von den gefundenen Gegenständen ist demnach nur wenig deutbar. Das klar Verständliche stammt entweder aus der Periode des griechischen Einflusses auf Palästina oder schon aus der Zeit, wo die Schicksale des Landes von Rom aus entschieden wurden. Die Hoffnung, wirklich israelitische Alterthümer — ausser den Bausteinen — aus dem Boden zu heben, hat sich noch immer nicht verwirklicht

---

1) Vgl. F. DE SAULCY, Recherches sur la numismatique judaïque (Paris 1854) p. 147 ff., Pl. IX, 8. Das leicht festzustellende Merkmal dieser Münzen sind die drei Ähren der Rückseite.

IV. Die Umgebung der Siloahquelle.

Als eine zusammenhängende, nach einem Plan ausgeführte Anlage giebt sich sofort alles dasjenige zu erkennen, welches innerhalb der den »breiten Kanal« (Tafel II und p. 122—125) einschliessenden Mauern gelegen ist. Da die an der Westseite dieses Raumes nachgewiesene Halle durch eine Verbindung von Pfeiler- und Säulenbau überdeckt ist (p. 112 ff.), so leidet es gar keinen Zweifel, dass die Anlage im griechischen oder griechisch-römischen Styl hergestellt worden ist. Da ferner der Siloahteich nachweislich zu den heiligen Stätten gehört hat, weil dort die Heilung des Blindgeborenen durch Jesus sich vollzog (JOH. 9, 1 ff.), so drängt sich die Vermuthung auf, dass die Erinnerung an dieses Wunder Jesu überhaupt erst die weitläufige und kostspielige Anlage veranlasst habe, dass sie also ein christlicher Bau aus der nachkonstantinischen Zeit sei. Ehe ich jedoch diesen Gedanken mit den geschichtlichen Nachrichten vergleiche, will ich noch auf einige Umstände aufmerksam machen, aus denen das höhere Alter des östlich angrenzenden Teiches unzweifelhaft hervorgeht.

Die westliche Wand des Teiches *GHJK* besteht aus Mauerwerk, und zwar aus solchem, zu dem bereits Bruchstücke von Säulen verwandt worden sind (vgl. p. 61). Sie ist also zu einer Zeit hergestellt worden, wo schon Trümmer griechischer Bauten vorhanden waren. Ihre Herstellung fällt aber mit der Anlage des breiten Kanals zusammen; denn sie fasst den östlichen Arm desselben ein. Damals muss es aber schon längst einen Teich an dieser Stelle, nämlich vor dem Ausfluss des Felsentunnels, gegeben haben, da die in althebräischen Buchstaben, also bestimmt vor dem Beginn der griechischen Zeit, wahrscheinlich bereits um 700 v. Chr.[1]) eingehauene Siloahinschrift meldet, dass die Wasser aus dem Tunnel in »den Teich« geströmt wären. Mithin ist — so bemerke ich gleich hier — bei »dem Teich« der Inschrift durchaus nicht an die von der Anlage des breiten Kanales ab-

---

1) Vgl. darüber die Aufsätze von KAUTZSCH in ZDPV. IV, p. 102 ff. p. 261 ff., die die Siloahinschrift betreffen, sowie meinen Artikel in ZDMG. XXXVI, p. 725 ff.

hängigen Wasserbehälter zu denken. Weiter mache ich darauf aufmerksam, dass ich den Ausfluss des Teiches GHJK (Tafel II, A) fest vermauert fand (p. 53 f.), sowie dass die Stelle der südlich von H sich hinziehenden Mauer dort, wo ich von dem zuerst gefundenen Teich nach W. durchbrechen liess (vgl. Tafel II), ursprünglich auch durchbrochen gewesen sein muss, und zwar um einen etwa überschüssigen Wasservorrath aus dem breiten Kanale nach dem angrenzenden Behälter GHJK abfliessen zu lassen. Denn der horizontale, auf dem Boden des Durchbruchs vorgefundene Cementbewurf (vgl. p. 61) kann doch nur als Zubehör einer alten Wasserstrasse verstanden werden. Verstopfte man diese, so war die Vermauerung des Ausflusses A überflüssig. Es ist daher sehr wahrscheinlich, dass man zuerst den Ausfluss A vermauerte, um das Wasser mehr zusammenzuhalten, später aber auch den Durchlass vom breiten Kanale her verschloss und so den Teich GHJK vollständig trocken legte. Daraus ergiebt sich, dass der letztere die ältere Anlage oder richtiger ein Rest der älteren Anlage ist.

Dass der Behälter GHJK nicht zu der Anlage TSHZ passt, wird auch durch die Wahrnehmung bestätigt, dass die Richtung der Seite HJ nicht mit der Mauerflucht SH übereinstimmt, und dass die Mauer südlich von H gegen die Ostwand JK divergirt. Die neuere von dem breiten Kanal umgebene Anlage muss also in abweichender Orientirung einen beträchtlichen Theil des ursprünglich vor dem Ausfluss des Felsentunnels hergestellten Teiches bedecken; denn der in der Inschrift erwähnte Behälter hat das durch den Kanal herbeigeführte Wasser nach dem Wortlaut derselben unmittelbar in seinen Raum aufgenommen. Da die Mündung des Kanales offenbar nicht verändert worden ist, so muss der ältere Teich sich nothwendig weiter nach W. ausgedehnt haben als das jetzige Bassin GHJK. Ferner ist anzunehmen, dass die Nordwand eine ebene Fläche gebildet hat und der schwache Knick derselben bei H erst durch die spätere Anlage veranlasst worden ist. Dann muss selbstverständlich die Felswand westlich von H mehr nach S. vorgetreten sein, die spätere Anlage TSHG bis nach Z hat durch ihren genau rechtwinkeligen Grundriss eine anders gerichtete Behauung des natürlichen Gesteins veranlasst. Wie hieraus hervorgeht, halte ich es also für wahrscheinlich, dass der östliche Behälter

GHJK ein Rest desjenigen alten Teiches ist, den die Siloahinschrift vor dem Ausfluss des Felsentunnels erwähnt. Wie weit
derselbe sich nach W. erstreckt hat, können wir heute nicht mehr
wissen.

Die spätere Anlage fällt gänzlich ausserhalb des Bereichs
der topographischen Angaben des A. T., da sie deutlich das Gepräge griechischen Einflusses an sich trägt. Wohl aber muss gefragt werden, ob sich im A. T. eine Erwähnung des älteren Teiches findet. Ich zweifle nicht daran, dass die בְּרֵכַת הַמֶּלֶךְ »der
Königsteich« (Neh. 2, 14), von dem älteren Bassin an dieser
Stätte zu verstehen ist. Er muss sich nach dem Wortlaut: »Ich
ging hinüber (nämlich vom Mistthor V. 13) zum Quellthor
und zum Königsteich«, an der gegenüberliegenden, d. i. an der
östlichen Seite des Tyropöonthales befunden haben. Der Name
kann daher von dem verschütteten Teich neben dem Mauerstück
LM, dessen Ort heute der sogenannte Jesaiabaum bezeichnet,
nicht verstanden werden, da dieses Bassin an der westlichen Seite
des Tyropöonthales gelegen ist, man also vom Mistthore aus zu
demselben nicht »hinüberzugehen« brauchte. Dagegen passt die
Lage des Königsteiches vor dem Ausfluss des Siloahkanals vollständig zu den topographischen Angaben in Neh. 2, 13 ff.: unweit des Quellthores (s. p. 224), mit dem zusammen Nehemia ihn
nennt, und doch an einer Stelle, die nicht zu dem Kidronthale
gehören kann, da Nehemia erst mit V. 15 sich in dasselbe begiebt. Südlich vom Quellthore darf der Teich nicht gesucht
werden, denn dort ist das Kidronthal; auch nicht östlich von
demselben, etwa auf der Höhe des Berges, denn diese hat Nehemia auf seinem Ritt gar nicht berührt. Da die westliche Seite
des Quellthores nach dem Obigen ebenfalls ausgeschlossen ist,
so bleibt nur die nördliche übrig, und in deren Richtung befindet
sich von dort aus die Mündung des Felsentunnels, vor der »der
Teich« der Siloahinschrift gelegen hat.

Bei der Untersuchung dieser Gegend fand nun Nehemia
solche Trümmermassen, dass sein Thier dort nicht durchkommen
konnte. Das wird ganz begreiflich, wenn wir uns daran erinnern, dass nach Jerem. 39, 4 dort die »beiden Mauern« angesetzt
werden müssen. Zedekia flieht vor den von N. her in die Stadt
eindringenden Babyloniern und verlässt während der Nacht Jerusalem »durch das Thor zwischen den beiden Mauern auf dem

Wege, der zum königlichen Garten führt«. Das Ziel seiner Flucht ist Jericho. Die gewöhnliche Strasse dorthin ging freilich nicht von der Südseite. sondern von der Ostseite der Stadt aus (vgl. p. 137`. aber die drohende Nähe der Babylonier wird damals keinen anderen Ausweg offen gelassen haben, und es giebt noch heute mehr als einen Pfad. der südlich vom Ölberge über das Gebirge nach Jericho führt. Der »königliche Garten« ist nirgends anders als im S. der alten Stadt zu suchen. und es ist desshalb durchaus wahrscheinlich. dass »die beiden Mauern« in der Nähe des Königsteiches gestanden haben. Es liegt die Vermuthung nahe. dass sie der ursprünglich gesonderten Umwallung der Davidstadt p. 222 f., und der Stadt Jerusalem ihre Existenz verdanken..

JESAIA erwähnt nun in Kap. 22. 11, dass die Bewohner Jerusalems, wahrscheinlich um das Jahr 711 (vgl. p. 240 f.), »zwischen den beiden Mauern ein Sammelbecken für die Wasser des alten Teichs gemacht« hätten. Damit ist wohl gemeint, dass man »zwischen den beiden Mauern« einen neuen Behälter anlegte, der dazu dienen sollte. die Wasser des alten Teiches, die bis dahin unbenutzt abgelaufen waren. nochmal aufzunehmen und für den Gebrauch zu sammeln. Der alte Teich selbst ist dann jedenfalls nicht an derselben Stelle wie das neue Sammelbecken zu suchen. sondern weiter oben. wohl auf einer höheren Stufe des Tyropöonthales. Dagegen ist es nicht zulässig. das Sammelbecken, die מִקְוָה. mit dem Teich vor der Mündung des Felsentunnels in Verbindung zu bringen. da dieser um eines anderen Zweckes willen hergestellt war.

Als Zubehör des alten »Königsteiches« ist ohne Zweifel auch der Ableitungskanal $ABCD$ anzusehen. Die spätere Anlage hat es ja veranlasst. dass man seinen Anfang zumauerte und die bei B einmündende Verbindung herstellte. Ich erachte es ferner für ein Zeichen seines Alters. dass man seine Richtung offenbar so bestimmt hat. dass der Kanal in die unterste Stufe des anstehenden Felsens eingehauen werden konnte. Seine Biegungen bei C und D erklären sich daraus. dass man niemals den Rand der ansteigenden Felswand hat verlassen wollen. Wir sehen also auch hier die ebenso auf das Einfachste wie auf das Dauerhafte gerichtete Neigung, durch Bearbeitung des Felsens das Mauerwerk zu ersetzen. wie dieselbe schon im vorigen Abschnitt p. 267 ff.

besprochen wurde. Der Kanal hat das Wasser neben I. Tafel
VIII) unter der Stadtmauer durch in das Kidronthal hinabge-
führt, theils um den königlichen Garten zu bewässern, theils
- auch wohl um den ausserhalb der Stadtmauer liegenden Teich
(Tafel III) zu füllen. Heute fliesst sein Wasser sämmtlich in die
Gärten der Silwaner ab.

Die topographisch verwerthbaren Angaben des A. T. bieten
also den Namen Siloah für den alten Teich nicht, ein Umstand,
der um so auffallender ist, als man seit langer, langer Zeit gewohnt ist, von einer Siloahquelle und von einem Siloahteich zu
reden. Nur in Jes. 8, 6, einer Stelle, die kurz vor 734 v. Chr.
gesprochen sein muss, finden wir die »sanftfliessenden Wasser
Siloah's«, aber ohne die geringste topographische Bestimmung[1].
Sie von dem alten Teich vor dem Ausfluss des Felsentunnels zu
verstehen, daran hindert mich der Name בְּרֵכַת הַמֶּלֶךְ »Königsteich«, den ich ihm nach p. 285 glaube zuweisen zu müssen. Sie
auf den Felsentunnel selbst oder dessen Mündung zu beziehen,
scheint mir durch Chron. II. 32. 30 ausgeschlossen; denn diese
Stelle kennt für die Marienquelle die Bezeichnung »Oberer Ausfluss des Gihon«, als deren Ergänzung ein »Unterer Ausfluss des
Gihon« sich nothwendig aufdrängt. Der obere Ausfluss des Gihon kann angesichts der Terrainverhältnisse nur die heutige Ma-
ienquelle bezeichnen. Dann ist der untere Ausfluss des Gihon
die Mündung des Felsentunnels: man hat also zur Zeit des Chro-
nisten die jetzt zum Theil nur im Abendlande üblichen Ausdrücke
Siloahkanal, Siloahquelle« noch nicht gebraucht[2]. Erst Josephus verwendet zweifellos den Namen Σιλωάμ für die Quelle.
Kneucker hat nun mit Recht darauf aufmerksam gemacht, dass
Josephus Σιλωάμ sowohl mit dem männlichen als auch mit dem
weiblichen Artikel setzt: ὁ Σιλωάμ und ἡ Σιλωάμ[3]. Jeder Ausdruck muss verschieden ergänzt werden, der erste wahrscheinlich durch χῶρος (»Siloahgegend«), der zweite durch πηγή (»Siloahquelle«). Der letztere Zusatz findet sich mehrmals neben dem

---

1) Über die בְּרֵכַת הַשֶּׁלַח Neh. 3, 15 wird weiter unten die Rede sein.

2) Vgl. meinen Aufsatz Die Siloahinschrift in ZDMG. XXXVI. p. 746 ff.
Die Inschrift selbst nennt bekanntlich den Kanal נקבה.

3) J. J. Kneucker, Siloah. Quell, Teich und Thal in Jerusalem (Heidel-
berg 1873) p. 9 ff. p. 17 ff.

Namen (Bell. jud. V. 4, 2. 9, 4), ja Bell. jud. V. 4, 1 wird ausdrücklich gesagt, dass man so die süsse und reichlich fliessende Quelle nenne. Daraus folgt, dass JOSEPHUS ἡ Σιλωάμ »Siloahquelle« als die ursprüngliche, ὁ Σιλωάμ »Siloah gegend« (Bell. jud. II. 16, 2. VI. 7, 2) als die übertragene Beziehung des Namens auffasst. Hier finden wir also für die Quelle den Namen, mit dem sie noch heute im Orient und Occident genannt wird; die ältere Bezeichnung Gihon muss ausser Gebrauch gekommen sein, wie ja auch das Targum zu Kön. I. 1, 33 Gihon durch Siloah ersetzt. Der alte Name Siloah (JES. 8, 6) scheint demnach erst im Laufe der Zeit seine jetzige Bedeutung erhalten zu haben, während er ursprünglich weder für die Quelle noch für den Teich bezeugt ist. Natürlich muss er einen Punkt in der Nähe dieser Lokalitäten bezeichnet haben, wahrscheinlich die durch Kanäle und Teiche bewässerte Gegend der Mündung des Tyropöonthales. Im A. T. ist nämlich Siloah nicht Eigenname, sondern Appellativwort, da es den Artikel vor sich hat, und die Frage nach seiner Bedeutung wird mit Rücksicht darauf beantwortet werden müssen, dass der Steigerungsstamm von שׁלח nach EZECH. 31, 4 und Ps. 104, 10 von der Ableitung und Vertheilung des Wassers gebraucht wurde [1]. Nach seiner Form kommt dem Worte intransitive oder passive Bedeutung zu, also etwa »Bewässerung, Bewässertes«. Dass man im unteren Tyropöonthal auch schon vor der Herstellung des Felsentunnels Wasser zur Verfügung gehabt hat, ist nicht nur möglich, sondern auch sehr wahrscheinlich. Im Tempel und in den höheren Stadttheilen waren Vorräthe davon vorhanden, daher konnte man es leicht nach den tiefer liegenden Gegenden leiten, und wir haben gesehen, dass der »alte Teich« (JES. 22, 11) wahrscheinlich in dem unteren Tyropöonthal gelegen haben wird. Meine Meinung ist also, dass man die muldenartige Breite seines Ausgangs zur Anlage von gut bewässerten Gärten benutzt und darum diese Gegend הַשִּׁלֹחַ genannt hat; die Mündung des wahrscheinlich unter Hiskia gehauenen Felsentunnels hiess ursprünglich »unterer Ausfluss des Gihon« oder

---

1) Auch der einfache Stamm scheint diese Bedeutung gehabt zu haben, wie aus dem Ausdruck der Mischna בֵּית הַשְּׁלָחִין (Moed 1, 1 ed. SURENHUS II p. 403) hervorgeht. Vgl. BUXTORF s. v.: »Locus in quem aqua de fossa ad irrigandum immittitur aut per quem mittitur, juxta illud שֹׁלֵחַ מַיִם עַל פְּנֵי הוּצוֹת Job 5, 10«.

»untere Gihonquelle«, aber zur Zeit des Josephus ist auf sie der
Name des Ortes übergegangen, dem sie das Wasser des Gihon
zuführte, und zwar scheint dieser Sprachgebrauch damals schon
sehr fest gestanden zu haben, da Josephus ihn als den eigentlichen bezeichnet.

Der Siloahteich wird zum ersten Mal in den Evangelien erwähnt, nämlich Joh. 9, 7: ἡ κολυμβήθρα τοῦ Σιλωάμ. Ausserdem wird Luk. 13, 4 noch »der Thurm in Siloah« genannt: ὁ πύρ-
γος ἐν τῷ Σιλωάμ. Hier wie dort finden wir den männlichen Artikel vor dem Wort; die Verbindung kann daher nicht von dem
weiblichen πηγή verstanden werden, sondern lässt sich wie bei
Josephus durch ein zu ergänzendes χῶρος erklären. Es liegt dann
ein Ortsname vor, von gleicher Art wie der Ausdruck ὁ Ὀφλᾶς
bei Josephus, entsprechend dem hebräischen הָעֹפֶל Neh. 3, 27,
oder wie das hebräische הַמִּכְתֵּשׁ in Zeph. 1, 11. Hier erscheint
also diejenige Beziehung des Namens als die ursprüngliche, welche
oben für Jes. 8, 6 vermuthet worden ist, während Josephus ihn
eigentlich für die Quelle gelten lassen will. Er wird schwerlich darin
recht haben, sondern die genügend bestimmte Angabe der Evangelien kommt mit den aus dem A. T. gewonnenen Aufschlüssen
darin überein, dass Siloah ursprünglich als Name der Gegend zu
verstehen ist, wo das Tyropöonthal in das Kidronthal auslief.

Welcher Teich ist nun im Evangelium des Johannes gemeint, die frühere oder die spätere Anlage? Diese Frage lässt
sich leider nicht in genügender Weise beantworten, da die uns
überlieferten Nachrichten über die jüngere Anlage an Genauigkeit viel zu wünschen übrig lassen. Der Pilger von Bordeaux
meldet, dass der Siloahteich vier Hallen gehabt habe[1]. Die Kir-
chengeschichte des Nikephorus Kallisti (8, 30) enthält die Angabe, dass die Kaiserin Helena neben der Siloahquelle einen
schönen Bau aufgeführt habe. Er hat ohne Zweifel dabei die Gebäude im Auge, die Antoninus von Placentia näher beschreibt[2].

---

1) Vgl. den Wortlaut der Stelle oben p. 229, Anm. 2. Zu den geschichtlichen Nachrichten überhaupt T. Tobler, Die Siloahquelle und der Ölberg.
St. Gallen 1852.

2) Nach Itinera hierosolymitana etc. edid. Titus Tobler et Augustus
Molinier I (Genevae 1879) p. 105: »Ab arcu illo (vgl. unsere Darstellung
p. 230 ff.) descendentes ad fontem Siloam per gradus multos, vidimus basili-

Nach ihm ergiebt sich folgendes Bild der Anlagen am Ausfluss
des Siloahkanals: Über der Quelle erhebt sich eine Basilika. Zu
ihr gehören zwei durch Schranken getrennte, in Marmor gefasste
Bäder, das eine benutzen die Männer, das andere die Weiber,
um der heilsamen Kräfte des Wassers theilhaftig zu werden. Vor
der gedeckten Halle (atrium) ist ein grosser in Mauerwerk ge-
fasster Teich, in dem das Volk sich beständig zu baden pflegt.
Dieser sammelt nämlich die Wassermengen, die aus der Quelle
nur zu bestimmten Stunden hervorströmen. Diese Schilderung
lässt sich mit dem auf Tafel II dargestellten Befund in folgender
Weise vereinigen. Als der Punkt, wo das Wasser ans Tageslicht
trat (»fons surgit«), ist die Felsbank zwischen R und O zu betrachten, über die es noch heute in den breiten Kanal hinabfällt
(vgl. p. 79). Über derselben also stand die Basilika, d. h. die
Mauer von H bis S bildete ihre Südwand, und das Gebäude
selbst muss sich auf dem nördlich angrenzenden Terrain erhoben
haben[1]. Die Badeplätze, die von ANTONINUS als Zubehör der Basilika bezeichnet werden, können nur vor dem Ausfluss des Tunnels und vor der Wand HS gesucht werden, denn sie wurden
ja durch das Wasser der Quelle gespeist. Die Reste der Halle,
soweit sie erforscht worden sind (vgl. p. 110 ff.), ihr Marmor-
boden, die ihren Raum durchschneidenden Mauern, sind von
dem Doppelbade des ANTONINUS zu verstehen, das wahrscheinlich den ganzen vor der Wand HS gelegenen Raum zwischen
den Armen des breiten Kanals eingenommen hat. Auf dasselbe
wird auch das »atrium« zu beziehen sein, ANTONINUS scheint es
als die Vorhalle der Basilika betrachtet zu haben. Der grosse,
als Volksbad benutzte Teich, der vor dieser Halle lag, ist wahrscheinlich ganz oder theilweise mit dem heutigen Siloahteich
identisch. Derselbe ist an drei Seiten von einer alten Einfassung

cam volubilem, subtus de qua surgit Siloe: que habet solia duo ex marmore
manu hominis facta; inter solium et solium clausura cancellorum: in uno
pro benedictione lavantur viri et in alio mulieres. In quibus aquis multe
virtutes ostenduntur, imo et leprosi mundantur. Ante atrium est piscina grandis manu hominis munita, in qua populus lavatur assidue; nam solis certis
horis fons ipse irrigat aquas multas, que descendent per vallem Gethsemane,
que et Josaphat vocatur, usque ad Jordanem« etc.

1) Welche Eigenschaft desselben durch das Beiwort volubilis bezeichnet
werden soll, bleibt unklar.

umgeben (p. 77), an der vierten, der nördlichen Seite ist die Abgrenzung des Teiches erst in neuerer Zeit vollzogen worden; wie weit also der Behälter sich in dieser Richtung ursprünglich ausgedehnt hat, bleibt unbestimmt. Von dem Rest des alten Teiches (*GHJK* Tafel II) findet sich in dem Bericht des ANTONINUS keine Spur.

Die Nachricht des NIKEPHORUS KALLISTI über das Alter dieser Gebäude muss gewiss mit Vorsicht aufgenommen werden. Sie ist für unsere Erkenntniss um tausend Jahre jünger als der Vorgang, von dem sie Meldung thut! Die Kaiserin Helena ist nun wahrscheinlich zwischen den Jahren 323 und 328 in Palästina gewesen [1]. Der PILGER VON BORDEAUX, der 333 in Jerusalem war, müsste demnach ihre Bauten am Ausfluss des Felsens schon gesehen haben. Er sagt aber nichts über das Alter der von ihm erwähnten Halle, während er doch die Verdienste Konstantin's um die Basilika neben dem Grabe Christi nicht verschweigt. Seine Angabe über den Bau an der Siloahquelle (quadriporticus) ist zu allgemein und kurz, als dass man den Beweis für seine Identität mit den von ANTONINUS geschilderten Anlagen daraus entnehmen könnte. Davon, dass der Te i c h vier Hallen gehabt hat, sagt der letztere gar nichts, und wenn man den Wortlaut der Pilgerschriften betonen will, so wird man eher zu dem Eindruck gelangen, dass jeder Verfasser von einer anderen Anlage redet. Wer hat dann die von ANTONINUS geschilderte hergestellt? Wir kommen eben nicht zur Klarheit. Dennoch wird bis auf weiteres immer die Vermuthung ihre Anhänger finden, dass die Heilung des Blindgebornen durch Jesus (JOH. 9, 6 f.) den Glauben veranlasst hat, dass dem Wasser eine besondere Heilkraft innewohnt [2], und dass die jüngere Anlage theils zum Andenken an jenes Wunder, theils zur ausgedehnteren Benutzung des segensreichen Wassers gebaut worden ist. Eine solche Einrichtung ist vor den Zeiten Konstantin's kaum denkbar; es fehlen alle Parallelen dazu. Die vier Hallen des PILGERS VON BORDEAUX möchte ich daher eher noch der alten Anlage zuweisen, als einen christlichen

---

1) Vgl. HERZOG-PLITT, Realencyklopädie [2] V, p. 734, Artikel Helena.

2) Vgl. ANTONINUS, De locis sanctis a. a. O. p. 105, auch oben p. 283, Anm. 1. Die jüdische Schätzung des Siloahwassers ist ganz anderer Art, s. RELAND, Palästina p. 860.

Bau darin erkennen, während die jüngere Anlage im fünften oder sechsten Jahrhundert in die Stelle der bis dahin vorhandenen getreten sein mag. Die Zurichtung des Materials scheint mir dem zu entsprechen, was man sonst an byzantinischen Bauten beobachtet hat; namentlich gleichen die Steine an Grösse und Bearbeitung denjenigen, die ich auf p. 238 besprochen und mit der Bauthätigkeit der Eudokia in Verbindung gebracht habe.

Die späteren Pilgerschriften klären uns ebensowenig über die besprochene Frage auf. Die Reisenden bis zum elften Jahrhundert bieten nur den nackten Namen[1]. ALBERT VON AACHEN 1095—.... erwähnt ein quadratisches, klosterartiges Gebäude, in dessen Mitte sich während der Nacht das Wasser des Baches sammelte[2]. Dasselbe müsste noch südlicher gestanden haben als die von mir gefundenen Reste, die nicht zum Wohnen, sondern nur zum Baden gedient haben können. Man scheint demnach durch Annauten auch die Anlage, die uns ANTONINUS schildert, erweitert zu haben. Das bestätigt namentlich FELIX FABRI 1483, indem er erzählt[3], dass fromme Männer ringsum Woh-

---

1 Vgl. [...] TOBLER et MOLINIER. Descriptiones terrae sanctae ex saeculo VIII. IX. XII et XV. herausgeg. von TOBLER (Leipzig 1874.

2 De Tobler. Die Siloahquelle und der Oelberg p. 26, Anm. 6.

3 F. Fab. Fratri Evagatorium ed. C D HASSLER 1843. I. p. 420. »Devoti homines [...] per circuitum aedificaverunt et quasi monasterium super fontem aedificaverunt, sicut hodie patet. Nam ante fontem est stagnum, quasi balneum, et est muris et testudinibus circumdatum, sicut claustri ambitus, et [...] arcus testudinum marmoreis columnis. Haec tamen pro parte ruerunt, pro parte ruinam minantur. Facile esset, ruinas relevare sacri fontis, sed nemo tangit nec manum apponit, et ita locus de die in diem ruit, sicut aedificia aliorum locorum sanctorum. Das Bedauern, das FABRI in den letzten Worten über den Verfall der Wasseranlagen ausspricht, hat sich mir während meiner Arbeiten häufig aufgedrängt. Hier könnte ohne grosse Schwierigkeiten ein schöner, freier Teich mit fliessendem Wasser für die Bewohner Jerusalem's hergerichtet und zugleich die Siloahquelle in einen freundlicheren und reinlicheren Zustand gebracht werden. Die Hauptarbeit würde darin bestehen, den Schutt fortzuschaffen. Für die Stadt Jerusalem und ihre südliche Nachbarschaft wäre es eine grosse Wohlthat, wenn das Wasser des Felsenquells neu gefasst und sein Abfluss geregelt würde. Mit einer ähnlichen [Summ]e, wie sie 1864 die opferwillige Lady Burdett Cutts für eine bessere [Wass]erversorgung Jerusalem's spendete, könnte an dieser Stelle schon viel [erreic]ht werden.

nungen gebaut und gleichsam ein Kloster über der Quelle errichtet hätten, wie es damals in die Augen fiel. »Denn vor der Quelle ist ein Teich, gleichsam ein Bad; derselbe ist von Mauern und Gewölben umgeben, wie der Umgang eines Klosters, und die Gewölbebogen werden von marmornen Säulen gestützt. Diese Anlagen sind zum Theil eingestürzt, zum Theil sind sie dem Einsturze nahe. Es wäre ein leichtes, die Ruinen an der heiligen Quelle wieder aufzurichten, aber niemand berührt sie oder legt die Hand an, und so verfällt die Stätte von Tage zu Tage mehr, wie die Gebäude anderer heiliger Stätten«. Die beiden letzten Gewährsmänner haben ohne Zweifel noch mehr gesehen, als durch meine Ausgrabungen wieder an den Tag gekommen ist; denn sie erwähnen neben den Badeeinrichtungen auch Wohnräume, auf deren Reste ich nicht gestossen bin. Seit dem Ende des 15. Jahrhunderts hat die Verschüttung der Örtlichkeit stets Fortschritte gemacht[1]. Der jetzige Eingang zur Schöpfstelle setzt dieselbe bereits voraus.

Ehe wir die Siloahquelle verlassen, muss noch die Frage erörtert werden, wie sich die Reste des Überbaus über dem alten Teich *GHJK* (Tafel II) zu der Halle der späteren Anlage verhalten. Wie das östliche Ende der letzteren den über dem alten Teich gefundenen Resten gegenüberliegt, habe ich auf dem Durchschnitt *AaBb* der Tafel II dargestellt. Ein flüchtiger Blick auf die Zeichnung genügt, um zu erkennen, dass die beiden Überbauten der Teiche aufeinander nicht berechnet sind, also nicht zusammengehören. Was für den alten Behälter hinsichtlich seiner Entstehung oben ermittelt wurde, lässt vermuthen, dass auch die über ihm befindlichen Reste aus einer früheren Zeit stammen, als die mit dem »Gesimse *B*« (Tafel II) verbundenen Einrichtungen. Zu Gunsten dieser Meinung spricht weiter die verschiedene Art der zum Tragen bestimmten Unterlagen. Hier ein Steinbalken, dort ein Gefüge von gleich behauenen Steinen; hier ausschliesslich konvexe Formen im Durchschnitt, dort konvexe und konkave Linien neben einander, ganz in Übereinstimmung mit dem Tragstein des Pfeilers *V* (Tafel II), der mit dem Gesimse *B* zu derselben Anlage gehört. Die auf dem Ge-

---

[1] Vgl. die späteren Nachrichten bei TOBLER, Die Siloahquelle etc., p. 27 f.

simse *A* ruhenden Steine sind überkragend geschichtet, als sollten sie ein rohes Gewölbe bilden, in der zu dem Gesimse *B* gehörenden Halle dagegen hat sich ein gefugtes Gewölbe mit weiter Spannung in völlig unverletztem Zustande gefunden (s. p. 113). Alles was zu Gesimse *A* gehört, trägt Spuren höheren Alters. So kann es z. B. keinem Zweifel unterliegen, dass der flach gespannte Bogen zwischen *V* und *W* (Tafel II) der römischen oder byzantinischen Periode angehört, während die zu einem Kragsteingewölbe geschichteten Platten über dem Gesimse *A* ein hohes Alter haben können[1]. Die gewöhnliche Annahme, dass der Rundbogen durch römische Baumeister in Palästina eingeführt worden, der Spitzbogen, so oft er sich in diesem Lande finde, auf die Araber oder auf die Kreuzfahrer zurückzuführen sei (vgl. auch p. 265), verdient durchaus nicht den Glauben, mit dem sie ausgesprochen und zugelassen wird. Die Kunst des Wölbens ist schon den Architekten der alten Ägypter bekannt gewesen, wie Proben zum Theil aus dem frühesten Alterthum beweisen. Man baute dort nicht nur Wölbungen aus vorkragenden Steinen, also scheinbare oder unechte Gewölbe, sondern auch gefugte Gewölbe aus keilförmigen Verbandtheilen. Die letzteren sind meist kreisrund, seltener gebrochen, d. h. Spitzbogen. Bei sehr alten Bauten der Babylonier finden sich ebenfalls Spitzbogen, freilich aus vorkragenden Backsteinen hergestellt[2]. Nach unserer heutigen Kenntniss der Geschichte dieser alten Kulturländer unterliegt es keinem Zweifel, dass sie auf das Zwischenland Syrien einen bedeutenden Einfluss ausgeübt haben. Die dortige Kultur ist viel jünger und ist wesentlich erst aus Anregungen erwachsen, die von einem der Staaten am Nil oder am Euphrat ausgegangen sind. Darnach liegt die Möglichkeit jedenfalls vor, dass es auch in Palästina schon Gewölbe nach Art der ägyptischen oder babylonischen gegeben hat, und da die oben hervorgehobenen Eigenthümlichkeiten der uns beschäftigenden

---

1) Die Zeichnung dieser Platten auf Tafel II ist zum Theil Rekonstruktion. Die lose Lage der Steine gestattete eine genauere Untersuchung nicht, durch die ihre Zahl, Dicke und Breite hätte festgestellt werden können.

2) Für Ägypten ist zu vergleichen: G. Perrot und Ch. Chipiez, Geschichte der Kunst im Alterthum. Autorisirte deutsche Ausgabe (Leipzig 1882) p. 112 ff. Für Babylonien: G. Rawlinson, The five great monar-chies of the ancient eastern world² (London 1871) I, p. 327 ff., p. 86.

Anlage dafür sprechen, dass sie zu dem ersten Teich vor dem
Ausfluss des Felsentunnels gehört, so trage ich kein Bedenken,
diese Wölbung durch überkragende Steine jüdischen Baumei-
stern zuzuschreiben.

Dieses Urtheil erhält einen neuen Grund durch die Vergleichung der verschiedenen Mörtelarten, die sich in der östlichen
Ecke der Wasserbauten finden. Zu einer richtigen Ordnung derselben ist es nothwendig, hier die überhaupt von mir bemerkten
Unterschiede in der Beschaffenheit des Mauer- und Felsenbe-
wurfs zusammenzustellen. Zwischen den Mauersteinen habe ich
in der Regel grauen Mörtel gefunden; nur die *mizzi*-Blöcke an
dem breiten Kanal zwischen L und Z (Tafel II) waren in
schwarzen Mörtel gebettet (p. 22), und die Kragsteine über
dem Gesimse A (Tafel II) hatte man unter sich und mit dem
Felsen durch weissen Mörtel, der aus kleinen Steinen und
Kalk bestand, verbunden; über diesen war aber namentlich an
den unteren, gegen die östliche Felswand gelegten Schichten
schwarzer Mörtel gestrichen worden (p. 102 f.). Wasserbehälter waren entweder einfach oder doppelt cementirt. In ersterem
Falle habe ich weissen, aus Kalk und Sand zusammengesetz-
ten Mörtel gefunden in dem zerstörten Bassin neben M XIX
(Tafel VIII; vgl. p. 207), schwarzen Bewurf an dem alten
Mauerwerk, das in den Schachten F, G und L (Tafel IV; vgl.
p. 140—143) zu Tage kam, ferner in dem verschütteten Teich
neben der Mauer MN (Tafel VIII; vgl. Tafel III und p. 130), in
der Cisterne neben dem Schachte T (Tafel IV; vgl. p. 145 f.)
und in der Cisterne unter dem Graben vw (Tafel IV; vgl. p. 161),
endlich rothen Bewurf in dem Teich $GHJK$ und dem breiten
Kanal (Tafel II; vgl. p. 59 ff. p. 123), ebenso in den kleinen auf
Tafel I verzeichneten Wasserbehältern und einigen anderen Cisternen. Im zweiten Fall war stets grauer Mörtel über
schwarzen gestrichen worden, so in der Südwestecke des verschütteten Teiches neben N (Tafel VIII; vgl. Tafel III und
p. 132), in dem verschütteten Teiche zwischen cc und y (Tafel
IV; vgl. p. 162 f.), in der Cisterne neben x (Tafel IV; vgl.
p. 161 f.) und in dem verschütteten Teich auf Tafel VII (vgl.
p. 182). Ein solcher doppelter Bewurf in Wasserbehältern deutet nicht auf verschiedene Zeiten der Herstellung, sondern soll
die wasserdichte Eigenschaft der Wände erhöhen. Er ist daher

als ein besonderer Gebrauch aufzufassen neben der Gewohnheit, die Seiten eines Teichs nur mit einer Art von Cement zu bekleiden.

Wenn die *mizzi*-Blöcke des breiten Kanals in schwarzem Mörtel eingesetzt sind, der Boden des Kanals selbst aber mit rothem Cement bekleidet ist, so ergiebt sich klar, dass man beide Arten in derselben Zeit bereitet und verwandt hat, die eine zu Mauerwerk, die andere dagegen zum Verputz von Wasserbehältern, gewiss weil die letztere fester und dichter war. Dass an den Schichten der Kragsteinwölbung der schwarze Mörtel über den weissen, der sich sonst dort durchweg findet, gestrichen worden ist, kann dagegen nur von zwei Bauzeiten verstanden werden, nämlich von der ersten Anlage und einer späteren Ausbesserung; bei jener hat man weissen, bei dieser schwarzen Mörtel für Mauerwerk verwandt. Von den Mörtelarten der Wasserbehälter ist der rothe Bewurf jedenfalls jünger als der weisse und schwarze. Die schwarze Bekleidung an den Mauerresten in der Nähe des Punktes *E* (Tafel VIII) hat nach den Erörterungen auf p. 247 ff. sehr beachtenswerthe Ansprüche auf ein hohes Alter; ich glaube nicht, dass ein anderer der von mir gefundenen Reste in so entlegene Zeiten zurückweist. Desshalb muss die Gewohnheit, Wasserbehälter mit schwarzem Bewurf zu verputzen, als die älteste in Jerusalem gelten. Ob die Verwendung weissen Mörtels zu demselben Zweck gleichzeitig oder später stattgefunden hat, halte ich bis jetzt für unbestimmbar, da ich nur in einem einzigen, noch dazu zerstörten Behälter Reste derselben gefunden habe. Was den rothen Bewurf jünger als beide erscheinen lässt, ist weniger der Umstand, dass man ihn noch gegenwärtig bei der Anlage von Cisternen gebraucht, als vielmehr die Art seiner Zusammensetzung. Sorgfältig zermalmte Thonscherben, die aus den Schuttlagern herausgesucht werden, geben ihm seine eigenthümliche Farbe, während dem schwarzen Mörtel Asche, dem weissen Sand oder zerschlagene Kalksteine beigemischt sind. Sand und Kalkstein liefert die Natur, Asche liefert jede Niederlassung der Menschen vom ersten Tage an stets mehr und mehr, Thonscherben dagegen sind erst dann in solcher Menge vorhanden, dass sie bei Bauten verwandt werden können, wenn bereits Generationen auf Generationen an demselben Orte ihr Wesen betrieben haben. Auch dass man zweierlei Arten von

ewurf übereinander strich, grauen über schwarzen, scheint erst
päter üblich geworden zu sein. Beides nämlich, einfache und
oppelte Bekleidung der Wände, findet sich in dem verschütte-
n Teich vor der Mauer *MN* (Tafel VIII) neben einander. Die
nfache schwarze Schicht gleicht sehr dem dunkelen Bewurf
es kleinen zerstörten Behälters neben *D* und *E* (Tafel VIII), ist
aher als alt anzusehen. Die doppelte Schicht, grau auf schwarz,
sst sich dagegen nur als jünger auffassen.

Nach diesem Massstabe kann nun die auf p. 263 noch unbe-
immt gelassene Frage, wo der »Kunstteich« anzusetzen sei, wie-
er aufgenommen werden. Der verschüttete Teich unterhalb M
II (Tafel VIII) hat zweifachen Bewurf, grau auf schwarz[1]), der
erstörte Behälter neben M XIX ist nur mit e i n e r Mörtelart (von
eisser Farbe) verstrichen worden. Da ausserdem der Gebrauch
es weissen Mörtels durch den Befund an den auf Gesimse *A*
Tafel II) ruhenden Kragsteinen für eine ältere Zeit überhaupt
achgewiesen ist, wenn auch gerade nicht für Wasserbehälter,
o scheint das zerstörte Bassin neben M XIX ein höheres Alter
eanspruchen zu können, als der verschüttete Teich neben M VII.
Das würde dafür sprechen, den »Kunstteich« von den Resten
eben M XIX zu verstehen.

Kehren wir jetzt zu unserem Ausgangspunkt, der Nordwand
des Bassins *GHJK* (Tafel II), zurück! Wir finden den gleichen
Mörtel, durch den die Einfassung des breiten Kanals mit dem
Felsboden verbunden worden ist, an den Steinen über dem Gesimse *A*, aber als jüngeren Auftrag. Folglich ist der Überbau
des alten Teiches früher als der breite Kanal und die ganze mit
ihm zusammenhängende zweite Anlage vor dem Ausfluss des Felsentunnels hergestellt worden. Der rothe Bewurf, der sich sowohl im breiten Kanal als auch in dem Seitenbassin *GHJK* findet, ist bei der Erweiterung der Wasserbauten, durch die der
Teich der Siloahinschrift, der »Königsteich«, zerstört wurde (s. p.
285), aufgetragen worden; daher erklärt sich, dass er in ganz
gleicher Weise in dem Rest der alten, wie in der neuen Anlage
sich findet. Die ursprüngliche Cementirung des »Königsteiches«
ist spurlos verschwunden und durch eine neue ersetzt worden.

---

1) Hiernach und nach p. 182 ist die ungenaue Angabe auf p. 263 (schwar-
er Bewurf) zu berichtigen.

Vielleicht ist sie dem Mörtel, der die Lücken und Löcher des *mizzi*-Lagers im Tunnel verschliesst (p. 87), ähnlich gewesen; dieselbe sieht jetzt beim Schein der Lichter gelblich-grau aus.

Dem Beschauer des Durchschnitts auf Tafel II wird auffallen, dass sowohl das Gesimse *A* als auch die darunter befindliche Hohlkehle nicht über die später eingebaute Wand *H* nach W. hinausreicht. Man könnte diesen Umstand sogar g e g e n den oben geführten Nachweis eines höheren Alters des Überbaus geltend machen, da sein Ende gegen W. mit der späteren Fassung des Bassins genau zusammenfällt. Allein die Sache wird anders zu beurtheilen sein. Dass die Ausdehnung der Hohlkehle mit der Länge des darüber befindlichen Steinbalkens übereinstimmt, ist gewiss nicht zufällig, sondern beabsichtigtes Gleichmass. Ich vermuthe nun, dass sich bei dem ersten Teich von der Westseite her eine ähnliche, auf einem Steinbalken ruhende vorkragende Wölbung erhoben und über der Mitte des Bassins mit der von O. her sich vorschiebenden Hälfte verbunden hat, so dass der Wasserbehälter von einer Halle überdeckt war. Dass sich davon im W. keine Spuren erhalten haben, ist völlig erklärlich, da die Nordseite der späteren Anlage (*SH*) in ihrer Richtung gegen die Nordwand des alten Behälters (*HJ*) so viel abweicht, dass die Stützen des Gewölbes nothwendig haben verschwinden müssen. Welche Ausdehnung dasselbe gehabt hat, lässt sich heute nicht mehr berechnen. Auch wird sich nicht mehr erkennen lassen, ob es mit dem Quadriporticus des PILGERS VON BORDEAUX zusammenhing oder nicht. Griechischer Einfluss scheint mir in den Resten nicht vorzuliegen. Damit ist aber noch keineswegs entschieden, dass der Überbau ebenso alt ist, als der von ihm gedeckte Teich.

Die während der Arbeiten vor dem Ausfluss des Siloahkanals gefundenen Gegenstände, nämlich die Lampen *C*, *D* und *L* der Tafel X, sind sämmtlich der griechischen oder römischen Zeit zuzuschreiben. Das Ornament der Traube an Figur *C* und *L* findet sich besonders häufig an jüdischen Bauten aus der herodianischen Zeit; diese Stücke sind daher wahrscheinlich jüdischen Ursprungs. Sie wurden in dem Rest der alten Anlage *GHJK* gefunden und beweisen für diese, dass sie zu Beginn unserer Zeitrechnung noch zugänglich war.

Der verschüttete Teich, den ich unter dem sogenannten

Jesaiabaume nachgewiesen habe (vgl. Tafel III), ist ein uner-
warteter Neuling am Ausgang des Tyropöonthales. Er setzt die
Absperrung desselben durch die Ringmauer bereits voraus; denn
diese bildet ja einen Theil seiner Einfassung. Dasselbe Zeitver-
verhältniss ergiebt sich aus dem Umstande, dass der Teich über
einem alten Kanale hergestellt ist, der das Wasser des Tyropöonthales unter der Ringmauer durch in das Kidronthal
führt (vgl. oben p. 131). Dieser Kanal wird ebenso alt sein als
die Ringmauer. Da er so tief liegt, dass das natürliche Gestein
seinen Boden bilden muss, lässt sich nicht daran denken, dass
er der Abfluss eines auf der nördlichen Seite der Mauer befindlichen Teiches ist. Er kann nur dazu bestimmt gewesen sein,
für die Wassermengen, die im unteren Tyropöonthal zusammen-
liefen, einen Weg ins offene Kidronthal frei zu halten, nachdem
man durch die Erbauung der Mauern Jerusalem's die Mulde zwischen den beiden südlichen Hügeln verschlossen hatte. Unmittelbar an der Nordseite der Ringmauer ist überhaupt kein künstlicher Teich vorhanden gewesen. Es zeigt sich im südlichen
Theile des natürlichen Bassins, dass die Araber jetzt *birket
il-ḥamrā* nennen, nicht die geringste Spur eines alten Behälters.
Dagegen habe ich auf der nördlich an die *birket il-ḥamrā* angrenzenden, höher liegenden Terrasse Reste von röthlichem Bewurf
bemerkt, die vielleicht die NO.-Ecke eines alten Teiches darstellen[1]. Ich erinnere ferner daran, dass der untere Lauf des
Kanales *ABCD* (Tafel II) mit der höheren Umgebung der *birket
il-ḥamrā* durch einen Seitenarm in Verbindung steht (vgl. p. 126).
Auch dieser Umstand macht es wahrscheinlich, dass einst ein
Teich oberhalb des Mauerstücks *LM* (Tafel VIII) existirt hat.
Nur stiess derselbe nicht unmittelbar an die Ringmauer, sein
Umfang und seine Lage deckten sich durchaus nicht mit dem
heutigen natürlichen Bassin, die letztere war mindestens um 2 m
höher als das untere Niveau der *birket il-ḥamrā*.

Bei dieser Beschaffenheit des die Mauer *LM* auf der Nordseite umgebenden Terrains ist die בְּרֵכַת הַשֶּׁלַח לְגַן הַמֶּלֶךְ Neh. 3,
15, »der Teich der Leitung [Luther: Seloah][2] bei dem Garten

---

1) Unterhalb des mit 637, 33 bezeichneten Punktes auf Tafel VIII.

2) Nach der gewöhnlichen Annahme soll שֶׁלַח nur eine andere Aussprache
von שִׁלֹחַ sein, aber dieselbe Örtlichkeit wie dieses bezeichnen (vgl. z. B. Ge-

des Königs«, nur auf den verschütteten Behälter, der vor der Mauer *MN* (Tafel VIII) und unter dem heutigen Jesaiabaum liegt, zu beziehen. So entscheide ich die oben p. 224 noch offen gelassene Frage. Die ganze Wortverbindung: חוֹמַת בְּרֵכַת הַשֶּׁלַח לְגַן הַמֶּלֶךְ, »die Mauer des Teichs der Leitung am Garten des Königs«, fordert einmal, dass die Mauer wirklich Fassung des Teiches gewesen ist, und sodann, dass der Teich an den königlichen Garten grenzte. Dieser lag nach Jerem. 39, 4 ausserhalb der Stadt, und nach NW. stösst kein Wasserbehälter unmittelbar an die Ringmauer; folglich kann der in Frage stehende Teich nur an der SO.-Seite der die alte Stadtgrenze bildenden Mauer gesucht werden. Sein Name soll wahrscheinlich bedeuten, dass der Behälter durch einen Kanal gespeist wurde. Da nach NW. und SW. eine feste Mauer ihn umgiebt, nach SO. aber der Boden thalwärts sich neigt, so bleibt nur die Möglichkeit, dass eine Leitung von NO. her ihm Wasser zuführte. Dann muss es ein vom unteren Lauf des Kanales *ABCD* (Tafel II) ausgehender Seitenarm gewesen sein. Solche Kanäle, wie der vom alten Königsteich zum Kidronthale hinabführende, nannte man eben שְׁלָחִים. Leider konnte ich den Teich an der nordöstlichen Seite nicht untersuchen.

Aus Neh. 3, 15 ergiebt sich, dass der Teich vorexilisch ist, also aus der Zeit der jüdischen Könige stammt. Dazu passt aufs beste sein schwarzer Bewurf, für den ich oben p. 295 f. ein hohes Alter nachgewiesen habe. Die Stufen an seiner SW.-Ecke dagegen (bei *N* Tafel VIII; vgl. Tafel III) sind späteren Datums. Das beweist nicht nur der doppelt, grau auf schwarz, aufgetragene Bewurf, sondern vor allem die Beschaffenheit der Reste des Überbaus, der einst die Stufen überdeckte. Die Ornamente an

---

senius, Thesaurus p. 1416 s. v. שֶׁלַח). Ich halte das nicht für ausgemacht. Die Punktatoren des alttestamentlichen Textes werden über die Aussprache von Ortsnamen in Jerusalem wohl unterrichtet gewesen sein und haben gewiss nicht ohne Grund בְּרֵכַת הַשֶּׁלַח gesetzt. שֶׁלַח heisst »Wasserleitung, Kanal«, שִׁלֹחַ halte ich, wie oben gesagt, ursprünglich für den Namen der Niederung des unteren Tyropöonthales. Die griechische Übersetzung von Neh. 3, 15 sagt κολυμβήθρα τῶν κωδίων τῇ κουρᾷ τοῦ βασιλέως, »Teich der Schafschur des Königs«, wahrscheinlich weil sie שֶׁלַח von dem Hineinwerfen der Schafe behufs des Waschens vor der Schur verstanden (Schleusner s. v. κώδιον. Auch ihr Verfasser ahnte in dem Worte nichts von Siloah.

dem Kopfstück des Pfeilers, den ich unter herabgestürzten Gewölbsteinen fand (s. oben p. 133) zeigen deutlich griechischen Geschmack, wie er etwa zur herodianischen Zeit in Jerusalem verbreitet gewesen sein mag. Sie erinnern an die Skulpturen der sogenannten Königsgräber, die sich bei DE SAULCY, Voyage en terre sainte I (1865) p. 348 abgebildet finden. Es ist ein Beweis für die ausserordentliche Festigkeit des alten Bewurfs, dass man ihn bei diesem Umbau an der SW.-Ecke nicht überall zu erneuern für nöthig befunden hat. Auch die verschiedenen Eroberungen Jerusalem's, die doch die Mauer *LM* nicht ganz verschont haben (s. oben p. 237 ff.), scheinen spurlos an ihm vorübergegangen zu sein.

Wie die Zeit der Anlage dieses Teichs sich nicht genau bestimmen lässt, so bleibt es auch zweifelhaft, wann seine Verschüttung stattgefunden hat. Die in dem Schutt desselben gefundenen Gegenstände geben nur sehr unbestimmte Auskunft. Das kleine Glasgefäss, das auf Tafel X unter *E* dargestellt ist, hat völlig gleiche Form mit einem »Thränenfläschchen«, das RENAN in Tortosa gefunden hat[1], und ist auch einigen Glasgefässen ähnlich, die von DE SAULCY aus den Königsgräbern bei Jerusalem hervorgebracht worden sind[2]. Alle diese gläsernen Fläschchen werden der griechischen Zeit zuzuschreiben sein. — Der auf Tafel X unter *F* abgebildete Krug trägt keine Merkmale seiner Herkunft an sich; solche Thongefässe hat man wohl stets angefertigt. So wurde während meines Aufenthaltes in Jerusalem in dem Schutt der unteren Räume eines städtischen Hauses ein vollkommen gleiches Exemplar unter arabischen Lampen gefunden. Will man desshalb in jenem Krug eine Probe arabischer Töpferei erkennen, so müsste die Verschüttung des Teiches bis zum siebenten oder achten Jahrhundert nur erst geringe Fortschritte gemacht haben; denn der Krug lag ziemlich tief und nahe dem Boden. — Die unter *G* und *H* dargestellten sorgfältig abgerundeten Steine möchte ich für Gewichtstücke halten. Einige der auf ihnen befindlichen Zeichen erinnern an römische Ziffern, das erste dagegen an die mittelalterliche Gestalt der Ziffer 4. Der kleinere Stein hat ein Gewicht von 24,5 Gramm,

---

1) Vgl. RENAN, Mission de Phénicie Pl. XXIII und dazu Text p. 54 f.
2) De SAULCY, Voyage en terre sainte I (1865), p. 359 f.

der grössere wiegt 46 Gramm. Sie sollen in den oberen Schutt-
lagen gefunden worden sein und kommen daher für die hier auf-
geworfene Frage kaum in Betracht. — Die unter *I* und *K* (Tafel X) abgebildeten Lampen endlich zeigen wieder griechische
Formen, nicht die schon oben p. 289 f. erwähnte, seit den ältesten
Zeiten in Kanaan übliche Gestalt[1]. Sie bieten also auch nur
das höchst unbefriedigende Datum, dass der Teich zu der Zeit,
wo solche Lampen in Jerusalem gebraucht wurden, noch nicht
ganz verschüttet war. Ihre Form lässt sich aber noch später dort
nachweisen, als die Eroberung des Islam stattfand.

Die übrigen in dem Schutt des Teiches gefundenen Gegenstände haben kein historisches, sondern nur ein naturwissen-
schaftliches Interesse. Herr Geh. Bergrath Professor ZIRKEL hat
die Freundlichkeit gehabt, dieselben zu untersuchen, und mir gü-
tigst das Ergebniss mitgetheilt. Es betrifft zunächst die Stücke,
die ich oben p. 133 als versteinertes Holz bezeichnet habe. Über
sie urtheilt Prof. ZIRKEL wie folgt:

»Es sind bis 10 cm lange, roh cylindrische Gestalten von
schmutzig braungelber Farbe, im Inneren hohl, vorwiegend aus
Brauneisenstein (Eisenoxydhydrat) bestehend, welcher aber in
hohem Grade kalkartig ist, wie das lebhafte Brausen mit Chlorwasserstoffsäure zeigt. Auf der äusseren höckerigen Oberfläche des
Brauneisensteins haben sich kleine weisse Warzen von selbst-
ständigem kohlensauren Kalk abgesetzt. Diese Zapfen sind ursprünglich als Incrustation um Holzast-Theile gebildet; indem
diese zum grössten Theil durch Verwesung entfernt wurden, entstand die cylindrische Cavität. Darauf verweist schon die eigenthümliche langfaserige Beschaffenheit der Innenwand der Höhlung. Bröckelt man ein Stückchen dieser Wandung los, so hin-
terlässt dasselbe nach dem Kochen in Chlorwasserstoffsäure einen
unlöslichen zelligen Rückstand, an welchem deutlich die Holz-
structur zu erkennen ist«.

Ausserdem fielen mir aus dem emporgeschafften Schutt rund-
liche Kugeln von glatter Oberfläche, bis zu 2 cm im Durchmesser
gross, in die Hände, die nach Prof. ZIRKEL »aus dichtem Braun-

---

1) Lehrreich ist in dieser Beziehung die Zusammenstellung von Lampen,
die DE SAULCY a. a. O. p. 357 gegeben hat. Sie entstammen ebenfalls den
Königsgräbern.

eisenstein bestehen und ihre Form als Gerölle erhalten zu haben scheinen«.

Befragen wir nun zum Schluss die Pilgerschriften über ihre Kunde 'von dem alten »Teiche der Leitung«! Der PILGER VON BORDEAUX hat in der That noch eine »piscina« ausserhalb der Mauer gekannt; denn er nennt neben der »piscina que dicitur Siloa« eine andere »piscina grandis foras« (s. oben p. 229 f. p. 233). Dass er die letztere durch das Beiwort »gross« auszeichnet, lässt sich gut auf den »Teich der Leitung« beziehen; denn dieser hat einen viel bedeutenderen Umfang gehabt als der Teich vor der Siloahquelle. Trotzdem dass ich ihn nicht vollständig untersucht habe, ist dieser Grössenunterschied über allen Zweifel erhaben. Die späteren Gewährsmänner sprechen stets nur von einem Teich, und zwar nur von der »piscina Siloa«; denn auch die »piscina grandis« des ANTONINUS meint keinen anderen Behälter, wie oben p. 290 f. dargethan ist. Der Mönch BERNARD (870 n. Chr.) nennt zuerst die »natatoria Siloe«, die sich bei den Späteren regelmässig wiederfindet und die »piscina Siloe« verdrängt zu haben scheint [1]. Der Anonymus von 1165 ist nun der erste, der das Grab des Propheten Jesaia neben dem Siloahteich erwähnt. Die Ortsbezeichnung für dasselbe [2] bezieht sich ohne Frage auf den Anfang der ganzen Aussage, »ibi« ist also durch »contra vallem (Josaphat)« zu deuten. Da nun die beiden Stätten, Siloahteich (nataroria Siloe) und Grab des Jesaia, neben einander genannt werden und der Ort des letzteren in der Folgezeit nicht mehr gewechselt zu haben scheint, so schwindet die Möglichkeit dahin, die »natatoria Siloe« auf den »Teich der Leitung« ausserhalb der Stadtmauer zu beziehen, weil ja eben auf seinem Schutt sich die heilige Stätte des Jesaia [3] befindet. Wenn man jedoch nach den knappen Angaben des JOHANNES VON WÜRZBURG (c. 1165) und des JOHANNES POLONER (c. 1422)

---

1) Itinera hierosolymitana etc. ed. TOBLER et MOLINIER p. 317. Für die Späteren vgl. TOBLER, Descriptiones terrae sanctae ex saeculo VIII. IX. XII. et XV (Leipzig 1874) p. 104. p. 166. p. 238.

2) »Contra vallem (Josaphat) est natatoria Siloe et ibi est sepultus Isaias propheta«.

3) Für diese vgl. ausser den angeführten Stellen bei TOBLER namentlich FELIX FABRI (ed. HASSLER) I, p. 420 f.

die ausführliche Beschreibung des FELIX FABRI[1]) zu Rathe zieht,
so ist unverkennbar, dass FABRI unter der »natatoria« die heutige
birket il-ḥamrā versteht, die schon zu seiner Zeit (1483) trocken
und mit einigen Bäumen besetzt war, während er den eigentlichen Siloahteich als ein »badartiges Bassin« (stagnum quasi balneum, s. p. 292) vor der Quelle selbst bezeichnet. Wenn wir
voraussetzen dürfen, dass mit dem gleichen Namen »natatoria Siloe« seit dem neunten Jahrhundert auch immer dieselbe
Örtlichkeit bezeichnet worden ist, so ist die natatoria des BER-
NARDUS mit der piscina Siloe des PILGERS VON BORDEAUX nicht
identisch, sondern es tritt unter diesem Namen damals zuerst die
birket il-ḥamrā der Araber auf, die jetzt bei den Abendländern
gewöhnlich »der untere Siloahteich« genannt wird.

Da das Grab des Jesaia, später von einem Baum überschat-
tet[2]), seit dem zwölften Jahrhundert an der Stätte des heutigen
Weli (p. 127) scheint gezeigt worden zu sein, so muss damals
schon jede Spur eines alten Wasserbehälters an jener Stelle gefehlt haben. Wahrscheinlich hat seine Verschüttung zu der Zeit
begonnen, wo die südlichen Höhen des alten Jerusalem definitiv
von der Stadtmauer ausgeschlossen wurden, nämlich nach den
Verheerungen, die die Perser zu Anfang des siebenten Jahrhunderts in der heiligen Stadt anrichteten, wie ich oben p. 233 vermuthet habe. Ist man aber geneigt, auf das Schweigen des AN-
TONINUS über diesen Teich Gewicht zu legen, so muss man seine
Verschüttung schon früher beginnen lassen, eine Annahme, die
gleichfalls zugelassen werden kann. Im vierten Jahrhundert ist
der »Teich der Leitung« dagegen noch wahrnehmbar gewesen,
wie uns der PILGER VON BORDEAUX bezeugt, wenn er auch keinen
Namen für denselben anzugeben weiss.

* * *

Dass ich in dem zweiten Theil meiner Darstellung nicht nur
»Ergebnisse« habe bieten können, sondern auch Vermuthungen
habe aussprechen müssen, war einerseits bei der eigenthüm-

---

1) Die ersteren bei TOBLER a. a. O., der letztere a. a. O. p. 417—420.
2) JOHANNES VON WÜRZBURG bei TOBLER a. a. O. p. 167. FELIX FABRI
p. 420 f.

lichen Beschaffenheit der Reste, die gerade aus den ältesten Zeiten der israelitischen Königsstadt uns erhalten sind, sowie in Folge des knappen geschichtlichen Materials, das uns für ihre Deutung zu Gebote steht, nicht zu vermeiden, war aber andererseits dadurch bedingt, dass ich meine Ausgrabungen nicht über den ganzen Umfang des SO.-Hügels habe ausdehnen können. Was in dem Vorstehenden noch nicht den Werth eines Ergebnisses beanspruchen kann, sieht seiner Erprobung oder Berichtigung durch eine erneute Aufnahme der Untersuchungen entgegen. Zugleich aber habe ich gezeigt, nach welchen Seiten neue Ausgrabungen unternommen werden müssen, und das ist auch ein »Ergebniss« meiner Arbeiten, das nicht übersehen werden darf.

Nachtrag zu p. 262.

Als ich meine Bemerkungen über Figur *A* auf Tafel X niederschrieb, ist mir die naheliegende Kombination entgangen, die Buchstaben LXFRE auf die »Legio Decima Fretensis« zu deuten, die Titus auf Befehl des Vespasian aus Alexandrien nach Ptolemais führte und nach der Eroberung Jerusalem's als Besatzung dort zurückliess (JOSEPH., Bell. jud. III. 1, 3. 4, 2. 7, 2). Wir würden es demnach mit dem Rest eines Thongeschirres zu thun haben, das zur Ausrüstung jener Legion gehört hat. Es sind schon mehrere Spuren von dem Aufenthalt der zehnten Legion in Jerusalem an Ort und Stelle gefunden worden. Vgl. Revue archéologique nouv. série XX, p. 251 ff. (DE SAULCY, Sur une monnaie antique contremarquée en Iudée). CLERMONT GANNEAU, Trois inscriptions de la Xe légion Fretensis, trouvées à Jérusalem. S. auch desselben Verfassers La Palestine inconnue p. 11. RENAN, Mission de Phénicie p. 33 f. und Pl. XXII, nr. 10, bringt eine auf die zehnte Legion bezügliche Inschrift aus Aradus.

Berichtigungen.

Auf S. 59, Z. 23 v. o. lies *G* statt *F*.
- S. 64, Z. 22 v. o. lies »*haddschi*« statt *haddschi*.
- S. 94, Z. 4 v. u. lies »denselben« statt derselben.
- S. 101, letzte Zeile der Anm. lies »stimmen« statt ginnen.
- S. 141, Z. 19 v. o. lies »Grundriss des Thurmes« statt *EF*
- S. 164, Z. 12 v. u. lies »Tafel IX« statt Tafel XII.
- S. 187, Z. 4 v. o. lies »rothen« statt weissen.
- S. 222 in Anm. 2 lies »p. 254 f« statt p. 252 f.
- S. 259, Z. 9 v. o. lies »an der Mauer« statt zur Mauer.

Druck von Breitkopf & Härtel in Leipzig.

Ausgrabungen bei Jerusalem

Terrasse am westlichen Abhang des Südosthügels

Leipzig in Commission bei K. Baedeker.

Unbearbeiteter Felsen

Bearbeiteter Felsen

Fig.A. ¼ d.n.Gr.

Fig.B ½ d.n.Gr.

Fig.E ½ d.n.Gr.

Fig.F ½ d.n.Gr.

Fig.L ½ d.n.Gr.

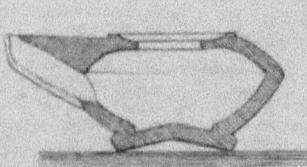

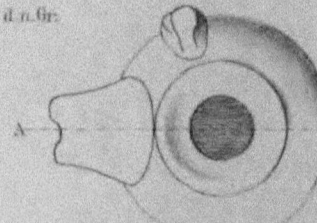

Schnitt. A.B.

Grundriss

Fig C ½ d. n. Gr.

Fig D ½ d. n. Gr.

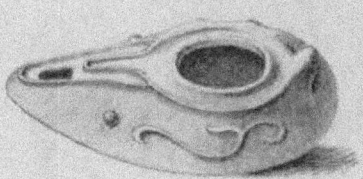

5 ½ d. n. Gr.

Fig L ½ d. n. Gr.

½ d. n. Gr.

Fig. K ½ d. n. Gr.

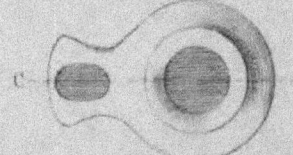

Schnitt C.D

Grundriss

on bei K. Baedeker.

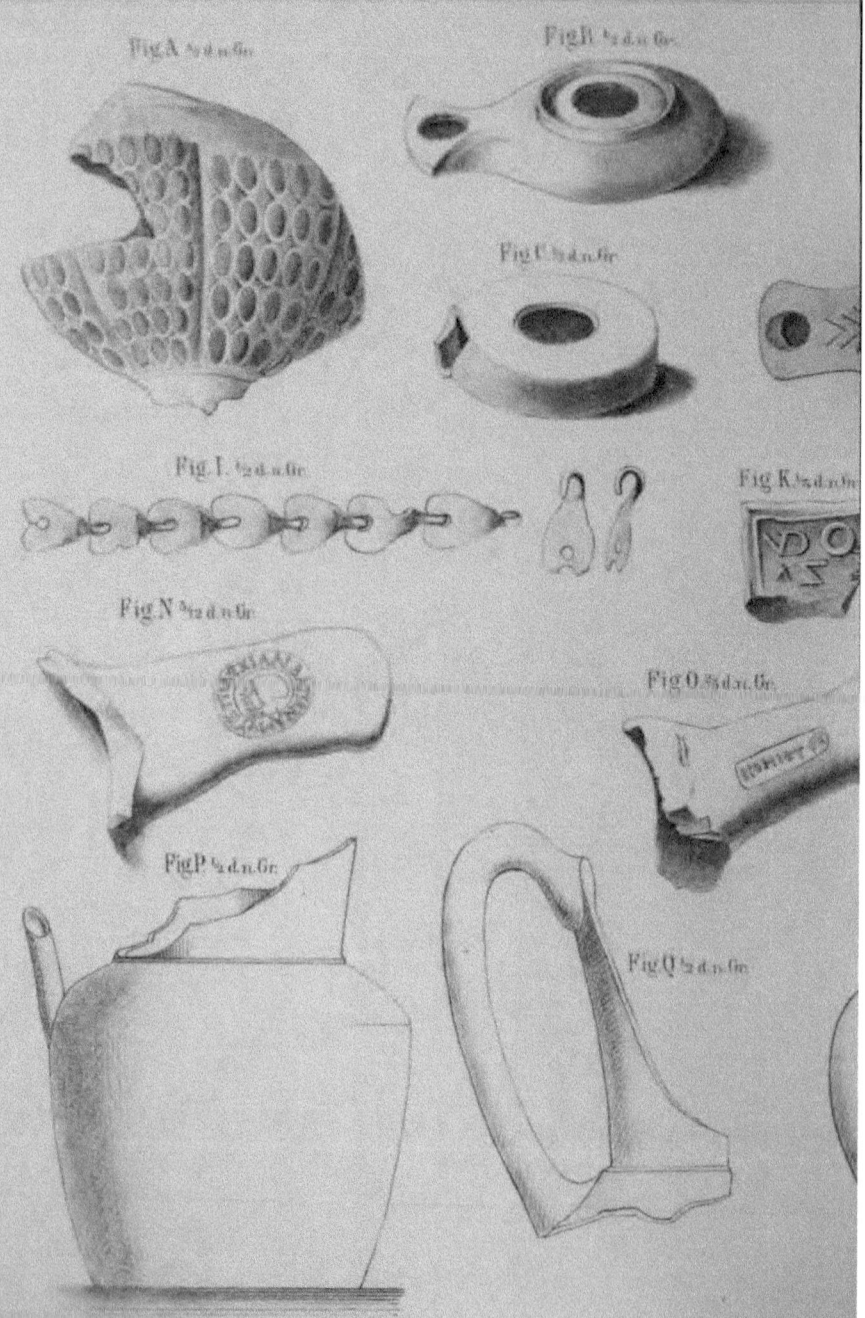

Fig A.

Fig B.

Fig C.

Fig L.

Fig K.

Fig N.

Fig O.

Fig P.

Fig Q.

Leipzig, in C.

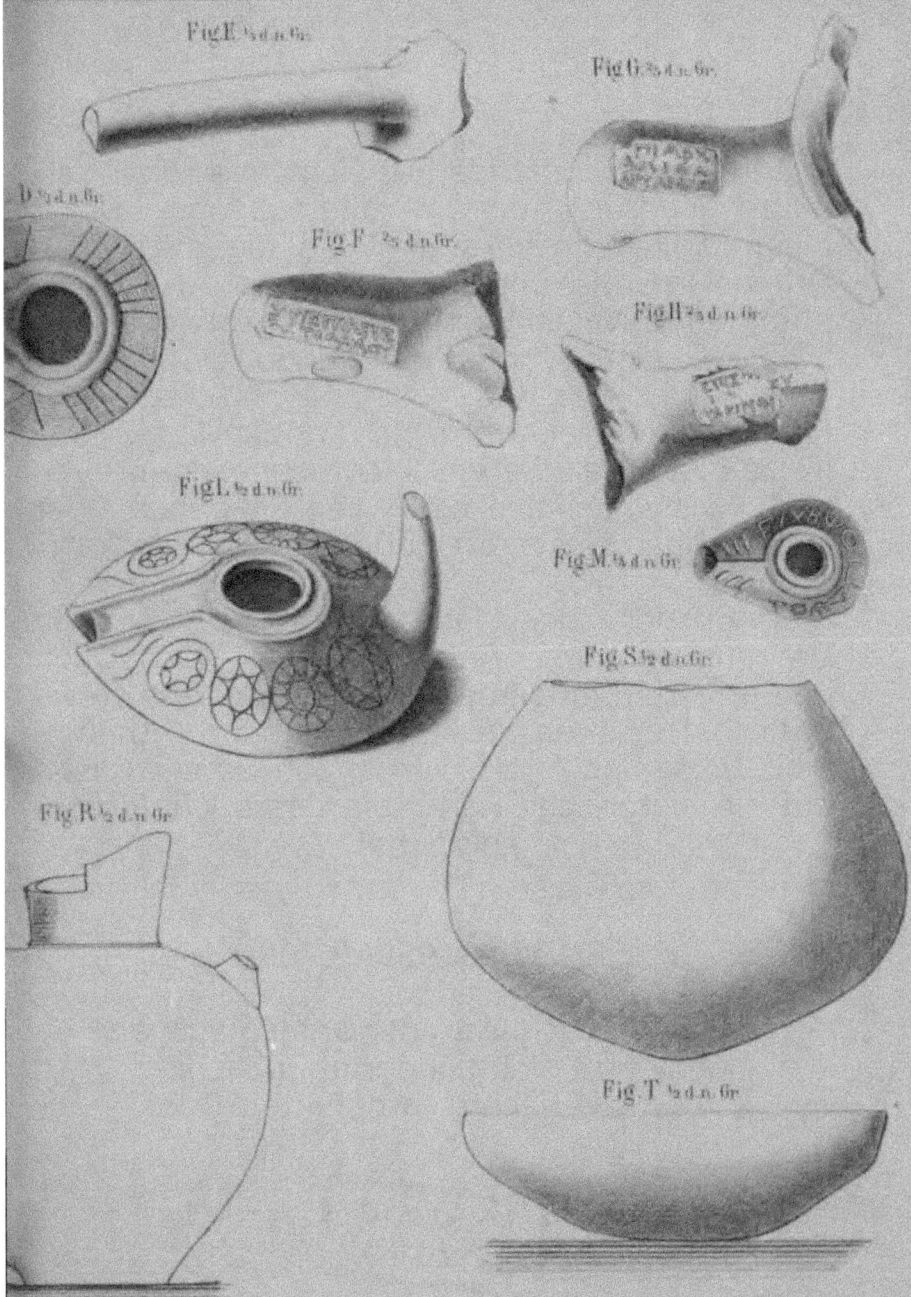

Fig.E. ⅔ d.n.Gr.

Fig.G. ⅔ d.n.Gr.

D. ⅔ d.n.Gr.

Fig.F. ⅔ d.n.Gr.

Fig.H. ⅔ d.n.Gr.

Fig.L. ½ d.n.Gr.

Fig.M. ⅔ d.n.Gr.

Fig.S. ½ d.n.Gr.

Fig.R. ½ d.n.Gr.

Fig.T. ½ d.n.Gr.

Taf.

Reprint Publishing

Für Menschen, Die Auf Originale Stehen.

Bei diesem Buch handelt es sich um einen Faksimile-Nachdruck der Originalausgabe. Unter einem Faksimile versteht man die mit einem Original in Größe und Ausführung genau übereinstimmende Nachbildung als fotografische oder gescannte Reproduktion.

Faksimile-Ausgaben eröffnen uns die Möglichkeit, in die Bibliothek der geschichtlichen, kulturellen und wissenschaftlichen Vergangenheit der Menschheit einzutreten und neu zu entdecken.

Die Bücher der Faksimile-Edition können Gebrauchsspuren, Anmerkungen, Marginalien und andere Randbemerkungen aufweisen sowie fehlerhafte Seiten, die im Originalband enthalten sind. Diese Spuren der Vergangenheit verweisen auf die historische Reise, die das Buch zurückgelegt hat.

ISBN 978-3-95940-108-1

www.reprintpublishing.com